宅建士試験 速報！

宅地造成等規制法が盛土規制法に改正されました

令和4年5月27日に公布された改正する法律」に基づき、「宅地造令和5年5月26日に施行されました。

大雨に伴って盛土が崩落し、甚いることなどから、土地の用途（宅地・森林・農地等）にかかわらず、**危険な盛土等を全国一律の基準で包括的に規制**するのが目的です。

これまで指定されていた宅地造成等規制区域に加えて、**特定盛土等規制区域**が新設され、**規制区域内で行われる盛土等**には**都道府県知事の許可**が必要となりました。

また、施工状況の**定期報告**や、施工中の**中間検査**及び工事完了時の**完了検査**により、盛土等の安全確保が図られています。

盛土等が行われた土地の所有者等に対しては、「**常時安全な状態に維持する責務**」があることを明確化し、災害防止のため必要があるときは、土地所有者等だけでなく、当該盛土等を行った造成主や工事施工者、過去の土地所有者等を含む**原因行為者**に対しても、都道府県知事が**是正措置等を命令**することができるようになりました。

また新たに、主務大臣が宅地造成、特定盛土等または土石の堆積に伴う災害の防止に関する基本的な方針（**基本方針**）を定めるべきことが規定され、都道府県はその基本方針に基づいておおむね5年ごとに、災害のおそれのある土地に関する**基礎調査**を行うこととなりました。

※令和6年度の宅建士試験の法令基準日は、例年どおり、令和6年4月1日現在で施行されている法令等が基準になるものと見込まれます。改正法等に関する最新情報は、本書専用のブログにて公開いたします（アドレスは本書最終ページに記載しています）。

『宅建士　2023年法改正と完全予想模試』収録の予想問題が令和5年度試験でズバリ的中!!しました

本試験問題　問13

2　集会は、区分所有者の4分の3以上の同意があるときは、招集の手続を経ないで開くことができる。

完全予想模試③　問13

3　集会は、区分所有者及び議決権の各4分の3以上の多数の同意があるときは、招集の手続きを経ないで開くことができる。

本試験問題　問15

2　高度利用地区は、土地の合理的かつ健全な高度利用と都市機能の更新とを図るため、都市計画に、建築物の高さの最低限度を定める地区とされている。

完全予想模試①　問15

1　高度利用地区は、用途地域内において市街地における土地の合理的かつ健全な高度利用と都市機能の更新とを図るため、建築物の容積率の最高限度及び最低限度を定める地区である。

本試験問題　問19

1　都道府県知事は、関係市町村長の意見を聴いて、宅地造成工事規制区域内で、宅地造成に伴う災害で相当数の居住者その他の者に危害を生ずるものの発生のおそれが大きい一団の造成宅地の区域であって、一定の基準に該当するものを、造成宅地防災区域として指定することができる。

完全予想模試③　問19

4　都道府県知事は、関係市町村長の意見を聴いて、宅地造成工事規制区域外で、宅地造成に伴う災害で相当数の居住者その他の者に危害を生ずるものの発生のおそれが大きい一団の造成宅地の区域であって一定の基準に該当するものを、造成宅地防災区域として指定することができる。

コンデックス情報研究所では、長年の過去問題の分析結果にもとづき予想問題を作成しております。その結果、令和5年度試験においても、以下のように予想問題と同じ問題が本試験で多数出題されました。本書はその経験と研究の成果を活かして編集された書籍です。

本試験問題　問30

ア　Aが免許を受けた日から6か月以内に甲県知事に営業保証金を供託した旨の届出を行わないとき、甲県知事はその届出をすべき旨の催告をしなければならず、当該催告が到達した日から1か月以内にAが届出を行わないときは、その免許を取り消すことができる。

完全予想模試②　問29

3　甲県知事は、Aによる供託から3月が経過してもAから供託の届出がないことから、Aに対して届出をするよう催告したが、催告後1か月が経過しても依然としてAから届出がない場合、Aの宅地建物取引業の免許を取り消すことができる。

本試験問題　問37

2　宅地建物取引業者は、その事務所ごとに従業者名簿を備えなければならないが、取引の関係者から閲覧の請求があった場合であっても、宅地建物取引業法第45条に規定する秘密を守る義務を理由に、閲覧を拒むことができる。

完全予想模試④　問30

3　宅地建物取引業者は、その事務所に従業者名簿を備えることとされているが、取引の関係者から請求があった場合、当該名簿をその者に閲覧させなければならない。

的中問題続出!!

本試験問題	ズバリ的中!!	完全予想模試
本試験問題　問15-4		完全予想模試④　問15-1
本試験問題　問21-1		完全予想模試①　問21-1
本試験問題　問24-1		完全予想模試①　問24-1
本試験問題　問38-エ		完全予想模試②　問33-ウ
本試験問題　問43-4		完全予想模試③　問37-ア

他　多数!!

『宅建士　2024年法改正と完全予想模試』は、2024年6月に発売予定!!

本書の特色と使い方

本書は、宅建士試験において出題が予想される内容に的をしぼり、正確な正誤を判断する力をつけるための一問一答式の問題集です。本試験では紛らわしい選択肢がありますので、あいまいに覚えていたのでは、合格することは難しいです。そこで、本書は、過去問題の各選択肢をアレンジして記述内容が正しいのか、誤っているのかを問う正誤問題として編集しました。一つ一つについて、しっかりと正誤が判断できる力を養うことができます。

各項目ごとの実力をチェックできる！
各項目ごとに、何問正解できたかをチェックしましょう。
全項目の全問正解をめざせ！

わかりやすい分類で効率UP!
試験に出題される項目ごとに問題をまとめましたので、少しずつ力をつけていくことができます。

各項目のポイントが確認できる！
各項目の始まりのページに、勉強法を掲載しました。どこに力をいれて学習すればよいのかが、わかりやすく解説されていますので、学習の前に必ず読みましょう。

問題単位での復習に便利なCHECK BOX!!
問題単位でのCHECK BOX!!があるので、試験直前には、間違った問題だけ確認できます。

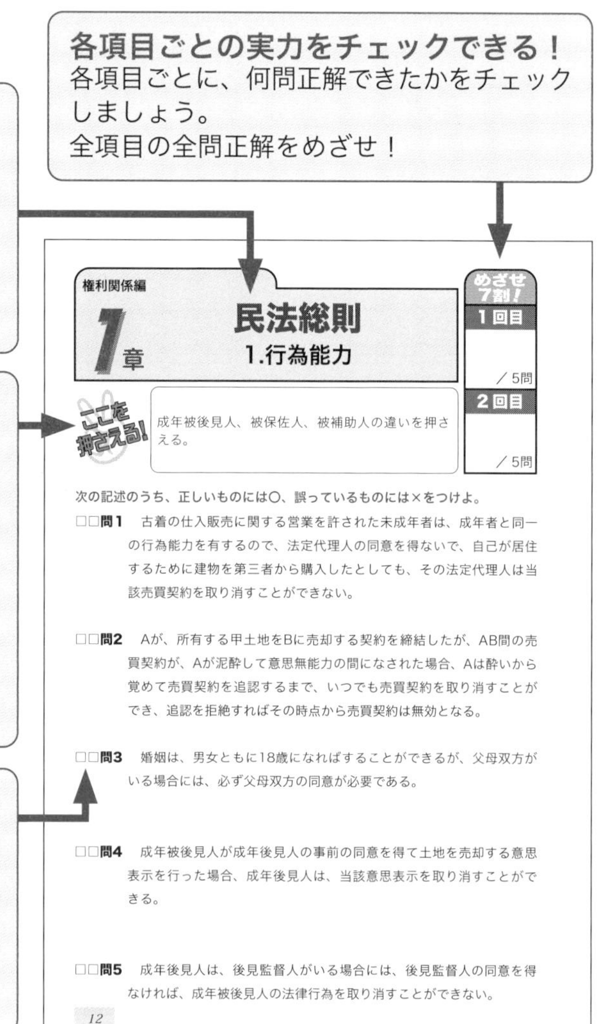

「虫食い（穴埋め）問題」で基礎力UP！

各項目の始まりの見開きに、重要な用語についての定義など、基礎的な知識を短いフレーズにまとめた穴埋め問題を掲載しました。まずは、この問題を解くことで、その項目の学習に無理なく入っていけるはずです。

いつでもどこでも！試験勉強ができる！

問題文と解説を→でつなぎましたので、電車の中などで読む場合にも、使いやすいレイアウトです。

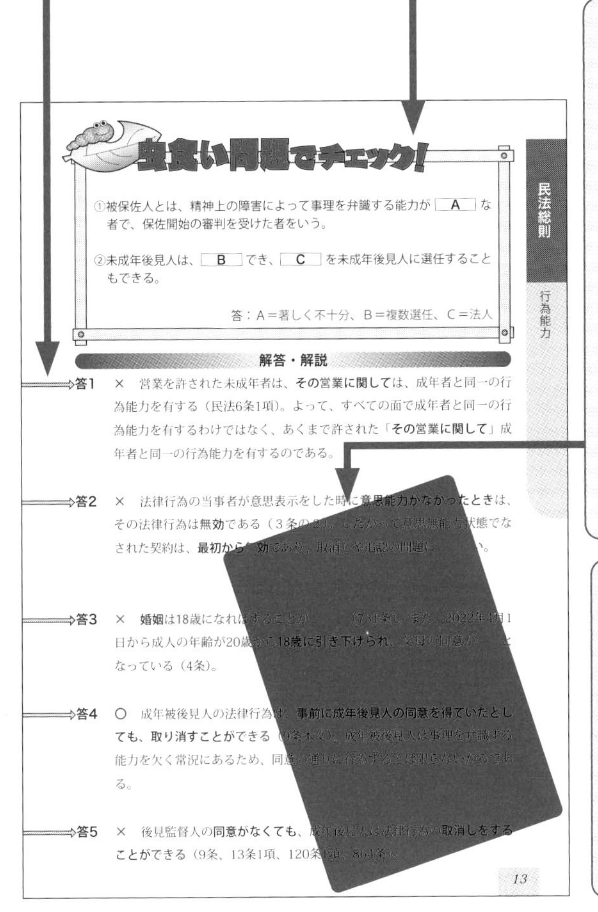

虫食い問題でチェック!

①被保佐人とは、精神上の障害によって事理を弁識する能力が［A］な者で、保佐開始の審判を受けた者をいう。

②未成年後見人は、［B］でき、［C］を未成年後見人に選任することもできる。

答：A＝著しく不十分、B＝複数選任、C＝法人

民法総則　行為能力

解答・解説

答1　×　営業を許された未成年者は、その営業に関しては、成年者と同一の行為能力を有する（民法6条1項）。よって、すべての面で成年者と同一の行為能力を有するわけではなく、あくまで許された「その営業に関して」成年者と同一の行為能力を有するのである。

答2　×　法律行為の当事者が意思表示をした時に意思能力がなかったときは、その法律行為は無効である（3条の2）。したがって意思無能力状態でなされた契約は、最初から無効であり、取消しや追認の問題に…

答3　×　婚姻は18歳になればすることが…（731条）。また、2022年4月1日から成人の年齢が20歳から18歳に引き下げられ、父母の同意が…なっている（4条）。

答4　○　成年被後見人の法律行為は、事前に成年後見人の同意を得ていたとしても、取り消すことができる（9条本文）。成年被後見人は事理を弁識する能力を欠く常況にあるため、同意の通りに行為するとは限らないからである。

答5　×　後見監督人の同意がなくても、成年被後見人は法律行為の取消しをすることができる（9条、13条1項、120条1項、864条）。

13

解答と解説のポイントは、赤シートで隠れる！隠せる！

問題の解答と、正しい解答にたどりつくうえでのポイント中のポイントを付属の赤シートで隠すことができるので、どこでも実力だめしと知識の確認ができます。

赤シートを利用することで、その問題のポイントが覚えやすくなるはずです。

直近の改正がわかる 改正！ マーク!!

令和5年度試験の法令基準日の翌日の令和5年4月2日以降に施行された改正法令等に関する問題には 改正！ をつけました。

※登録講習修了者免除科目

宅建士試験受験案内

注意）この情報は、例年のものであり、変更される場合があります。受験される方は、事前に必ずご自身で試験実施機関に確認してください。

1　試験日

10月第３日曜日（13：00～15：00 ／２時間）
ただし、登録講習修了者は13：10～15：00までの１時間50分
※当日は12：30から注意事項が説明されるので、登録講習修了者もそれまでに着席している必要があります。

2　受験資格

年齢・性別・国籍・学歴等の制限は一切なく、誰でも受験できます。
※合格後、資格登録にあたっては、一定の条件（宅建業法18条）があります。

3　試験方法

４肢択一50問（登録講習修了者は45問）
マークシート方式による筆記試験

4　受験手数料

8,200円

5　受験場所

現在住んでいる都道府県で受験します。

6　受験申込みの方法等

実施公告の確認

6月の第1週の金曜日に、官報への掲載及び（一財）不動産適正取引推進機構ホームページへの掲載により、その年度の実施公告が発表されます。

↓

受験申込み

7月初旬より、**郵送申込み**か、（一財）不動産適正取引推進機構ホームページより**インターネットによる申込み**の2種類の方法で行います。

郵送申込みを希望する場合、受験申込書は各都道府県ごとの指定の場所で配布されます。詳しくは、（一財）不動産適正取引推進機構にお問い合わせください（9ページの問い合わせ先参照）。

↓

受験票送付

9月末～10月初旬に受験票が送付されます。

7　試験の基準・内容

試験は、宅地建物取引業に関する実用的な知識を有するかどうかを判定することに基準がおかれています。試験の内容は、おおむね次の通りです。

1. 土地の形質、地積、地目及び種別並びに建物の形質、構造及び種別に関すること。
   →土地・建物の知識２問（免除科目）
2. 土地及び建物についての権利及び権利の変動に関する法令に関すること。
   →権利変動14問
3. 土地及び建物についての法令上の制限に関すること。
   →法令上の制限８問
4. 宅地及び建物についての税に関する法令に関すること。
   →税法２問
5. 宅地及び建物の需給に関する法令及び実務に関すること。
   →需給・取引実務３問（免除科目）
6. 宅地及び建物の価格の評定に関すること。
   →不動産の価格の評定１問
7. 宅地建物取引業法及び同法の関係法令に関すること。
   →宅建業法20問

ただし、登録講習機関が行う講習を修了し、その修了試験の合格日から3年以内に行われる試験の受験者（登録講習修了者）は、**上記1と5についての5問が免除**されます。

試験の免除科目とは

全50問のうちの第46～50問が該当します。

具体的には、**不当景品類及び不当表示防止法、住宅金融支援機構法、統計、土地の知識、建物の知識**の合計5問です。

※登録講習については、（一財）不動産適正取引推進機構にお問い合わせください。

8　合格発表

11月下旬に、都道府県ごとに発表されます。

9　合格者数と合格率（令和5年度実施分）

受験者数：233,276人
合格者数：40,025人
合 格 率：17.2%

■ 試験に関する問い合わせ先 ■

（一財）不動産適正取引推進機構（試験部）

〒105-0001　東京都港区虎ノ門３丁目８番21号　第33森ビル３階

TEL　03（3435）8181

<ホームページ>https://www.retio.or.jp/

※試験に関する事項は、変更される場合があります。必ずご自身で上記機構にお問い合わせください。

■法改正に関して

宅建士試験の問題は、毎年４月１日（基準日）現在で施行されている法令等により作成されます。本書は、原則として令和５年12月10日現在で施行されている法令等に基づき編集していますので、この時点以後に法改正が行われた場合、問題によっては現行法令に対応しないものも出てきます。ただし、令和６年４月１日までに施行されることが判明しているものはできるだけ反映するようにしました。

本書編集時点から令和6年4月1日（令和6年度試験の出題法令基準日〈予定〉）までに施行される法改正や本書に関する最新情報などは、下記のアドレスで確認することができます。

http://www.s-henshu.info/tkii2312/

随時更新中

宅建士問題集 '24年版

1章　権利関係編

◆権利関係編の勉強法◆

権利変動分野は、民法、借地借家法、不動産登記法、区分所有法に分かれます。この分野の出題数は、**全50問のうちの14問**です。この分野は内容も深く、範囲も広いため、苦手としている受験者も多い分野です。しかし、宅建士の試験で出題される項目はある程度限られており、出題内容も、ほとんどの問題は、各項目の基礎的な知識を正確に把握していれば解答できるものなのです。勉強の仕方さえ間違えなければ、合格点をとるのはそれほど難しくはありません。

権利変動分野の勉強をする際には、まず言葉を大切にして、考えながらテキストを読むことを心がけてください。法律の勉強をする際には、普段使い慣れない言葉が数多く出てきます。**一つ一つの言葉の意味を正確に理解**しながら進まないととんでもない勘違いをしてしまうこともあるのです。以前に、ある読者からの質問で驚いたことがあります。私が書いた書籍に「～を追及するためには善意かつ無過失でなければならない。」という文章がありました。その方は、この「善意かつ無過失」の部分が「善意又は無過失」の誤りではないかというのです。言葉の意味を正確に把握していれば、「善意又は無過失」という表現はありえないことがわかるはずです。

この分野を勉強する際は、**丸暗記ではなく、具体的な例を考えながら勉強**することが大切です。誰が、誰に対して、何をしたら、法律上どのような結果になるのかを自分で考えてみるのです。そうすることで、内容の勘違いもなくなり、宅建士試験の民法や借地借家法で出題されることの多い事例問題に対応する力も付いてきます。

なお、**最近の試験**では、**判例の要旨を読ませて、その記述内容と合致する・しない選択肢を選ばせる問題**が出題されています。この問題については、判決要旨の内容と各選択肢の内容を正確に比較すれば、正解に至る問題です。

権利関係編の問題・解説文では、本試験に準拠し、以下の略語を用いている場合があります。

略語	正式名称
区分所有法	建物の区分所有等に関する法律
不登法	不動産登記法
規則	不動産登記法施行規則
施行令	不動産登記法施行令

権利関係編

1章 民法総則

1.行為能力

めざせ7割！

1回目 ／5問

2回目 ／5問

成年被後見人、被保佐人、被補助人の違いを押さえる。

次の記述のうち、正しいものには○、誤っているものには×をつけよ。

□□**問1**　古着の仕入販売に関する営業を許された未成年者は、成年者と同一の行為能力を有するので、法定代理人の同意を得ないで、自己が居住するために建物を第三者から購入したとしても、その法定代理人は当該売買契約を取り消すことができない。

□□**問2**　Aが、所有する甲土地をBに売却する契約を締結したが、AB間の売買契約が、Aが泥酔して意思無能力の間になされた場合、Aは酔いから覚めて売買契約を追認するまで、いつでも売買契約を取り消すことができ、追認を拒絶すればその時点から売買契約は無効となる。

□□**問3**　婚姻は、男女ともに18歳になればすることができるが、父母双方がいる場合には、必ず父母双方の同意が必要である。

□□**問4**　成年被後見人が成年後見人の事前の同意を得て土地を売却する意思表示を行った場合、成年後見人は、当該意思表示を取り消すことができる。

□□**問5**　成年後見人は、後見監督人がいる場合には、後見監督人の同意を得なければ、成年被後見人の法律行為を取り消すことができない。

虫食い問題でチェック！

①被保佐人とは、精神上の障害によって事理を弁識する能力が［ A ］な者で、保佐開始の審判を受けた者をいう。

②未成年後見人は、［ B ］でき、［ C ］を未成年後見人に選任することもできる。

答：A＝著しく不十分、B＝複数選任、C＝法人

解答・解説

⟹**答1**　×　営業を許された未成年者は、**その営業に関して**は、成年者と同一の行為能力を有する（民法6条1項）。よって、すべての面で成年者と同一の行為能力を有するわけではなく、あくまで許された「**その営業に関して**」成年者と同一の行為能力を有するのである。

⟹**答2**　×　法律行為の当事者が意思表示をした時に**意思能力がなかったとき**は、その法律行為は**無効**である（３条の２）。したがって意思無能力状態でなされた契約は、**最初から無効**であり、取消しや追認の問題に**ならない**。

⟹**答3**　×　**婚姻**は18歳になれば**することができる**（731条）。また、2022年4月1日から成人の年齢が20歳から**18歳に引き下げられ**、父母の同意が不要となっている（4条）。

⟹**答4**　○　成年被後見人の法律行為は、**事前に成年後見人の同意を得ていたとしても、取り消すことができる**（9条本文）。成年被後見人は事理を弁識する能力を欠く常況にあるため、同意の通りに行為するとは限らないからである。

⟹**答5**　×　後見監督人の**同意がなくても**、成年後見人は法律行為の**取消しをすることができる**（9条、13条1項、120条1項、864条）。

権利関係編

1章 民法総則

2.意思表示

めざせ7割！
1回目 ／9問
2回目 ／9問

94条2項の第三者に該当するケースの判例を覚える。意思表示の瑕疵の効果の違いに注意する（無効・取消し）。

次の記述のうち、正しいものには○、誤っているものには×をつけよ。

□□**問1**　Ａ所有の土地について、ＡがＢに、ＢがＣに売り渡し、ＡからＢへ、ＢからＣへそれぞれ所有権移転登記がなされた場合において、Ｃが移転登記を受ける際に、ＡＢ間の売買契約が公序良俗に反し無効であることを知らなかった場合、Ｃは、Ａに対して土地の所有権の取得を対抗できる。

□□**問2**　Ａは、「近く新幹線が開通し、別荘地として最適である」旨のＢの虚偽の説明を信じて、Ｂの所有する原野（時価20万円）を、別荘地として2,000万円で購入する契約を締結した。この場合、Ａは、当該契約は公序良俗に反するとして、その取消しを主張することができる。

□□**問3**　Ａは、自分の真意でないと認識しながら、自己所有の土地をＢに売却する契約を締結した。ＢがそのＡの意思表示がAの真意ではないことを知っていた場合、Ａは、売却の意思表示の無効を主張できる。

□□**問4**　Ａが、その所有地について、債権者Ｂの差押えを免れるため、Ｃと通謀して、登記名義をＣに移転したところ、Ｃは、その土地をＤに譲渡した。この場合、Ｄが善意であっても、Ｄが所有権移転の登記をしていないときは、Ａは、Ｄに対し所有権を主張することができる。

虫食い問題でチェック！

①本心ではない意思を相手方に表示した場合（心裡留保）でも、その意思表示は原則として［　A　］である。

②心裡留保と虚偽表示による意思表示の［　B　］は、［　C　］の第三者に対抗することができない。

答：A＝有効、B＝無効、C＝善意

解答・解説

答1　×　ＡＢ間の売買契約が公序良俗違反で無効である以上、Ｂには所有権は移転せずＢは無権利者である。そして、**Ｃが善意である場合でも、登記には公信力がない**ので、Ｃは所有権を取得**できない**（民法90条）。

答2　×　他人をだまして時価20万円の土地を2,000万円で売却することは、公序良俗に反する。**公序良俗違反の行為**は絶対的に**無効**であり、**取消し**を主張する場面ではない（90条）。

答3　○　心裡留保による意思表示は原則として**有効**である（93条１項本文）。ただし、**相手方Ｂがその意思表示が本人（表意者）Ａの真意ではないことを知っていた場合**または**知ることができた場合**は、相手方を保護する必要はなく、本人はその意思表示の無効を主張することが**できる**（同項但書）。

答4　×　相手方と通謀して行った虚偽の意思表示は原則として無効であるが、**この無効は、善意の第三者に対抗することができない**（94条1項、2項）。虚偽表示においては本人の帰責性が強く、そのため本人よりも**第三者**を**保護**する必要があるので、**善意の第三者は**登記**がなくても保護される**。したがって、ＡはＤに対し所有権を主張することが**できない**（最判昭44.5.27）。

次の記述のうち、正しいものには○、誤っているものには×をつけよ。

□□**問5**　Aが所有する甲土地につき、AとBの間には債権債務関係がないにもかかわらず、両者が通謀の上でBのために抵当権を設定し、その旨の登記がなされた場合に、Bに対する貸付債権を担保するためにBから転抵当権の設定を受けた債権者Cは、民法第94条第2項が規定する「第三者」に該当する。

□□**問6**　Aが、その所有地について、債権者Bの差押えを免れるため、Cと通謀して、登記名義をCに移転したところ、Cは、その土地をDに譲渡した。さらにDがその土地をEに譲渡した場合、Eは、Dの善意悪意にかかわらず、自己が善意であれば、Aに対し所有権を主張することができる。

□□**問7**　Aが所有する土地についてBがAに無断でB名義の所有権移転登記をし、Aがこれを知りながら放置していたところ、BがB所有地として善意のCに売り渡し、CがC名義の所有権移転登記をした場合、Aは、その所有権をCに対抗することができない。

□□**問8**　Aは、その所有する甲土地を譲渡する意思がないのに、Bと通謀して、Aを売主、Bを買主とする甲土地の売買契約を締結した。Bの債権者である善意のCが、甲土地を差し押さえた場合、Aは、AB間の売買契約の無効をCに主張することができない。

□□**問9**　AがBに甲土地を売却した場合、AB間の売買契約が仮装譲渡であり、その後BがCに甲土地を転売した場合、Cが仮装譲渡の事実を知らなければ、Aは、Cに虚偽表示による無効を対抗することができない。

解答・解説

答5　○　原抵当権が**設定者と抵当権者の**通謀により設定された虚偽のものである場合には、この抵当権につき転抵当権の設定を受けた者は民法94条2項の「第三者」に該当する（最判昭55.9.11）。

答6　○　94条２項の「第三者」とは、虚偽表示の当事者または一般承継人以外の者で虚偽表示の外形を基礎として新たに利害関係を有するに至った者をいう（最判昭42.6.29）。虚偽表示の直接の第三者が善意であればもちろん、悪意であっても、**善意の転得者は94条２項の「第三者」として保護される**。したがって、Ｅは、自己が善意であれば、Ｄの善意悪意にかかわらず、Ａに対し所有権を主張することができる。

答7　○　本問の場合は、ＡＢ間に通謀虚偽表示があるわけではないから、94条２項は直接適用されない。しかし、Ｂを所有者と信頼して取引関係に入ったＣを**保護**する必要がある。そこで、判例は、**94条２項を類推適用**することによって**善意**（無過失までは要求していない）**のＣを保護している**（最判昭45.9.22）。したがって、Ａは、土地所有権をＣに対抗することができない。

答8　○　94条2項にいう第三者とは、虚偽表示の当事者または一般承継人以外の者で虚偽表示に基づいて**新たに利害関係を有するに至った者**をいい、虚偽表示によりBが取得した権利を**差し押さえた**Bの債権者Cは第三者に該当する（最判昭48.6.28）。

答9　○　AB間の売買契約は仮装譲渡で、**通謀虚偽表示として無効**となる（94条1項）。しかしこの無効は、「**善意の第三者**」に対抗することができない（同条2項）。Cは「**善意の第三者**」に該当するので、Aは、Cに虚偽表示による無効を対抗することができない。

権利関係編

1章 民法総則

3.錯　誤

どのような場合に取消しをすることができるか、できないかを押さえる。

次の記述のうち、正しいものには○、誤っているものには×をつけよ。

□□**問1**　意思表示に対応する意思を欠く錯誤が、法律行為の目的及び取引上の社会通念に照らして重要なものである場合は、表意者は、その意思表示を取り消すことができる。

□□**問2**　AがA所有の甲土地をBに売却した場合において、ＡＢ間の売買契約が、Ｂが法律行為の基礎とした事情についてのその認識が真実に反する錯誤があって締結されたものである場合、Ｂが所有権移転登記を備えていても、ＡはＢの錯誤を理由にＡＢ間の売買契約を取り消すことができる。

□□**問3**　Ａは、Ｂに住宅用地を売却した。Ｂが、Ａや媒介業者の説明をよく聞き、自分でもよく調べて、これなら住宅が建てられると信じて買ったが、地下に予見できない空洞（古い防空壕）があり、建築するには著しく巨額の費用が必要であることが判明した場合、Ｂは、売買契約の錯誤を理由とする取消しを主張できる。

□□**問4**　表意者が法律行為の基礎とした事情についてのその認識が真実に反する錯誤が、法律行為の目的及び取引上の社会通念に照らして重要なものである場合、その事情が法律行為の基礎とされていることが表示されていたときに限り、意思表示を取り消すことができる。

虫食い問題でチェック！

①錯誤について重大な［ A ］のある表意者は、原則として、［ B ］ができない。

②錯誤による意思表示の［ B ］は、［ C ］でかつ［ A ］がない第三者に対抗することができない。

答：A＝過失、B＝取消し、C＝善意

解答・解説

⟹**答1**　○　**意思表示に対応する意思を欠く錯誤**が法律行為の目的及び取引上の社会通念に照らして重要なものであるときは、**取り消すことができる**（民法95条1項1号）。

⟹**答2**　×　**表意者が法律行為の基礎とした事情についてのその認識が真実に反する錯誤があり**、法律行為の目的及び取引上の社会通念に照らして重要なものであるときは、その意思表示を**取り消すことができる**（95条1項2号）。しかし、錯誤による意思表示を**取り消すことができる**のは、意思表示をした者本人であり、**取消し**できるのはBであってAではない（120条2項）。

⟹**答3**　○　本問の場合は、錯誤による**取消し**（95条）と目的物の契約不適合による担保責任のいずれの主張をすべきかが問題となる。判例は、**契約の要素に錯誤があるとき**は、錯誤**を主張す**べきものとしている（最判昭33.6.14）。したがって、Bは、売買契約の錯誤を理由とする**取消し**を主張することができる。

⟹**答4**　○　法律行為の基礎事情についての錯誤は、**その事情が法律行為の基礎とされていることが表示されていたときに限り**、意思表示を取り消すことができる（95条1項2号、2項）。

権利関係編

1章 民法総則

4.詐欺・強迫

めざせ7割！

1回目 ／4問

2回目 ／4問

詐欺による意思表示も強迫による意思表示も、取り消すことができる点を押さえる。善意無過失の第三者との関係も重要。

次の記述のうち、正しいものには○、誤っているものには×をつけよ。

□□**問1**　Ａが第三者の詐欺によってＢに甲土地を売却し、その後ＢがＤに甲土地を転売した場合、Ｂが第三者の詐欺の事実を知らず、知らなかったことに過失がなかった場合でも、Ｄが第三者の詐欺の事実を知っていれば、Ａは詐欺を理由にＡＢ間の売買契約を取り消すことができる。

□□**問2**　Aが所有する甲土地をBに売却した際、AB間の甲土地の売買契約が、Bの詐欺によるものであった場合において、Bが、Bの詐欺の事実について過失なく知らなかったCに対して甲土地を転売したときは、Aは、Cに対して、Bの詐欺によるAB間の売買契約の取消しを主張して、Cから甲土地を取り戻すことはできない。

□□**問3**　Aが所有する甲土地をBに売却した際、Aが、Dの強迫によって、Bとの間で甲土地の売買契約を締結していた場合、BがDによる強迫の事実を知らなかったならば、Aは当該売買契約を取り消すことができない。

□□**問4**　Ａが、Ａ所有の土地をＢに売却する契約を締結した場合において、ＡのＢに対する売却の意思表示がＢの強迫によって行われた場合、Ａは、売却の意思表示の取消しをもって、Ｂからその取消し前に当該土地を買い受けた善意のＣには対抗できない。

虫食い問題でチェック！

①詐欺によって意思表示をした者は、その意思表示の［ A ］ができる。

②詐欺による意思表示の［ A ］は、［ B ］でかつ［ C ］がない第三者に対抗することができない。

答：A＝取消し、B＝善意、C＝過失

解答・解説

⟹**答1**　×　本問の詐欺による**意思表示**は、**相手方Bがその事実を**知り、**または知ることができた場合**、取り消すことができる（民法96条2項）。本問のBは第三者の詐欺の事実について**善意無過失**なので、AはAB間の売買契約を取り消すことができない。

⟹**答2**　○　詐欺による取消しは、「**善意無過失の第三者**」に対抗できない（96条3項）。よって、Bの詐欺を過失なく知らなかったCは、「善意無過失の第三者」にあたり、AはCに対し、詐欺による取消しを対抗できないこととなる。

⟹**答3**　×　相手方に対する意思表示について**第三者が強迫**を行った場合には、**相手方が強迫の事実を知っていたかまたは知ることができたか否かにかかわらず**、意思表示を取り消すことができる（96条2項反対解釈）。

⟹**答4**　×　強迫を受けてした表意者の意思表示は、詐欺の場合と同様に意思の形成過程に瑕疵があるので、民法はこれを取り消しうるものとした（96条1項）。しかし、詐欺による場合と異なり、**本人に帰責性のない強迫による取消しは善意無過失の第三者に対抗することが**できる。

権利関係編

1章 民法総則

5.代　理

めざせ7割！

1回目

／22問

2回目

／22問

無権代理について頻繁に出題されている。無権代理行為の取消し・追認の要件・効果について正確に理解することが重要。

次の記述のうち、正しいものには○、誤っているものには×をつけよ。

□□**問1**　売買契約を締結する権限を与えられた代理人は、特段の事情がない限り、相手方からその売買契約を取り消す旨の意思表示を受領する権限を有する。

□□**問2**　不動産を担保に金員を借り入れる代理権を与えられた代理人が、本人の名において当該不動産を売却した場合、相手方において本人自身の行為であると信じたことについて正当な理由があるときは、表見代理の規定を類推適用することができる。

□□**問3**　制限行為能力者が代理人としてした行為は、一切取り消すことができない。

□□**問4**　Ａが未成年者Ｂに土地売却に関する代理権を与えたところ、Ｂは、Ｃにだまされて、善意無過失のＤと売買契約を締結したが、Ａは、Ｂがだまされたことを知らなかった。この場合、ＣがＢをだましたことをＤが知ることができなかったのであるから、Ａは、契約を取り消すことができない。

□□**問5**　Ａは、Ｂの代理人として、Ｃとの間でＢ所有の土地の売買契約を締結した。Ａが、Ｂから土地売買の代理権を与えられ、ＣをだましてＢＣ間の売買契約を締結した場合は、Ｂが詐欺の事実を知っていたと否とにかかわらず、Ｃは、Ｂに対して売買契約を取り消すことができる。

虫食い問題でチェック！

①代理権がないのに代理人として行為をした場合を、[A]という。

② [A] の場合でも、無権代理人に代理権があるかのような外観が存在した場合に本人に行為の効果を帰属させることができる制度を、[B]という。

答：A＝無権代理、B＝表見代理

解答・解説

答1 ○ **売買契約の締結を内容とする代理権**には、相手方からその**売買契約の取消しの意思表示を受領する権限が含まれる**（最判昭34.2.13）。

答2 ○ 判例は、代理人が直接本人の名において権限外の行為をした場合において、相手方がその行為を**本人自身の行為と信じたとき**は、そのように信じたことについて**正当な理由**がある限り、民法110条の規定を**類推**して、**本人はその責に任ずる**ものと解するとしている（最判昭44.12.19）。

答3 × **制限行為能力者**が他の制限行為能力者の**法定代理人**としてした行為については、**取り消すことができる**（民法102条但書）。

答4 ○ **第三者が詐欺を行った場合を規定する96条２項**は、**代理関係に適用される**。したがって、代理人が第三者の詐欺により代理行為を行った場合、**相手方が詐欺の事実を知り、または知ることができたときでなければ**、本人は、代理行為を取り消すことができない。

答5 ○ **代理人が相手方に対して詐欺を行った場合**、判例は、101条１項を適用し、本人が詐欺の事実を知っていたと否とにかかわらず、**相手方は意思表示を取り消すことができる**としている（大判明39.3.31）。したがって、Ｃは、Ｂに対して売買契約を取り消すことができる。

次の記述のうち、正しいものには○、誤っているものには×をつけよ。

□□**問6**　Aは、Bの代理人としてCとの間で、B所有の土地の売買契約を締結した。Bは未成年者であっても、Aが成年に達した者であれば、Bの法定代理人の同意又は許可を得ることなく、Aに売買の代理権を与えて、Cとの間で土地の売買契約を締結することができ、この契約を取り消すことはできない。

□□**問7**　AがBから抵当権設定の代理権を与えられ、Aは、Bの代理人として、Cとの間でB所有の土地の売買契約を締結した。CがBC間の売買契約についてAに代理権があると信ずべき正当な理由があるとき、Cは、Bに対して土地の引渡しを求めることができる。

□□**問8**　Aは、Bの代理人として、Bの所有地をCに売却した。この場合において、Aが代理権を与えられた後、売買契約締結前に破産すると、Aの代理権は消滅するが、Aの代理権が消滅しても、Cが善意無過失であれば、その売買契約は有効である。

□□**問9**　Aは、Bの代理人として、Bの所有地をCに売却した。Aに代理権がないにもかかわらず、AがBの代理人と偽って売買契約を締結した場合、Bの追認により契約は有効となるが、その追認はCに対して直接行うことを要し、Aに対して行ったときは、Cがその事実を知ったとしても、契約の効力を生じない。

□□**問10**　AがB所有の建物の売却（それに伴う保存行為を含む。）についてBから代理権を授与されている場合、Aは、急病のためやむを得ない事情があっても、Bの承諾がなければ、さらにEを代理人として選任しBの代理をさせることはできない。

解答・解説

⟹**答6**　×　**未成年者が法律行為をするには**、原則として**法定代理人の同意が必要**である（民法5条1項本文）。**他人に代理権を授与する行為（代理権授与行為）は**、委任に類似する無名契約であり**法律行為である**。したがって、未成年者BがAに代理権を授与するには、**法定代理人**の同意が必要であり、同意のない法律行為は取り消すことができる。

⟹**答7**　○　Cが、抵当権設定に関する代理人Aに土地の売買に関し代理権ありと信じるにつき**正当の理由**を有し、かつ**過失**のない場合には、**権限外の行為による表見代理（110条）が**成立し、本人Bはその**代理行為の結果について責任を負わないことを主張**できない。CはBに対して土地の引渡しを求めることができる。

⟹**答8**　○　代理権は、本人の**死亡**または代理人の**死亡・破産手続開始の決定・後見開始**の審判によって消滅する（111条1項）ので、代理人Aが破産した場合、代理権は消滅する。しかし、本人は、**代理権の消滅の事実について善意無過失の第三者に対してその責任を負い**、代理権消滅後の表見代理が成立する（112条１項）。

⟹**答9**　×　無権代理行為の追認は、相手方に直接行うことも、無権代理人に対して行うことも可能である。ただし、**無権代理人に対して行った場合**は、相手方**がその事実を知るまで**は、相手方に対して追認したことを主張することができない（113条2項）。

⟹**答10**　×　代理人によって選任された代理人を復代理人という。任意代理人は、**①本人の許諾を得た場合、②やむを得ない場合に限り、復代理人を選任することができる**（104条）。代理人の急病は②に**あたる**から、Aは、Bの承諾がなくても、Eを復代理人に選任しBの代理をさせることができる。

次の記述のうち、正しいものには〇、誤っているものには×をつけよ。

□□**問11** Ａが、Ｂの代理人としてＢ所有の土地をＣに売却する契約を締結した場合において、Ｂは、Ａに代理権を与えたことはなく、かつ、代理権を与えた旨の表示をしたこともないものとすると、契約は、Ｂ又はＣのいずれかが追認したときは、有効となる。

□□**問12** Ａが、Ａ所有の1棟の賃貸マンションについてＢに賃料の徴収と小修繕の契約の代理をさせていたところ、Ｂが、そのマンションの1戸をＡに無断で、Ａの代理人として賃借人Ｃに売却した。Ｃは、Ｂの行為が表見代理に該当する場合であっても、Ａに対し所有権移転登記の請求をしないで、Ｂに対しＣの受けた損害の賠償を請求できる場合がある。

□□**問13** Ｂ所有の土地をＡがＢの代理人として、Ｃとの間で売買契約を締結した。Ａが無権代理人である場合、ＣはＢに対して相当の期間を定めて、その期間内に追認するか否かを催告することができ、Ｂが期間内に確答をしない場合には、追認とみなされ本件売買契約は有効となる。

□□**問14** Ａの所有する不動産について、Ｂが無断でＡの委任状を作成して、Ａの代理人と称して、善意無過失の第三者Ｃに売却し、所有権移転登記を終えた。この場合、ＡＣ間の契約は無効であるが、Ａが追認をすれば、新たにＡＣ間の契約がなされたものとみなされる。

□□**問15** Ａの子ＢがＡの代理人と偽って、Ａの所有地についてＣと売買契約を締結した場合において、Ａが死亡してＢがＡを単独で相続した場合、Ｂは、Ａが売買契約を追認していなくても、Ｃに対して当該土地を引き渡さなければならない。

□□**問16** 法人について即時取得の成否が問題となる場合、当該法人の代表機関が代理人によって取引を行ったのであれば、即時取得の要件である善意・無過失の有無は、当該代理人を基準にして判断される。

解答・解説

⟹**答11** ×　代理権を有しない者が代理人と称して行った法律行為は、無権代理行為として本人にその効果は帰属しない。ただし、**本人が追認すればその無権代理行為は有効になる**。本問で**追認権を有するのは本人Ｂ**であり、**相手方Ｃではない**（民法113条）。

⟹**答12** ○　**表見代理が成立する場合であっても**、相手方はそれを主張しないで**無権代理人の責任（117条）を問うこともできる**。よって、ＣはＢに対し履行または損害賠償を請求することができる。

⟹**答13** ×　Ａが無権代理人である場合、ＣはＢに対して相当の期間を定めて、その期間内に追認するか否かを催告することができる（114条前段）。**Ｂが期間内に確答をしないときは、追認を拒絶したものとみなされる**（同条後段）ので、本件売買契約は**無効**となる。

⟹**答14** ×　無権代理行為は本人にその効果は帰属しないが、**本人の追認があるとき**は、別段の意思表示がない限り、**契約の時に遡って有効**となる（116条本文）。

⟹**答15** ○　無権代理人が単独で本人を相続した場合、**追認を拒絶するのは信義に反するため追認したとみなされ**、無権代理行為について**履行の責任が生じる**。よって、本問のＢは、**Ｃへの土地引渡し義務がある**（最判昭40.6.18）。

⟹**答16** ○　法人の代表機関が**代理人によって取引を行った場合**には、即時取得の要件である**善意・無過失**の有無は、**代理人**を基準にして判断する（101条）。

次の記述のうち、正しいものには○、誤っているものには×をつけよ。

□□**問17** Ｂ所有の土地をＡがＢの代理人として、Ｃとの間で売買契約を締結した。Ａが無権代理人であっても、Ｂの死亡によりＡがＤとともにＢを共同相続した場合には、Ｄが追認を拒絶していても、Ａの相続分に相当する部分についての売買契約は、相続開始と同時に有効となる。

□□**問18** Ａは、Ｂの代理人としてＣとの間で、Ｂ所有の土地の売買契約を締結した。ＡがＢに無断でＣと売買契約を締結したが、Ｂがそれを知らないでＤに売却して移転登記をした後でも、ＢがＡの行為を追認すれば、ＤはＣに所有権取得を対抗できなくなる。

□□**問19** Ａの子ＢがＡの代理人と偽って、Ａの所有地についてＣと売買契約を締結した場合、Ａが売買契約を追認するまでの間は、Ｃは、Ｂの無権代理について悪意であっても、当該契約を取り消すことができる。

□□**問20** Ｂ所有の土地をＡがＢの代理人として、Ｃとの間で売買契約を締結した。ＡとＢとが夫婦であり契約に関して何ら取り決めのない場合には、不動産売買はＡＢ夫婦の日常の家事に関する法律行為の範囲内にないとＣが考えていた場合も、本件売買契約は有効である。

□□**問21** Bが従前Cに与えていた代理権が消滅した後に、ＣがＢの代理人としてＡとの間で、Ｂ所有の甲地の売買契約を締結した。Aが代理権の消滅について善意無過失であれば、当該売買契約によりAは甲地を取得することができる。

□□**問22** 夫婦の一方は、個別に代理権の授権がなくとも、日常家事に関する事項について、他の一方を代理して法律行為をすることができる。

解答・解説

⟹**答17** × 無権代理人が本人を他の相続人とともに共同相続した場合、**無権代理行為を追認する権利**は、相続人全員に**不可分的に帰属する**ので、**全員で共同して行使しない限り**、無権代理行為は有効とならない。したがって、Dが追認を拒絶している以上、無権代理人Aの相続分に相当する部分についての売買契約も**無効**となる（最判平5.1.21）。

⟹**答18** × 同一の目的物について、無権代理行為の相手方の権利と第三者の権利が**競合する場合、両者の優劣は、対抗要件の有無または先後**によって決められる（民法177条）。本問の場合、先に登記を得たDがCに優先する。

⟹**答19** × 無権代理行為の相手方は、**本人が追認する**までの間は無権代理契約を取り消すことができるのが原則である（115条本文）。しかし、契約当時、相手方が代理権のないことを**知っていた場合**は、**取り消すことができない**（同条但書）。

⟹**答20** × 不動産売買が、ＡＢ**夫婦の日常の家事に関する法律行為の範囲内**に属するとＣが**信ずるにつき正当な理由がある場合**、本件売買契約は**有効となる**（最判昭44.12.18）。

⟹**答21** ○ 代理人が代理権の消滅した後に代理行為をした場合は、**代理権の消滅について第三者が善意・無過失であるとき、表見代理が成立**し、無権代理人の行為が**本人**に帰属する（112条１項）。

⟹**答22** ○ **夫婦の一方が日常の家事に関して第三者と法律行為**をしたとき、他の一方は、これにより生じた債務について、**連帯して責任を負う**（761条本文）。日常家事に関する事項について、**個別に代理権の授権は不要**である。

権利関係編

1章 民法総則

6.条　件

1回目　／3問

2回目　／3問

停止条件と解除条件の基本的な違いのほか、条文を押さえる。

次の記述のうち、正しいものには○、誤っているものには×をつけよ。

□□**問1**　Aは、Bとの間で、B所有の不動産を購入する売買契約を締結した。ただし、AがA所有の不動産を令和○年12月末日までに売却でき、その代金全額を受領することを停止条件とした。手付金の授受はなく、その他特段の合意もない。この場合、令和○年12月末日以前でこの停止条件の成否未定の間は、契約の効力が生じていないので、Bは、この売買契約を解除できる。

□□**問2**　AとBは、A所有の土地をBに売却する契約を締結し、その契約に「AがCからマンションを購入する契約を締結すること」を停止条件として付けた（仮登記の手続は行っていない。）場合において、停止条件の成否未定の間は、Aが当該A所有の土地をDに売却して所有権移転登記をしたとしても、Aは、Bに対して損害賠償義務を負うことはない。

□□**問3**　Aは、Bとの間でB所有の不動産を購入する売買契約を締結した。ただし、AがA所有の不動産を令和○年12月末日までに売却でき、その代金全額を受領することを停止条件とした。手付金の授受はなく、その他特段の合意もない。Aが、A所有の不動産の売買代金の受領を拒絶して、故意に停止条件の成就を妨げた場合、Bは、その停止条件が成就したものとみなすことができる。

虫食い問題でチェック!

①法律行為の効力の発生または消滅を、将来の不確定な事実にかからしめる特別な制限を、[A]という。

②その条件の成就により法律行為の効力が発生するものを、[B]という。

③その条件の成就により法律行為の効力が消滅するものを、[C]という。

答：A＝条件、B＝停止条件、C＝解除条件

解答・解説

⇒**答1**　×　停止条件の成否未定の状態であっても、**停止条件付売買契約自体は有効に成立**しているのであるから、理由もなく当事者の**一方の意思で契約を解除することができない**。売主であれ買主であれ、いったん契約が成立した以上、理由なく契約を解除することは認められないのである。

⇒**答2**　×　条件付法律行為の各当事者は、**条件の成否未定の間は相手方の利益を害することはできない**（民法128条）。そして、利益を害された者は損害賠償請求ができる。AによるDへの売却と移転登記は、Bが当該土地を取得できないという**不利益**を生じさせるから、BはAに損害賠償請求ができる。

⇒**答3**　○　条件の成就によって不利益を受ける当事者が、**故意に条件の成就を妨害したとき**、相手方は、**その条件が成就したものとみなすことができる**（130条1項）。

権利関係編

1章 民法総則

7.時　効

めざせ7割！

1回目　／10問

2回目　／10問

満遍なく出題されている。時効の完成猶予事由、時効の援用権者、時効取得の要件については条文と判例をともに押さえる。

次の記述のうち、正しいものには○、誤っているものには×をつけよ。

□□**問1**　A所有の甲土地を占有しているBが、父から甲土地についての賃借権を相続により承継して賃料を払い続けている場合であっても、相続から20年間甲土地を占有したときは、Bは、時効によって甲土地の所有権を取得することができる。

□□**問2**　Bは、所有の意思をもって、平穏かつ公然にA所有の甲土地を占有している。CがBの取得時効完成前にAから甲土地を買い受けた場合には、Cの登記がBの取得時効完成の前であると後であるとを問わず、Bは、登記がなくても、時効による甲土地の所有権の取得をCに対抗することができる。

□□**問3**　債務の不履行に基づく人の生命又は身体の侵害による損害賠償請求権は、権利を行使することができる時から20年間行使しないときは、時効によって消滅する。

□□**問4**　土地の賃借権は、物権ではなく契約に基づく債権であるので、土地の継続的な用益という外形的かつ客観的事実が存在したとしても、時効によって取得することはできない。

虫食い問題でチェック！

①ある事実状態が一定期間継続する場合にそれを尊重して、その事実状態をそのまま権利関係として認めようとする制度を、[A]という。

②時効によって所有権などを取得する場合を、[B]という。

③時効によって権利が消滅する場合を、[C]という。

答：A＝時効、B＝取得時効、C＝消滅時効

解答・解説

答1　×　所有権を時効により取得するためには**所有の意思**が必要である（民法162条1項、2項）。Bは、賃料を支払っており**賃借の意思**はあるが、**所有の意思**はない。

答2　○　不動産の**取得時効完成前に原所有者から所有権を取得**し移転登記を経由した者に対しては、**時効取得者は**登記**がなくても所有権を対抗できる**。時効完成前に所有者となったＣとＢは**当事者**の関係にあり、対抗関係はないからである。なお、Ｃの登記が時効完成後になされたか否かは問わない（最判昭41.11.22）。

答3　○　**債権一般**の消滅時効期間は債権者が権利を行使することが**できることを知った時から5年**、権利を行使することができる時から**10年**、**人の生命または身体の侵害による損害賠償請求権**の消滅時効期間は債権者が権利を行使することが**できることを知った時から5年**、権利を行使することができる時から**20年**とされている（166条1項1号、2号、167条）。

答4　×　**土地の継続的な用益という外形的事実**が存在し、**かつ、それが賃借の意思に基づくことが客観的に表現**されているときは、民法163条により不動産賃借権の時効取得が可能である（最判昭62.6.5）。

次の記述のうち、正しいものには○、誤っているものには×をつけよ。

□□**問5**　AがBに対して有する債権について、AがBに催告をしたときは、その時から6か月を経過するまでの間は、時効は完成しない。

□□**問6**　Aは、BのCに対する金銭債務を担保するため、A所有の土地に抵当権を設定し、物上保証人となった。この場合、Aは、この金銭債務の消滅時効を援用することができる。

□□**問7**　AのBに対する債権について、Bが時効の完成の事実を知らずに債務の承認をした場合、その後、Bは完成した消滅時効を援用することはできない。

□□**問8**　Aは、Bに対し金銭債権を有しているが、支払期日を過ぎてもBが支払いをしないので、消滅時効が完成する前に、Bに対して、支払いを求める訴えを提起した。AのBに対する勝訴判決が確定した場合、時効は新たに進行を開始し、その時効期間は10年となる。

□□**問9**　AがBに対して金銭の支払を求めて訴えを提起した場合、訴えの提起後に当該訴えが取り下げられた場合には、特段の事情がない限り、時効の更新の効力は生じない。

□□**問10**　Aは、BのCに対する金銭債務を担保するため、A所有の土地に抵当権を設定し、物上保証人となった。この場合、Cが、Bに対し、この金銭債務の支払を督促した場合、当該金銭債務の消滅時効は完成しない。

解答・解説

⟹**答5**　○　**催告があったときは**、その時から**6か月**を経過するまでの間は、**時効は完成しない**（民法150条1項）。なお、催告によって時効の完成が猶予されている間にされた再度の催告は、時効の完成猶予の効力を**有しない**（同条2項）。

⟹**答6**　○　消滅時効の援用権者には、権利の消滅について**正当な利益を有する者**が含まれる（145条）。**物上保証人**は、被担保債権の時効消滅により、抵当権の実行を受けることがなくなることから、**時効により正当な利益を有する者に該当する**（同条）。

⟹**答7**　○　消滅時効が**完成した後**に**債務を承認**した債務者は、承認した時点において時効完成の事実を**知らなかったとしても、消滅時効を援用できない**（最大判昭41.4.20）。

⟹**答8**　○　確定判決または確定判決と同一の効力を有するものによって権利が確定したときは、時効は**新たに進行を始める**（147条2項）。また、確定判決で確定した権利については、**10年より短い定めであっても、10年となる**（169条1項）。

⟹**答9**　○　訴えを提起した場合、確定判決または確定判決と同一の効力を有するものによって権利が確定したときは、時効は更新するが、**訴えが取り下げられた場合には、時効は更新しない**（147条）。

⟹**答10**　○　Cが債務者Bに対する**金銭債務の支払いを督促**した場合、当該金銭債務の**消滅時効は完成しない**（147条１項２号）。

権利関係編

1章 物　権

1.物権変動と登記

めざせ7割！
1回目　／13問
2回目　／13問

177条の第三者に該当する場合を判例に即して覚える。取消し・解除後の第三者の保護に注意。

次の記述のうち、正しいものには○、誤っているものには×をつけよ。

□□**問1**　Aは、自己所有の甲地をBに売却し引き渡したが、Bはまだ所有権移転登記を行っていない。Cが、AB間の売買の事実を知らずにAから甲地を買い受け、所有権移転登記を得た場合、CはBに対して甲地の所有権を主張することができる。

□□**問2**　Aの所有する土地をBが取得した後、Bが移転登記をする前に、CがAから登記の移転を受けた。この場合において、BがAから当該土地を購入した後、CがBを強迫して登記の申請を妨げ、CがAから当該土地を購入して登記をC名義に移転したという事情がある場合、BはCに対して登記がなければ当該土地の所有権を主張できない。

□□**問3**　Aの所有する土地をBが取得したが、Bはまだ所有権移転登記を受けていない。この場合において、Bが移転登記を受けていないことに乗じ、Bに高値で売りつけ不当な利益を得る目的でAをそそのかし、Aから当該土地を購入して移転登記を受けたCに対して、Bは当該土地の所有権を主張できない。

虫食い問題でチェック！

①すでに成立した権利関係を他人に対して主張するための要件を、[A]という。

②特定の物を直接に支配することを内容とする権利を、[B]という。

③物権変動とは、物権の[C]の総称をいう。

④不動産物権変動の第三者対抗要件は、[D]である。

答：A＝対抗要件、B＝物権、C＝発生・変更・消滅、D＝登記

解答・解説

⟹**答1**　○　所有権移転などの**不動産物権変動は**、登記をしなければ第三者に対抗することができない（民法177条）。二重譲渡はその典型例であり、**先に登記を得た者が所有権を主張することができる**。

⟹**答2**　×　**強迫により他者の登記申請を妨げた第三者**は、その**登記がないことを主張することができない**（不登法5条1項）。したがって、Bは、自己の登記申請を強迫によって妨害したCに対して、**登記なくして所有権を対抗することができる**。

⟹**答3**　×　所有権移転などの不動産物権変動は、登記をしなければ第三者に対抗することができない（民法177条）。ここにいう「第三者」とは、当事者及びその包括承継人以外の者で、登記の欠缺（けんけつ）を主張する正当な利益を有する者をいう（大連判明41.12.15）。実体上物権変動があったことを知っており、その物権変動について登記の欠缺を主張することが**信義に反すると認められる事情がある者（背信的悪意者）**は、**「第三者」にあたらない**（最判昭43.8.2）。本問のCは、**背信的悪意者**といえるから、Bは、**登記なくしてCに対して当該土地の所有権を主張**できる。

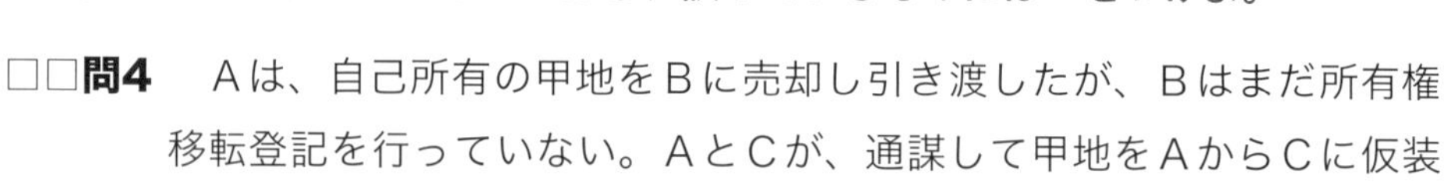

次の記述のうち、正しいものには○、誤っているものには×をつけよ。

□□**問4**　Ａは、自己所有の甲地をＢに売却し引き渡したが、Ｂはまだ所有権移転登記を行っていない。ＡとＣが、通謀して甲地をＡからＣに仮装譲渡し、所有権移転登記を得た場合、Ｂは登記がなくとも、Ｃに対して甲地の所有権を主張することができる。

□□**問5**　Ａが、Ｂに土地を譲渡して登記を移転した後、詐欺を理由に売買契約を取り消した場合で、Ａの取消し後に、ＢがＣにその土地を譲渡して登記を移転したとき、Ａは、登記なしにＣに対して土地の所有権を主張できる。

□□**問6**　Ａの所有する土地をＢが取得した後、Ｂが移転登記をする前に、ＣがＡから登記の移転を受けた場合において、ＢがＡから当該土地を購入し、その登記手続をＣに委任したところ、Ｃが登記をＣ名義に移転したという事情がある場合は、ＢはＣに対して登記がなければ土地の所有権を主張できない。

□□**問7**　Ａの所有する土地をＢが取得したが、Ｂはまだ所有権移転登記を受けていない。この場合において、Ａから当該土地を賃借し、その上に自己名義で保存登記をした建物を所有している者に対して、Ｂは当該土地の所有権を主張できない。

□□**問8**　AはBに対し、自己所有の甲土地を売却し、代金と引換えにBに甲土地を引き渡したが、その後にCに対しても甲土地を売却し、代金と引換えにCに甲土地の所有権登記を移転した。Bが甲土地の所有権を時効取得した場合、Bは登記を備えなければ、その所有権を時効完成時において所有者であったCに対抗することはできない。

解答・解説

⟹答4　○　ＡＣ間の譲渡は**虚偽表示**であり、**無効**である(民法94条1項)。したがって、Ｃは甲地につき**無権利者**であり、177条の「第三者」にあたらないから、Ｂは登記**がなくとも、Ｃに対して甲地の所有権を主張すること**ができる。

⟹答5　×　判例は、**取消権者は、登記がなければ、取消し後に取引関係に入った第三者に対抗できない**としている（大判昭17.9.30)。つまり、Ｂを起点として、ＢからＡ、ＢからＣへと二重譲渡がなされたのと同様に考えるわけである。したがって、Ａは、登記がなければ、Ｃに対して土地の所有権を主張できない。

⟹答6　×　他人のために**登記を申請する義務のある者**は、原則として、その**登記がないことを主張することができ**ない(不登法5条2項)。したがって、Ｂは、自己の登記手続の受任者たるＣに対しては、登記**なくして所有権を対抗することが**できる。

⟹答7　○　Ｂが所有権を主張し当該土地の明渡しを請求する場合、**土地賃借人**は**民法177条の「第三者」にあたるので**、**所有権の対抗には登記が**必要となる。なお、この場合の明渡しの可否は、土地所有権登記と地上建物の保存登記の時期の**先後**によって決まる（民法177条、借地借家法10条1項)。

⟹答8　×　時効取得者は、**時効完成前の第三者**に対し、登記**がなくても**、時効で所有権を取得したことを主張することが**できる**（最判昭41.11.22)。よってＢはＣに対抗することができる。

次の記述のうち、正しいものには○、誤っているものには×をつけよ。

□□**問9**　AからB、BからCに、甲地が順次売却され、AからBに対する所有権移転登記がなされた。BからCへの売却前に、AがAB間の契約を適法に解除して所有権を取り戻した場合、Aが解除を理由にして所有権登記をBから回復する前に、その解除につき善意のCがBから甲地を購入し、かつ、所有権移転登記を受けたときは、Cは甲地の所有権をAに対抗できる。

□□**問10**　AとBが土地を共同相続した場合で、遺産分割前にBがその土地を自己の単独所有であるとしてB単独名義で登記し、Cに譲渡して登記を移転したとき、Aは、登記なしにCに対して自己の相続分を主張できる。

□□**問11**　Aは、自己所有の建物をBに売却したが、Bはまだ所有権移転登記を行っていない。Cが何らの権原なくこの建物を不法占有している場合、Bは、Cに対し、この建物の所有権を対抗でき、明渡しを請求できる。

□□**問12**　BがAに土地を譲渡した場合で、Aに登記を移転する前に、Bが死亡し、Cがその土地の特定遺贈を受け、登記の移転も受けたとき、Aは、登記なしにCに対して土地の所有権を主張できる。

□□**問13**　Aは、自己所有の建物をBに売却したが、Bはまだ所有権移転登記を行っていない。Aはこの建物をCから買い受け、CからAに対する所有権移転登記がまだ行われていない場合、Bは、Cに対し、この建物の所有権を対抗できる。

解答・解説

⟹**答9**　〇　本問のＣは、**解除後**に目的物の権利を取得した第三者である。判例は、解除した者と解除後の第三者とは**民法177条の対抗関係**に立つと考えており、**先に登記を得た方が優先**することになる（最判昭35.11.29）。

⟹**答10**　〇　**遺産分割前において**、Ｂは、自己の相続分の限度で土地を取得するにすぎず、Ａの相続分については**無権利**者である。そして、登記に公信力がないから、Ｃは、Ｂの単独名義の登記を信頼しても、**Ａの相続分を取得することができない**。したがって、Ａは、登記なしにＣに対して自己の相続分を主張できる（最判昭38.2.22）。

⟹**答11**　〇　**177条の「第三者」**とは、当事者及びその包括承継人以外の者で、登記の欠缺を主張する**正当な利益を有する者**をいう（大連判明41.12.15）。何らの権原なく他人所有の建物を**不法占有している者**は**「第三者」にあたらない**（最判昭25.12.19）。

⟹**答12**　×　**特定遺贈**は、被相続人の生前の意思表示による物権変動であるから、ＡＣ間には**177条が適用される**。したがって、Ａは、**登記なしに**Ｃに対して土地の**所有権を主張することはできない**（最判昭39.3.6）。

⟹**答13**　〇　Ｃは当該建物の**前主**にすぎず、Ｂの**登記の欠缺を主張する正当な利益を有しない**。したがって、Ｂは**登記なくして**、Ｃに対し、この**建物の所有権を対抗できる**。

権利関係編

1章 物権
2.占有権

めざせ7割！
1回目 ／4問
2回目 ／4問

占有改定、指図による占有移転等の占有移転の方法について理解する。占有の効果（費用償還請求、占有訴権等）について条文を押さえる。

次の記述のうち、正しいものには○、誤っているものには×をつけよ。

□□**問1**　売主Ａ・買主Ｂ間の建物売買契約が解除され、建物の所有者Ａが、Ｂ居住の建物をＣに売却して所有権移転登記をした。Ａが、Ｂに対して建物をＣのために占有することを指示し、Ｃがそれを承諾しただけでは、ＡがＣに建物を引き渡したことにならない。

□□**問2**　売主Ａ・買主Ｂ間の建物売買契約（所有権移転登記は行っていない。）が解除され、建物の所有者Ａが、Ｂ居住の建物をＣに売却して所有権移転登記をした。Ｂが建物占有中に、地震によって玄関のドアが大破したので修繕し、その費用を負担した場合でも、ＢはＣに対してその負担額の償還を求めることはできない。

□□**問3**　売主Ａ・買主Ｂ間の建物売買契約（所有権移転登記は行っていない。）が解除され、建物の所有者Ａが、Ｂ居住の建物をＣに売却して所有権移転登記をした。Ｂは、占有中の建物の一部をＤに使用させ賃料を受領した場合、その受領額をＣに返還しなければならない。

□□**問4**　甲建物の所有者Ａが、甲建物の隣家に居住し、甲建物の裏口を常に監視して第三者の侵入を制止していたとしても、甲建物に錠をかけてその鍵を所持しない限り、Ａが甲建物を占有しているとはいえない。

虫食い問題でチェック！

①物を自己のためにする意思をもって所持するという事実的支配状態を、［ A ］という。

②占有を移転する方法には、［ B ］・［ C ］・［ D ］・［ E ］がある。

答：A＝占有、B＝現実の引渡し、C＝簡易の引渡し
D＝指図による占有移転、E＝占有改定
（B・C・D・Eは順不同）

解答・解説

答1　×　Aが、Bに対して建物をCのために占有することを指示し、Cがそれを承諾**すれば**、Aは、「**指図による占有移転**」により、Cに**建物を引き渡したことになる**（民法184条）。

答2　×　Bは、売買契約を解除されているので、当該建物を占有する権原を有しない**悪意の占有者**である。しかし、**悪意の占有者**であっても、占有物について**必要費を支出した場合**は、**回復者（物の返還請求権者）に対しその償還を請求できる**（196条1項）。地震によって大破したドアの修繕費は必要費にあたるから、BはCに対してその負担額の償還を求めることができる。

答3　○　建物の賃料は**果実**にあたる。Bは、**悪意の占有者**であるから、その受領額をCに返還**しなければならない**（190条1項）。

答4　×　占有権は、**自己のためにする意思をもって物を所持すること**によって取得する（180条）。家屋の所有者が、その家屋の隣家に居住し、常に出入口を監視して容易に他人の侵入を制止できる状況にあるときは、所有者はその家屋を**所持するものといえる**（最判昭27.2.19）。

権利関係編

1章 物　権

3.共　有

めざせ7割！

1回目　／9問

2回目　／9問

共有物の変更・管理の要件を押さえる。組合と異なり頭数ではなく持分の価格により意思決定することに注意。

次の記述のうち、正しいものには○、誤っているものには×をつけよ。

□□**問1**　A、B及びCが、建物を共有している場合（持分を各1/3とする。)、Aは、BとCの同意を得なければ、この建物に関するAの共有持分を売却することはできない。

□□**問2**　A及びBは、共有名義で宅地を購入し、共有持分の割合を、Aが1/3、Bが2/3と定めたが、持分割合以外には特約をしなかった。この場合、Bは、その宅地の全部について、2/3の割合で使用する権利を有する。

□□**問3**　A、B及びCが、建物を共有している場合（持分を各1/3とする。)、Aは、BとCの同意を得なければ、この建物に物理的損傷及び改変（その形状又は効用の著しい変更を伴わないものを除く）などの変更を加えることはできない。

□□**問4**　他の共有者との協議に基づかないで、自己の持分に基づいて1人で現に共有物全部を占有する共有者に対し、他の共有者は単独で自己に対する共有物の明渡しを請求することができる。

虫食い問題でチェック！

①共同所有の一形態で数人が同一物の所有権を量的に分有する状態を、［　A　］という。

②各共有者が共有物に対して有する権利を、［　B　］という。

③共有物の管理行為は［　C　］行為・［　D　］行為を意味する。

答：A＝共有、B＝持分、C＝利用、D＝改良（C・Dは順不同）

解答・解説

⟹**答1**　×　**各共有者**は、**自己の持分権を自由に処分することができる**。この点に関して、民法は規定を置いていないが、持分権の本質は**所有権**であることから、**当然のこと**と考えられている。したがって、Aは、BとCの同意を得なくても、この建物に関する**自己の共有持分を売却することができる**。

⟹**答2**　○　**共有者**の各人は、自己の持分割合に応じて、**共有物全部について使用する権利を有する**（民法249条1項）。なお、共有者の各人は、**善良な管理者の注意**をもって、共有物を使用しなければならない（同条3項）。

⟹**答3**　○　**各共有者**は、**他の共有者の同意がなければ、共有物に変更（その形状または効用の著しい変更を伴わないものを除く）を加えることができない**（251条1項）。したがって、Aは、BとCの**同意**を得なければ、この建物に物理的損傷及び改変などの変更を加えることは**できない**。

⟹**答4**　×　各共有者は、共有物の全部について、その持分に応じた使用をすることができる（249条1項）。よって、**他の共有者との協議に基づかず**、自己の持分に基づいて単独で共有物全部を占有する共有者に対して、他の共有者は**当然には**共有不動産の明渡しを請求することは**できない**。ただし、その持分割合に応じて占有部分に係る**賃料相当額の不当利得金ないし損害賠償金の支払い**を請求**できる**（最判昭41.5.19）。

次の記述のうち、正しいものには○、誤っているものには×をつけよ。

□□**問5**　A・B・Cが、持分を6・2・2の割合とする建物の共有をしている場合において、この建物をEが不法占有している場合には、B・Cは単独でEに明渡しを求めることはできないが、Aなら明渡しを求めることができる。

□□**問6**　A・B・C3人の土地の共有（持分均一）において、Aの反対にかかわらず、B及びCが同意して管理行為を行った場合、Aは、その費用の分担を拒むことができる。

□□**問7**　A、B及びCが、建物を共有している場合（持分を各1/3とする。）、各共有者は何時でも共有物の分割を請求できるのが原則であるが、5年を超えない期間内であれば分割をしない旨の契約をすることができる。

□□**問8**　共有物たる甲土地の分割について共有者間に協議が調わず、裁判所に分割請求がなされた場合、裁判所は、特段の事情があれば甲土地全体をAの所有とし、AからB及びCに対し持分の価格を賠償させる方法により分割することができる。

□□**問9**　A、B及びCが、持分を各1/3と定めて共有している甲土地につき、Dと賃貸借契約を締結している場合、AとBが合意すれば、Cの合意はなくとも、賃貸借契約を解除することができる。

解答・解説

⟹**答5**　×　**共有物を第三者が不法に占有**している場合、**各共有者**は**単独でその返還を求めることができる**（大判大7.4.19）。その法的根拠は、保存行為（民法252条5項）に求められる。

⟹**答6**　×　**共有物の管理行為**は各共有者の**持分の価格**に従い、その**過半数**をもって決することができる（252条1項）。また、各共有者には**持分に応じた管理費用の負担義務**がある（253条1項）。したがって、B及びCが同意して行った管理行為について、Aは管理費用の分担を拒むことが**できない**。

⟹**答7**　○　共有持分権の本質は所有権であることから、各共有者はいつでも**共有物の分割**を請求**できる**のが原則である（256条1項本文）。ただし、**5年を超えない期間内**であれば**分割をしない旨の契約をすることができる**（同項但書）。

⟹**答8**　○　共有物の分割について協議が調わないとき、または協議をすることができないときは、その分割を裁判所に請求することができ、裁判所は共有者に債務を負担させて、**他の共有者の持分の全部または一部を取得させる方法**を命じることが**できる**（258条1項、2項2号）。よって、本問のような分割も可能である。

⟹**答9**　○　**共有物を目的とする賃貸借契約を解除**することは、**共有物の管理**に関する事項に該当する（最判昭39.2.25）。**管理**に関する事項は、変更の場合を除き、各共有者の**持分の価格**に従い、その**過半数**で決する（252条1項）。本問では、AとBが賃貸借契約の解除を合意しているが、持分が各1/3なので、その**過半数**である2/3の合意が**ある**といえ、解除**できる**ことになる。

権利関係編

1章 物　権
4.相隣関係・地役権

めざせ7割！

1回目	2回目
／15問	／15問

相隣関係については2023年4月1日施行の改正により、出題可能性が高い。地役権については条文のほか主要な判例についても知っておきたい。

次の記述のうち、正しいものには○、誤っているものには×をつけよ。

□□**問1**　土地の所有者は、隣地との境界近くで建物を築造し、又は修繕する場合、必要な範囲内で隣地を使用することができる。

□□**問2**　土地の所有者は隣地の所有者と共同の費用で境界標（境界を標示する物）を設置することができるが、その設置工事の費用は、両地の広さに応じて分担しなければならない。

□□**問3**　隣地の竹木の根が境界線を越えて侵入している場合は、これを竹木の所有者に切り取るように請求することができるが、急迫の事情があるときは、自分で切り取ることができる。

□□**問4**　他人の宅地を見通すことのできる窓又は縁側を境界線から1m未満の距離に設ける場合は、目隠しを付けなければならない。

□□**問5**　Ａが購入した甲土地が他の土地に囲まれて公道に通じない土地であり、甲土地が共有物の分割によって公道に通じない土地となっていた場合には、Ａは公道に至るために他の分割者の所有地を、償金を支払うことなく通行することができる。

虫食い問題でチェック！

①相隣接する不動産所有権の相互の利用を調整することを目的とする関係を、［ A ］という。

②自己の土地の便益のために、他人の土地を利用する権利を、［ B ］という。

③便益を受ける土地を［ C ］といい、便益に供される土地を［ D ］という。

答：A＝相隣関係、B＝地役権、C＝要役地、D＝承役地

解答・解説

⟹**答1**　○　土地の所有者は、隣地との境界近くで建物を築造し、または修繕する場合、必要な範囲内で**隣地を使用することができる**（民法209条1項1号）。

⟹**答2**　×　**境界標の設置工事**の費用は、両地の所有者が**半分ずつ負担する**（224条本文）。

⟹**答3**　×　隣地の竹木の**「根」**が境界線を越えて侵入している場合は、**自分で切り取ることができる**（233条4項）。なお、隣地の竹木の**枝**が境界線を越えて侵入している場合は、竹木の所有者に切り取るように**請求する**ことができ、急迫の事情がある場合等は、**自分で切り取ることができる**（同条3項3号）。

⟹**答4**　○　他人の宅地を**見通すことのできる**窓または縁側を境界線から1m未満の距離に設ける場合は、**目隠しを付けなければならない**（235条1項）。

⟹**答5**　○　**共有物の分割**によって袋地になった場合には、その土地の所有者は、公道に至るため、**他の分割者の所有地のみ**を通行することができる。この場合、**償金を支払うことなく**通行できる（213条1項）。

次の記述のうち、正しいものには○、誤っているものには×をつけよ。

□□**問6**　Ａ所有の甲地は袋地で、Ａが所有していない周りの土地を通る通路を開設しなければ公道に出ることができない。この場合、Ａは、甲地を囲んでいる他の土地の所有者に代償を支払えば、自己の意思のみによって通行の場所及び方法を定め、その土地に通路を開設することができる。

□□**問7**　Ａ所有の甲地は袋地で、Ａが所有していない周りの土地を通る通路を開設しなければ公道に出ることができない。この場合、Ａから甲地を譲り受けたＢは、所有権移転登記を完了しないと、甲地を囲んでいる他の土地に通路を開設することができない。

□□**問8**　Ａ所有の甲地は袋地で、Ａが所有していない周りの土地を通る通路を開設しなければ公道に出ることができない。甲地が、Ｄ所有の土地を分筆してＡに売却した結果、袋地となった場合で、Ｄが、甲地の譲渡後、その残余地である乙地をＥに売却したときには、Ａは乙地に通路を開設することができない。

□□**問9**　甲土地の隣接地の所有者が、自らが使用するために当該隣接地内に通路を開設し、甲土地の所有者Aもその通路を利用し続けると、甲土地が公道に通じていない場合には、Aは隣接地に関して時効によって通行地役権を取得することがある。

□□**問10**　Ａは、自己所有の甲土地の一部につき、通行目的で、隣地乙土地の便益に供する通行地役権設定契約（地役権の付従性について別段の定めはない。）を、乙土地所有者Ｂと締結した。Ｂは、この通行地役権を、乙土地と分離して、単独で第三者に売却することができる。

解答・解説

⟹**答6**　×　**公道に至るための他の土地の通行権**を行使する場合には、**通行の場所や方法**は、必要にしてかつ他の土地のために**最も損害の少ないもの**でなければならない（民法211条1項）。また**通路の開設**は、**必要がある場合に限定**される（同条2項）。

⟹**答7**　×　**隣地通行権**は、袋地について**所有権移転登記をしていなくても主張できる**（最判昭47.4.14）。したがって、Aから甲地を譲り受けたBは、所有権移転登記を完了し**ていなくても**、甲地を囲んでいる他の土地に通路を開設することが**できる**。

⟹**答8**　×　甲地が、D所有の土地を分筆してAに売却した結果、袋地となった場合、Aは、残余地の乙地について**隣地通行権**を取得する（213条1項前段）。この通行権は、その後、Dが乙地をEに**売却したときも消滅しない**（最判平2.11.20）。したがって、Aは、乙地に通路を開設することが**できる**。

⟹**答9**　×　地役権は、**継続的に行使**され、かつ、**外形上認識**することができるものに限り、時効によって取得することができる（283条）。しかし判例は、ここでいう「継続」の要件として、通路の開設は**要役地所有者**（本問の場合A）によってなされる必要があるとしている（最判昭30.12.26）。

⟹**答10**　×　地役権は**要役地のために存在**する権利であるから、**要役地と分離**して、**単独で第三者に売却することができない**（281条2項）。

次の記述のうち、正しいものには○、誤っているものには×をつけよ。

□□**問11** Ａは、自己所有の甲土地の一部につき、通行目的で、隣地乙土地の便益に供する通行地役権設定契約（地役権の付従性について別段の定めはない。）を、乙土地所有者Ｂと締結した。この通行地役権の設定登記を行った後、Ｂが、乙土地をＤに譲渡し、乙土地の所有権移転登記を経由した場合、Ｄは、この通行地役権が自己に移転したことをＡに対して主張できる。

□□**問12** Ａは、自己所有の甲土地の一部につき、通行目的で、隣地乙土地の便益に供する通行地役権設定契約（地役権の付従性について別段の定めはない。）を、乙土地所有者Ｂと締結した。Ｂが、契約で認められた部分ではない甲土地の部分を、継続的かつ外形上認識することができる形で、乙土地の通行のために利用していた場合でも、契約で認められていない部分については、通行地役権を時効取得することはできない。

□□**問13** 地役権者は、設定行為で定めた目的に従い、承役地を要役地の便益に供する権利を有する。

□□**問14** 高地の所有者は、その高地が浸水した場合にこれを乾かすためであっても、公の水流又は下水道に至るまで、低地に水を通過させることはできない。

□□**問15** 土地の所有者が直接に雨水を隣地に注ぐ構造の屋根を設けた場合、隣地所有者は、その所有権に基づいて妨害排除又は予防の請求をすることができる。

解答・解説

⟹**答11** ○　地役権は**要役地のために存在**する権利であるから、**要役地が移転すれば、特約がない限り、地役権も移転する**（民法281条1項、地役権の**付従性**）。したがって、乙土地の所有権がBからDに移転したことに伴って、地役権は移転する。そして、乙土地の所有権移転について登記がなされているから、Dは、地役権が自己に移転したことをAに対して主張できる。

⟹**答12** ×　地役権は、**継続的に行使**され、**かつ、外形上認識することができるものに限り**、時効により取得することができる（283条）。したがって、Bは、契約で認められた部分ではない甲土地の部分を、継続的かつ外形上認識することができる形で、乙土地の通行のために利用していた場合、その部分について通行地役権を時効取得することができる。

⟹**答13** ○　地役権者は、**設定行為で定めた目的にしたがって、他人の土地を自己の土地の便益に供する権利**を有する（280条）。

⟹**答14** ×　**高地の所有者**は、その**高地が浸水した場合**にこれを乾かすため、または自家用もしくは農工業用の余水を排出するため、公の水流または下水道に至るまで、**低地に水を通過させる**ことができる（220条前段）。この場合においては、低地のために**損害が最も少ない**場所及び方法を選ばなければならない（同後段）。

⟹**答15** ○　土地の所有者は、**直接に雨水を隣地に注ぐ構造の屋根**その他の工作物を**設けてはならない**（218条）。よって、土地の所有者が直接に雨水を隣地に注ぐ構造の屋根を設けた場合、隣地所有者は、所有権に基づく妨害排除または予防の請求をすることができる。

権利関係編

1章 担保物権
1.総　論

めざせ7割！

1回目 ／5問

2回目 ／5問

法定担保物権と約定担保物権の区別、それぞれの担保物権の特徴（優先弁済権・物上代位権の有無等）について理解する。

次の記述のうち、正しいものには○、誤っているものには×をつけよ。

□□**問1**　不動産を目的とする担保物権の中には、登記なくして第三者に対抗することができるものもある。

□□**問2**　不動産を目的とする担保物権は、被担保債権の全部が弁済されるまでは、目的物の全部の上にその効力を及ぼす。

□□**問3**　不動産に留置権を有する者は、目的物が金銭債権に転じた場合には、当該金銭に物上代位することができる。

□□**問4**　抵当権者も先取特権者も、その目的物が火災により焼失して債務者が火災保険金請求権を取得した場合には、その火災保険金請求権に物上代位することができる。

□□**問5**　留置権者は、善良な管理者の注意をもって、留置物を占有する必要があるのに対し、質権者は、自己の財産に対するのと同一の注意をもって、質物を占有する必要がある。

虫食い問題でチェック!

①被担保債権が存在しなければ担保物権も存在できないことを、[A]という。

②被担保債権の移転に伴って担保物権も当然に移転することを、[B]という。

③担保物権は、[A]・[B]・[C]という共通の性質を有している。

答：A＝付従性、B＝随伴性、C＝不可分性

解答・解説

答1　○　不動産上の**留置権**については、**登記が公示手段として認められていない**ため、登記がなくても第三者に対抗することができる。

答2　○　いわゆる「担保物権の**不可分性**」から、被担保債権全部の弁済があるまで、**担保物権**は**担保目的物全体に対してその効力を及ぼす**ものとされている（民法296条、305条、350条、372条）。

答3　×　留置権は**債権の弁済を受けるまで**、物を留置することができる。これは、間接的に債権の弁済を促すための権利であり、代わりの物から弁済を受ける**物上代位性は認められていない**（295条1項）。

答4　○　**先取特権**には、**物上代位性が認められている**が（304条）、**火災保険金請求権に対する物上代位は肯定されている**（大連判大12.4.7）。そして、抵当権は372条で、この304条を準用している。

答5　×　**留置権者**は、善良な管理者**の注意**をもって留置物を占有しなければならない（298条1項）。そして**質権者**については、この**298条が準用されている**（350条）。

権利関係編

1章 担保物権

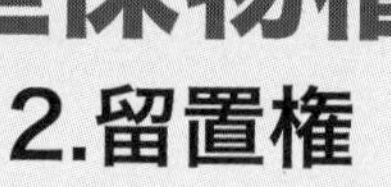

2.留置権

めざせ7割!

1回目 ／4問

2回目 ／4問

「その物に関して生じた債権」に該当するか否かに関する判例を覚える。

次の記述のうち、正しいものには○、誤っているものには×をつけよ。

□□**問1**　不動産が二重に売買され、第二の買主が先に所有権移転登記を備えたため、第一の買主が所有権を取得できなくなった場合、第一の買主は、損害賠償を受けるまで当該不動産を留置することができる。

□□**問2**　建物の賃貸借契約における賃借人Aの債務不履行により建物の賃貸借契約が解除された後に、Aが建物のため有益費を支出した場合、Aは、その有益費の償還を受けるまで、留置権に基づき当該建物の返還を拒否できる。

□□**問3**　建物の賃借人が賃貸人の承諾を得て建物に付加した造作の買取請求をした場合、賃借人は、造作買取代金の支払いを受けるまで、当該建物を留置することができる。

□□**問4**　建物の賃貸借契約における賃借人Aは、留置権に基づき建物の返還を拒否している場合に、さらに当該建物の修繕のため必要費を支出したとき、その必要費のためにも留置権を行使できる。

虫食い問題でチェック！

①他人の物を占有している者が、その物に関して生じた債権の弁済を受けるまでその物を留置することができる権利を、［ A ］という。

②債権者中のある者が、債務者の全財産または特定の財産から他の債権者に先んじて弁済を受けることを、［ B ］という。

答：A＝留置権、B＝優先弁済

解答・解説

答1　×　不動産の二重売買があり、第二の買主のため所有権移転登記がされた場合、第一の買主は、第二の買主の右不動産の所有権に基づく明渡請求に対し、**売買契約不履行**に基づく**損害賠償債権**をもって、**留置権を主張することは**許されない（最判昭43.11.21）。

答2　×　賃貸借契約解除後、賃借人が、自己に占有権原のないことを知りながら**不法占拠**を続けている場合、**この間に支出した有益費**に基づいて**留置権を行使することができない**（民法295条2項、最判昭46.7.16）。

答3　×　判例は、造作買取請求権は**建物自体**に関して生じた債権ではなく、**造作**に関して生じた債権であるとして、造作買取請求権を被担保債権として**留置権は成立しない**としている（最判昭29.1.14）。

答4　○　留置権者が、留置権行使中に当該**留置物について必要費**を支出した場合、所有者に対してこの必要費の**償還**を求めることが**できる**。そして、**留置権はこの必要費のために行使できる**（299条1項、最判昭33.1.17）。

権利関係編

1章 担保物権
3.先取特権

めざせ7割！

1回目 ／4問

2回目 ／4問

先取特権の中でも種類ごとに優先順位が認められていることに注意。

次の記述のうち、正しいものには○、誤っているものには×をつけよ。

□□**問1**　AがBに賃貸している建物の賃料債権の先取特権は、その建物内にあるB所有の家具類だけでなく、Bが自己使用のため建物内に持ち込んだB所有の時計や宝石類にも及ぶ。

□□**問2**　AがBに賃貸している建物の賃料債権の先取特権は、Bが、建物をCに転貸したときには、Cが建物内に所有する動産にも及ぶ。

□□**問3**　AがBに賃貸している建物の賃料債権の先取特権は、Bがその建物内のB所有の動産をDに売却したときは、その代金債権に対して、払渡し前に差押えをしないで、行使することができる。

□□**問4**　AがBに賃貸している建物の賃料債権の先取特権は、AがBから敷金を預かっている場合には、賃料債権の額から敷金を差し引いた残額の部分についてのみ認められる。

虫食い問題でチェック！

①法律で定める特定の種類の債権について、債務者の財産から他の債権者より優先的に弁済を受けることができる担保物権を、[A]という。

②先取特権には、[B]・[C]・[D]がある。

答：A＝先取特権、B＝一般の先取特権、C＝動産の先取特権、D＝不動産の先取特権（B・C・Dは順不同）

解答・解説

答1　○　不動産賃貸の**先取特権の目的物**は、建物の賃貸借の場合は、賃借人がその**建物に備え付けた動産**である（民法313条2項）。「建物に備え付けた動産」とは、ある期間継続して存置するために**建物に持ち込んだすべての動産**をいい、賃借人所有の時計や宝石類は**含まれる**（大判大3.7.4）。

答2　○　賃借権の譲渡や賃借物の転貸があった場合、**賃貸人の先取特権**は、譲受人や**転借人が備え付けた動産**や、譲渡人や転貸人が受ける譲渡の対価、**転貸賃料**に及ぶ（314条）。

答3　×　先取特権は、質権や抵当権と同様に、目的物の交換価値を把握する担保物権であるから物上代位性が認められる。しかし、賃借人が**先取特権の目的物を売却**した場合には、その代金が**払い渡される**前に、**賃貸人自ら差押えをする必要がある**（304条）。

答4　○　不動産賃貸の先取特権と同じく、敷金も賃貸借関係から生じた債権の担保としての性質を有するが、賃貸人が**敷金の交付**を受けている場合には、その**敷金によって弁済を受けない部分についてのみ**先取特権が認められる（316条）。

権利関係編

1章 担保物権

4.質　権

めざせ7割！

1回目　／3問

2回目　／3問

動産質、不動産質、権利質のそれぞれの特徴の違いを理解する。

次の記述のうち、正しいものには○、誤っているものには×をつけよ。

□□**問1**　建物の賃借人Ａは、賃貸人Ｂに対して有している建物賃貸借契約上の敷金返還請求権につき、Ｃに対するＡの金銭債務の担保として質権を設定することとし、Ｂの同意を得た。Ａは、建物賃貸借契約が終了し、ＡからＢに対する建物の明渡しが完了した後でなければ、敷金返還請求権について質権を設定することはできない。

□□**問2**　建物の賃借人Ａは、賃貸人Ｂに対して有している建物賃貸借契約上の敷金返還請求権につき、Ｃに対するＡの金銭債務の担保として質権を設定することとし、Ｂの同意を得た。Ｃが質権の設定を受けた場合、確定日付のある証書によるＡからＢへの通知又はＢの承諾がないときでも、Ｃは、ＡＢ間の建物賃貸借契約証書及びＡのＢに対する敷金預託を証する書面の交付を受けている限り、その質権の設定をＡの他の債権者に対抗することができる。

□□**問3**　建物の賃借人Ａは、賃貸人Ｂに対して有している建物賃貸借契約上の敷金返還請求権につき、Ｃに対するＡの金銭債務の担保として質権を設定することとし、Ｂの同意を得た。Ｃが質権の設定を受けた後、質権の実行かつ敷金の返還ができることとなった場合、Ｃは、Ａの承諾を得ることなく、敷金返還請求権に基づきＢから直接取立てを行うことができる。

虫食い問題でチェック！

①債権の担保として債務者または第三者より受け取った物を占有し、かつ、その物につき他の債権者に先立って自己の債権の弁済を受けることができる権利を、［ A ］という。

②当事者の合意以外に物の交付が成立要件となっている契約を、［ B ］という。

答：A＝質権、B＝要物契約

解答・解説

⟹**答1**　×　**敷金返還請求権**は、**賃貸借契約終了後、建物の明渡しがなされた時**に発生する（最判昭48.2.2）ことから、建物**明渡し**前における敷金返還請求権は、その発生及び金額が未確定な債権である。しかし、このような**将来発生する債権も譲渡可能**であるから、**質権を設定**することができる（民法343条、364条）。

⟹**答2**　×　敷金返還請求権は債権の一種であるから、これに**質権を設定**（現に発生していない債権を目的とするものを**含む**）した場合の対抗要件は、**債権譲渡**の場合と**同じ**である（364条）。したがって、確定日付のある証書によるAから**Bへの通知またはBの承諾がなければ**、Cは、その質権の設定をAの他の債権者に対抗することが**できない**（467条2項）。

⟹**答3**　○　**質権者**は、質権の目的となっている債権を**直接取り立てることができる**（366条1項）。この場合、**質権設定者の承諾**は**不要**である。

1章 担保物権
5.抵当権

1回目
／22問
2回目
／22問

極めて重要な分野であり頻繁に出題されている。
法定地上権の成立要件は確実に覚える。

次の記述のうち、正しいものには○、誤っているものには×をつけよ。

□□**問1**　抵当権は、不動産だけでなく、地上権及び永小作権にも設定することができる。

□□**問2**　債権者が抵当権の実行として担保不動産の競売手続をする場合には、被担保債権の弁済期が到来している必要があるが、対象不動産に関して発生した賃料債権に対して物上代位をしようとする場合には、被担保債権の弁済期が到来している必要はない。

□□**問3**　対象不動産について第三者が不法に占有している場合、抵当権は、抵当権設定者から抵当権者に対して占有を移転させるものではないので、事情にかかわらず抵当権者が当該占有者に対して妨害排除請求をすることはできない。

□□**問4**　抵当権の効力は、抵当権設定行為に別段の定めがあるとき等を除き、不動産に付合した物だけでなく、抵当権設定当時の抵当不動産の従物にも及ぶ。

□□**問5**　不動産質権も抵当権も不動産に関する物権であり、登記を備えなければ第三者に対抗することができない。

虫食い問題でチェック！

①債務者または第三者が占有を移転しないで債務の担保に供した不動産につき、他の債権者に先立って自己の債権の弁済を受けることのできる権利を、［ A ］という。
②主物の常用に供せられ、主物と所有者を同じくする物を、［ B ］という。
③抵当権の実行の際に、法律の規定によって生じる地上権を、［ C ］という。

答：A＝抵当権、B＝従物、C＝法定地上権

解答・解説

⇒**答1**　○　**地上権及び永小作権**は、**抵当権の目的**とすることができる（民法369条2項）。

⇒**答2**　×　抵当権の効力が抵当不動産の賃料債権などの果実に及ぶのは、その担保する債権につき**不履行**があったときである（371条）。競売手続の場合と同様に、**被担保債権の弁済期が到来するまで**賃料債権に物上代位はできない。

⇒**答3**　×　抵当不動産の所有者から占有権原の設定を受けて占有する者であっても、**抵当権設定登記後**に占有権原の設定を受け、その設定に抵当権の実行としての**競売手続妨害の目的**が認められ、その占有により抵当不動産の**交換価値の実現**が妨げられ、抵当権者の**優先弁済請求権の行使**が困難となるような状態があるときは、抵当権者は、占有者に対し、抵当権に基づく妨害排除請求として、**妨害の排除を求めることができる**（最判平17.3.10）。

⇒**答4**　○　判例によれば、**抵当権の効力**は、370条の付加一体物のほか、**抵当権設定当時の従物にも及ぶ**と解されている（大連判大8.3.15）。

⇒**答5**　○　不動産質権も抵当権も不動産に関する物権であり、**登記が第三者対抗要件**である（177条）。

次の記述のうち、正しいものには○、誤っているものには×をつけよ。

□□**問6**　Aは、BからBの所有地を2,000万円で買い受けたが、当該土地には、CのDに対する1,000万円の債権を担保するため、Cの抵当権が設定され、その登記もされていた。この場合、Cは、BのAに対する代金債権について、差押えをしなくても、他の債権者に優先して、1,000万円の弁済を受けることができる。

□□**問7**　Aは、BのCに対する金銭債権（利息付き）を担保するため、Aの所有地にBの抵当権を設定し、その登記をしたが、その後その土地をDに売却し、登記も移転した。この場合において、Bの抵当権が消滅した場合、後順位の抵当権者の順位が繰り上がる。

□□**問8**　Aは、BのCに対する金銭債権（利息付き）を担保するため、Aの所有地にBの抵当権を設定し、その登記をしたが、その後その土地をDに売却し、登記も移転した。この場合、Bは、抵当権の実行により、元本と最後の2年分の利息について、他の債権者に優先して弁済を受けることができる。

□□**問9**　Aは、Bから借金をし、Bの債権を担保するためにA所有の土地及びその上の建物に抵当権を設定した。この場合において、Aから抵当権付きの土地及び建物を買い取ったCは、Bの抵当権の実行に対しては、自ら競落する以外にそれらの所有権を保持する方法はない。

□□**問10**　AはBから2,000万円を借り入れて土地とその上の建物を購入し、Bを抵当権者として当該土地及び建物に2,000万円を被担保債権とする抵当権を設定し、登記した。AがBとは別に事業資金としてCから500万円を借り入れる場合、当該土地及び建物の購入代金が2,000万円であったときは、Bに対して500万円以上の返済をした後でなければ当該土地及び建物にCのために2番抵当権を設定できない。

解答・解説

⟹**答6**　×　抵当目的物の売却代金債権に対して、抵当権者が**物上代位**を行うためには、その**払渡しの前に売却代金の差押えをしなければならない**（民法372条、304条1項但書）。

⟹**答7**　○　先順位抵当権が**消滅**すると、後順位抵当権の順位は**当然に繰り上がる**（順位上昇の原則）。

⟹**答8**　○　抵当権者に**利息その他の定期金**に関する請求権がある場合には、原則として、**利息等の満期の到来した「最後の２年分」に限り、抵当権による優先弁済を受ける**ことができる（375条１項本文）。

⟹**答9**　×　抵当不動産の**第三取得者**がその所有権を保持する方法は、当該抵当権の実行において自ら競落人になるほか、**代価弁済**（378条）、あるいは**抵当権消滅請求**（379条）の方法がある。

⟹**答10**　×　抵当権は、**設定者と後順位抵当権者との合意**が成立すれば、**目的物の価額を上回る債権を被担保債権として設定することができる**。先順位抵当権が弁済により消滅することもあり、目的物の価額に見合った額の被担保債権しか担保できないというものでは**ない**。

次の記述のうち、正しいものには○、誤っているものには×をつけよ。

□□**問11** Ａは、Ｂ所有の建物に抵当権を設定し、その旨の登記をした。Ｂは、その抵当権設定登記後に、この建物をＣに賃貸した。Ｃは、この契約時に、賃料の6か月分相当額の300万円の敷金を預託した。この場合、Ａが物上代位権を行使して、ＢのＣに対する賃料債権を差し押さえた後、賃貸借契約が終了し建物を明け渡した場合、Ａは、当該賃料債権について敷金が充当される限度において物上代位権の行使はできない。

□□**問12** Ａは、Ｂ所有の建物に抵当権を設定し、その旨の登記をした。Ｂは、その抵当権設定登記後に、この建物をＣに賃貸した。Ｃは、この契約時に、賃料の6か月分相当額の300万円の敷金を預託した。Ａが物上代位権を行使して、ＢのＣに対する賃料債権を差し押さえた後は、Ｃは、Ａの抵当権設定登記前からＢに対して有している弁済期の到来している貸付金債権と当該賃料債権とを相殺することはできない。

□□**問13** Ａは、Ｂに対する貸付金債権の担保のために、当該貸付金債権額にほぼ見合う評価額を有するＢ所有の更地である甲土地に抵当権を設定し、その旨の登記をした。その後、Ｂはこの土地上に乙建物を築造し、自己所有とした。Ｂが、甲土地及び乙建物の双方につき、Ｃのために抵当権を設定して、その旨の登記をした後（甲土地についてはＡの後順位）、Ａの抵当権が実行されるとき、乙建物のために法定地上権が成立する。

□□**問14** Ａは、Ａ所有の甲土地にＢから借り入れた3,000万円の担保として抵当権を設定した。この場合において、Ｂの抵当権設定後、Ａが第三者であるＦに甲土地を売却した場合、ＦはＢに対して、民法第383条所定の書面を送付して抵当権の消滅を請求することができる。

解答・解説

答11 ○　賃貸借契約が終了し、建物を明け渡した時点において存在する未払賃料債権には敷金を充当することができる（民法622条の２）。この場合、**未払賃料債権**は、**敷金が充当される限度で消滅する**。このことは、当該賃料債権について物上代位権が行使されて、差押えがされても変わらない（最判平14.3.28）。したがって、**敷金が充当されるとその限度で賃料債権が消滅する**以上、Ａは、当該賃料債権について敷金が充当される限度において物上代位権の行使が**できない**。

答12 ×　抵当権者が物上代位権を行使して、抵当不動産の賃料債権を差し押さえた後は、賃借人は抵当権設定登記後に取得した、賃貸人に対する債権を自働債権とする賃料債権との相殺をもって抵当権者に対抗することが**できない**（最判平13.3.13）。しかし本問のように、**抵当権設定登記**前から有している**弁済期の到来した債権**と**賃料債権との相殺**は可能である。

答13 ×　法定地上権が成立するには、**抵当権設定当時、土地上に建物が存在**しなければならない（民法388条前段）。**更地**に抵当権を設定する場合、抵当権者は、土地の**担保価値**を更地として**高く評価**しているから、その後に築造された建物のために法定地上権が成立するとすれば、土地の価値が下落して抵当権者が害されてしまう。そこで、**更地**に**抵当権を設定**した場合は、**法定地上権は成立しない**とされている（最判昭36.2.10）。

答14 ○　抵当不動産の第三取得者は、383条の定めるところにより、**抵当権消滅請求**をすることが**できる**（379条）。そして、抵当不動産の第三取得者は、抵当権消滅請求をするときは、登記をした各債権者に対し、**一定の書面を送付**しなければならない（383条）。

次の記述のうち、正しいものには○、誤っているものには×をつけよ。

□□**問15** Aは、Bに対する貸付金債権の担保のために、当該貸付金債権額にほぼ見合う評価額を有するB所有の更地である甲土地に抵当権を設定し、その旨の登記をした。その後、Bはこの土地上に乙建物を築造し、自己所有とした。Aは、乙建物に抵当権を設定していなくても、甲土地とともに乙建物を競売することができるが、優先弁済権は甲土地の代金についてのみ行使できる。

□□**問16** Aは、Bから3,000万円の借金をし、その借入金債務を担保するために、A所有の甲地と、乙地と、乙地上の丙建物の上に、いずれも第1順位の普通抵当権（共同抵当）を設定し、その登記を経た。その後甲地については、第三者に対して第2順位の抵当権が設定され、その登記がされたが、第3順位以下の担保権者はいない。この場合、Bと、甲地に関する第2順位の抵当権者は、合意をして、甲地上の抵当権の順位を変更することができるが、この順位の変更は、その登記をしなければ効力が生じない。

□□**問17** Aは、Bから3,000万円の借金をし、その借入金債務を担保するために、A所有の甲地と、乙地と、乙地上の丙建物の上に、いずれも第1順位の普通抵当権（共同抵当）を設定し、その登記を経た。その後甲地については、第三者に対して第2順位の抵当権が設定され、その登記がされたが、第3順位以下の担保権者はいない。甲地が1,500万円、乙地が2,000万円、丙建物が500万円で競売され、同時に代価を配当するとき、Bはその選択により、甲地及び乙地の代金のみから優先的に配当を受けることができる。

解答・解説

答15 ○　抵当権者は、抵当権設定後に**抵当地に築造された建物**を**土地とともに競売**することができる（**一括競売**、民法389条1項本文）。しかし、**優先弁済権を行使できる**のは、**土地についてだけ**である（同項但書）。

答16 ○　**抵当権の順位の変更**は、関係する抵当権者**全員の合意**によってすることができる（374条1項本文）。これは、**登記をしないと、その効力が生じない**（同条2項）。

答17 ×　共同抵当の目的である各不動産を**同時に競売して代価を配当する場合（同時配当）**は、**各不動産の価額に応じて配当を受ける**（392条1項）。**抵当権者は、配当を受ける抵当不動産を選択することができない**。本問の場合、甲地が1,500万円、乙地が2,000万円、丙建物が500万円で競売されたのであるから、Bは、その**価額**の割合（3:4:1）に応じて、甲地から**1,125**万円、乙地から**1,500**万円、丙建物から**375**万円の配当を受けることになる。

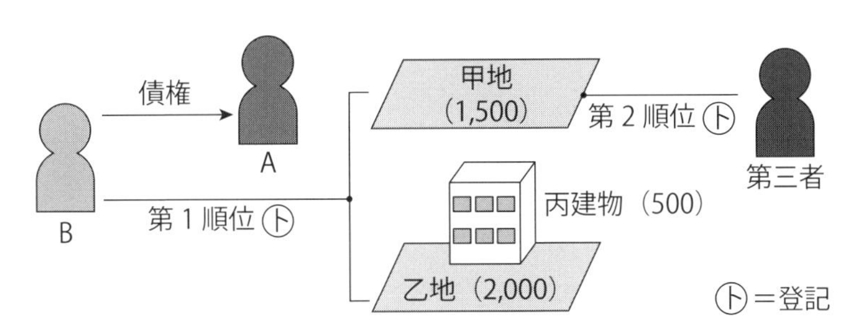

次の記述のうち、正しいものには○、誤っているものには×をつけよ。

□□**問18** Ａは、Ｂから3,000万円の借金をし、その借入金債務を担保するために、Ａ所有の甲地と、乙地と、乙地上の丙建物の上に、いずれも第1順位の普通抵当権（共同抵当）を設定し、その登記を経た。その後甲地については、第三者に対して第2順位の抵当権が設定され、その登記がされたが、第3順位以下の担保権者はいない。甲地のみが1,500万円で競売され、この代価のみがまず配当されるとき、Ｂは、甲地にかかる後順位抵当権者が存在しても、1,500万円全額（競売費用等は控除）につき配当を受けることができる。

□□**問19** ＡがＢに対する債務の担保のためにＡ所有建物に抵当権を設定し、登記をした場合、抵当権の消滅時効の期間は20年であるから、ＡのＢに対する債務の弁済期から10年が経過し、その債務が消滅しても、Ａは、Ｂに対し抵当権の消滅を主張することができない。

□□**問20** Ａ所有の甲建物に、Ｂが、Ａに対する2,000万円の貸付金を担保するために抵当権を設定し、その後Ｃが甲建物を賃借した（賃借権の登記はない）。ＡがＢに対する借入金の返済につき債務不履行となった場合、Ｂは抵当権の実行を申し立てて、ＡのＣに対する賃料債権に物上代位することも、ＡＣ間の建物賃貸借契約を解除することもできる。

□□**問21** 抵当権者は、抵当権を設定している建物が火災により消失した場合、当該建物に火災保険が付されていれば、火災保険金に物上代位することができる。

□□**問22** Aが所有する甲土地に、Bの抵当権設定登記後、第２順位の抵当権設定者であるCの抵当権設定前に、Aとの間で期間を２年とする甲土地の賃貸借契約を締結した借主Dは、Bの同意の有無にかかわらず、２年間の範囲で、Bに対しても賃借権を対抗することができる。

解答・解説

⟹**答18** ○　共同抵当の目的である不動産の**一部のみを競売**して代価を配当する場合（**異時配当**）、**第1順位の抵当権者**は、**当該不動産に後順位抵当権者が存在しても**、その代価から**債権全額の弁済を受けることができる**（民法392条2項前段）。

⟹**答19** ×　抵当権の被担保債務自体が**時効消滅**した場合、**抵当権は付従性の原則により当然に消滅**することになる（396条）。

⟹**答20** ×　抵当権は、目的物の**売却**、**賃貸**、**滅失**または**損傷**によって債務者が受けるべき**金銭**その他の物に対して行使することができる（372条、304条）。したがって、Bは、抵当権の実行を申し立てて、AのCに対する賃料債権に物上代位することができる。しかし、**契約当事者ではない以上、AC間の賃貸借契約を解除する権限がない**。

⟹**答21** ○　抵当権の目的物の滅失によって債務者が取得する**保険金請求権**は「**目的物の滅失によって債務者が受けるべき金銭**」にあたり（304条）、**物上代位が認められる**（372条）。

⟹**答22** ×　登記されていない賃借権が、先に登記された抵当権に対抗できないことは当然として、**登記した賃借権である場合**、先に登記された抵当権に対抗するには、**抵当権者の同意の登記**が必要とされている（387条1項）。

権利関係編

1章 担保物権

6.根抵当権

めざせ7割！

1回目 ／5問

2回目 ／5問

元本の確定の前後でいかなる違いがあるかに注意。

次の記述のうち、正しいものには○、誤っているものには×をつけよ。

□□**問1**　普通抵当権でも、根抵当権でも、設定契約を締結するためには、被担保債権を特定することが必要である。

□□**問2**　登記された極度額が1億円の場合、根抵当権者は、元本1億円とそれに対する最後の2年分の利息及び損害金の合計額につき、優先弁済を主張できる。

□□**問3**　貸付金債権を担保するための根抵当権において、貸付金債権の元本が確定した場合、根抵当権者は、確定期日の被担保債権額のほか、確定期日後に生じた利息及び損害金についても、登記された極度額に達するまで、根抵当権に基づく優先弁済権を主張することができる。

□□**問4**　根抵当権の極度額は、いったん登記がされた後は、後順位担保権者その他の利害関係者の承諾を得た場合でも、増額することはできない。

□□**問5**　根抵当権者は、元本の確定前において、同一の債務者に対する他の債権者の利益のために、その順位を譲渡することができる。

虫食い問題でチェック！

①根抵当権者が優先弁済を受けることのできる限度額を、［ A ］という。

②一定の範囲に属する不特定の債権を［ A ］の限度において担保するために設定する抵当権を［ B ］という。

③［ B ］によって担保される元本債権が確定することを、［ C ］という。

答：A＝極度額、B＝根抵当権、C＝元本の確定

解答・解説

⟹**答1**　×　**普通抵当権**を設定する場合は、被担保債権を特定することは**必要**である。**根抵当権**は、不特定の債権を極度額の限度で担保するものであるから、被担保債権を特定することは**不要**である（民法398条の2第1項）。

⟹**答2**　×　普通抵当権の場合、利息・遅延損害金は最後の２年分に限って担保される（375条1項本文）が、**根抵当権**には**このような制限**がない。**極度額の範囲内**であれば、**無制限に担保される**。

⟹**答3**　〇　元本の確定（根抵当権の確定）とは、根抵当権によって担保される**元本債権が確定すること**をいう。**元本債権**は、元本**確定期日において存在するものだけ**が根抵当権によって担保されることになるが、元本債権から生じる**利息や遅延損害金は極度額に達するまで担保される**。

⟹**答4**　×　**極度額の変更**は、増額の場合には後順位抵当権者や差押債権者、減額の場合には転抵当権者などの利害に影響を及ぼす。したがって、これらの利害関係者の承諾がなければ変更はできないが、**承諾があれば変更が可能**である（398条の5）。これは登記された後でも同じである。

⟹**答5**　×　**根抵当権者**は、元本の**確定前**には、**転抵当**の場合を除いて、376条1項に規定された**抵当権の処分を行うことができない**（398条の11第1項）。したがって、本問のような場合、その順位を譲渡することが**できない**。

権利関係編

1章 債権総論

1.債務不履行

めざせ7割！
1回目 ／9問
2回目 ／9問

出題頻度の高い履行遅滞を中心に、履行不能、不完全履行を整理する。

次の記述のうち、正しいものには○、誤っているものには×をつけよ。

□□**問1**　ＡはＢとの間で、土地の売買契約を締結し、Ａの所有権移転登記手続とＢの代金の支払を同時に履行することとした。決済約定日に、Ａは所有権移転登記手続を行う債務の履行の提供をしたが、Ｂが代金債務につき弁済の提供をしなかったので、Ａは履行を拒否した。この場合Ｂは、履行遅滞に陥り、遅延損害金支払債務を負う。

□□**問2**　Ａを借主、Ｂを貸主とするＡＢ間の利息付金銭消費貸借契約について、当該契約の履行期日について、Ｂの父の死亡後３か月後にＡが支払う旨の定めをした場合は、Ａが、Ｂの父が死亡した日から３か月を経過したことを知らなくても、その後Ｂから請求を受けた場合は、請求を受けた時から遅滞の責任を負う。

□□**問3**　Ａを借主、Ｂを貸主とするＡＢ間の利息付金銭消費貸借契約について、当該契約の履行期日について、確定期限の定めがあるときでも、Ａは、Ｂから履行の請求を受けるまでは、確定期限が到来しても履行遅滞とはならない。

□□**問4**　Ａを借主、Ｂを貸主とするＡＢ間の利息付金銭消費貸借契約について、当該契約の履行期日について、特に定めをしなかった場合は、Ａは、ＢがＡに対し履行の請求をした時から遅滞の責任を負う。

虫食い問題でチェック！

①債務者が債務の本旨に従った履行をしないことと、債務の履行が不能であることを［　A　］という。

②債務不履行には［　B　］、［　C　］、［　D　］がある。

答：A＝債務不履行、B＝履行遅滞、C＝履行不能、D＝不完全履行（B・C・Dは順不同）

解答・解説

⇒**答1**　〇　Bは、決済約定日に、Aが履行の提供をしているのに代金債務の弁済の提供をしなかったことで**債務不履行となり、遅延損害金支払債務を負う**（民法415条）。

⇒**答2**　〇　不確定期限のある債務は、債務者は、その**期限の到来した後に履行の請求を受けた時またはその期限の到来したことを知った時のいずれか早い時**から遅滞の責任を負う（412条2項）。本問はBから**履行の請求**を受けているので、その時から遅滞の責任を負う。

⇒**答3**　×　確定期限のある債務は、債務者は、**その期限の到来した時から遅滞の責任を負う**（412条1項）。したがって、債権者から請求を受けるまで履行遅滞にならないとする点で**誤り**となる。

⇒**答4**　〇　債務の履行について期限を定めなかったときは、債務者は、**履行の請求を受けた時**から遅滞の責任を負う（412条3項）。

次の記述のうち、正しいものには○、誤っているものには×をつけよ。

□□**問5**　債務の履行が契約その他の債務の発生原因及び取引上の社会通念に照らして不能であるときは、債権者は、その債務の履行を請求することができない。

□□**問6**　契約に基づく債務の履行が契約の成立時に不能であったとしても、その不能が債務者の責めに帰することができない事由によるものでない限り、債権者は、履行不能によって生じた損害について、債務不履行による損害の賠償を請求することができる。

□□**問7**　債務の目的が特定物の引渡しである場合、債権者が目的物の引渡しを受けることを理由なく拒否したため、その後の履行の費用が増加したときは、その増加額について、債権者と債務者はそれぞれ半額ずつ負担しなければならない。

□□**問8**　債務者がその債務について遅滞の責任を負っている間に、当事者双方の責めに帰することができない事由によってその債務の履行が不能となったときは、その履行不能は債務者の責めに帰すべき事由によるものとみなされる。

□□**問9**　Aを売主、Bを買主として、甲土地の売買契約が締結された際、AがBに甲土地の引渡しをすることができなかった場合、その不履行がAの責めに帰することができない事由によるものであるときを除き、BはAに対して、損害賠償の請求をすることができる。

解答・解説

⟹**答5**　○　債務の履行が契約その他の債務の発生原因及び取引上の社会通念に照らして不能であることを**履行不能**という。履行が不能であるときは、債権者は、その債務の履行を**請求することができない**（民法412条の2）。

⟹**答6**　○　契約に基づく債務の履行がその契約の成立の時に不能であったとしても、**債務者**の責任でない場合を除き、債権者は、履行不能による損害について、**債務不履行による損害賠償請求をすることができる**（412条の2第2項、415条1項）。

⟹**答7**　×　**債権者が債務の履行を受けることを拒否**したことによって、その履行の費用が増加したときは、その増加額については**債権者が負担**しなければならない（413条2項）。

⟹**答8**　○　債務者がその債務について遅滞の責任を負っている間に、**当事者双方の責めに帰することができない事由**によってその債務の履行が不能となったときは、その履行の不能は、**債務者の責めに帰すべき事由によるものとみなされる**（413条の2第1項）。

⟹**答9**　○　債務者がその債務の本旨に従った履行をしないときまたは債務の履行が不能であるときは、その債務の不履行が契約その他の債務の発生原因及び取引上の社会通念に照らして**債務者の責めに帰することができない事由によるものであるときを除き**、債権者は、これによって生じた損害の賠償を請求することが**できる**（415条1項）。

権利関係編

1章 債権総論

2.債権の目的・効力

めざせ7割！

1回目 ／4問

2回目 ／4問

債務不履行に基づく損害賠償を中心に押さえる。

次の記述のうち、正しいものには○、誤っているものには×をつけよ。

□□**問1**　ＡのＢに対する貸金に関し、ＡＢ間で利息を支払う旨を定めた場合で、利率について別段の定めがないときは、Ａは、利息を請求できない。

□□**問2**　金銭債務の不履行については、債権者は、損害の証明をすることなく、損害賠償の請求をすることができる。

□□**問3**　ＡＢ間の土地売買契約中の履行遅滞の賠償額の予定の条項によって、ＡがＢに対して、損害賠償請求をする場合において、Ｂが、Ａの過失を立証して、過失相殺の主張をしたとき、裁判所は損害額の算定にその過失を斟酌することができる。

□□**問4**　共に宅地建物取引業者であるＡＢ間でＡ所有の土地について、令和4年９月１日に売買代金3,000万円（うち、手付金200万円は同年９月１日に、残代金は同年10月31日に支払う。）とする売買契約を締結した場合、Ｂの債務不履行によりＡが売買契約を解除する場合、手付金相当額を損害賠償の予定とする旨を売買契約で定めていた場合には、特約がない限り、Ａの損害が200万円を超えていても、Ａは手付金相当額を超えて損害賠償請求はできない。

①債務不履行をしたことによって債権者に損害が発生した場合で債務者に帰責事由がある場合、損害の賠償を債務者に請求することができる権利を、[A]という。

②当事者の一方が契約に違反する行為をした場合の損害賠償の額について、あらかじめ、当事者間で[B]額を定めておくことができる。

答：A＝損害賠償請求権、B＝予定

解答・解説

答1　×　**利息を支払う旨を定めた場合**は、**利率**について別段の**定めがなくても**、その利息が生じた**最初の時点**における**法定利率**による利息を請求することができる（民法404条１項）。

答2　○　**金銭債務の損害賠償**については、**損害の証明が不要**との特則が定められている（419条2項）。

答3　○　**賠償額の予定の条項**によって損害賠償請求する場合において、**債務不履行**またはこれによる損害の発生もしくは拡大に関し債権者に過失があったときは、裁判所は損害賠償責任及びその金額を定めるにつき、**債権者の過失を斟酌することができる**（418条）。

答4　○　当事者は、債務の不履行について**損害賠償の額を予定することができる**（420条1項）。損害賠償額の予定が定めてある場合には、実際の損害額の多寡にかかわらず**予定した額を超えて請求をすることができない**。

1章 債権総論
3.債権者代位権

債権者代位権行使の要件及び効果を確認する。

次の記述のうち、正しいものには○、誤っているものには×をつけよ。

□□**問1**　債務者が既に自ら権利を行使しているときでも、債権者は、自己の債権を保全するため、民法第423条に基づく債権者代位権を行使することができる場合がある。

□□**問2**　未登記建物の買主は、売主に対する建物の移転登記請求権を保全するため、売主に代位して、当該建物の所有権保存登記手続を行うことができる場合がある。

□□**問3**　建物の賃借人は、賃貸人（建物所有者）に対し使用収益を求める債権を保全するため、賃貸人に代位して、当該建物の不法占有者に対し当該建物を直接自己に明け渡すよう請求できる場合がある。

□□**問4**　Ａが妻Ｂに不動産を贈与した場合、Ａの債権者Ｃは、Ａの夫婦間の契約取消権を代位行使することができる。

□□**問5**　ＡのＢに対する債権の弁済期が到来していない場合でも、自己の債権を保全するため必要があるときは、Ａは、ＢのＣに対する被代位権利を行使することができる。

虫食い問題でチェック！

①債務者に対してさらに債務を負う者を、[A]という。

②債権者がその債権を保全するために、債務者が第三債務者に対して有する権利を債務者に代わって行使し、債務者の責任財産を維持する制度を、[B]という。

答：A＝第三債務者、B＝債権者代位権

解答・解説

⟹**答1**　×　債務者自身が代位の目的である**権利を行使している場合、債権者は、債権者代位権を行使**できない（最判昭28.12.14）。

⟹**答2**　○　未登記建物の買主は、売主に対する移転登記請求権を保全するために、売主に代位して**所有権保存登記をすることが**できる（大判大5.2.2）。

⟹**答3**　○　建物の賃借人は、賃借建物に不法占有者がある場合、賃貸人に代位して、**直接自己に対して明渡しすべきことを請求**できる（最判昭29.9.24）。

⟹**答4**　×　**夫婦間の契約取消権**のような行使上の一身専属権については、**代位行使することが**できない（民法423条1項但書）。

⟹**答5**　×　**代位債権者の債権**は、原則として弁済期にあることが必要であるため、**弁済期前**の場合、保存行為を除き、被代位権利を行使することが**できない**とされている（423条2項本文）。

1章 債権総論

4.連帯債務

めざせ7割！

1回目 ／10問

2回目 ／10問

連帯債務において絶対的効力を生じさせる事由はすべて覚える必要がある。

次の記述のうち、正しいものには○、誤っているものには×をつけよ。

□□**問1**　Ａ及びＢは、Ｃと売買契約を締結し、連帯してその代金を支払う債務を負担している。売買契約を締結する際、Ａに錯誤があって、ＡがＡＣ間の売買契約を取り消したとしても、ＢＣ間の売買契約は、取消しとはならない。

□□**問2**　Ａ及びＢは、Ｃと売買契約を締結し、連帯してその代金を支払う債務を負担している。この場合、Ｃが死亡し、Ａがその相続人としてその代金債権を承継しても、Ｂの代金支払債務は消滅しない。

□□**問3**　ＡとＢとが共同で、Ｃから、Ｃ所有の土地を2,000万円で購入し、代金を連帯して負担する（連帯債務）と定め、ＣはＡ・Ｂに登記、引渡しをしたのに、Ａ・Ｂが支払いをしない。ＡとＢとが、代金の負担部分を1,000万円ずつと定めていた場合、ＡはＣから2,000万円請求されても、1,000万円を支払えばよい。

□□**問4**　Ａ及びＢは、Ｃの所有地を買い受ける契約をＣと締結し、連帯して代金を支払う債務を負担している。この場合、ＣがＡに対して期限の猶予をしたときは、常にＢの債務についても期限が猶予される。

虫食い問題でチェック!

①数人の債務者が、同一内容の給付についてそれぞれ独立に全部の給付をなすべき債務を負うが、そのうちの1人が全部の給付をすれば、他の債務者もことごとく債務を免れるという債務関係を、[A]という。
②債務者の1人について生じた事由が他の債務者に効力を及ぼさないことを、[B]という。
③債務者の1人について生じた事由が他の債務者にも効力を及ぼすことを、[C]という。

答：A＝連帯債務、B＝相対的効力、C＝絶対的効力

解答・解説

答1　○　**連帯債務**は、債務者が**別個独立**の債務を負担するので、その**成立要件・有効要件は別個に考えるべき**ものとされる。したがって、**連帯債務者の1人について法律行為の無効・取消しの原因**がある場合、**他の債務者については、有効な債務が成立する**（民法437条）。

答2　×　連帯債務者の1人と債権者との間に相続などで**混同**があった場合は、**その債務者は弁済をした**ものとみなされるので、Bの債務は**消滅**する（440条）。

答3　×　**債権者**は、**連帯債務者の1人**に対し、または**同時**にもしくは**順次**にすべての連帯債務者に対し、**債権の全部または一部の履行を請求することができる**（436条）。すると、連帯債務者の1人が債権者から全額の請求をされた場合には、その**全額**を支払わなければならない。負担部分の定めはあくまで連帯債務者同士の内部関係であって、債権者に対して主張することが**できない**のである。

答4　×　438条（更改）、439条1項（相殺）、440条（混同）に掲げられた事由以外の事由は、債権者と当該事由が生じていない他の連帯債務者が別段の意思を表示したときを除いて**相対的効力**しか持たない（441条）。そのため、債権者が連帯債務者の1人に対して**期限の猶予**をした場合、原則として、**他の連帯債務者にその効力が生じない**。

次の記述のうち、正しいものには○、誤っているものには×をつけよ。

□□**問5**　Ａ及びＢは、Ｃの所有地を買い受ける契約をＣと締結し、連帯して代金を支払う債務を負担している。Ａが債務を承認して、Ｃの代金債権の消滅時効が更新されても、Ｂの債務については更新されない。

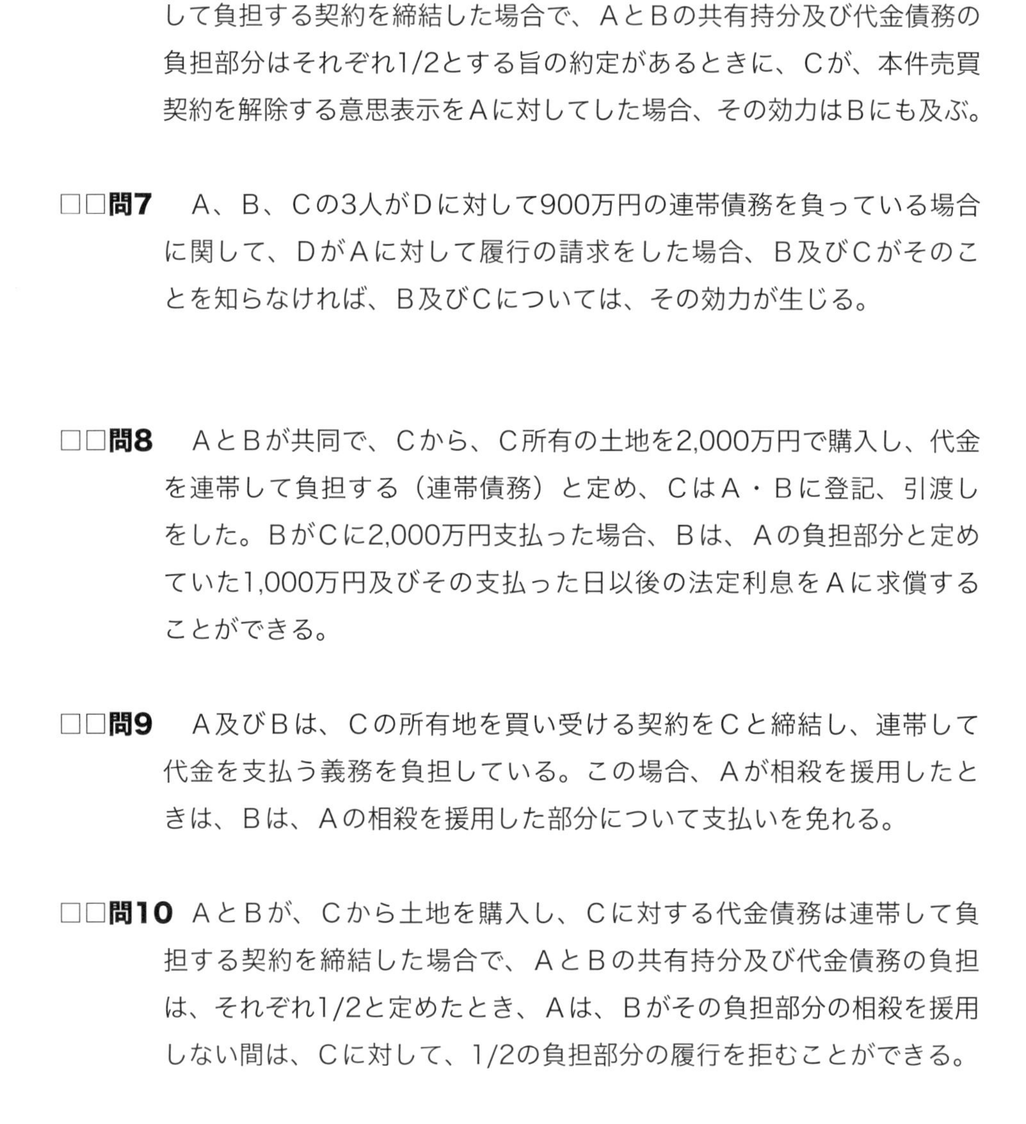

□□**問6**　ＡとＢが、Ｃから土地を購入し、Ｃに対する代金債務については連帯して負担する契約を締結した場合で、ＡとＢの共有持分及び代金債務の負担部分はそれぞれ1/2とする旨の約定があるときに、Ｃが、本件売買契約を解除する意思表示をＡに対してした場合、その効力はＢにも及ぶ。

□□**問7**　Ａ、Ｂ、Ｃの3人がＤに対して900万円の連帯債務を負っている場合に関して、ＤがＡに対して履行の請求をした場合、Ｂ及びＣがそのことを知らなければ、Ｂ及びＣについては、その効力が生じる。

□□**問8**　ＡとＢが共同で、Ｃから、Ｃ所有の土地を2,000万円で購入し、代金を連帯して負担する（連帯債務）と定め、ＣはＡ・Ｂに登記、引渡しをした。ＢがＣに2,000万円支払った場合、Ｂは、Ａの負担部分と定めていた1,000万円及びその支払った日以後の法定利息をＡに求償することができる。

□□**問9**　Ａ及びＢは、Ｃの所有地を買い受ける契約をＣと締結し、連帯して代金を支払う義務を負担している。この場合、Ａが相殺を援用したときは、Ｂは、Ａの相殺を援用した部分について支払いを免れる。

□□**問10**　ＡとＢが、Ｃから土地を購入し、Ｃに対する代金債務は連帯して負担する契約を締結した場合で、ＡとＢの共有持分及び代金債務の負担は、それぞれ1/2と定めたとき、Ａは、Ｂがその負担部分の相殺を援用しない間は、Ｃに対して、1/2の負担部分の履行を拒むことができる。

解答・解説

答5　○　**債務の承認**を理由とする時効の更新は、**相対的効力**しかなく、**他の連帯債務者に効力が生じない**（民法441条）。このため、Bの債務については更新されない。

答6　×　当事者の一方が数人ある場合、**契約の解除**はその**全員からするか**、あるいはその**全員に対してするときのみ**効力を生じる（544条1項、解除権の不可分性）。このため、Aに対して意思表示をした場合、**他の債務者Ｂに効力が及ばない**（441条）。

答7　×　連帯債務者の1人について生じた事由は、**更改・相殺・混同を除いて他の債務者に効力を生じない**（441条本文）。このため、DがAに対して履行の請求をした場合には、B、Cの**知る、知らないにかかわらず効力を生じない**。

答8　○　連帯債務者の１人が債務を弁済したときは、他の債務者に対しその**支出した財産の額**（共同の免責を得た額を超える場合は、その免責を得た額）のうち**各自の負担部分**に応じた額の求償権を**有する**（442条1項）。**求償**に際しては、**弁済した日以後の法定利息及び避けることができなかった費用**その他の**損害賠償**も請求することができる（同条2項）。

答9　○　連帯債務者の１人につき相殺を援用したときは、**債権は、すべての連帯債務者の利益のために消滅する**（439条1項）。このため、BはＡが相殺を援用した部分の**支払いを免れる**。

答10　○　連帯債務者の１人が相殺を援用しない間は、その**連帯債務者の負担部分の限度**で、他の連帯債務者は、債権者に対し**債務の履行を拒むことができる**（439条2項）。したがって、Bが相殺を援用しない間は、Aは、その負担部分である1/2を限度として、Cからの履行の請求を**拒むことが**できる。

権利関係編

1章 債権総論

5.保証債務

めざせ7割！

1回目　／14問

2回目　／14問

保証債務と連帯保証債務、及び連帯保証債務と連帯債務の相違点に注意する必要がある。

次の記述のうち、正しいものには○、誤っているものには×をつけよ。

□□**問1**　Aは、BのCに対する1,000万円の債務について、保証人となる契約を、Cと締結した。BのCに対する債務が条件不成就のため成立しなかった場合、Aは、Cに対して保証債務を負わない。

□□**問2**　Aは、BのCに対する1,000万円の債務について、保証人となる契約を、Cと締結した。ＡＣ間の保証契約締結後、ＢＣ間の合意で債務が増額された場合、Aは、その増額部分についても、保証債務を負う。

□□**問3**　事業のために負担した貸金債務を主たる債務とする保証契約は、保証人になろうとする者が、契約締結の日の前1か月以内に作成された公正証書で保証債務を履行する意思を表示していなければ無効となる。

□□**問4**　AがBに対して負う1,000万円の債務について、C及びDが連帯保証人となった場合（ＣＤ間に特約はないものとする。）において、CがBから1,000万円の請求を受けた場合、Cは、Bに対し、Dに500万円を請求するよう求めることができる。

虫食い問題でチェック!

①主たる債務者がその債務を履行しない場合に、その履行の責に任ずる保証人の債務を、[A]という。

②保証人が、主たる債務者と連帯して保証債務を負担する制度を、[B]という。

答：A＝保証債務、B＝連帯保証

解答・解説

⟹**答1**　○　**主たる債務**が**条件付**であるとき、**保証債務**も**条件付**で効力を生じる（保証債務の**付従性**）。主たる債務の条件が不成就である場合、保証債務は成立**しない**（民法446条1項）。

⟹**答2**　×　**主たる債務が存在しない**ときは、**保証債務は成立しない**（保証債務の**付従性**）。本問では、保証契約締結時、増額部分の主たる債務は存在しなかった。したがって、主たる債務の内容が加重されても保証債務には影響を**及ぼさない**（448条２項）。

⟹**答3**　○　**事業のために負担した貸金等債務**を主たる債務とする保証契約または主たる債務の範囲に**事業のために負担する貸金等債務**が含まれる根保証契約は、その契約の締結に先立ち、その締結の日前**1か月**以内に作成された公正証書で保証人になろうとする者が**保証債務を履行する意思**を表示していなければ、その効力を生じない（465条の６第1項）。

⟹**答4**　×　共同保証人は、債務額を全保証人間で**均分**した部分についてのみ保証債務を負うのが原則である（**分別の利益**、456条、427条）。しかし、**数人の保証人**が**連帯保証人**の場合には**分別の利益**がないので、**債務額の全部を保証する**こととなる。

次の記述のうち、正しいものには○、誤っているものには×をつけよ。

□□**問5**　Ａは、ＢのＣに対する1,000万円の債務について、保証人となる契約を、Ｃと締結した。この場合、ＣがＡに対して直接1,000万円の支払いを求めてきても、ＢがＣに600万円の債権を有しているときは、Ａは、Ｂの債権による抗弁を主張して、400万円を支払えばよい。

□□**問6**　Ａは、Ａの所有する土地をＢに売却し、Ｂの売買代金の支払債務についてＣがＡとの間で保証契約を締結した。Ｃの保証債務にＢと連帯して債務を負担する特約がない場合、Ｂに対する履行の請求その他時効の完成猶予及び更新は、Ｃに対してもその効力を生ずる。

□□**問7**　ＡがＢに1,000万円を貸し付け、Ｃが連帯保証人となった場合に、Ｃは、Ａからの請求に対して、自分は保証人だから、まず主たる債務者であるＢに対して請求するよう主張することができる。

□□**問8**　ＡがＢに対して負う1,000万円の債務について、Ｃ及びＤが連帯保証人となった場合（ＣＤ間に特約はないものとする。）において、ＣがＢから請求を受けた場合、ＣがＡに執行の容易な財産があることを証明すれば、Ｂは、まずＡに請求しなければならない。

□□**問9**　ＡがＢに1,000万円を貸し付け、Ｃが連帯保証人となった場合に、ＣがＡに対して全額弁済した場合に、Ｂに対してＡが有する抵当権を代位行使するためには、Ｃは、Ａの承諾を得る必要がある。

□□**問10**　Ａは、Ａの所有する土地をＢに売却し、Ｂの売買代金の支払債務についてＣがＡとの間で保証契約を締結した。Ｃの保証債務がＢとの連帯保証債務である場合、Ｃに対する履行の請求は、Ｂに対しても効力を生じる。

解答・解説

答5 ○ **保証人**は、**主たる債務者**が主張することができる**抗弁**をもって**債権者に対抗することができる**（民法457条2項）。

答6 ○ **主たる債務者に対する**履行の請求その他の事由による**時効の完成猶予及び更新**は、**保証人に対しても効力を生じる**（457条1項）。

答7 × **連帯保証人**は**催告の抗弁権を有しない**（454条、452条）。したがって、まず主たる債務者であるBに対して請求するように主張することができない。

答8 × **連帯保証人**は**検索の抗弁権を有しない**（454条、453条）。したがって、主たる債務者Aに執行の容易な財産があることを連帯保証人Cが証明した場合でも、債権者BはCに請求することができる。

答9 × **弁済**をするについて**正当な利益**を有する者は、弁済によって**当然に債権者に代位する**（499条）。そして、**連帯保証人**は弁済をなすにつき**正当の利益を有する**（大判昭9.10.16）。したがって、Bに対してAが有する抵当権を代位行使する場合、Cは、Aの承諾を得ることは不要である。

答10 × 連帯債務者の1人に対する履行の請求は、**他の連帯債務者に対してその効力を生じない**（436条、441条）。そして、連帯保証人について441条が準用される（458条）。したがって、連帯保証人に対する履行の請求は、**主たる債務者に対して効力が生じない**。

次の記述のうち、正しいものには〇、誤っているものには×をつけよ。

□□**問11**　ＡとＢは、1,000万円の連帯債務をＣに対して負っている（負担部分は1/2ずつ)。また、Ｄが主債務者として、Ｅに1,000万円の債務を負い、ＦはＤから委託を受けてその債務の連帯保証人となっている。ＢがＣに対して有する反対債権500万円との相殺を援用しても、ＡはＣに対してなお500万円の債務を負担しているが、ＦがＥに対して有する反対債権1,000万円との相殺を援用すれば、Ｄの債務の全額も消滅する。

□□**問12**　ＡとＢは、1,000万円の連帯債務をＣに対して負っている（負担部分は1/2ずつ)。また、Ｄが主債務者として、Ｅに1,000万円の債務を負い、ＦはＤから委託を受けてその債務の連帯保証人となっている。Ａが1,000万円を弁済した場合には、Ａは500万円についてのみＢに対して求償することができ、Ｆが1,000万円を弁済した場合にも、Ｆは500万円についてのみＤに対して求償することができる。

□□**問13**　Ａ銀行のBに対する貸付債権1,500万円につき、CがＢの委託を受けて全額について連帯保証をし、D及びEは物上保証人として自己の所有する不動産にそれぞれ抵当権を設定していた場合、CがA銀行に対して債権全額について保証債務を履行すれば、Cは、Ｄ及びＥの各不動産に対する抵当権を実行して1,500万円を回収することができる。

□□**問14**　委託を受けた保証人は、履行の請求を受けた場合だけでなく、履行の請求を受けずに自発的に債務の消滅行為をする場合であっても、あらかじめ主たる債務者に通知をしなければ、同人に対する求償が制限されることがある。

解答・解説

⇒**答11** ○　**連帯債務者の1人が債権者に対して債権を有する**場合において、その**連帯債務者が相殺を援用**したときは、債権は、**すべての連帯債務者の利益のために消滅**する（民法439条１項）。したがって、ＢがＣに対して有する債権500万円の相殺を援用すれば、ＡはＣに対して500万円の債務を負担することになる。また、**連帯保証の場合、連帯債務に関する439条１項が準用される**ので、連帯保証人Fの反対債権による相殺により、**主たる債務者Dの債務も消滅**する（458条）。

⇒**答12** ×　**連帯債務者の１人が弁済**をしたときは、他の連帯債務者に対し各自の**負担部分に応じた額**を求償することができる（442条1項）。したがって、Ａが1,000万円を弁済した場合には、Ａは負担部分の1/2に応じた**500**万円についてのみＢに対して求償できる。これに対し、**連帯保証人**が弁済した場合の求償関係は、**普通**保証の場合と同様である。したがって、委託を受けた**保証人**は、**弁済額全額を主債務者に求償できる**（459条1項）。本問の場合、1,000万円を弁済したＦは、**1,000**万円をＤに対して求償できる。

⇒**答13** ×　保証人と物上保証人がある場合は、各自その**数に応じて債権者に代位**する（501条３項４号本文）。そして、物上保証人が数人あるときは保証人の負担部分を除いた残額につき、物上保証人が提供している**各担保物の価格に応じて債権者に代位**する（同号但書）。したがって、Cの負担部分は、1,500万円をC・D・Eの3人で割った500万円であり、これを除いた残額**1,000**万円につき、Cは、Ｄ・Eの各不動産に対する抵当権を実行して回収できる。

⇒**答14** ○　委託を受けた保証人は、履行の請求を受けた場合だけでなく、履行の請求を受けずに自発的に債務の消滅行為をする場合であっても、**あらかじめ主たる債務者に通知をしなければ、主たる債務者から、債権者に対抗することができた事由をもって対抗されうる**（463条1項）。よって、委託を受けた保証人は、**あらかじめ**主たる債務者に**通知**をしなければ、同人に対する求償が制限されることがある。

権利関係編

1章 債権総論

6.債権譲渡

めざせ7割！

1回目 ／10問

2回目 ／10問

債権譲渡の対抗要件についての条文の規定と債権が二重譲渡された場合の譲受人同士の優劣についての、判例の結論を確実に覚える。

次の記述のうち、正しいものには○、誤っているものには×をつけよ。

□□**問1**　Aは、Bに対して貸付金債権を有しており、その貸付金債権に譲渡制限特約が付いている場合であっても、Aはこの貸付金債権をCに対して譲渡することができる。

□□**問2**　債権の譲受人が譲渡制限特約の存在を知っていれば、さらにその債権を譲り受けた転得者がその特約の存在を知らなかったことにつき重大な過失がなかったとしても、債務者はその転得者に対して、その債務の履行を拒むことができる。

□□**問3**　Aが、Cに対する債務の担保としてAのBに対する金銭債権をCに譲渡した場合、Aの債務不履行があったときは、CからBに対して譲渡の通知をすることとしておけば、Cは、Aに代位して自己の名義で有効な譲渡の通知をすることができる。

□□**問4**　Aは、Bに対して貸付金債権を有しており、Aはこの貸付金債権をCに対して譲渡した。Aが貸付金債権をDに対しても譲渡し、Cへは確定日付のない証書、Dへは確定日付のある証書によってBに通知した場合で、いずれの通知もBによる弁済前に到達したとき、Bへの通知の到達の先後にかかわらず、DがCに優先して権利を行使することができる。

虫食い問題でチェック！

①債権の内容を変えないで債権を移転することを目的とする契約を、［ A ］という。

②債権譲渡を債務者に対抗するには、譲渡人から債務者への［ B ］または債務者の［ C ］が必要である。

③債権譲渡を第三者に対抗するには、［ D ］のある証書による通知または承諾が必要である。

答：A＝債権譲渡、B＝通知、C＝承諾、D＝確定日付

解答・解説

答1　○　譲渡制限特約の付いた債権であっても、債権の譲渡は、**その効力を妨げられない**（民法466条2項）。このため、AはCに譲渡することができる。

答2　×　**債権の譲受人その他の第三者**が、**譲渡制限特約がされたことを**知り、または**重大な過失**によって知らなかったときは、債務者は、その債務の**履行を拒むことができる**（466条3項）。よって、転得者がその特約の存在を知らず、知らなかったことにつき重大な過失がなかった場合には、債務者は当該転得者に対して、その債務の履行を拒むことが**できない**。

答3　×　**通知**は、譲渡人（債権者）が**自ら**債務者に対してする必要がある。**譲受人が譲渡人に代位して通知することはできない**（467条1項、大判昭5.10.10）。

答4　○　**債権譲渡**を債務者以外の**第三者に対抗**するには、**確定日付のある通知**または**承諾**が必要である（467条2項）。本問の場合、AからDへの譲渡については確定日付のある証書によってBに通知がなされているが、**Cへの譲渡の通知**には**確定日付がない**。したがって、Bへの通知の到達の先後にかかわらず、**DがCに優先して権利を行使することができる**。

次の記述のうち、正しいものには○、誤っているものには×をつけよ。

□□**問5**　建物賃貸人Aが、賃借人Bに対する賃料債権を第三者Fに適法に譲渡し、その旨をBに通知したときは、通知時点以前にBがAに対する債権を有しており相殺適状になっていたとしても、Bは、通知後はその債権と譲渡にかかる賃料債権とを相殺することはできない。

□□**問6**　Aは、Bに対して貸付金債権を有しており、Aはこの貸付金債権をCに対して譲渡した。Aが貸付金債権をDに対しても譲渡し、Cへは令和○年10月10日付、Dへは同月9日付のそれぞれ確定日付のある証書によってBに通知した場合で、いずれの通知もBによる弁済前に到達したとき、Bへの通知の到達の先後にかかわらず、DがCに優先して権利を行使することができる。

□□**問7**　AがBに対して有する金銭債権をCに譲渡した場合、Bが譲渡を承諾する相手方は、A又はCのいずれでも差し支えない。

□□**問8**　Aは、Bに対して貸付金債権を有しており、Aはこの貸付金債権をCに対して譲渡した。Bが債権譲渡を承諾しない場合、CがBに対して債権譲渡を通知するだけでは、CはBに対して自分が債権者であることを主張することができない。

□□**問9**　Aが、Bに対する債権をCに譲渡した場合には、Aが、Bに債権譲渡の通知をしても、BはCに対して当該債権に係る債務の弁済を拒否することができる。

□□**問10**　Aが、AのBに対する金銭債権をCに譲渡した場合において、Bは、譲渡の当時Aに対し相殺適状にある反対債権を有するとき、Aが譲渡の通知をしたときは、相殺をすることができる。

解答・解説

⟹**答5**　×　債務者は、**対抗要件具備時より前に取得**した譲渡人に対する債権による**相殺をもって譲受人に対抗**することが**できる**（民法469条１項）。このため、Bは通知後も相殺することが**できる**。

⟹**答6**　×　債権が二重に譲渡され、各譲受人が**ともに確定日付のある証書による通知を得ている場合**、両者の優劣は、確定日付の先後ではなく、**その通知が債務者に到達した日時の先後で決まる**（最判昭49.3.7）。

⟹**答7**　○　債権譲渡において債務者が**譲渡の承諾をする相手方**は、譲渡人と譲受人の**どちらでもよい**とされている（大判大6.10.2）。

⟹**答8**　○　債権譲渡の通知は、必ず**譲渡人**から**債務者**に対してすることを要する（民法467条1項）。したがって、**譲受人Cによる通知は債権譲渡の対抗要件とならない**。

⟹**答9**　×　譲渡人Ａが債務者Ｂに譲渡の**通知**をすれば、譲受人Ｃは債権の取得を債務者その他の**第三者に対抗することができる**（467条１項）。よって、Ｂ はＣに対して債務の弁済を拒否することが**できない**。

⟹**答10**　○　譲渡人が債務者に**譲渡の通知をした場合**は、それをもって**対抗することができる**が、債務者は、**対抗要件具備時より前に取得**した譲渡人に対する債権による相殺をもって譲受人に**対抗することができる**（467条１項、469条１項）。

権利関係編

章

債権総論

7.債権の消滅

めざせ7割！

1回目

／9問

2回目

／9問

相殺権の行使が認められる要件について確認する。

次の記述のうち、正しいものには○、誤っているものには×をつけよ。

□□**問1**　「借地上の建物の賃借人はその敷地の地代の弁済について法律上の利害関係を有する」とした判例及び民法の規定によれば、借地人が地代の支払いを怠っている場合、借地上の建物の賃借人は、借地人の意思に反しても、地代を弁済することができる。

□□**問2**　「借地上の建物の賃借人はその敷地の地代の弁済について法律上の利害関係を有する」とした判例及び民法の規定によれば、借地人が地代の支払いを怠っている場合、借地上の建物の賃借人は、土地賃貸人の意思に反しても、地代について金銭以外のもので代物弁済ができる。

□□**問3**　ＡのＢからの借入金100万円の弁済について、Ａは、弁済に当たり、Ｂに対して領収証を請求し、Ｂがこれを交付しないときは、その交付がなされるまで弁済を拒むことができる。

□□**問4**　Aが、Bに対する金銭債務について、代物弁済をする場合に、Aの提供する不動産の価格が1,000万円で、Bに対する金銭債務が950万円であるときは、AB間で精算の取決めをしなければ、代物弁済はできない。

虫食い問題でチェック！

①債権の内容を実現させる債務者または第三者の行為を、［ A ］という。

②本来の給付に代えて他の給付をなすことにより債権を消滅させる債権者と弁済者との契約を、［ B ］という。

③相殺の場合に、相殺をする側の債権者の債権を、［ C ］という。

④相殺の場合に、相殺を受ける側の債権者の債権を、［ D ］という。

答：A＝弁済、B＝代物弁済、C＝自働債権、D＝受働債権

解答・解説

答1　○　**弁済をするについて正当な利益を有する者でない**第三者は、**債務者の意思に反して弁済**することができない（民法474条2項）。ただし、判例によれば、**借地上の建物の賃借人**は敷地の地代の弁済につき法律上の**利害関係を有する**とされる。よって、債務者の意思に反しても弁済できる。

答2　×　**代物弁済**は弁済者と債権者の契約であり、**債権者**（本問では土地賃貸人）との間で、債務者の負担した給付に代えて他の給付をすることにより**債務を消滅させる旨の契約がなければ**することができない（482条）。よって、債権者（土地賃貸人）の**意思に反して**代物弁済をすることができない。

答3　○　弁済者は、弁済と引換えに、弁済受領者に対して**受取証書**の交付を請求することができる。また、**弁済と受取証書の交付**は**引換給付の関係に立つ**ので、Aは領収証（受取証書）が交付されるまで弁済を拒むことができる（486条1項）。なお、領収証の交付に代えて、**電磁的記録**の提供を請求することができる（486条2項）。

答4　×　**代物弁済における給付**は、本来の給付と同価値であることは**不要**である（大判大10.11.24）。したがって、**精算の取決めをしなくても、代物弁済契約**をした場合には、その給付は、弁済と同一の効力を**有する**（482条）。ただし、給付した物の価値が本来の給付に比べて著しく高い場合には、代物弁済は**公序良俗**に反し**無効**（90条）となる。

次の記述のうち、正しいものには○、誤っているものには×をつけよ。

□□**問5**　Aが、Bに対する金銭債務について、代物弁済をする場合において、Aが、不動産の所有権をもって代物弁済の目的とするときは、Bへの所有権移転登記その他第三者に対する対抗要件を具備するため必要な行為を完了しなければ、弁済としての効力は生じない。

□□**問6**　ＡがＢに対して100万円の金銭債権、ＢがＡに対して100万円の同種の債権を有する場合（ＡＢ間に特約はないものとする。）において、Ａの債権について弁済期の定めがなく、Ａから履行の請求がないときは、Ｂは、Ｂの債権の弁済期が到来しても、相殺できない。

□□**問7**　ＡがＢに対して100万円の金銭債権、ＢがＡに対して100万円の同種の債権を有する場合（ＡＢ間に特約はないものとする。）において、Ａの債権が、Ｂの悪意による不法行為によって発生したものであるときには、Ｂは、Ｂの債権をもって相殺をすることができない。

□□**問8**　Ａは、Ｂ所有の建物を賃借し、毎月末日までに翌月分の賃料50万円を支払う約定をした。ＡがＢに対してこの賃貸借契約締結以前から貸付金債権を有しており、その弁済期が令和○年8月31日に到来する場合、同年8月20日にＢのＡに対するこの賃料債権に対する差押えがあったとしても、Ａは、同年8月31日に、このＢに対する貸付金債権を自働債権として、弁済期が到来した賃料債務と対当額で相殺することができる。

□□**問9**　ＡのＢに対する債務について、ＣがＡの連帯保証人となるとともに、Ａの所有地にＢの抵当権を設定し、その登記をしたが、その後Ａは、その土地をＤに譲渡し、登記も移転した。この場合において、ＣがＤの取得前にＢに返済した場合、Ｃは、Ａに対してＢに代位することができるが、Ｄに対しては、Ｂに代位することができない。

解答・解説

⟹**答5**　○　**不動産所有権の譲渡による代物弁済**は、所有権移転の意思表示だけでは足りず、原則として所有権移転登記手続の完了などの**第三者対抗要件の具備がなければ弁済としての効力が生じない**（最判昭40.4.30）。

⟹**答6**　×　**自働債権**（相殺する債権）**が弁済期**にある場合、**受働債権**（相殺される債権）**の弁済期が到来していなくても相殺できる**（大判昭8.5.30）。本問の場合、受働債権であるＡの債権の弁済期は到来していないが、Ｂが、受働債権の期限の利益を放棄すれば、相殺できる。

⟹**答7**　○　他人から譲り受けたものでない**悪意**による**不法行為に基づく損害賠償債権**は**受働債権として相殺することができない**（民法509条１号）。被害者Ａの有する悪意による不法行為の損害賠償債権は**現実に弁済させる必要**があるからである。

⟹**答8**　○　**自働債権**が、**差押え**前に取得した債権の場合、両債権の弁済期の前後を問わず、**相殺をすることができる**（511条１項）。ＡのＢに対する貸付金債権は、賃貸借契約締結以前からＡが有していたものであるから、Ａは、このＢに対する貸付金債権を自働債権として、弁済期が到来した賃料債務と対当額で相殺することができる。

⟹**答9**　×　**保証人**は、**抵当権の目的たる不動産**の第三取得者に対して、**債権者が有していた一切の権利**を行使することができる（501条１項）。このためCは、Ａ及びＤに対してＢに代位することができる。

権利関係編

1章 契約

1.同時履行の抗弁権

めざせ7割！

1回目	2回目
／5問	／5問

解除における原状回復義務や請負の報酬支払いと目的物の引渡しの関係など、533条（同時履行の抗弁）が準用される場面に注意。

次の記述のうち、正しいものには○、誤っているものには×をつけよ。

□□**問1**　マンションの賃貸借契約終了に伴う賃貸人の敷金返還債務と、賃借人の明渡債務は、特別の約定のない限り、同時履行の関係に立つ。

□□**問2**　動産売買契約における目的物引渡債務と代金支払債務とは、同時履行の関係に立つ。

□□**問3**　目的物の引渡しを要する請負契約における目的物引渡債務と報酬支払債務とは、同時履行の関係に立つ。

□□**問4**　宅地の売買契約が解除された場合で、当事者の一方がその原状回復義務の履行を提供しないとき、その相手方は、同時履行の抗弁権により自らの原状回復義務の履行を拒むことができる。

□□**問5**　金銭の消費貸借契約の貸主が、借主の借金に係る抵当権設定登記について、その抹消登記手続の履行を提供しない場合、借主は、同時履行の抗弁権により当該借金の弁済を拒むことができる。

①双務契約の当事者の一方が、相手方が債務の履行を提供するまで、自己の債務の履行を拒むことができる権利を、［ A ］という。

②当事者の双方が相互に法的に対価の意味を持つ債務を負担する契約を、［ B ］という。

答：A＝同時履行の抗弁権、B＝双務契約

解答・解説

答1　×　敷金返還債務が発生するのは、賃借人が賃借家屋の明渡しを終了して、賃貸人に**損害発生の危険**がなくなった後である（民法622条の２第１項１号）。したがってこの両債務は同時履行の関係に**立たない**。

答2　○　売買契約は**双務契約**であるから、そこから生じる**目的物引渡債務と代金支払債務**は、**同時履行の関係に立つ**（533条）。

答3　○　目的物の引渡しを要する**請負契約**における**目的物引渡債務と報酬支払債務**は、**同時履行の関係に立つ**（633条本文）。

答4　○　**契約が解除された場合**、契約当事者は**互いに原状回復義務**を負うが、公平の見地から**双方の債務は、同時履行の関係に立つ**（545条1項、546条、533条）。

答5　×　**債務の弁済**と当該債務担保のために設定登記された**抵当権の抹消登記手続**は、**同時履行の関係に立たない**（最判昭57.1.19）。前者が後者に対し**先履行の関係にある**。

権利関係編

1章 契約
2.危険負担

めざせ7割！

1回目 ／3問

2回目 ／3問

双務契約の一方の債務が、債務者の責めに帰すことができない事由によって履行不能となった場合、債権者は反対債務の履行を拒絶できるのかという問題を危険負担という。

次の記述のうち、正しいものには○、誤っているものには×をつけよ。

□□**問1**　AがBに対し、A所有の建物を売り渡し、所有権移転登記を行ったが、まだ建物の引渡しはしていない（代金の支払いと引換えに建物を引き渡す旨の約定がある)。代金の支払い及び建物の引渡し前に、その建物が地震によって全壊したときは、Bは、Aに対して代金の支払いを拒むことができる。

□□**問2**　AがBに対し、A所有の建物を売り渡し、所有権移転登記を行ったが、まだ建物の引渡しはしていない（代金の支払いと引換えに建物を引き渡す旨の約定がある)。代金の支払い及び建物の引渡し前に、その建物がBの責めに帰すべき事由によって滅失したときは、Bは、Aからの代金の支払請求を拒むことができない。

□□**問3**　AがBに対し、A所有の建物を売り渡し、所有権移転登記を行ったが、まだ建物の引渡しはしていない（代金の支払いと引換えに建物を引き渡す旨の約定がある)。Aが自己の費用で建物の内装改修工事を行って引き渡すと約束していた場合で、当該工事着手前に建物がBの責めに帰すべき事由によって滅失したときは、Aは、内装改修工事費相当額をBに対して償還しなければならない。

虫食い問題でチェック！

①当事者双方の責めに帰することができない事由によって、債務を履行することができなくなったときは、債権者は、反対給付の履行を拒むことが［ A ］。

②債権者の責めに帰すべき事由によって、債務を履行することができなくなったときは、債権者は、反対給付の履行を拒むことが［ B ］。

答：A＝できる、B＝できない

解答・解説

答1　○　当事者**双方の責めに帰することができない事由**によって債務を履行することができなくなったときは、債権者は、反対給付の履行を**拒む**ことができる（民法536条１項）。つまり、本問のＢは、Ａに対して代金の支払いを拒むことができる。

答2　○　債権者の責めに帰すべき事由によって債務を履行することができなくなったときは、債権者は、**反対給付の履行を拒むことができない**（536条2項前段）。なお、この場合において、債務者が自己の債務を免れたことによって**利益を得たとき**は、これを債権者に償還しなければならない（同項後段）。

答3　○　Ａは、**建物引渡債務を免れた**ことによって内装改修工事費を**負担しなくて済んだという利益を得ている**から、内装改修工事費相当額をＢに**償還**しなければならない（536条２項後段）。

権利関係編

1章 契約

3.契約の解除

めざせ7割！
1回目
／8問
2回目
／8問

解除の要件は催告による解除と催告によらない解除において異なるので注意が必要である。

次の記述のうち、正しいものには○、誤っているものには×をつけよ。

□□**問1**　Aがその所有する土地建物をBに売却する契約をBと締結したが、その後Bが資金計画に支障を来し、Aが履行の提供をしても、Bが残代金の支払いをしない。この場合、Aは、Bに対し相当の期間を定めて履行を催告し、その期間内にBの履行がないときは、その契約を解除し、あわせて損害賠償の請求をすることができる。

□□**問2**　Aがその所有する土地建物をBに売却する契約をBと締結したが、その後Bが資金計画に支障を来し、Aが履行の提供をしても、Bが残代金の支払いをしない。この場合、AがBに対し履行を催告し、その催告期間が不相当に短いときでも、催告の時より起算して客観的に相当の期間を経過してBの履行がないときは、Aは、改めて催告しなくても、その契約を解除することができる。

□□**問3**　Aが、B所有の建物を代金8,000万円で買い受け、即日3,000万円を支払った場合で、残金は3か月後所有権移転登記及び引渡しと引換えに支払う旨の約定があるとき、Aは、履行期前でも、Bに残金を提供して建物の所有権移転登記及び引渡しを請求し、Bがこれに応じない場合、売買契約を解除することができる。

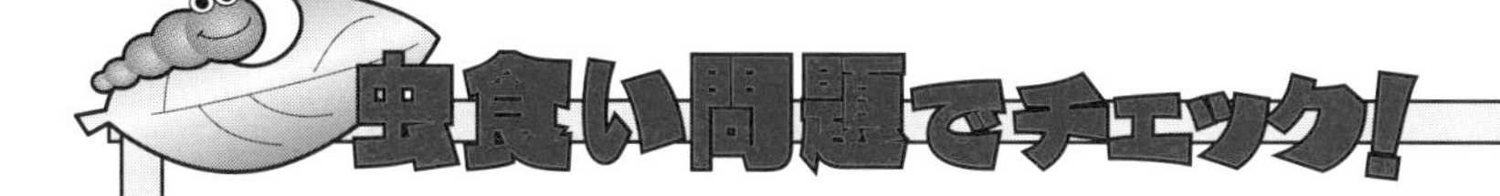

①有効に成立した契約を遡って解消させてしまう一方的な意思表示を、 A という。

②契約が解除された場合に、各当事者が給付されたものを返還して、契約がなかったのと同じ状態に戻す義務のことを、 B という。

答：A＝解除、B＝原状回復義務

解答・解説

⟹**答1**　○　**履行遅滞による解除・損害賠償請求**をするには、相手方に対し**相当の期間を定めて履行を催告**し、その期間内に相手方の履行がないことを要するのが原則である（民法541条本文、545条4項、415条本文）。

⟹**答2**　○　解除権発生のためには**相当の期間**を定めて催告することを要する（541条本文）。**催告に定めた履行期間が不相当の場合でも、その催告は有効**であり、解除の意思表示をするまでに**相当の期間**を経過していれば解除権は**発生する**（最判昭31.12.6）。

⟹**答3**　×　債務の履行について**確定期限があるとき**は、債務者はその**期限の到来**した時から履行遅滞となる。**履行期前に請求があった場合、履行遅滞とならず、**解除をすることが**できない**（412条1項、541条本文）。

次の記述のうち、正しいものには○、誤っているものには×をつけよ。

□□**問4**　ＡはＢ所有の建物を代金8,000万円で買い受け、即日3,000万円を支払い、残金は3か月後所有権移転登記及び引渡しと引換えに支払うこととした。Ｂが、Ａの代金支払いの受領を拒否してはいないが、履行期になっても建物の所有権移転登記及び引渡しをしない場合、Ａは、Ｂに催告するだけで売買契約を解除することができる。

□□**問5**　Ａが、Ｂに建物を3,000万円で売却した場合において、Ｂが建物の引渡しを受けて入居したが、2か月経過後契約が解除されたとき、Ｂは、Ａに建物の返還とともに、2か月分の使用料相当額を支払う必要がある。

□□**問6**　ＡはＢに甲建物を売却し、ＡからＢに対する所有権移転登記がなされた。ＢがＢの債権者Ｃとの間で甲建物につき抵当権設定契約を締結し、その設定登記をした後、ＡがＡＢ間の売買契約を適法に解除した場合、Ａはその抵当権の消滅をＣに主張できない。

□□**問7**　Ａ所有の土地について、ＡがＢに、ＢがＣに売り渡し、ＡからＢへ、ＢからＣへそれぞれ所有権移転登記がなされた場合において、Ｃが移転登記を受ける際に、ＡＢ間の売買契約に解除原因が生じていることを知っていた場合で、当該登記の後にＡによりＡＢ間の売買契約が解除されたとき、Ｃは、Ａに対して土地の所有権の取得を対抗できない。

□□**問8**　賃借人の債務不履行を理由に、賃貸人が不動産の賃貸借契約を解除するには、信頼関係が破壊されていなければならない旨は、民法の条文に規定されている。

解答・解説

⟹答4　×　**相手方が同時履行の抗弁権を有する場合**は、履行期に履行しなくても違法とは**いえず**、履行遅滞と**ならない**。そこで、履行遅滞を理由に契約を解除しようとする者は、催告するだけでなく、**自己の債務の履行を提供して、相手方の同時履行の抗弁権を消滅**させなければならない。本問の場合、Ａは、代金支払いについて**債務の履行の提供**を行ってＢの**同時履行の抗弁権を消滅**させてから**催告**を行わないと、契約を解除することができない。

⟹答5　○　**解除の効果**として契約当事者に**原状回復義務**が生じる。この義務の内容としては、**給付された物の返還**のほか、給付された物から生じた**果実の返還**まで**必要**である（民法545条1項本文、2項、３項）。

⟹答6　○　**契約を適法に解除**した場合であっても、**第三者の権利は害することができない**（545条1項但書）。ここにいう「**第三者**」とは、解除**前**に解除された契約から生じた法律効果を基礎として新たな権利を取得し、対抗要件を備えた者をいう（最判昭33.6.14）。したがって、Ａは、解除**前**に甲建物につき抵当権を取得し、かつ、その設定登記を得たＣに対して、その抵当権の消滅を主張**できない**。

⟹答7　×　545条１項但書で保護される**第三者**は、解除原因が生じていることにつき**善意であることを要しない**。したがって、ＣはＡに対して土地の所有権の取得を対抗できる。

⟹答8　×　民法の条文に規定されているのではなく**判例の見解**である（最判昭39.7.28）。**信頼関係の法理**または**信頼関係破壊理論**と呼ばれている。

権利関係編

1章 契約

4.贈与

1回目　／4問

2回目　／4問

贈与契約は無償契約であるから、売買等の有償契約との相違点を意識して勉強する。

次の記述のうち、正しいものには○、誤っているものには×をつけよ。

□□**問1**　ＡのＢに対する土地の贈与（負担なし）において、その贈与が書面によらないものであっても、Ｂにその土地の所有権移転登記がなされたときは、Ａは、その贈与を取り消すことができない。

□□**問2**　ＡのＢに対する土地の贈与（負担なし）において、その贈与が書面による死因贈与であっても、Ａは、後にその土地を第三者に遺贈することができる。

□□**問3**　贈与者は、贈与の目的である物又は権利を、贈与の目的として特定した時の状態で引き渡し、又は移転することを約したものと推定する旨は、民法の条文に規定されている。

□□**問4**　Ａは、Ｂから建物を贈与（負担なし）する旨の意思表示を受け、これを承諾したが、まだＢからＡに対する建物の引渡し及び所有権移転登記はされていない。このとき、贈与が死因贈与であった場合、それが書面によるものであっても、特別の事情がない限り、Ｂは、後にいつでも贈与を取り消すことができる。

虫食い問題でチェック！

①当事者の一方がある財産を無償で相手方に与える契約を、［ A ］という。

②当事者双方が相互に対価の意味を持つ給付をする契約を有償契約といい、そうでない契約を、［ B ］という。

③贈与のうち、遺言による遺産の処分を、［ C ］という。

答：A＝贈与、B＝無償契約、C＝遺贈

解答・解説

答1　○　**書面によらない贈与契約**は**解除**をすることができるが、**履行を終了**した部分については**解除**をすることが**できない**（民法550条）。不動産については、**引渡しがなくても、登記がなされたときは履行の終了**とされる（最判昭40.3.26）。

答2　○　**死因贈与**については**遺贈に関する規定が準用される**（554条）。したがって、「**前の遺言が後の遺言と抵触**するときは、その抵触する部分については、**後の遺言で前の遺言を撤回**したものとみなす」とする1023条1項も準用される。したがってAは、死因贈与後にその土地を第三者に遺贈できる。

答3　○　この記述は、**贈与者の引渡義務等**に関する内容として、民法の551条1項に規定されている。

答4　○　**死因贈与**については遺贈に関する規定が準用される。そして、**遺言者はいつでも遺言を取り消すことができる**ので、Bはいつでも贈与を撤回することが**できる**（554条、1022条）。

権利関係編

1章 契約

5.売買・手付

1回目 ／4問

2回目 ／4問

手付の種類とその内容は正確に覚える必要がある。

次の記述のうち、正しいものには○、誤っているものには×をつけよ。

□□**問1**　不動産の売買契約において、当該契約が宅地建物取引業者の媒介によるものであるときは、契約に別段の定めがあっても、手付は解約手付となる。

□□**問2**　買主Aと売主Bとの間で建物の売買契約を締結し、AはBに手付を交付したが、その手付は解約手付である旨約定した。Aが、売買代金の一部を支払う等売買契約の履行に着手した場合は、Bが履行に着手していないときでも、Aは、本件約定に基づき手付を放棄して売買契約を解除することができない。

□□**問3**　買主Aと売主Bとの間で建物の売買契約を締結し、AはBに手付を交付したが、その手付は解約手付である旨約定した。Aが本件約定に基づき売買契約を解除した場合で、Aに債務不履行はなかったが、Bが手付の額を超える額の損害を受けたことを立証できるとき、Bは、その損害全部の賠償を請求することができる。

□□**問4**　買主Aと売主Bとの間で建物の売買契約を締結し、AはBに手付を交付したが、その手付は解約手付である旨約定した。Bが本件約定に基づき売買契約を解除する場合は、Bは、Aに対して、単に口頭で手付の額の倍額を償還することを告げて受領を催告するだけでは足りず、これを現実に提供しなければならない。

①契約締結の際に、当事者の一方から相手方に交付される金銭などを、［ A ］という。

②（手付を交付した者は手付を放棄し、その交付を受けた者は手付の倍額を返還して契約を解除できるという）解除権留保の意味を持つ手付を、［ B ］という。

答：A＝手付、B＝解約手付

解答・解説

答1　×　**手付**には、①証約手付、②違約手付、③解約手付があるが、その**どれにあたるかが不明の場合**には、解約**手付と推定**される。ただし、別段の定めがある場合はそれに従うことになる（民法557条1項）。

答2　×　**手付を交付した場合の解除**は、**相手方が履行に着手するまで**にしなければならない（557条1項）。これは、解除を**受ける相手方**を保護するためである。したがって、**Aが履行に着手**しても、Bが着手していない場合は、解除できる。

答3　×　**解約手付による解除**は、解除による**実損害の額にかかわらず、手付の額だけの損失**で**解除を認める制度**である。したがって、契約の**解除が**債務不履行によるものではなく、**解約手付によるもの**である以上、**Bは手付の額を超える損害賠償を請求**できない。

答4　○　手付を受領した**売主が契約を解除**するには、単に口頭で手付の額の倍額を償還することを告げて**受領を催告**するだけでは**足りず**、これを**現実に提供**しなければならない（557条1項）。

権利関係編

1章 契　約

6.売買・担保責任

めざせ7割！
1回目　／13問
2回目　／13問

権利の不適合と目的物の不適合の相違点に注意。
担保責任の要件・効果を正確に覚える。

次の記述のうち、正しいものには○、誤っているものには×をつけよ。

□□**問1**　Aは、C所有の土地を自ら取得するとしてBに売却したが、Cから所有権を取得できず、Bに所有権を移転できない場合、BはAに対して損害賠償を請求できない。

□□**問2**　Aは、建物をBに売却したが、この建物がAの所有に属さず、その権利を取得してBに移転できない場合、Bは、AB間の契約を解除することができる。

□□**問3**　BがAから購入した土地の一部を第三者Cが所有していた場合、AはBに対してその権利を取得して移転する義務を負う。

□□**問4**　Aを売主、Bを買主としてCの所有する乙建物の売買契約が締結された場合、BがAの無権利について善意無過失であれば、AB間で売買契約が成立した時点で、Bは乙建物の所有権を取得する。

虫食い問題でチェック!

①契約の当事者が、給付した目的物またはその権利に欠陥がある場合に負担する損害賠償その他の責任を、[A]という。

②自己所有に属さない物件の売買を、[B]という。

答：A＝担保責任、B＝他人物売買

解答・解説

答1 × **売主が、**権利を取得して買主に移転することができない場合には、買主は、損害賠償を請求**できる**（民法564条、415条）。

答2 ○ 他人物売買において、**売主が権利を取得して買主に移転することができない場合**には、買主は、契約を解除することが**できる**（565条、542条1項1号）。

答3 ○ **他人の権利**（権利の一部が他人に属する場合の、その権利の一部を含む）を売買の目的としたときは、売主は、その**権利を取得して買主に移転する義務を負う**（561条）。

答4 × Aは、無権利でCが所有する乙建物の売買契約を締結していることから、他人物売買に該当する。そして、**他人物売買は債権的に有効**であり、売主Aは、その権利を取得して**買主に移転する義務**を**負う**（561条）。したがって、Aは、Cから乙建物の所有権を取得してBに移転する義務を負うが、Bが乙建物の所有権を取得するのは、**Aが乙建物の所有権を取得した時**である。

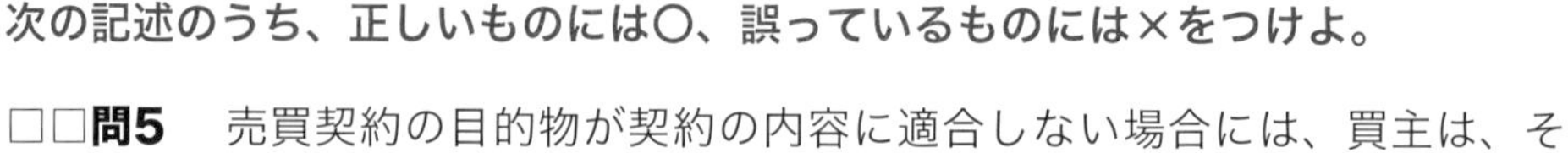

次の記述のうち、正しいものには○、誤っているものには×をつけよ。

□□**問5**　売買契約の目的物が契約の内容に適合しない場合には、買主は、その程度に応じて代金の減額を請求することができる旨は、民法の条文に規定されている。

□□**問6**　Ａは、ＢからＢの所有地を2,000万円で買い受けたが、当該土地には、ＣのＤに対する1,000万円の債権を担保するため、ＡＢ間の当該土地の売買契約に適合しないＣの抵当権が設定され、その登記もされていた。この場合、Aが費用を支出して当該土地の所有権を保存したときは、Aは、Bに対し、その費用の償還を請求することができる。

□□**問7**　Ａが、ＢからＢ所有の土地付中古建物を買い受けて引渡しを受けたが、建物の主要な構造部分に欠陥があった。Ａが、この欠陥の存在を知らないまま契約を締結した場合、契約締結から1年以内に契約不適合による担保責任の追及を行わなければ、ＡはＢに対して契約不適合による担保責任を追及することができなくなる。なお、契約不適合による担保責任については、特約はない。

□□**問8**　Ｂが敷地賃借権付建物をＡから購入したところ、敷地の欠陥により擁壁に亀裂が生じて建物に危険が生じた場合、Ｂは、Ａに対し建物売主の担保責任を追及することはできない。なお、ＡＢは、いずれも宅地建物取引業者ではないものとする。

解答・解説

⟹**答5**　○　民法563条に規定されている。

⟹**答6**　○　買い受けた不動産について、契約の内容に適合しない**抵当権等が存していた**場合において、**買主が費用を支出**してその不動産の所有権を保存したときは、買主は売主に対し、その費用の償還を**請求することができる**（570条）。

⟹**答7**　×　**契約不適合による担保責任**は、買主が**不適合**の存在を**知った時から１年以内**に**通知**すれば**そこから時効消滅するまでの期間**は追及できる（566条）。契約締結から１年以内ではない。なお、債権一般の消滅時効期間は、債権者が権利を行使することが**できることを知った時から５年**、権利を行使することができる時から**10年**となる（166条１項）。ここで、**権利を行使することができることを知った時**とは、**契約不適合を発見した時**のことであり、**債権者が権利を行使することができる時**とは**目的物の引渡しを受けた時**のこととなる。なお、時効の５年間と10年間は、その早く来るほうが適用される。

⟹**答8**　○　**建物とその敷地賃借権**が売買の目的とされた場合に、**敷地に**賃貸人が修繕義務を負うべき**欠陥**があったとしても、**売買の目的物に契約の内容に適合しない部分があるということはできない**（最判平3.4.2）。売買の目的物は、敷地そのものではなく、その賃借権だからである。したがって、Bは、Aに対し**建物売主の担保責任を追及**できない。

次の記述のうち、正しいものには○、誤っているものには×をつけよ。

□□**問9**　Ａが、Ｂに建物を売却し、代金受領と引換えに建物を引き渡した後に、Ｂがこの建物に契約の内容に適合しない部分があることを発見したが、売主の担保責任についての特約はない。Ｂは、この契約不適合がＡの責めに帰すべき事由により生じたものであることを証明した場合に限り、この契約不適合に基づき履行の追完請求を主張できる。

□□**問10**　Ａは、Ｂ所有の建物をＢから買い受け、その際「Ｂは担保責任を負わない」旨の特約を結んだが、その建物に契約の内容に適合しない部分が存在しており、Ｂは、その契約不適合の存在を知っていた。この場合、特約があっても、Ａは、契約不適合の存在を知った時から1年以内であれば、Ｂに対し、建物の修補を請求することができる。

□□**問11**　Aを売主、Bを買主として、A所有の甲自動車を50万円で売却する契約が令和3年7月1日に締結された。Bが甲自動車の引渡しを受けたが、甲自動車に契約の内容に適合しない修理不能な損傷があることが判明した場合、BはAに対して、売買代金の減額を請求することができる。

□□**問12**　Ａが自己の所有する土地をＢに売却する契約を締結した場合、ＡはＢに対し、その土地の移転について対抗要件を備えさせる義務を負う。

□□**問13**　ＢはＡから住宅建設用に土地を購入したが、都市計画法上の制約により当該土地に住宅を建築することができない場合、ＢはＡに対し、土地を引き渡した時から１年以内であれば、売主の担保責任を追及することができる。なお、ＡＢは、いずれも宅地建物取引業者ではないものとする。

解答・解説

⟹**答9** ×　契約不適合による履行の追完請求では、**不適合**が生じたことについて売主の帰責性は**不要**である。したがって、Bは、建物の**不適合**がAの責めに帰すべき事由により生じたものであることを**証明する必要がない**。

⟹**答10** ×　売主が**知っていながら買主に告げなかった事実**については、**担保責任の免除特約があっても責任を負う**（民法572条）。**その通知期間**は買主が契約不適合の存在を**知った時から１年以内**であるが、**売主が引渡しの時にその不適合を知り、または重大な過失によって知らなかったとき**は、この期間の**制限がない**（562条１項、566条）。

⟹**答11** ○　契約不適合による代金減額請求は、買主が相当の期間を定めて追完の催告をして、その期間内に履行の追完がない時にすることができる（563条1項）。しかし、本問のように**履行の追完が不能であるとき**（修理不能な損傷があるとき）は、追完の催告をすることなく、**直ちに**代金減額請求をすることができる（563条2項1号）。

⟹**答12** ○　売主は、買主に対し、登記、登録その他の売買の目的である**権利の移転についての対抗要件を備えさせる義務を負う**（560条）。

⟹**答13** ×　売主が種類または品質に関して契約の内容に適合しない目的物を買主に引き渡した場合に売主に追及できる担保責任の期間は、**買主がその不適合の存在を知った時から1年以内に通知**し、そこから時効消滅するまでの期間である（566条）。しかし、本問のように都市計画法上の制約による**権利の不適合**の場合には、債権一般の消滅時効が適用され、債権者が**権利を行使することができることを知った時から5年**、**権利を行使することができる時から10年**の、いずれか早いほうとなる（166条１項）。

権利関係編

1章 契約

7.売買・買戻しその他

めざせ7割！

1回目 ／5問

2回目 ／5問

買戻しに関する規定は、目的物を取り戻す売主と売買契約を解除される買主の利益が調和するように設けられている。

次の記述のうち、正しいものには○、誤っているものには×をつけよ。

□□**問1**　土地の売買契約において、その土地に権利を主張する者がいて、買主が買い受けた土地の所有権の一部を失うおそれがあるときは、買主は、売主が相当の担保を提供しない限り、その危険の程度に応じて代金の一部の支払いを拒むことができる。

□□**問2**　不動産の買戻しの期間は、5年を超えることができない。

□□**問3**　不動産の買戻しの特約は、売買の登記後においても登記することができ、登記をすれば第三者に対しても効力を生ずる。

□□**問4**　不動産の買戻しをするには、売主は、買主の支払った代金（別段の合意をした場合にあってはその合意により定めた金額）及び契約費用を返還すればよい。

□□**問5**　不動産の買戻しの期間は、後日これを伸長することができない。

①不動産の売買契約と同時にする特約に基づいて、売主が将来その目的不動産を買い戻すことを、［ A ］という。

②一度売り渡したものを再び売買して元の売主の手に戻すことを予約することを、［ B ］という。

答：A＝買戻し、B＝再売買の予約

解答・解説

⟹**答1**　○　**売買の目的について権利を主張する者**がいて、買主がその**権利の全部もしくは一部を失うおそれ**があるときは、買主はその**危険の程度に応じて代金の全部または一部の支払いを拒むことができる**（民法576条本文）。ただし､売主が相当の担保を提供したときは拒むことが**できない**（同条但書）。

⟹**答2**　×　**買戻しの期間**は**10年を超えることができない**。それより長い期間を定めた場合は**10**年に短縮される（580条1項）。

⟹**答3**　×　**買戻しの特約**は**売買契約と同時**にすることを**要する**（579条前段）。**売買契約**と**同時**に買戻しの**特約を登記したときは**、買戻しを第三者に対して対抗することができる（581条1項）。

⟹**答4**　○　**買戻し**は､売主が､買主が支払った**代金**（別段の合意をした場合にあってはその合意により定めた金額）に**契約の費用**を加えたものを返還して行う（579条前段）。

⟹**答5**　○　**いったん定めた**不動産の**買戻しの期間**は、**後日伸長することができない**（580条2項）。不動産所有権の帰属が不安定になるのを防ぐためである。

1章 契約
8.消費貸借・使用貸借

めざせ7割！
1回目 ／4問
2回目 ／4問

使用貸借契約については、契約の無償性から生じる賃貸借契約との相違点を意識する必要がある。

次の記述のうち、正しいものには○、誤っているものには×をつけよ。

□□**問1**　AのBに対する貸金（返還の時期は定めていない。）について、Bは、Aにいつでも返還することができるが、Aが返還を請求するには、相当の期間を定めて催告しなければならない。

□□**問2**　Aが、親友であるBから、B所有の建物を「2年後に返還する」旨の約定のもとに、無償で借り受けた。Aは、当該建物につき通常の必要費を支出した場合には、Bに対し、直ちにそれを償還するよう請求することができる。

□□**問3**　Aは、自己所有の建物について、災害により居住建物を失った友人Bと、適当な家屋が見つかるまでの一時的住居とするとの約定のもとに、使用貸借契約を締結した。Bは、Aの承諾がなければ、この建物の一部を、第三者に転貸して使用収益させることはできない。

□□**問4**　使用収益の目的を定めていない使用貸借契約において、貸主または借主は、いつでも契約の解除をすることができる。

虫食い問題でチェック！

①消費貸借とは、借りた物を ［ A ］ してこれと同種・同等・同量の物を返還する貸借をいう。

②使用貸借とは、無償で借りた物を ［ B ］ してその物を返還する貸借をいう。

答：A＝消費、B＝使用収益

解答・解説

⟹**答1**　○　貸金とあるので、ＡＢ間の契約は、**金銭消費貸借契約**である。消費貸借契約では、返還時期の定めの有無にかかわらず、**借主**は**いつでも**返還することができるが（民法591条2項）、当事者が返還の時期を定めなかったときに**貸主**が返還を請求するには、**相当の期間**を定めて**催告**しなければならない（同条1項）。

⟹**答2**　×　ＡＢ間の契約は、**使用貸借契約**である。使用貸借契約では、通常の必要費（現状維持に必要な補修・修繕費など）は**借主の負担**とされるから、ＡはＢにその償還を請求することが**できない**（595条1項）。

⟹**答3**　○　**使用貸借の借主**は、**貸主の承諾**を得なければ、第三者に借用物の使用収益をさせることが**できない**（594条2項）。

⟹**答4**　×　使用収益の目的を定めていない使用貸借契約では、**借主**は**いつでも解除できる**が、**貸主**がいつでも解除できるのは、当事者が**使用貸借の期間**ならびに**使用及び収益の目的を定めなかった**場合である（598条2項、3項）。

権利関係編

1章 契約

9.賃貸借

めざせ7割！

1回目 ／15問

2回目 ／15問

極めて重要な分野である。賃貸借契約から生じる権利義務、及び契約の終了原因について、条文及び判例を押さえる必要がある。

次の記述のうち、正しいものには○、誤っているものには×をつけよ。

□□**問1**　賃借人の責めに帰すべき事由によらずに必要となった建物の修繕を建物の賃貸人がしない場合、賃借人はその建物の使用収益とは関係なく賃料全額の支払いを拒絶することができる。

□□**問2**　AはBから建物を賃借し、Bの承諾を得て、当該建物をCに転貸している。この場合、Cは、Bから請求があれば、CがAに支払うべき転借料全額をBに支払うべき義務を負う。なお、Aの支払うべき賃料の額は、Cの支払うべき転借料の額より小さいものとする。

□□**問3**　Aは、A所有の建物を、Bから敷金を受領してBに賃貸したが、Bは賃料の支払いを遅滞している。この場合、Bは、Aに対し、未払賃料について敷金からの充当を主張することができる。なお、Bの未払賃料の額は、敷金の額の範囲内である。

□□**問4**　Aが所有している甲土地を平置きの駐車場用地として利用しようとするBに貸す場合、AB間の土地賃貸借契約の期間は、60年と合意すればその期間の賃貸借となる。

虫食い問題でチェック！

①当事者の一方が他方にある物を使用収益させ、これに対して相手方が賃料を支払い、引渡しを受けた物を契約が終了したときに返還する契約を、［A］という。

②いかなる名目によるかを問わず、賃料債務その他の賃貸借に基づいて生ずる賃借人の賃貸人に対する金銭の給付を目的とする債務を担保する目的で、賃借人が賃貸人に交付する金銭を、［B］という。

答：A＝賃貸借、B＝敷金

解答・解説

答1　×　**賃貸人**は、賃借人の責めに帰すべき事由によって必要となった場合を除いて、**賃貸物の使用収益に必要な修繕をする義務**を負う（民法606条1項）。そして、**賃借物の一部**が、賃借人の責めに帰することができない事由により、**使用収益できなくなった場合**、**賃料**はその**使用収益できなくなった部分**の割合に応じて、減額される（611条1項）。

答2　×　賃借人が適法に（**賃貸人の承諾を得て**）賃借物を転貸したときは、転借人は賃貸人と賃借人との間の賃貸借に基づく**賃借人の債務の範囲**を限度として**賃貸人**に対して転貸借に基づく債務を**直接履行する**義務を負う（613条1項前段）。この場合転借人Ｃが支払う額は、**賃借人Ａが賃貸人Ｂに支払うべき賃料の範囲内**である。

答3　×　賃借人が賃料の支払いを怠っている場合、**賃貸人は敷金を賃料に充当できるが**、この場合、**賃借人の側から充当を請求することができない**（622条の２第２項）。

答4　×　**賃貸借の存続期間**は、**50年**を超えることができない。契約でこれより長い期間を定めたときであっても、その期間は**50年**となる（604条1項）。

次の記述のうち、正しいものには○、誤っているものには×をつけよ。

□□**問5**　Ａは、ＢからＢ所有の建物を賃借し、特段の定めをすることなく、敷金として50万円をＢに交付した。賃貸借契約が終了した場合、建物明渡債務と敷金返還債務とは常に同時履行の関係にあり、Ａは、敷金の支払いと引換えにのみ建物を明け渡すと主張できる。

□□**問6**　Ａは、ＢからＢ所有の建物を賃借し、特段の定めをすることなく、敷金として50万円をＢに交付した。この場合において、Ｂは、Ａの、賃貸借契約終了時までの未払賃料に加え、契約終了後明渡しまでの期間の賃料相当損害額についても、敷金から控除できる。

□□**問7**　借主Ａは、Ｂ所有の建物について貸主Ｂとの間で賃貸借契約を締結し、敷金として賃料2か月分に相当する金額をＢに対して支払ったが、当該敷金についてＢによる賃料債権への充当はされていない。賃貸借契約期間中にＢが建物をＣに譲渡した場合で、Ｃが賃貸人の地位を承継したとき、敷金に関する権利義務は当然にＣに承継される。

□□**問8**　借主Ａは、Ｂ所有の建物について貸主Ｂとの間で賃貸借契約を締結し、敷金として賃料2か月分に相当する金額をＢに対して支払ったが、当該敷金についてＢによる賃料債権への充当はされていない。賃貸借契約期間中にＡがＣに対して賃借権を譲渡した場合で、Ｂがこの賃借権譲渡を承諾したとき、敷金に関する権利義務は当然にＣに承継される。

□□**問9**　建物の所有を目的とする土地の適法な転借人は、自ら対抗力を備えていなくても、賃借人が対抗力のある建物を所有しているときは、転貸人たる賃借人の賃借権を援用して転借権を第三者に対抗することができる。

解答・解説

⟹**答5**　×　敷金契約は賃貸借契約に付随するものではあるが、賃貸借契約そのものではない。したがって、賃貸借契約終了に伴い賃借人の建物明渡債務と賃貸人の敷金返還債務は1個の双務契約によって生じた**対価的関係にない**から、**同時履行の関係にない**（最判昭49.9.2）。

⟹**答6**　○　賃貸人は、**敷金**について、賃貸借の終了後建物の**明渡**義務の履行までに生ずる賃貸借に基づいて生じた、**賃借人**の賃貸人に対する金銭債務の額を控除した**残額を返還**しなければならない（民法622条の2第1項1号）。このため、賃貸借契約終了時までの未払賃料だけでなく、契約終了後明渡しまでの期間の賃料相当損害額についても、敷金から控除できる。

⟹**答7**　○　賃貸借契約期間中に賃貸人たる地位が**譲受人またはその承継人に移転**した場合、敷金に関する権利義務は、**譲受人またはその承継人に承継される**（605条の2第4項後段）。

⟹**答8**　×　賃貸人の承諾を得て**賃借権**が旧賃借人から**新賃借人に移転された場合**でも、賃借人が**適法**に賃借権を譲り渡したときは、**敷金に関する権利義務関係**は、特段の事情のない限り、**新賃借人に承継され**ず、敷金の返還義務が生じる（622条の2第1項2号）。

⟹**答9**　○　判例は、転貸借は、賃借人が賃借物をさらに賃貸するものであるから、賃借人の有する**賃借権が第三者対抗要件を具備**しており、かつ**転貸借が有効に成立**している以上、転借人は、**自己の転借権について対抗要件を備えていると否とにかかわらず、賃借人（転貸人）がその賃借権を対抗しうる第三者に対し**、賃借人の賃借権を援用して**自己の転借権を主張しうる**ものと解すべきであるとしている（最判昭39.11.20、大判昭8.7.7）。

次の記述のうち、正しいものには○、誤っているものには×をつけよ。

□□**問10**　AがBに甲建物を月額10万円で賃貸し、BがAの承諾を得て甲建物をCに適法に月額15万円で転貸している場合において、AがBとの間で甲建物の賃貸借契約を合意解除したときは、AはCに対して、Bとの合意解除に基づいて、当然には甲建物の明渡しを求めることができない。

□□**問11**　AがBの所有地を賃借して、建物を建てその登記をしている場合において、Bがその土地をCに譲渡するとき、賃貸人の義務の移転を伴うから、Bは、その譲渡についてAの承諾を必要とする。

□□**問12**　AがBの所有地を賃借して、建物を建てその登記をしている場合において、CがBからその土地の譲渡を受けたとき、Cは、登記を移転していなくても賃貸人たる地位の取得をAに対抗することができる。

□□**問13**　AがBの所有地を賃借して、建物を建てその登記をしている場合において、CがAからその建物を賃借するとき、特別の事情がない限り、Cはその賃借についてBの承諾を得なければならない。

□□**問14**　Aは、その所有する建物を明らかな一時使用（期間2年）のためBに賃貸したが、Bは期間満了後も居住を続け、Aも、その事実を知りながら異議を述べなかった。Aは、正当事由のない場合でも解約の申入れをし、Bに対し、その3か月後に明渡請求をすることができる。

□□**問15**　Aは、自己所有の建物をBに賃貸した。建物が老朽化してきたため、Aが建物の保存のために必要な修繕をする場合、Bは、Aの修繕行為を拒むことはできない。

解答・解説

⟹**答10** ○　賃借人が**適法に賃借物を転貸**した場合には、**賃貸人**は、賃借人との賃貸借の**合意解除を転借人に対抗できない**のが原則である（民法613条３項）。**賃貸人と賃借人の合意解除**による転借人への**明渡請求**を認めると、賃貸人と賃借人が話を合わせれば、転借人を追い出すことが可能になるからである。

⟹**答11** ×　借地借家法10条の規定による**賃貸借の対抗要件を備えた場合**に、その**不動産が譲渡**されたときは、その**不動産の賃貸人たる地位**は、その**譲受人に移転する**（605条の２第１項）。この場合、その賃貸人たる地位の移転については、**賃借人の承諾を必要としない**（605条の３）。

⟹**答12** ×　**賃貸人たる地位の移転**は、賃貸物である不動産について**所有権の移転の登記**をしなければ、**賃借人に対抗**することが**できない**（605条の2第3項）。

⟹**答13** ×　**土地の賃借人**が第三者に**借地上の建物を賃貸し**、**借地を使用**させた場合は、**借地の転貸にあたらない**（大判昭8.12.11）。よって、建物の賃借人Ｃはその賃借について土地賃貸人Ｂの承諾を得る必要が**ない**。

⟹**答14** ○　**明らかな一時使用**のための建物賃貸借には、借地借家法の適用が**ない**。当事者は**いつでも解約の申入れができ**、建物賃貸借の場合は、解約申入れ後**３**か月の経過により契約は終了する（617条1項2号）。

⟹**答15** ○　賃貸人が賃貸物の**保存に必要な行為**をしようとするとき、**賃借人はこれを拒むことができない**（606条2項）。

権利関係編

1章 契約

10.請負

1回目

／3問

2回目

／3問

請負人に担保責任を追及できない場合について確認する。

次の記述のうち、正しいものには○、誤っているものには×をつけよ。

□□**問1**　請負契約により注文者Aが請負人Bに建物（木造一戸建て）を建築させた場合において、Bが建物の材料の主要部分を自ら提供した場合は、Aが請負代金の全額を建物の完成前に支払ったときでも、特別の事情のない限り、Bは、自己の名義で所有権の保存登記をすることができる。

□□**問2**　請負契約では、完成した目的物が種類又は品質に関して契約の内容に適合しないときは、注文者は、請負人が注文者の供した材料又は指図が不適当であることを知りながら告げなかったときを除いて、注文者の供した材料の性質又は注文者の与えた指図によって生じた不適合を理由として契約の解除をすることができる。

□□**問3**　完成した目的物が建物その他の工作物である場合において、その物が引渡しを受けてから3年目に不適合により毀損したときは、目的物を注文者に引き渡した時に、請負人が仕事の目的物の不適合を知り、または重過失によって知らなかったときを除いて、請負契約における注文者が、その不適合を知った時から1年以内にその旨を請負人に通知したときは、損害賠償の請求をすることができる。

①当事者の一方がある仕事を完成することを約し、相手方がその仕事の結果に対して報酬を与えることを約する契約を、[A]という。

②請負人が注文者から請け負った仕事を自分で完成させることなく、第三者にその仕事の完成を請け負わせることを、[B]という。

答：A＝請負、B＝下請負

解答・解説

答1　×　注文者が**請負代金の全額を建物完成前に支払ったとき**は、請負人が建物の材料の主要部分を自ら提供した場合であっても、特別の事情がない限り、**目的物の所有権**は**工事の完成と同時**に**注文者に帰属する**（最判昭44.9.12）。したがって、Bは、自己の名義で所有権の保存登記をすることができない。

答2　×　目的物が**種類または品質に関して契約の内容に適合しない**ときでも、請負人が注文者の供した材料または指図が不適当であることを知りながら告げなかったときを除いて、**注文者は**注文者の供した材料の性質または注文者の与えた指図によって生じた**不適合**を理由として**契約を解除することができない**（民法636条）。

答3　○　民法上、目的物の不適合についての請負人の担保責任は、目的物を注文者に引き渡した時に、請負人が仕事の目的物の不適合を知り、または重過失によって知らなかったときを除いて、注文者がその**不適合を知った時から1年以内**にその旨を請負人に通知し、そこから時効消滅するまでの期間について追及することができる（637条1項、２項）。

権利関係編

1章 契約

11.委任

1回目

／4問

2回目

／4問

委任契約には有償と無償の場合があるが、受任者の注意義務は同一であることに注意。

次の記述のうち、正しいものには○、誤っているものには×をつけよ。

□□**問1**　Ａは、Ｂにマンションの一室を賃貸するに当たり、管理を業としないＣとの間で管理委託契約を締結して、Ｃに賃料取立て等の代理権を与えた。Ｃは、Ａとの間で特約がなくても、Ａに対して報酬の請求をすることができる。

□□**問2**　委任契約においては、各当事者は、いつでも契約を解除することができ、その解除が相手方のために不利な時期でなければ、その損害を賠償する必要はない。

□□**問3**　Ａは、その所有する土地について、第三者の立入り防止等の土地の管理を、当該管理を業としていないＢに対して委託した。Ｂが有償で本件管理を受託している場合で、Ｂが死亡したときは、本件管理委託契約は終了し、Ｂの相続人は、当該契約の受託者たる地位を承継しない。

□□**問4**　Ａは、その所有する土地について、第三者の立入り防止等の土地の管理を、当該管理を業としていないＢに対して委託した。Ｂが無償で本件管理を受託している場合は、「善良な管理者の注意」ではなく、「自己の財産におけると同一の注意」をもって事務を処理すれば足りる。

虫食い問題でチェック!

①委任とは、当事者の一方が相手方に［ A ］の事務の処理を委託する契約をいう。

②準委任とは、［ B ］の事務の処理を委託する契約をいう。

③善良な管理者の注意とは、物または事務を管理する場合に、［ C ］として普通に要求される程度の注意をいう。

答：A＝法律行為、B＝法律行為以外、C＝当該の職業または地位にある人

解答・解説

答1　×　ＡＣ間の契約は委任契約である。**委任契約**は、**原則として**無償**契約**であり、受任者は**特約**がない限り、委任者に対して報酬を請求することができない（民法648条1項）。Cは**特約**がない限りAに報酬の請求をすることができない。

答2　○　**委任**は各当事者いずれからでも自由に解除することができる（651条1項）。しかし、**相手方にとって不利な時期に解除**したときは**損害賠償**をしなければならないが、**自己にやむを得ない事由**があるときは、損害賠償は不要である（同条２項１号）。

答3　○　ＡＢ間の契約は準委任契約であり、民法の委任に関する規定が準用される（656条）。**委任**は**委任者または受任者の死亡によって終了**する。したがって、受任者Ｂの相続人は受任者たる地位を承継**しない**（653条1号）。

答4　×　ＡＢ間の契約は**準委任契約**であり、民法の委任に関する規定が準用される（656条）。委託された事務が物件管理などの事実行為の場合でも、委任の規定が準用される。そして、**受任者**は契約の**有償・無償を問わず**、**「善良な管理者の注意」をもってその事務を処理**しなければならない（644条）。

権利関係編

1章 不当利得

めざせ7割！
1回目 ／3問
2回目 ／3問

不当利得の成立要件と判例の結論を確認しておく必要がある。

次の記述のうち、正しいものには○、誤っているものには×をつけよ。

□□**問1**　A所有の不動産の登記がB所有名義となっているため固定資産税がBに課税され、Bが自己に納税義務がないことを知らずに税金を納付した場合、Bは、Aに対し不当利得としてその金額を請求できない。

□□**問2**　建物の所有者Aが、公序良俗に反する目的でその建物をBに贈与し、その引渡し及び登記の移転が不法原因給付である場合、AはBに対しその返還を求めることはできないが、その建物の所有権自体は引き続きAに帰属する。

□□**問3**　土地を購入したAが、その購入資金の出所を税務署から追及されることをおそれて、その事情を知っているBの所有名義に登記し土地を引き渡した場合は不法原因給付であるから、Aは、Bに対しその登記の抹消と土地の返還を求めることはできない。

虫食い問題でチェック！

①法律上の原因がないのに他人の損失において利益を受けることを、[A]という。

②不法の原因に基づいてされる給付を、[B]という。

③ある事実によって受けた利益がその後の滅失・損傷・消費などによって減じた場合における、その残余の利益のことを、[C]という。

答：A＝不当利得、B＝不法原因給付、C＝現存利益

解答・解説

答1　×　A所有の不動産の納税義務者はAであるから、Bが当該不動産の固定資産税を納付したことには、「法律上の原因」が**ない**。また、Bには、納めなくてもよい固定資産税を納付した点に「損失」が**あり**、Aには、本来自分が納付しなければならない固定資産税を納付しないですんだ点に「利得」が**ある**。そして、Bの「損失」とAの「利得」の間には**「因果関係」が認められる**。したがって、Bは、Aに対して**不当利得として納税額相当の金額の返還を請求することができる**（民法703条）。

答2　×　**不法原因給付を行った者**は、その給付物の**返還を請求できない**（708条本文）。そして、その反射的効果として、目的物の所有権は**受贈者B**に帰属することになる（最大判昭45.10.21）。

答3　×　不法原因給付（708条）にいう「不法」とは、公序良俗違反をいう（最判昭27.3.18）。Aが購入資金の出所を税務署から追及されることをおそれて、その事情を知っているBの所有名義に登記し土地を引き渡すことは、公序良俗違反とまでは**いえない**。本問の事情の下でAが土地をBに引き渡し移転登記をした場合は、通謀虚偽表示にあたり、Bの所有名義は実体のないものであるため、AはBに移転登記の抹消及び土地の返還を請求する**ことができる**（94条1項、703条）。

権利関係編

1章 不法行為

1回目 ／12問

2回目 ／12問

各不法行為責任について、成立要件、効果の違いを押さえる。

次の記述のうち、正しいものには○、誤っているものには×をつけよ。

□□**問1**　Aが、その過失によってB所有の建物を取り壊し、Bに対して不法行為による損害賠償債務を負担した場合において、Aの不法行為に関し、Bにも過失があったとしても、Aから過失相殺の主張がなければ、裁判所は、賠償額の算定にあたって、賠償金額を減額することができない。

□□**問2**　甲建物の占有者である（所有者ではない。）Aは、甲建物の壁が今にも剥離しそうであるとわかっていたのに、甲建物の所有者に通知せず、そのまま放置するなど、損害発生の防止のため法律上要求される注意を行わなかった。そのために、壁が剥離して通行人Bが死亡した。この場合、Bの相続人は、Aに対しては損害賠償請求ができるが、甲建物の所有者に対しては、損害賠償請求ができない。

□□**問3**　Aが、その過失によってB所有の建物を取り壊し、Bに対して不法行為による損害賠償債務を負担した場合において、不法行為がAの過失とCの過失による共同不法行為であったとき、Aの過失がCより軽微なときでも、Bは、Aに対して損害の全額について賠償を請求することができる。

虫食い問題でチェック！

①ある行為によって他人に生じた損害を賠償する責任が生ずる場合のその行為を、［ A ］という。
②損害賠償責任が発生する場合において、被害者側にも過失があったときに、裁判所が損害賠償の金額についてこれを考慮して減額することを、［ B ］という。
③工作物の所有者または占有者が、土地の工作物の設置または保存の瑕疵のために負担する賠償責任を、［ C ］という。

答：A＝不法行為、B＝過失相殺、C＝土地工作物責任

解答・解説

答1　×　不法行為の**被害者側にも過失がある場合**、裁判所は**職権で過失相殺をすることができる**（民法722条2項）。

答2　○　Bの相続人の請求の根拠となるのは、土地工作物責任（717条）である。**土地工作物責任**を負担するのは、**第一次的には土地工作物の占有者**である。土地工作物の所有者は、**占有者**が責任を負担しない場合に**二次的に責任を負担**するにすぎない。本問の場合、土地工作物である甲建物の**占有者**Aに過失が認められるので、Aのみが責任を負い、甲建物の所有者は責任を負わない。

答3　○　**共同不法行為**が行われた場合には、その損害賠償債務は**共同不法行為者全員の連帯債務**となる（719条1項）。したがって、被害者BはAとCの過失の程度にかかわらず、**両者に対して同時にまたは順次に全額の請求ができる**（436条）。

次の記述のうち、正しいものには○、誤っているものには×をつけよ。

□□**問4**　ＡがＢと契約を締結する前に、信義則上の説明義務に違反して契約締結の判断に重要な影響を与える情報をＢに提供しなかった場合、Ｂが契約の締結により被った損害につき、Ａは、不法行為による損害賠償責任を負うことはあるが、債務不履行による損害賠償責任を負うことはない。

□□**問5**　Ａの被用者Ｂが、Ａの事業の執行につきＣとの間の取引において不法行為をした場合、Ｂが職務権限なくその行為を行っていることをＣが知らず、そのことにつきＣに重大な過失があるとき、Ａは、Ｃに対して使用者責任を負わない。

□□**問6**　Ａの被用者Ｂと、Ｃの被用者Ｄが、Ａ及びＣの事業の執行につき、共同してＥに対し不法行為をし、Ａ、Ｂ、Ｃ及びＤが、Ｅに対し損害賠償債務を負担した。Ａが自己の負担部分を超えて、Ｅに対し損害を賠償したときは、その超える部分につき、Ｃに対し、Ｃの負担部分の限度で求償することができる。

□□**問7**　ＡがＢから賃借する甲建物に、運送会社Ｃに雇用されているＤが居眠り運転するトラックが突っ込んで甲建物の一部が損壊した場合、Ｃは、使用者責任に基づき、Ｂに対して本件事故から生じた損害を賠償すれば、Ｄに対して求償することができるが、その範囲が信義則上相当と認められる限度に制限される場合がある。

解答・解説

答4 ○　ＡＢ間で締結された契約は、その**説明義務違反**により生じた結果であり、Ａが信義則上の説明義務に違反してＢの**契約締結の判断に重要な影響を与える情報を提供しなかった場合**には、**不法行為**に基づく損害賠償責任を負うことはあっても、**契約上の義務違反**としての、**債務不履行**に基づく損害賠償責任を負うことはない（最判平23.4.22）。

答5 ○　**被用者の行った取引行為**が、その行為の外形からみて、使用者の事業の範囲内に属するものと認められる場合でも、その行為が被用者の**職務権限内**において行われたものではなく、しかも、その行為の相手方が右事情を知り、また少なくとも**重大な過失**により**右事情を知らないで当該取引をしたと認められる**ときは、その行為に基づく**損害**は**事業**の執行につき加えた損害と**いえない**（最判昭42.11.2）。

答6 ○　**複数の加害者の共同不法行為**につき、各加害者（本問ではＢとＤ）の使用者がそれぞれ損害賠償責任を負う場合、**一方の加害者の使用者**（本問ではＡ）は、当該加害者（本問ではＢ）の**過失割合に従って定められる負担部分を超えて損害を賠償**したときは、その**超える**部分につき、他方の加害者の使用者（本問ではＣ）に対し、当該加害者（本問ではＤ）の**過失割合に従って定められる負担部分の限度で求償することができる**（最判平3.10.25）。

答7 ○　ある事業のために他人を使用する者は、**被用者がその事業の執行について第三者に加えた損害を賠償する責任を負う**（民法715条1項本文）。この規定により使用者が損害を賠償したときは、使用者は、被用者に**求償できる**（同条3項）。この求償権の行使は、損害の公平な分担の見地から**信義則上相当**と認められる範囲で認められる（最判昭51.7.8）。なお、**被用者が第三者に加えた損害を賠償した場合も**、使用者に対し相当と認められる額を求償することが**できる**（最判令2.2.28）。

次の記述のうち、正しいものには○、誤っているものには×をつけよ。

□□**問8**　ＡがＢとの請負契約によりＢに建物を建築させてその所有者となり、その後Ｃに売却した。Ｃはこの建物をＤに賃貸し、Ｄが建物を占有していたところ、この建物の建築の際におけるＢの過失により生じた瑕疵により、その外壁の一部が剥離して落下し、通行人Ｅが重傷を負った。この場合、Ａは、この建物の建築の際において注文又は指図に過失がなかったときでも、Ｅに対して不法行為責任を負うことがある。

□□**問9**　Ａは、所有する家屋を囲う塀の設置工事を業者Ｂに請け負わせたが、Ｂの工事によりこの塀は瑕疵がある状態となった。Ａがその後この塀を含む家屋全部をCに賃貸し、Cが占有使用しているときに、この瑕疵により塀が崩れ、脇に駐車中のD所有の車を破損させた。Cは、損害の発生を防止するのに必要な注意をしていれば、Dに対する損害賠償責任を免れることができる。

□□**問10**　Aが、その被用者Bの行為につき第三者Cに使用者責任を負う場合は、CのBに対する損害賠償請求権が消滅時効にかかったときでも、そのことによってAのCに対する損害賠償の義務が消滅することはない。

□□**問11**　Aは、所有する家屋を囲う塀の設置工事を業者Bに請け負わせたが、Bの工事によりこの塀は瑕疵がある状態となった。その後この瑕疵により塀が崩れ、脇に駐車中のD所有の車を破損させた。Bは、瑕疵を作り出したことに故意又は過失がなければ、Dに対する損害賠償責任を免れることができる。

□□**問12**　不法行為による損害賠償債務の不履行に基づく遅延損害金債権は、当該債権が発生した時から10年間行使しないことにより、時効によって消滅する。

解答・解説

⟹**答8** × **注文者の不法行為責任**は、**注文**または**指図につき注文者に過失があるときにのみ生じる**（民法716条）。また、Aは所有権を失っているので、土地工作物の**所有者としての不法行為責任**（717条1項但書）は負わない。

⟹**答9** ○ **土地工作物の占有者**は、損害の発生を防止するのに**必要な注意をした場合、被害者に対する損害賠償責任を免れることができる**。この場合、所有者が責任を負うことになる（717条1項但書）。

⟹**答10** ○ 使用者責任における使用者と被用者の不法行為責任は、（不真正）連帯債務となるところ、**一方の債務が消滅時効にかかった場合、他方の債務は影響を受けない**とするのが判例である（大判昭12.6.30、441条参照）。

⟹**答11** ○ 請負人に不法行為による損害賠償責任を追及するためには、一般の不法行為責任と同様に、**加害行為**について**故意・過失が必要**である。

⟹**答12** × 不法行為による損害賠償債務の不履行に基づく遅延損害金債権は、不法行為による損害賠償請求権の消滅時効の規定である民法724条に従う（大連判昭11.7.15）。このため、被害者またはその法定代理人が**損害及び加害者を知った時から3年間**行使しないとき、または**不法行為の時から20年間**行使しないときは**時効によって**消滅する（724条）。

権利関係編

1章 相続

1回目 ／22問

2回目 ／22問

重要分野である。特に、相続の承認、放棄、遺留分侵害額請求の要件と効果を押さえる。

次の記述のうち、正しいものには○、誤っているものには×をつけよ。

□□**問1**　ＡとＢが婚姻中に生まれたＡの子Ｃは、ＡとＢの離婚の際、親権者をＢと定められたが、Ａがその後再婚して、再婚にかかる配偶者がいる状態で死亡したときは、Ａの相続人とならない。

□□**問2**　被相続人の子が、相続の開始後に相続放棄をした場合、その者の子がこれを代襲して相続人となる。

□□**問3**　Ａには、妻Ｂ、子Ｃ・Ｄがあり、Ａ及びＢは、ＣにＡ所有の資産全部を相続させＡの事業も承継させたいと考えているが、Ｃは賛成し、Ｄは反対している。この場合、Ａは、Ｄが反対していることを理由として、遺言で、Ｄを相続人から廃除することができる。

□□**問4**　Ａが死亡し、相続人として、妻Ｂと嫡出子Ｃ・Ｄ・Ｅがいる。このとき、Ｃが相続を放棄した場合には、ＤとＥの相続分は増えるが、Ｂの相続分については変わらない。

虫食い問題でチェック！

①人の死亡による財産上の権利義務の包括的な承継を、［ A ］という。

②推定相続人が、相続開始以前に相続権を失ったときに、その者の子がその者に代わって相続することを、［ B ］という。

③限定承認とは、［ C ］で被相続人の債務を負担するという留保を付けて相続を承認することをいう。

答：A＝相続、B＝代襲相続、C＝相続によって得た財産の限度

解答・解説

⇒**答1**　×　**被相続人の子**は、相続欠格事由（民法891条）に該当し、または被相続人によって廃除（892条）される等の事情がない限り、**相続人となる**（887条1項）。このためCはAの相続人となる。

⇒**答2**　×　**代襲相続**とは、被相続人が死亡する以前に、相続人となるべき子・兄弟姉妹（推定相続人）が一定の事由により相続権を失った場合に、その者の子が推定相続人に代わって相続することをいう。代襲相続が生じる一定の事由（**代襲原因**）は、推定相続人が、①相続開始**以前**に死亡した場合、②相続**欠格**事由に該当する場合、③**廃除**された場合の**3つに限られている**（887条2項）。**推定相続人が相続を放棄した場合**は、代襲相続が**生じない**。

⇒**答3**　×　**廃除原因**は、被相続人に対する、①**虐待**、②**重大な侮辱**、③**著しい非行**の３つに限られている（892条）。本問の場合、Dを相続人から廃除することができない。

⇒**答4**　○　**相続放棄**をした者は、はじめから相続人とならないので、本問の場合、配偶者Ｂと被相続人の子Ｄ、Ｅが相続人となる。Ｂの相続分は常に**1/2**であるが、残り**1/2**については、相続人である子が３人から相続放棄をしたＣを除く２人に減ったのであるから、Ｄ、Ｅの相続分は**増える**ことになる（887条、890条、900条、939条）。

次の記述のうち、正しいものには○、誤っているものには×をつけよ。

□□**問5**　被相続人Ａが死亡し、配偶者Ｄ及びその2人の子供Ｅ、Ｆで遺産分割及びそれに伴う処分を終えた後、認知の訴えの確定により、さらに嫡出でない子Ｇが1人いることが判明した。Ｇの法定相続分は1/6である。

□□**問6**　相続人は、相続放棄前はもちろん、相続放棄をした場合も、放棄の時に相続財産に属する財産を現に占有しているときは、相続人又は相続財産の清算人に対して当該財産を引き渡すまでの間は、固有財産におけるのと同一の注意をもって相続財産を保存しなければならない。

□□**問7**　自己所有の建物に妻Ｂと同居していたＡが、遺言を残さないまま死亡した。Ａには先妻との間に子Ｃ及びＤがいる。Ｃの子ＥがＡの遺言書を偽造した場合は、ＣはＡを相続することができない。

□□**問8**　被相続人は、遺言で、遺産の分割を禁止することはできず、共同相続人は、遺産分割協議によって遺産の全部又は一部の分割をすることができる。

□□**問9**　被相続人Aの配偶者Bが、A所有の建物に相続開始の時に居住していたため、遺産分割協議によって配偶者居住権を取得した。遺産分割協議でBの配偶者居住権の存続期間を20年と定めた場合、存続期間が満了した時点で配偶者居住権は消滅し、配偶者居住権の延長や更新はできない。

解答・解説

⟹**答5**　○　嫡出子と非嫡出子の法定相続分は同じであり、本問の場合、配偶者Dの相続分は1/2であるから、残りの1/2をＥ、Ｆ、Ｇで分けると、非嫡出子Ｇの相続分は1/6となる。なお、本問のように**遺産分割の後、認知によって相続人となった場合**、その相続人は分割のやり直しは請求できず、**価額のみによる支払請求権**を有する（民法910条）。

⟹**答6**　○　相続の放棄をした者は、その放棄の時に相続財産に属する財産を現に占有しているときは、相続人または相続財産の清算人に対して当該財産を引き渡すまでの間、**自己の（固有）財産におけるのと同一の注意**をもってその財産を保存しなければならない（940条1項）。

⟹**答7**　×　Ｃ自身が被相続人Ａの遺言書を偽造したわけではないから、Ｃについて**相続欠格事由**は存在**しない**（891条5号）。したがって、**ＣはＡを相続することが**できる。

⟹**答8**　×　被相続人は、**遺言**で分割の方法を定めたり、**相続開始**の時から５年を超えない期間内で遺産の分割を禁ずることが**できる**（908条1項）。そして、**共同相続人は**、被相続人が遺言で禁じた場合や、分割をしない旨の契約をした場合を除き、いつでも、その**協議**で、**遺産の全部または一部の分割をする**ことができる（907条１項）。なお、共同相続人も5年以内の期間を定めて、遺産の全部または一部について、その分割をしない旨の契約をすることができるが、その期間の終期は、相続開始の時から10年を超えることができない（908条2項）。

⟹**答9**　○　配偶者居住権の**存続期間**は、原則として**配偶者の終身の間**となり、遺産の分割の協議や遺言、家庭裁判所が遺産の分割の審判において**別段の定めをしたとき**は、その定めによる（1030条）。本問は遺産分割協議で存続期間を**20年と定めているので**、延長や更新はすることができない。

次の記述のうち、正しいものには○、誤っているものには×をつけよ。

□□**問10** 被相続人Aの配偶者Bが、A所有の建物に相続開始の時に居住していたため、遺産分割協議によって配偶者居住権を取得した場合、Bは、配偶者居住権の存続期間内であれば、居住している建物の所有者の承諾を得ることなく、第三者に当該建物を賃貸することができる。

□□**問11** 相続人が、被相続人の妻Aと子Bのみである場合（被相続人の遺言はないものとする。）において、相続の承認又は放棄をすべき3か月の期間の始期は、AとBとで異なることがある。

□□**問12** 相続人が、被相続人の妻Aと子Bのみである場合（被相続人の遺言はないものとする。）において、Aは、Bの詐欺によって相続の放棄をしたとき、Bに対して取消しの意思表示をして、遺産の分割を請求することができる。

□□**問13** 相続人が、自己のために相続の開始があったことを知った時から3か月（家庭裁判所が期間の伸長をした場合は当該期間）以内に、限定承認又は放棄をしなかったときは、単純承認をしたものとみなされる。

□□**問14** 甲建物を所有するAが死亡し、相続人がそれぞれAの子であるB及びCの2名である場合で、Cが単純承認をしたときは、Bは限定承認をすることができない。

□□**問15** 居住用建物を所有するAが死亡した場合において、Aに法律上の相続人がない場合で、10年以上Aと同居して生計を同じくし、Aの療養看護に努めた内縁の妻Bがいるとき、Bは、承継の意思表示をすれば当該建物を取得する。

解答・解説

答10 × 配偶者は、**居住建物の所有者の承諾を得なければ**、居住建物の増改築や、第三者に居住建物の使用若しくは収益をさせることができない（民法1032条3項）。したがって、Bは賃貸することが**できない**。

答11 ○ **相続の承認または放棄**は、原則として、**自己のために相続の開始**があったことを**知った**時から3か月以内にする必要がある（915条1項本文）。相続人が複数いる場合、3か月の期間は、相続人それぞれが**自己のために相続の開始**があったことを**知った**時から**各別に**進行する（最判昭51.7.1）。

答12 × **相続放棄の取消し**は、相手方への意思表示ではなく**家庭裁判所**に**申述**してしなければならない（919条4項）。

答13 ○ 単純承認とは、相続人が、被相続人の権利義務を全面的に承継することを内容として相続を承認することをいう（920条）。相続人が、**自己のために相続の開始**があったことを**知った時から3か月**（家庭裁判所が期間の伸長をした場合は当該期間）**以内**に、**限定承認**または**放棄をしなかった**ときは、**単純承認をしたものとみなされる**（921条2号、915条1項）。

答14 ○ 単純承認は各相続人が**単独**ですることができる。しかし、相続人が数人あるときは、**限定承認**は、共同相続人の**全員が共同してのみ**これをすることができる（923条）。

答15 × **内縁の妻**は、承継の意思表示をしても被相続人の財産を取得することはない。しかし、本問のBのように、被相続人の療養看護に努めた者は、意思表示ではなく家庭裁判所に請求することにより**特別縁故者として相続財産の分与を受けることが可能**である（958条の2第1項）。

次の記述のうち、正しいものには○、誤っているものには×をつけよ。

□□**問16** 遺言に停止条件が付けられた場合、その条件が遺言者の死亡後成就しても、遺言の効力は生じない。

□□**問17** 遺産の全部を相続人の1人に贈与する旨の遺言があっても、遺言者が死亡する前に受遺者が死亡したときは、その遺贈は効力を生じない。

□□**問18** 遺言者が遺贈をしても、受遺者が遺贈の放棄をしたときは、遺言に別段の意思表示がない限り、受遺者が受けるべきであったものは、相続人に帰属する。

□□**問19** Ａが公正証書で土地をＢに遺贈すると遺言した場合でも、後に自筆証書でこれをＣに遺贈すると遺言したときは、Ｂは、Ａが死亡しても、当該土地の所有権を取得しない。

□□**問20** 被相続人の生前においては、相続人は、家庭裁判所の許可を受けることにより、遺留分を放棄することができる。

□□**問21** 相続が開始して9年6か月経過する日に、はじめて相続の開始と遺留分を害する遺贈のあったことを知った遺留分権利者は、6か月以内であれば、遺留分侵害額請求をすることができる。

□□**問22** 自筆証書の内容を遺言者が一部削除する場合、遺言者が変更する箇所に二重線を引いて、その箇所に押印するだけで、一部削除の効力が生じる。

解答・解説

⟹**答16** ×　**遺言に停止条件を付した場合**において、その条件が遺言者の死亡後に成就したときは、**遺言は、条件が成就した時からその効力を生ずる**（民法985条2項）。

⟹**答17** ○　**遺贈**は、**遺言者の死亡以前に受遺者が死亡**したとき、その効力を生じない（994条1項）。

⟹**答18** ○　**遺贈**が、その効力を生じないとき、または放棄によってその効力がなくなったときは、**受遺者が受けるべきであったものは、相続人に帰属する。**ただし、遺言に別段の意思表示があればその限りではない（995条）。

⟹**答19** ○　本問の場合、土地をBに遺贈するとの**前の遺言**は、土地をCに遺贈するとの**後の遺言によって撤回されたものとみなされる**から（1023条1項）、Bは、Aが死亡しても、当該土地の所有権を取得**しない**。

⟹**答20** ○　被相続人の生前（**相続の開始前**）においては、遺留分の放棄は**家庭裁判所の許可**を受けたときに限り、**することができる**（1049条1項）。

⟹**答21** ○　**遺留分侵害額請求権**は、①遺留分権利者が、**相続の開始及び遺留分を侵害する贈与または遺贈があったことを知った時から１年**、②**相続開始の時から10年**のいずれかが経過すると消滅する（1048条）。本問の場合、①②いずれも経過していないから、**遺留分権利者**は**遺留分侵害額請求をすることができる。**

⟹**答22** ×　自筆証書中の加除その他の変更は、遺言者が、**その場所を指示し、これを変更した旨を付記して特にこれに署名し、かつ、その変更の場所に印を押さなければ**、その効力を生じない（968条3項）。

権利関係編

1章 借地借家法

1.借地契約

めざせ7割！

1回目 ／24問

2回目 ／24問

借地権の存続期間、建物滅失・再築の権利義務、契約の更新を押さえる。

次の記述のうち、正しいものには○、誤っているものには×をつけよ。

□□**問1**　AとBとの間で、A所有の甲土地につき建物所有目的で賃貸借契約を締結する場合、当該契約において借地権の存続期間を60年と定めても、公正証書によらなければ、その期間は30年となる。

□□**問2**　建物の所有を目的とする土地の賃貸借において、当該建物が借地人の失火により滅失したときは、賃貸人は、解約の申入れをすることができる。

□□**問3**　建物の所有を目的とする土地の賃貸借契約（定期借地権及び一時使用目的の借地権となる契約を除く。）で、転借地権が設定されている場合において、転借地上の建物が滅失したときは、転借地権は消滅し、転借地権者（転借人）は建物を再築することができない。

□□**問4**　借地権の存続期間が満了する前に建物が滅失し、借地権者が残存期間を超えて存続すべき建物を建築した場合、借地権設定者が異議を述べない限り、借地権は建物が築造された日から当然に20年間存続する。

虫食い問題でチェック！

①建物の所有を目的とする地上権及び土地賃借権を、[A]という。

② [A]が消滅しまたは賃借権の譲渡・転貸について地主の承諾を得られない場合、[A]者または建物を譲り受けた第三者が地主にその所有建物を時価で買い取らせる権利を、[B]という。

答：A＝借地権、B＝建物買取請求権

解答・解説

⟹**答1**　×　**借地権の存続期間**が**30年より短い場合**は30年とされ、**30年より長い場合**は**その期間**となる。契約は口頭でも有効に成立するので、公正証書であるかどうかは問わない（借地借家法3条）。

⟹**答2**　×　借地上の建物が失火によって**滅失した場合**、その原因が借地人にあったとしても、**建物の所有を目的とする賃貸借は終了しない**。よって、賃貸人は解約の申入れをすることが**できない**。

⟹**答3**　×　転借地権が設定されている場合は、転借地権者（転借人）がする建物の築造を借地権者がする建物の築造とみなすので、転借地上の建物が滅失したときも**転借地権は消滅せず**、転借地権者は建物を**再築することができる**（7条1項、3項）。

⟹**答4**　×　借地権の存続期間満了前の建物滅失で、借地権者が残存期間を超えて存続すべき建物を築造した場合に**存続期間が20年間延長**されるのは、建物築造につき借地権設定者が単に**異議を述べなかった**というだけではなく、その**承諾**があることが要求されている（7条1項、2項）。なお、**承諾**が得られた場合には、借地権は**承諾があった日または建物が築造された日**のいずれか早い方から**20年間存続する**（同条1項）。

次の記述のうち、正しいものには○、誤っているものには×をつけよ。

□□**問5**　Aは、木造の建物の所有を目的として、Bが所有する土地を期間30年の約定で賃借している。期間満了前に建物が滅失し、Aが再築をしない場合、期間満了の際にAが契約の更新の請求をしても、Bが異議を述べたときは、当該契約は更新されない。

□□**問6**　AがBのために新たに借地権を設定した場合において、「期間満了の際、AがBに対し相当の一定額の交付さえ行えば、Aは更新を拒絶できる」と特約しても、その特約は、無効である。

□□**問7**　Aは、その所有地について、Bに対し、建物の所有を目的とし存続期間30年の約定で賃借権（その他の特約はないものとする。）を設定した。Bが、契約の更新後に、現存する建物を取り壊し、残存期間を超えて存続すべき建物を新たに築造した場合で、Aの承諾もそれに代わる裁判所の許可もないとき、Aは、土地の賃貸借の解約の申入れをすることができる。

□□**問8**　AがBの所有地を賃借して居住用の家屋を所有している場合において、Aは、家屋が火災により滅失したときは、新築することができ、その建物が借地権の残存期間を超えて存続するものであっても、Bは異議を述べることができない。

□□**問9**　Aは、建物所有の目的でBから一筆の土地を賃借し（借地権の登記はしていない。）、その土地の上にA単独所有の建物を建築していたが、Bは、その土地をCに売却し、所有権移転登記をした。この場合、Aは、建物について自己名義の所有権保存登記をしていても、そこに住んでいなければ、Cに対して借地権を対抗することができない。

解答・解説

⟹**答5**　○　**借地権者が更新の請求**をした場合、契約が更新されたものとみなされるのは、建物が存在する場合であるから、当該契約は**更新されない**（借地借家法5条1項）。

⟹**答6**　○　借地契約の**更新拒絶には正当事由が必要**である（6条）。借地権設定者が土地の明渡しの条件としてまたは土地の明渡しと引換えに借地権者に対して**財産上の給付をすることとしても**、それによって直ちに正当事由があることにならない（最判昭46.11.25）。

⟹**答7**　○　契約の更新の後に建物が滅失して、借地権者Ｂが借地権設定者Ａの承諾を得ないで**残存期間を超える建物を再築した場合**、Ａは**土地賃貸借の解約の申入れをすることが**できる（8条2項）。

⟹**答8**　×　再築された**建物が借地権の残存期間を超えて存続する場合**、借地権者Ａは土地所有者Ｂの承諾がないときは、Ｂにその旨を通知する必要があり、Ｂはその通知を受けた**後２か月以内**であれば異議を述べることができる（7条2項）。

⟹**答9**　×　借地権はその登記がなくとも、借地上に借地権者が自己名義**の登記がされている**建物**を所有するとき**は、これをもって**第三者に対抗することが**できる。居住までは要求されていない（10条1項）。

次の記述のうち、正しいものには〇、誤っているものには×をつけよ。

□□**問10**　Aが、Bに、A所有の甲地を建物の所有を目的として賃貸し、Bがその土地上に乙建物を新築し、所有している。乙建物が滅失した場合でも、Bが借地借家法に規定する事項を甲地の上の見やすい場所に掲示したときは、Bは、甲地に賃借権の登記をしていなくても、滅失のあった日から2年間は、甲地をAから譲渡され所有権移転登記を受けたDに対し、甲地の賃借権を対抗できる。

□□**問11**　借地権者が登記ある建物を火災で滅失したとしても、建物が滅失した日から2年以内に新たな建物を築造すれば、2年を経過した後においても、これをもって借地権を第三者に対抗することができる。

□□**問12**　A所有の甲土地につき、令和3年7月1日にBとの間で居住の用に供する建物の所有を目的として、存続期間30年の約定で賃貸借契約が締結され、AとBとが期間満了に当たり本件契約を最初に更新する場合、更新後の存続期間を15年と定めても、20年となる。

□□**問13**　Aは、その所有地について、Bに対し、建物の所有を目的とし存続期間30年の約定で賃借権（その他の特約はないものとする。）を設定した。存続期間が満了し、契約の更新がない場合で、Bの建物が存続期間満了前にAの承諾を得ないで残存期間を超えて存続すべきものとして新たに築造されたものであるとき、Bは、Aに対し当該建物を買い取るべきことを請求することはできない。

□□**問14**　AがBの土地を賃借して建てた建物の所有権が、Cに移転した。Bは、Cが使用しても何ら支障がないにもかかわらず、賃借権の譲渡を承諾しない。この場合、Cは、Bに対して、借地権の価額に建物の価額を加算した金額で、建物の買取りを請求することができる。

解答・解説

⇒**答10** ○　借地上の建物の保存登記によって対抗力を得ている場合には、建物が滅失すれば、その保存登記も効力を失うのが原則である。しかし、この場合でも借地権者が建物を特定するために必要な事項、その滅失があった日及び建物を新たに築造する旨を**土地上の見やすい場所に掲示**しておけば、**滅失のあった日から２年間、借地権を第三者に対抗できる**（借地借家法10条2項）。

⇒**答11** ×　借地権者が、滅失した建物を特定するために必要な事項、その滅失があった日及び建物を新たに築造する旨を土地の上の見やすい場所に**掲示**した上で、建物が滅失した日から**2**年以内に新たな建物を**築造**し、かつ、その建物について**登記**した場合には、建物が滅失した日から**2**年を経過した後も、**借地権を第三者に対抗することができる**（10条2項）。

⇒**答12** ○　当事者が**借地契約を更新する**場合においては、その期間は、更新の日から**10年**（借地権の設定後の**最初の更新にあっては、20年**）とする。本問の場合、**最初の更新なので20年となる**。なお、当事者がこれより長い期間を定めたときは、その期間となる（4条）。

⇒**答13** ×　借地権の存続期間満了前に、**借地権設定者の承諾を得ない**で残存期間を超えて存続すべき**建物が新たに築造**された場合、**その建物は買取請求権の対象となる**。このため、ＢはＡに対し当該建物を買い取るべきことを請求することができる。ただし、借地権設定者の請求があれば、裁判所は、買取代金の**全部**または**一部**の支払いにつき**相当の期限**を許与することができる（13条2項）。

⇒**答14** ×　賃借権の譲渡または転貸について借地権設定者の承諾を得られない場合は、**建物等の譲受人**は、借地権設定者に対して建物等を時価で買い取るべきことを請求することが**できる**（14条）。この場合、**建物等の時価には借地権そのものの価額は含まれない**（最判昭35.12.20）。

次の記述のうち、正しいものには○、誤っているものには×をつけよ。

□□**問15** ＡがＢに土地を賃貸し、Ｂがその土地上に建物を所有している。建物買取請求権は、契約終了の理由を問わず、Ｂの債務不履行を原因とする契約終了の場合にも、ＢはＡに対して建物の買取りを請求することができる。

□□**問16** ＡがＢに土地を賃貸し、Ｂがその土地上に建物を所有している。ＢがＡの承諾を得て土地をＣに転貸し、建物を譲渡した場合、ＡＢ間、ＢＣ間の契約が、ともに期間満了し更新がなければ、ＣはＡに対し直接建物買取請求権を有する。

□□**問17** ＡがＢに土地を賃貸し、Ｂがその土地上に建物を所有しているが、賃貸借契約が終了した。Ｂが適法にＡに建物買取請求権を行使すると、その所有権は直ちにＡに移転するが、ＢはＡが代金を支払うまで、建物の引渡しを拒むことができる。

□□**問18** Ａが、Ｂの所有地を賃借して木造の家屋を所有し、これに居住している場合において、「土地の使用は木造3階建の家屋に限る」旨の借地条件があるとき、借地借家法に定める要件に該当すれば、Ａは裁判所に対して借地条件の変更の申立てができるが、Ｂは申立てができない。

□□**問19** Ａが、Ｂの所有地を賃借して木造の家屋を所有し、これに居住している。増改築禁止の借地条件がある場合に、土地の通常の利用上相当とすべき改築についてＢの承諾に代わる許可の裁判をするときでも、裁判所は、借地権の存続期間の延長までずることはできない。

解答・解説

⟹**答15** × 借地権設定者が借地権者の**債務不履行を理由**に契約を解除した場合は、**建物買取請求権は認めら**れない（最判昭35.2.9）。

⟹**答16** ○ 借地権者の借地権設定者に対する**建物買取請求権に関する規定**（借地借家法13条1項、2項）は、借地権の存続期間が満了した場合における**転借地権者と借地権設定者との間**に**準用**される（同条3項）。

⟹**答17** ○ **建物買取請求権は形成権**であり、借地権者の一方的な買取請求の意思表示によって借地権設定者を買主とする売買契約を成立させる。その結果、建物の所有権は直ちに借地権設定者に移転する（民法176条）が、借地権者は、**借地権設定者が代金を支払うまで、建物の引渡しを拒むことができ**る（533条）。

⟹**答18** × 借地条件の変更について当事者間の協議が調わなかった場合、**いずれ**の当事者**も裁判所に対し借地条件の変更を申し立てることができ**る（借地借家法17条1項）。

⟹**答19** × **増改築の制限を借地条件**とした場合でも、**裁判所**は**増改築**についての借地権設定者の**承諾に代わる許可**を与えることができる（17条2項）。また、当事者間の利益の衡平を図るため必要があるときは、**他の借地条件（存続期間を含む）を変更することが**できる（同条3項）。

次の記述のうち、正しいものには〇、誤っているものには×をつけよ。

□□**問20** Ａが居住用の甲建物を所有する目的で、期間30年と定めてＢから乙土地を賃借した場合において、Ａが甲建物を所有していても、登記上の建物の所在地番、床面積等が少しでも実際のものと相違しているときは、建物の同一性が否定されるようなものでなくても、Ｂから乙土地を購入して所有権移転登記を備えたＣに対して、Ａは借地権を対抗できない。

□□**問21** Aを賃借人、Bを賃貸人としてB所有の土地に建物譲渡特約付借地権を設定する契約（その設定後30年を経過した日に借地上の建物の所有権がAからBに移転する旨の特約が付いているものとする。）を締結した場合、Aの借地権は、その設定後30年を経過した日における建物譲渡とともに消滅し、本件契約がABの合意によらずに法定更新されることはない。

□□**問22** Aを賃借人、Bを賃貸人としてB所有の土地に建物譲渡特約付借地権を設定する契約（その設定後30年を経過した日に借地上の建物の所有権がAからBに移転する旨の特約が付いているものとする。）を締結した。建物譲渡によりAの借地権が消滅した場合で、Aがその建物に居住しているときは、Aは、直ちに、Bに対して建物を明け渡さなければならず、賃借の継続を請求することはできない。

□□**問23** 事業用借地権は、専ら事業の用に利用される建物の所有を目的としているので、住宅を建てるために設定することはできないが、住宅賃貸の事業者が賃貸マンションを建てる場合には、設定することができる。

□□**問24** ＡがＢに土地を賃貸し、Ｂがその土地上に建物を所有している。ＡＢ間の借地契約が、公正証書により10年の事業専用の目的で締結された場合には、Ｂは契約終了に伴う建物買取請求権を有しない。

解答・解説

⟹**答20** ×　借地上の建物の所在地番表示が、**錯誤または遺漏**により、実際と多少相違していても、建物の種類、構造、床面積等の記載と相まってその登記の表示全体において当該建物の**同一性を認識**できるような場合には、借地借家法10条1項の適用が**あり**、AはCに対抗することが**できる**（最判昭40.3.17）。

⟹**答21** ○　**建物譲渡特約付借地権**（借地借家法24条）においては、一定期間経過後借地上の建物所有権が借地権設定者に移転するため、「借地上に借地権者所有の建物が存在すること」という法定更新の要件を満たさない。したがって、**当事者の合意によらず法定更新されることはない**。

⟹**答22** ×　建物譲渡によって借地権が消滅した場合に、借地権者や建物の賃借人で建物の使用を継続している者が請求すれば、建物について**期間の定めのない賃貸借**（借地権者が請求をした場合において、借地権の残存期間があるときは、その残存期間を存続期間とする賃貸借）がされたものとみなされる（24条2項）。したがって、**AはBに対して建物賃借の継続を請求できる**。

⟹**答23** ×　**事業用借地権**は専ら事業の用に供する建物（居住の用に供するものを除く）の所有を目的としており、**居住用の賃貸マンションはこれにあたらない**（23条）。

⟹**答24** ○　**事業用借地権**には、契約終了に伴う**建物買取請求権**を定める13条の適用は否定されている（23条2項）。

権利関係編

1章 借地借家法

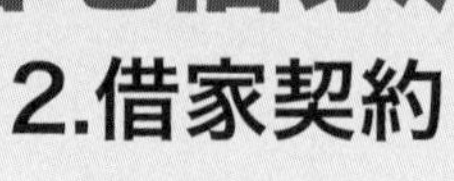

2.借家契約

めざせ7割！

1回目 ／21問

2回目 ／21問

借家権の存続期間、解約の制限、賃借権の承継を押さえる。

次の記述のうち、正しいものには○、誤っているものには×をつけよ。

□□**問1**　Aがその所有する建物をBに対し、賃貸借契約の期間満了の1年前に更新をしない旨の通知をしていれば、AB間の賃貸借契約は期間満了によって当然に終了し、更新されない。

□□**問2**　Aがその所有する建物をBに対し、賃貸借契約の期間満了の3月前までに更新しない旨の通知をしなければ、従前の契約と同一の条件で契約を更新したものとみなされるが、その期間は定めがないものとなる。

□□**問3**　期間の定めのある建物賃貸借において、賃貸人が、期間満了の10月前に更新しない旨の通知を出したときで、その通知に借地借家法第28条に定める正当事由がある場合は、期間満了後、賃借人が使用を継続していることについて、賃貸人が異議を述べなくても、契約は期間満了により終了する。

□□**問4**　一時使用目的の建物賃貸借契約で契約の期間を定めた場合には、賃借人が当該契約を期間内に解約することができる旨の特約を定めていなければ、賃借人は当該契約を中途解約することはできない。

①建物の賃貸借の対抗要件は、登記または［ A ］である。

②借家人が、家主の承諾を得て建物に付加した畳などの造作を、借家契約終了の際、時価で家主に買い取ることを請求する権利を、［ B ］という。

③定められた契約期間の満了により、更新されることなく貸借関係が終了する借家契約を、［ C ］という。

答：A＝引渡し、B＝造作買取請求権、C＝定期借家契約

解答・解説

答1　×　AがBに対し、**建物の賃貸借契約の期間満了**により、更新をしない旨の通知をし、契約を終了させるには、**正当な事由**がなければならない（借地借家法28条）。

答2　×　**期間の定めのある建物賃貸借**は、当事者が期間満了の1年前から6か月前までの間に相手方に更新しない旨の通知または条件を変更しなければ更新しない旨の通知をしなかったときは、**従前の契約と同一の条件**（ただし、期間については、定めがないものとなる。）で**更新したものとみなされる**（26条1項）。

答3　×　**期間の定めのある建物賃貸借**は、賃貸人が期間満了の1年前から6か月前までの間に賃借人に更新しない旨の通知をすれば、期間満了とともに終了するのが原則である。しかし、更新しない旨の通知をした場合であっても、期間満了後も賃借人が使用を継続しており、それに対して賃貸人が遅滞なく異議を述べなければ、**従前の契約と同一の条件**（ただし、期間については、定めがないものとなる。）で**更新したものとみなされる**（26条2項）。

答4　○　一時使用目的の建物賃貸借には**借地借家法の規定は一切適用がなく**民法が適用される（40条）。当事者は期間の定めに**拘束され**、**中途解約に関する特約**がない限り、中途解約ができない。

次の記述のうち、正しいものには〇、誤っているものには×をつけよ。

□□**問5**　ＡがＢから賃借している建物をＣに転貸した。ＡＢ間の賃貸借がＢの解約の申入れによって終了した場合において、Ｂの承諾を得て転借しているＣが建物の使用を継続するときは、Ｂが遅滞なく異議を述べないと、ＡＢ間の賃貸借が更新される。

□□**問6**　AがＢから賃借しているＢ所有の建物を第三者に転貸しようとする場合に、その転貸によりBに不利となるおそれがないにもかかわらず、Bが承諾を与えないときは、裁判所は、Aの申立てにより、Bの承諾に代わる許可を与えることができる。

□□**問7**　ＡがＢに対してＡ所有の建物を期間を定めないで賃貸した場合、ＡがＢに対し解約の申入れをするため必要な正当の事由は、Ａの自己使用の必要性のほかに、ＡがＢに対し建物の明渡しの条件として金銭を支払う旨のＡの申出をも考慮して判断される。

□□**問8**　Aが、B所有の建物を賃借している場合において、Aが建物に自ら居住せず、Bの承諾を得て第三者に転貸し、居住させているときは、Aは、Bからその建物を買い受けた者に対し、賃借権を対抗することができない。

□□**問9**　貸主Ａ及び借主Ｂ間の建物賃貸借契約において、Ｂが賃料減額請求権を行使してＡＢ間に協議が調わない場合、賃料減額の裁判の確定時点から将来に向かって賃料が減額されることになる。

□□**問10**　Ａがその所有する住宅をＢに新たに賃貸した場合において、「賃料は2年の契約期間中増額しない」と特約したときは、Ａは、当該期間中増額請求をすることができない。

解答・解説

⟹**答5**　○　**転借人**Ｃが建物の使用を継続した場合、その使用継続は**賃借人がした行為とみなされ**、建物の賃借人と賃貸人との間について契約を更新したものとみなされる（借地借家法26条2項、3項）。

⟹**答6**　×　借地に関しては、賃貸人の承諾に代わる**裁判所の許可の制度**があるが、**建物の賃貸借の場合にはない**。建物は土地と異なり、賃借人の使用方法によって損耗の程度に違いがあるので、誰を賃借人とするかは、賃貸人の意思に委ねざるを得ないのである。

⟹**答7**　○　建物賃貸人による**賃貸借の解約申入れ**は、正当な事由がなければ、することができない。正当な事由の有無は、①賃貸人及び賃借人（転借人を含む。）が建物の使用を必要とする事情、②建物の賃貸借に関する従前の経過、③建物の利用状況、④建物の現況、⑤賃貸人が建物の明渡しの条件としてまたは建物の明渡しと引換えに賃借人（転借人を含む。）に対して**財産上の給付をする旨の申出を考慮**して判断される（28条）。

⟹**答8**　×　建物の賃貸借では、**引渡し**が**第三者対抗要件**となる（31条）。本問のＡは自分で居住しているわけではないが、他人に貸すことによって間接的に**占有**が認められる。この場合にもＡは、**引渡し**を受けていることに変わりはなく、**建物の買受人に賃借権を対抗**できる。

⟹**答9**　×　**賃料減額請求権**は形成権であり、賃借人が減額の意思表示をすれば、賃貸人がそれを承諾するか否かにかかわらず、減額の意思表示が**賃貸人に到達した時から将来に向かって賃料が減額される**（最判昭32.9.3）。

⟹**答10**　○　借家契約の当事者は、その契約の条件にかかわらず将来に向かって建物の借賃の**増減を請求することができる**が、**一定の期間増額しない旨の特約がある場合は、その定めに従う**（32条1項）。

次の記述のうち、正しいものには○、誤っているものには×をつけよ。

□□**問11**　貸主Ａ及び借主Ｂ間の建物が完成した時を始期とする建物賃貸借契約において、建物建築中に経済事情の変動によってＡＢ間で定めた賃料が不相当になっても、建物の使用収益開始前にＢから賃料減額請求を行うことはできない。

□□**問12**　貸主Ａ及び借主Ｂ間の建物賃貸借契約において、Ａが賃料増額請求権を行使してＡＢ間に協議が調わない場合、ＢはＡの請求額を支払わなければならないが、賃料増額の裁判で正当とされた賃料額を既払額が超えるときは、Ａは超過額に年1割の利息を付してＢに返還しなければならない。

□□**問13**　ＡがＢからＢの所有する建物を賃借している場合において、Ａは、Ｂの同意を得て建物に造作を付加したときは、賃貸借終了の際、Ｂに対し時価でその造作を買い取るべきことを請求することができる。

□□**問14**　Ａが、Ｂに対し期間2年と定めて賃貸した建物を、ＢはＣに対し期間を定めずに転貸し、Ａはこれを承諾した。この場合、ＣがＡの同意を得て建物に付加した造作は、期間の満了によって建物の賃貸借が終了するとき、ＣからＡに対し買取りを請求することができる。

□□**問15**　賃貸人Ａと賃借人Ｂとの間の居住用建物の賃貸借契約に関する「Ａは、Ｂが建物に造作を付加することに同意するが、Ｂは、賃貸借の終了時に、Ａに対してその造作の買取りを請求しない」旨の特約は、有効である。

□□**問16**　Aが、Ｂから賃借しているB所有の建物をCに転貸している場合において、AB間の賃貸借が正当の事由があり期間の満了によって終了するときは、Bは、Cにその旨通知しないと、Aに対しても、契約の終了を主張することができない。

解答・解説

⟹**答11** ○　ＡＢ間の建物賃貸借契約は、建物が完成した時から効力を生ずる（民法135条1項）。したがって、建物建築中に経済事情の変動によって賃料が不相当になった場合、**建物の使用収益開始前**に**賃料減額請求権を行使することは否定**される。

⟹**答12** ×　**賃料の増額**について当事者間に**協議が調わない場合**、賃借人は、**裁判が確定するまで**は、**自己が相当と認める額を支払えばよい**（借地借家法32条2項）。このためＢは、Ａが請求する額を支払う必要がない。

⟹**答13** ○　賃貸人Ｂの同意を得て**建物に付加した畳等の造作**がある場合、建物の賃貸借が終了するときに、賃借人Ａは、Ｂに対して**時価でその造作を買い取るよう請求することができる**（33条1項）。

⟹**答14** ○　賃貸借が終了する場合の**建物の転借人Ｃ**は、**賃貸人Ａに対して造作買取請求権を行使することができる**（33条2項）。

⟹**答15** ○　**造作買取請求権**を定める借地借家法33条は**任意規定**であるから、**造作買取請求権を認めない旨の特約は有効**である（37条）。

⟹**答16** ×　**建物の転貸借がなされている場合**に、**転貸借の基礎**となる**賃貸借が期間満了や解約申入れにより終了**するときは、賃貸人は、転借人にその旨を通知しなければ、賃貸借の終了を転借人に対抗できない（34条1項）。これは転借人との関係であり、**賃借人に対しては、契約終了を主張できる**。

次の記述のうち、正しいものには○、誤っているものには×をつけよ。

□□**問17** ＡとＢとの間でＡ所有の甲建物をＢに対して、居住の用を目的として、期間2年、賃料月額10万円で賃貸する旨の賃貸借契約を締結した場合、本件契約が借地借家法第38条の定期建物賃貸借契約であって、賃料改定に関する特約がない場合、経済事情の変動により賃料が不相当となったときは、ＡはBに対し、賃料増額請求をすることができる。

□□**問18** Ａが、Ｂに対し期間2年と定めて賃貸した建物を、ＢはＣに対し期間を定めずに転貸し、Ａはこれを承諾した。ＡＢ間の賃貸借が期間の満了によって終了する場合、ＡがＣに対してその旨の通知をした日から6月を経過しないと、建物の転貸借は終了しない。

□□**問19** Aが、B所有の建物を賃借している場合において、Bの建物がDからの借地上にあり、Bの借地権の存続期間の満了によりAが土地を明け渡すべきときは、Aが期間満了をその1年前までに知らなかった場合に限り、Aは、裁判所に対し土地の明渡しの猶予を請求することができる。

□□**問20** ＡはＢと、Ｂ所有の甲建物につき、居住を目的として、期間3年、賃料月額20万円と定めて賃貸借契約を締結したが、ＢがＡに対し、本件契約の解約を申し入れる場合、甲建物の明渡しの条件として、一定額以上の財産上の給付を申し出たときは、Ｂの解約申入れに正当事由があるとみなされる。

□□**問21** 居住の用に供する建物に係る定期建物賃貸借契約においては、転勤、療養その他のやむを得ない事情により、賃借人が建物を自己の生活の本拠として使用することが困難となったときは、床面積の規模に関わりなく、賃借人は、同契約の有効な解約の申入れをすることができる。

解答・解説

⟹**答17** ○ **定期建物賃貸借契約**は、賃料を増額しない特約や、減額しない**特約を定めるのは有効である**（借地借家法32条1項）。しかし、本問は**特約を定めていない**ので、通常の建物賃貸借契約と同じく、**増額請求をすることができる**（38条9項）。

⟹**答18** ○ 建物の転貸借がなされている場合に、賃貸人Ａが転借人Ｃに賃貸借が終了した旨を通知したときは、**賃貸借の終了を対抗する**ことができ、その終了は**通知をした日から６か月を経過したとき**である（34条1項、2項）。

⟹**答19** ○ 借地契約の期間が満了して借地権が消滅し、借地上の建物賃借人が土地を明け渡さなければならなくなっても、建物賃借人が借地契約の期間満了を１年前までに知らなかったときは、それを**知った日から１年の範囲内で明渡しの猶予を裁判所に請求できる**（35条1項）。借地権者が建物買取請求権を行使しない場合や定期借地権のため建物の買取りを請求できない場合に、借地上の建物賃借人の保護を図るものである。

⟹**答20** × **賃貸人からの解約申入れに正当事由があるかどうか**の判断は、建物の使用を必要とする事情のほか、**いくつかの事情を総合的に考慮**して行う（28条）。単に立退料の申出をしただけで正当事由**有り**とされるのではない。

⟹**答21** × 転勤、療養、親族の介護その他のやむを得ない事情により賃借人が建物を自己の生活の本拠として使用することが困難となったときに、定期建物賃貸借の解約申入れができるのは、**床面積200㎡未満の建物の場合に限られる**（38条7項）。

1章 不動産登記法

1回目 ／21問

2回目 ／21問

不動産登記の種類（表示の登記と権利の登記）、基本的な登記手続、本登記と仮登記の違い、区分建物の登記の特徴について押さえる。

次の記述のうち、正しいものには○、誤っているものには×をつけよ。

□□**問1**　不動産の収用による所有権移転の登記は、起業者が単独で申請することができる。

□□**問2**　仮登記は、登記の申請に必要な手続上の条件を具備しない場合に限り、仮登記権利者が単独で申請することができる。

□□**問3**　抵当権設定の仮登記に基づき本登記を申請する場合に、その本登記について登記上利害関係を有する第三者があるときは、その者の承諾がなければ、当該本登記を申請することができない。

□□**問4**　仮登記の抹消の申請は、申請情報に併せてその仮登記の登記識別情報を添付して、登記上の利害関係人が単独ですることができる。

□□**問5**　表示に関する登記を申請する場合には、申請人は、その申請情報と併せて登記原因を証する情報を提供しなければならない。

□□**問6**　登記の申請をする者の委任による代理人の権限は、本人の死亡によっては消滅しない。

虫食い問題でチェック！

①不動産の登記は、不動産の物理的現況を記録する［ A ］と、権利を記録する［ B ］に分かれる。［ A ］には、所在・地番・地目・家屋番号・種類・構造・床面積などが記録される。

②［ B ］は、その不動産に付着している権利を第三者に［ C ］するために行われ、第三者［ D ］として機能する。

答：A＝表示の登記、B＝権利の登記、C＝公示、D＝対抗要件

解答・解説

⟹**答1**　○　権利に関する登記は、法令に別段の定めがある場合を除き登記権利者及び登記義務者の**共同申請**とする（不登法60条）。しかし、不動産の**収用**による所有権の移転の登記は、**起業者**が**単独**で申請できる（118条1項）。

⟹**答2**　×　**仮登記**は**共同申請**が原則であるが、仮登記の**登記義務者の承諾**があるとき及び仮登記を**命ずる処分**があるときは、当該仮登記の登記権利者が単独で申請することが**できる**（107条1項）。

⟹**答3**　×　**所有権以外の仮登記**に基づいて本登記を申請する場合には、登記上利害関係を有する**第三者があっても、その者の承諾は得る必要がない**（109条1項）。

⟹**答4**　×　**登記上の利害関係人**が、**単独**で**仮登記の抹消**をするためには、添付情報として登記原因**を証する**情報と**仮登記名義人の承諾**を証する情報を提供する必要がある（110条）。

⟹**答5**　×　**権利の登記**とは異なり、**表示の登記**の申請については、**登記原因を証する情報の提供が要求されていない**。

⟹**答6**　○　不登法17条に登記申請に関する**代理権の不消滅**が規定されている。

次の記述のうち、正しいものには○、誤っているものには×をつけよ。

□□**問7**　登記権利者は、その者の所有権を確認する確定判決に基づき、売買による所有権移転の登記の申請を単独ですることができる。

□□**問8**　氏名の変更による登記名義人の表示の変更の登記の申請は、登記名義人が単独ですることができる。

□□**問9**　付記登記は、主登記との同一性を保持しようとする場合又は付記登記によって表示される権利が主登記と同一の順位を有することを明らかにしようとする場合になされる登記である。

□□**問10**　権利の更正の登記は、既存の登記について、当初から錯誤もしくは遺漏があり、又は後発的に実体関係に変化があったため、登記されている事項の一部が実体関係と一致しない場合に、これを訂正するためになされる登記である。

□□**問11**　二筆の土地の表題部所有者又は所有権の登記名義人が同じであっても、地目が相互に異なる土地の合筆の登記は、申請することができない。

□□**問12**　土地の分筆の登記の申請人は、所有権の登記名義人でなければならない。

□□**問13**　建物を新築した場合、当該建物の所有者は、新築工事が完了した時から1か月以内に、建物の所有権の保存の登記の申請をしなければならない。

解答・解説

⟹**答7**　×　**判決**または相続による登記は登記権利者の単独申請によることができる（不登法63条1項、2項）が、この判決は登記自体を命ずる**給付**判決を指しており、**確認判決によって単独申請をすることができない**（大判明44.12.22）。

⟹**答8**　○　**登記名義人の表示の変更の登記**は、**登記名義人が単独で申請することができる**（64条1項）。

⟹**答9**　○　**付記登記**はそれ自身としては独立の順位番号を持たず、主登記の順位番号をそのまま使い、「付記何号」という枝番号によってなされるが、これは**既存の主登記の順位番号を保有させる必要**や、**主登記との同一性を保持する必要のある場合**になされる（4条2項）。

⟹**答10**　×　当初の登記手続において、**錯誤または遺漏**があったために登記と実体関係の間に不一致がある場合に、これを訂正・補充するための登記が**更正**登記である。登記された権利の内容が、**登記後に実体関係が変更されたた**め、登記と実体関係に不一致が生じたときにこれを一致させる登記は、変更登記である。

⟹**答11**　○　表題部所有者または所有権の登記名義人が同じであっても、**地目または地番区域が相互に異なる土地の合筆の登記は**することができない（41条2号）。

⟹**答12**　×　**分筆の登記**は、所有権の登記名義人のほか、**表題部所有者は申請することができる**（39条1項）。

⟹**答13**　×　新築した建物の**表題登記がない建物**の所有権を取得した者は、その所有権の取得の日から1か月以内に、**表題登記を申請しなければならない**（47条1項）。所有権の保存の登記など**権利の**登記に申請義務はない。

次の記述のうち、正しいものには○、誤っているものには×をつけよ。

□□**問14** 所有権の登記名義人に相続が開始した場合、当該不動産を相続により取得した者は、相続の開始を知った時から1年以内に、所有権の移転の登記の申請をしなければならない。

□□**問15** 所有権の登記名義人は、その住所について変更があったときは、当該変更のあった日から1月以内に、変更の登記を申請しなければならない。

□□**問16** 建物が取壊しにより滅失した場合、表題部に記載された所有者又は所有権の登記名義人は、当該建物が滅失した時から1か月以内に、建物の滅失の登記の申請をしなければならない。

□□**問17** 1棟の建物を区分した建物（以下「区分建物」という。）の表題の登記は、その1棟の建物に属する他の区分建物の表題の登記とともに申請しなければならない。

□□**問18** 建物の名称があるときは、その名称も当該建物の表示に関する登記の登記事項となる。

□□**問19** 区分建物の所有権保存の登記は、表題部に記載された所有者の証明書によって、その者から所有権を取得したことを証する者も、申請することができる。

□□**問20** 敷地権付き区分建物の表題部所有者から所有権を取得した者は、当該敷地権の登記名義人の承諾を得なければ、当該区分建物に係る所有権の保存の登記を申請することができない。

□□**問21** 相続又は法人の合併による権利の移転の登記は、登記権利者が単独で申請することができる。

解答・解説

⟹**答14** × 表示の登記を怠ったときは10万円以下の過料に処せられるが（不登法164条）、所有権の移転など**権利の登記**は**申請**によって行われ、**当事者にはその義務は課せられていない**。

⟹**答15** × 登記名義人の**表示の変更の登記**には、**申請義務は**ない。

⟹**答16** ○ **建物が滅失したとき**は、表題部に記載された所有者または所有権の登記名義人は、滅失の日から**1か月以内に建物の滅失の登記の申請をする必要がある**（57条）。

⟹**答17** ○ **区分建物の表題登記の申請**は、同じ1棟の建物に属する**他の区分建物の表題の登記の申請と併せて**しなければならない（48条1項）。

⟹**答18** ○ 建物の名称があるときは、その名称も、**建物の表示に関する登記の**登記事項である（44条1項4号）。

⟹**答19** ○ 区分建物にあっては、**表題部所有者から所有権を取得した者**も、**所有権保存の登記を申請することができる**（74条2項）。

⟹**答20** ○ 区分建物では、表題部所有者から所有権を取得した者も、所有権保存の登記を申請することができるが、当該建物が**敷地権付き区分建物**であるときは、当該**敷地権の登記名義人の承諾を得なければならない**（74条2項）。

⟹**答21** ○ 相続が開始した場合や法人が合併した場合、**権利の移転の登記**は、**登記権利者が単独で申請することができる**（63条2項）。

1章 区分所有法

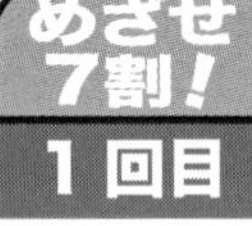

1回目 ／29問

2回目 ／29問

専有部分・共用部分の取扱いの違い、敷地利用権の処分、建物等の管理・使用に関する意思決定の方法に注意。

次の記述のうち、正しいものには○、誤っているものには×をつけよ。

□□**問1**　共用部分は、区分所有者全員の共有の登記を行わなければ、第三者に対抗することができない。

□□**問2**　区分所有者から専有部分を賃借しているAは、その専有部分を保存するため必要な範囲内であっても、他の区分所有者の専有部分の使用を請求することはできない。

□□**問3**　区分所有者は、建物並びにその敷地及び付属施設の管理を行うための団体である管理組合を構成することができるが、管理組合の構成員となるか否かは各区分所有者の意思に委ねられる。

□□**問4**　区分所有者の共有に属さない敷地であっても、規約で定めることにより、区分所有者の団体の管理の対象とすることができる。

①区分所有権の目的である建物の部分を、［ A ］という。
②区分所有者の全員またはその一部が共同で使用する建物の部分を、［ B ］という。
③数個の専有部分に通じる廊下、階段室その他構造上区分所有者の全員またはその一部が共同で使用する建物の部分を、［ C ］という。
④本来は、区分所有権の対象となる建物の部分などを、管理規約によって共用部分としたものを、［ D ］という。

答：A＝専有部分、B＝共用部分、C＝法定共用部分、D＝規約共用部分

区分所有法

解答・解説

⟹**答1**　×　共用部分には法定共用部分と規約共用部分とがあるが、**規約共用部分は共用部分とする旨を登記**しなければ**第三者に対抗**できない（区分所有法4条2項）。しかし、**法定**共用部分については、**そもそも登記をすることができない**。

⟹**答2**　○　専有部分の賃借人である**占有者**Aは、区分所有者とは異なり（6条2項参照）、専有部分または共用部分を保存・改良するため必要な範囲内において、**他の区分所有者の専有部分**または**自己の所有に属しない共用部分の使用を請求することは**否定されている（6条）。

⟹**答3**　×　**区分所有者**は、**全員**で管理組合を構成することとなっており、区分所有者であれば**当然に管理組合の構成員**となる（3条）。

⟹**答4**　○　区分所有者が建物及び建物が所在する土地と一体として管理または使用をする**庭、通路その他の土地**は、規約により建物の敷地とすることができ（5条1項）、**区分所有者の団体の管理の対象とすることができる**（2条5項、3条）。

次の記述のうち、正しいものには○、誤っているものには×をつけよ。

□□**問5**　共用部分の持分の割合は、規約で別段の定めをしない限り、その有する専有部分の床面積の割合により、かつ、各専有部分の床面積は、壁その他の区画の中心線で囲まれた部分の水平投影面積による。

□□**問6**　共用部分の変更（その形状又は効用の著しい変更を伴わないものを除く。）は、集会の決議の方法で決することが必要で、規約によっても、それ以外の方法による旨定めることはできない。

□□**問7**　建物の設置又は保存に瑕疵があることにより他人に損害を生じたときは、その瑕疵は、共用部分の設置又は保存にあるものと推定される。

□□**問8**　区分所有者が管理者を選任する場合は、集会の決議の方法で決することが必要で、規約によっても、それ以外の方法による旨定めることはできない。

□□**問9**　共用部分の保存行為をするには、規約に別段の定めがない限り、集会の決議で決する必要があり、各共有者ですることはできない。

□□**問10**　管理者が、規約の保管を怠った場合や、利害関係人からの請求に対して正当な理由がないのに規約の閲覧を拒んだ場合は、20万円以下の過料に処せられる。

□□**問11**　区分所有者は、規約に別段の定めがない限り集会の決議によって、管理者を選任することができる。この場合、任期は2年以内としなければならない。

解答・解説

⟹答5 × 規約で別段の定めをしない場合、**共用部分の持分の割合**は、その有する**専有部分の**床面積**の割合**による。**床面積**は、壁その他の区画の**内側線**で囲まれた部分の**水平投影面積による**とされる（区分所有法14条1項、3項、4項）。

⟹答6 ○ 共用部分の変更で、その形状または**効用の著しい変更を伴うもの**は、**集会の決議による以外の方法で定めることは**否**定**されている（17条1項本文）。

⟹答7 ○ **建物の設置または保存に瑕疵がある**ことにより他人に損害を生じたときは、その瑕疵は、**建物にではなく**共用部分の**設置または**保存**にある**ものと推定される（9条）。

⟹答8 × **規約によって**、集会の決議以外の方法により**管理者の選任**を行う旨の**定めをすること**は**肯定**されている（25条1項）。

⟹答9 × **共用部分の保存行為**は、原則として**各共有者がすることができる**（18条1項但書）。ただし、規約で**別段の定め**をしたときは、それに従う（同条2項）。

⟹答10 ○ 管理者があるときは、**規約は管理者が保管**しなければならず、利害関係人の請求があれば、**正当な理由なしに閲覧を拒めない**。違反の場合は**20万円以下**の過料に処せられる（33条1項、2項、71条1号、2号）。

⟹答11 × 区分所有法には管理者の**任期**を定めた規定はない。したがって、**規約**または**集会決議で定める**ことになる。

区分所有法

次の記述のうち、正しいものには○、誤っているものには×をつけよ。

□□**問12** 規約の変更が一部の区分所有者の権利に特別の影響を及ぼす場合で、その区分所有者の承諾を得られないときは、区分所有者及び議決権の各3/4以上の多数による決議を行うことにより、規約の変更ができる。

□□**問13** 最初に建物の専有部分の全部を所有する者は、公正証書により、共用部分の全部について持分割合を定める規約を設定することができる。

□□**問14** 一部共用部分に関する事項で区分所有者全員の利害に関係しないものについての区分所有者全員の規約の設定、変更、又は廃止は、当該一部共用部分を共用すべき区分所有者全員の承諾を得なければならない。

□□**問15** 規約の保管場所は、建物内の見やすい場所に掲示しなければならない。

□□**問16** 管理者は、少なくとも毎年1回集会を招集しなければならないが、集会は、区分所有者全員の同意があるときは、招集の手続を経ないで開くことができる。

□□**問17** 占有者が、建物の保存に有害な行為をするおそれがある場合、管理組合法人は、区分所有者の共同の利益のため、集会の決議により、その行為を予防するため必要な措置を執ることを請求する訴訟を提起することができる。

解答・解説

⟹**答12** ×　一部の区分所有者の権利に**特別の影響を及ぼす規約の設定、変更または廃止**は、**その区分所有者の承諾を得なければならない**（区分所有法31条1項）。

⟹**答13** ×　区分所有建物について、最初に建物の専有部分の全部を所有する者とは、新築マンションの分譲業者のことと考えればよい。**マンションの分譲業者**は、**分譲開始前**であれば一定の事項に限り、**最初の管理規約（原始規約）を設定することができる。共用部分の持分の割合を定める規約を設定することができない**（32条）。

⟹**答14** ×　一部共用部分に関する事項で区分所有者全員の利害に関係しないものについての規約の設定、変更、廃止は、当該一部共用部分を共用すべき**区分所有者の頭数の1/4を超える者の反対またはその議決権の1/4を超える反対があるときは**、することが**できない**（31条2項）。

⟹**答15** ○　規約の保管場所は、**建物内の見やすい場所に掲示**しなければならない（33条3項）。

⟹**答16** ○　**区分所有者の集会**は、**区分所有者全員の同意があるときは招集手続を経ないで開催することが**できる（36条）。大規模なマンションでは全員の同意を得ることは困難かもしれないが、小規模なマンションであれば、この規定によって面倒な手続を省略して迅速な管理運営を行うことができるのである。

⟹**答17** ○　57条1項は、区分所有者が**共同の利益に反する行為**を行った場合や、そのおそれがある場合には、管理組合法人は、集会の決議により訴訟を提起できる旨を定めているが、この57条1項は同条4項により、**占有者の行為にも準用されている**。

区分所有法

次の記述のうち、正しいものには○、誤っているものには×をつけよ。

□□**問18** 区分所有法第58条の使用禁止を請求する訴訟は、区分所有者及び議決権の各3/4以上の多数による集会の決議によらなければ、提起できない。

□□**問19** 区分所有者が区分所有法第6条第1項に規定する共同の利益に反する行為をした場合、管理組合法人は、同法第57条の当該行為の停止等を請求する訴訟及び第58条の使用禁止を請求する訴訟を提起できるが、当該区分所有者の区分所有権の競売を請求する訴訟は提起できない。

□□**問20** 管理組合法人を設立する場合は、理事を置かなければならず、理事が数人ある場合において、規約に別段の定めがないときは、管理組合法人の事務は、理事の過半数で決する。

□□**問21** 建物の価格の1/2以下に相当する部分が滅失した場合において、滅失した共用部分を復旧するときは、集会の決議の方法で決することが必要で、規約によっても、それ以外の方法による旨定めることはできない。

□□**問22** 建物の価格の2/3に相当する部分が滅失したときは、集会において、区分所有者及び議決権の各3/4以上の多数で、滅失した共用部分を復旧する旨の決議をすることができる。

□□**問23** 区分所有法第62条のマンションの建替えは、集会において区分所有者及び議決権の各4/5以上の多数による決議で行うことができることとされており、規約で別段の定めをすることはできない。

解答・解説

⟹**答18** ○　共同の利益に反する行為で、共同生活上の障害が著しい等の場合には、その区分所有者による専有部分の**使用禁止を請求する訴訟**を提起することができるが、集会の決議を要し、その決議は、**区分所有者及び議決権**の各**3/4以上の多数**でなされる（区分所有法58条1項、2項）。

⟹**答19** ×　**管理組合法人**は、区分所有権の**競売の請求訴訟**を提起することができる（59条1項）。

⟹**答20** ○　**管理組合法人**には、**理事を置かなければならず**（49条1項）、理事が数人ある場合において、規約に別段の定めがないときは、管理組合法人の事務は、理事の**過半数**で決する（同条2項）。

⟹**答21** ×　建物の**価格の1/2以下に相当する部分が滅失**したときは、各区分所有者は、**滅失した共用部分を復旧することができる**のが原則である（61条1項本文）。ただし、復旧の工事に着手するまでに、**復旧**決議（同条3項）、**建替え**決議（62条1項）、団地内建物の**一括建替え**決議（70条1項）のいずれかがあったときは、復旧することが**できない**（61条1項但書）。

⟹**答22** ○　集会において、区分所有者及び議決権の各3/4以上の多数で、**復旧決議**ができるのは、**建物の価格**の**1/2を超える部分が滅失した場合**である（61条5項）。

⟹**答23** ○　**建替え決議**をするには、**区分所有者及び議決権の**各**4/5以上の多数が必要**である。**規約で別段の定め**をすることができない（62条1項）。

次の記述のうち、正しいものには○、誤っているものには×をつけよ。

□□**問24** 区分所有法第62条のマンションの建替えの決議が集会においてなされた場合、当該決議に賛成しなかった区分所有者も、建替えに参加しなければならない。

□□**問25** 区分所有法第62条第1項に規定する建替え決議が集会においてなされた場合、決議に反対した区分所有者は、決議に賛成した区分所有者に対し、建物及びその敷地に関する権利を時価で買い取るべきことを請求することができる。

□□**問26** 共用部分であっても、規約で定めることにより、特定の区分所有者の所有とすることができる。

□□**問27** 構造上区分所有者全員の共用に供されるべき建物の部分であっても、規約で定めることにより、特定の区分所有者の専有部分とすることができる。

□□**問28** 区分所有者の承諾を得て専有部分を占有する者は、会議の目的たる事項につき利害関係を有する場合には、集会に出席して議決権を行使することができる。

□□**問29** 専有部分が数人の共有に属するときは、共有者は、集会においてそれぞれ議決権を行使することができる。

解答・解説

⟹**答24** ×　**建替え決議に賛成しなかった区分所有者**に対しては、集会を招集した者から建替えに参加するか否かを回答するよう書面で催告がなされる（区分所有法63条1項）。催告を受けた区分所有者は、**2か月以内に回答しなければ、建替えに参加しない旨を回答したもの**とみなされる（同条3項、4項）。

⟹**答25** ×　建替え決議に反対した区分所有者が**建替えに参加しないとき**は、建替えに参加する区分所有者の側から建物及び敷地に関する権利を時価で売り渡すよう請求することができる。**参加しない区分所有者の側から時価で買い取るよう請求することはできない**（63条5項、6項）。

⟹**答26** ○　共用部分は**区分所有者全員の共有に属する**のが原則であるが、**規約で別段の定め**をすることは**肯定**されている（11条1項、2項）。

⟹**答27** ×　構造上区分所有者全員またはその一部の共用に供されるべき建物の部分は、**区分所有権の目的と**ならず、**専有部分にならない**（4条1項）。

⟹**答28** ×　区分所有者の承諾を得て専有部分を占有する者は、会議の目的たる事項につき利害関係を有する場合には、集会に出席して**意見を述べる**ことはできる（44条1項）。しかし、**議決権を行使**できるのは、**区分所有者だけ**である。

⟹**答29** ×　専有部分が数人の共有に属するときの、**議決権を行使することができる者**は、そのうちの**1人のみ**である（40条）。

宅建士問題集 '24年版

2章　宅地建物取引業法編

◆宅建業法編の勉強法◆

50問のうちの**20問（割合にすると40％）**が宅建業法からの出題です。この分野では、**過去に出題された項目が何度も出題**されています。合格者の多くは、この分野で最低でも80％以上の正解をしています。言い換えればそれだけ正解しやすい分野でもあり、内容をうまく整理することで、得意分野にできるところなのです。

テキストを見ると、重要事項説明書（35条書面）の記載事項など、「こんなに多いのか」と思うほどですが、その中で**実際に試験に出題されやすい事項は一定範囲**に絞られます。同じ書面でも35条書面と37条書面の違いを、それぞれの書面の性質を考えながら整理することで、自然に理解しやすくなります。

宅建業者同士で取引を行う場合（業者間取引）には適用されない規定（宅建業者自ら売主となる場合の制限）に関する問題も毎年数問出題されます。ここでは、選択肢に表れている取引が、**宅建業者自ら売主となる場合の制限**に該当するかどうかを正確に理解しておく必要があります。

令和5年度の試験では、個数問題が7問出題されました。個数問題では消去法が使えないので、正確な知識が要求されます。**日頃から数多く過去問の選択肢に触れて、正確な知識の習得**を心がけましょう。そうすることで、**何度も同じ事項が出題されているこの分野**では、自然に正解数を稼げるようになります。

宅地建物取引業法編の問題・解説文では、本試験に準拠し、以下の略語を用いている場合があります。

宅建業法	宅地建物取引業法
令	宅地建物取引業法施行令
則	宅地建物取引業法施行規則
履行確保法	特定住宅瑕疵担保責任の履行の確保等に関する法律
宅建業	宅地建物取引業
宅建業者	宅地建物取引業者
免許	宅地建物取引業の免許
登録	宅地建物取引士資格登録
重要事項説明書	宅地建物取引業法第35条の規定に基づく重要事項を記載した書面
37条書面	宅地建物取引業法第37条の規定に基づく契約の内容を記載した書面
手付金等の保全措置	宅地建物取引業法第41条及び41条の2に規定する手付金等の保全措置
保証協会	宅地建物取引業保証協会
保証金則	宅地建物取引業者営業保証金規則
区分所有建物	建物の区分所有等に関する法律第2条第1項に規定する区分所有権の目的である建物

2章 宅地建物取引業法

1.免　許

1回目 ／44問

2回目 ／44問

免許の欠格事由、更新、条件、免許換えについて確認。

次の記述のうち、正しいものには○、誤っているものには×をつけよ。

□□**問1**　宅地建物取引業者Ａが、Ｂを代理して、Ｂの所有するマンションを不特定多数の者に反復継続して分譲する場合、Ｂは、免許を受ける必要はない。

□□**問2**　Ａが、借金の返済に充てるため自己所有の宅地を10区画に区画割りして、多数のＡの知人又は友人に対して売却する場合、Ａは、免許を必要とする。

□□**問3**　Aの所有する商業ビルを賃借しているBが、フロアごとに不特定多数の者に反復継続して転貸する場合、AとBは宅地建物取引業の免許を受ける必要はない。

□□**問4**　Ａがその所有地をＢに請け負わせて一団の宅地に造成して、宅地建物取引業者Ｃに販売代理を依頼して分譲する場合、Ａは、宅地建物取引業の免許を必要とするが、Ｂは、宅地建物取引業の免許を必要としない。

①一般的に宅建業を禁止しておき、国土交通大臣または都道府県知事が特に支障がないと認めた場合にのみ宅建業を営む資格を与えることを［ A ］という。

②宅建業の免許には、国土交通大臣免許と都道府県知事免許の２種類がある。前者は、［ B ］の都道府県にわたって事務所を設置して宅建業を営む場合であり、後者は、１つの都道府県にのみ事務所を設置して宅建業を営む場合である。

答：A＝免許、B＝２つ以上

解答・解説

答1　×　不特定多数の者に反復継続してマンションを分譲（売却）することを、代理人Aを介して行った場合、**売却の法律効果**はすべて**本人B**に及ぶ。これは自ら売買を業として行うことに該当するから、**Bは免許を受ける必要がある**（宅建業法2条2号）。

答2　○　多数の知人・友人に**自己所有の宅地を売却すること**は、売買を業として行うことに該当するから、**Aは免許が必要**である（2条2号）。借金の返済という売却の目的は考慮しなくてよい。

答3　○　宅地建物を**自ら貸借**する行為は転貸も含め**宅建業には該当しない**（2条2号）。AもBも、**自ら貸借**しているだけである。

答4　○　Aが**宅地分譲の代理**を**宅建業者Cに依頼**しても、A自ら売却する行為に変わりはなく、**Aは免許が必要**である。また、請負によって**宅地を造成**したBの行為は、**宅建業に該当しない**から、免許は**不要**である（2条2号）。

次の記述のうち、正しいものには○、誤っているものには×をつけよ。

□□**問5**　農家Aが、その所有する農地を宅地に転用し、全体を25区画に造成した後、宅地建物取引業者Bに販売代理を依頼して分譲する場合、宅地建物取引業法の免許を受ける必要はない。

□□**問6**　社会福祉法人が、高齢者の居住の安定確保に関する法律に規定するサービス付高齢者向け住宅の貸借の媒介を反復継続して営む場合は、宅地建物取引業の免許を要しない。

□□**問7**　学校法人Aがその所有地を一団の宅地に造成して分譲する場合、Aは、宅地建物取引業の免許を必要とするが、宗教法人Bがその所有地を一団の宅地に造成して分譲する場合、Bは、宅地建物取引業の免許を必要としない。

□□**問8**　地主Aが、その所有地にオフィスビル10棟を建築して、自ら新聞広告で入居者を募集したうえ、それぞれ入居希望者に賃貸し、そのビルの管理をBに委託する場合、A及びBは、ともに宅地建物取引業の免許を必要としない。

□□**問9**　Aが、その所有する都市計画法の用途地域内の農地を区画割りして、公益法人のみに対して反復継続して売却する場合、Aは、免許を必要としない。

□□**問10**　Aが、甲県からその所有する宅地の販売の代理を依頼され、不特定多数の者に対して売却する場合、Aは、免許を必要としない。

解答・解説

答5 × 現在は農地であっても、**宅地に転用して分譲**する場合、その土地は宅地として取引される土地（宅地見込み地）に該当**する**。これを区画割りして分譲する行為は、宅建業に該当**する**行為である。また、Aは、宅建業者Bに販売代理を依頼しているが、**代理人の行為**は、**本人Aが行った行為**ということができる。したがって、本問のAは、**宅建業に該当する行為を行っているので**、**免許が必要**である（宅建業法2条2号）。

答6 × 住宅の**貸借の媒介**を**反復継続して不特定多数に対して行う**のであれば、**宅建業に該当**する（2条2号）。社会福祉法人を例外とする規定はない。

答7 × **学校法人**、**宗教法人**ともに宅建業法の規定が適用される。**一団の宅地分譲を行った場合**、**宅建業に該当**する。よって、A、Bともに免許が必要となる（2条2号）。

答8 ○ Aがオフィスビルを**自ら賃貸する行為**、及びBが**委託を受けて**そのビルを**管理する行為**は、ともに**宅建業に該当し**ないので、**免許は不要**である（2条2号）。

答9 × 都市計画法の**用途地域内**である場合、**農地は「宅地」に該当**する（2条1号）。それを区画割りして**反復継続して売却**することは「**業として行う**」（2条2号）**に該当する**から、免許は**必要**である。

答10 × 地方公共団体**自体**に宅建業法の適用が**ない**が（78条1項）、**地方公共団体から宅地の販売の代理を依頼**されたAには、**宅建業法が適用される**。したがって、甲県の代理として、不特定多数の者に対して宅地を売却する行為は宅建業に該当**する**ので、免許が**必要**である（2条2号）。

次の記述のうち、正しいものには○、誤っているものには×をつけよ。

□□**問11** Aが、その所有する農地を区画割りして宅地に転用したうえで、一括して宅地建物取引業者Bに媒介を依頼して、不特定多数の者に対して売却する場合、Aは、免許を必要としない。

□□**問12** Aが、土地区画整理事業により換地として取得した宅地を10区画に区画割りして、不特定多数の者に対して売却する場合、Aは、宅地建物取引業の免許を必要としない。

□□**問13** Aが一団の土地付住宅を分譲する場合、Aは、宅地建物取引業の免許を必要とするが、その分譲が公益法人のみを対象として行うものであるときは、相手方が多数の公益法人であっても、Aは、宅地建物取引業の免許を必要としない。

□□**問14** Aが土地を10区画に区画割りして駐車場として賃貸する場合、Aは宅地建物取引業の免許を要しないが、Bが駐車場ビル10棟を建設し、Cが媒介して1棟ずつ売却する場合、B及びCは、宅地建物取引業の免許を要する。

□□**問15** 建設業の許可を受けているAが、建築請負契約に付帯して、土地のあっせんを反復継続して行う場合、Aは、宅地建物取引業の免許を必要としない。

□□**問16** 地主Aが、都市計画法の用途地域内の所有地を、駐車場用地2区画、資材置場1区画、園芸用地3区画に分割したうえで、これらを別々に売却する場合、宅地建物取引業の免許を受ける必要はない。

解答・解説

⟹**答11** ×　宅建業者に**媒介を依頼した場合**であっても、自ら**売買契約の当事者として宅地を不特定多数の者に対して売却**する行為は、**宅建業に該当する**ので、免許は**必**要である（宅建業法2条2号）。

⟹**答12** ×　**宅地を不特定多数の者に売却**する行為は、**宅建業に該当する**ので、免許は**必**要である（2条2号）。宅地である以上、**土地区画整理事業の換地として取得**されたものであっても関係が**ない**。

⟹**答13** ×　**公益法人のみを対象とするもの**であっても、**多数であれば相手方は特定されない**。Aの行為は、「業として行う」に該当する**ことになり、免許が必**要である（2条2号）。

⟹**答14** ○　10区画の駐車場を自ら**賃貸**する行為は、宅建業に該当**しない**ので、Aは免許が**不**要である。Bは駐車場ビル10棟の売却の媒介を依頼したとしても**自ら売買を行うものとして**、またCは**売買の媒介を行うものとして**、それぞれ免許が**必**要となる（2条2号）。

⟹**答15** ×　**建築請負契約に付帯する土地のあっせん**は、宅地の売買・交換・貸借の**媒介**であり、これを**反復継続して行う場合**、建設業者Aは宅建業の免許が**必**要である（2条2号）。

⟹**答16** ×　都市計画法の**用途地域内にある土地**は、道路、公園、河川、広場、水路等の用地として現に供されているもの以外はすべて宅地で**ある**（2条1号）。**これを区画割りして売買**する場合、その行為は**宅建業に該当する**ので、地主Aは宅建業の免許を受ける**必**要**がある**（2条2号）。

次の記述のうち、正しいものには○、誤っているものには×をつけよ。

□□**問17** Ａがマンションの分譲を反復継続して行う場合、Ａは宅地建物取引業の免許を要するが、Ａの経営が悪化したのでＢが売れ残りのマンション１棟を買い取り、販売の代理を他の宅地建物取引業者に依頼して不特定多数に売却する場合、Ｂは宅地建物取引業の免許を要しない。

□□**問18** Ａが競売物件である宅地を自己用として購入する場合、Ａは宅地建物取引業の免許を要しないが、Ｂが営利を目的として競売物件である宅地を購入し、宅地建物取引業者を介して反復継続して売却する場合、Ｂは宅地建物取引業の免許を要する。

□□**問19** 宅地建物取引業者である個人Ａが宅地建物取引業を営む目的で株式会社Ｂを設立し、Ａがその代表取締役となって業務を行う場合、株式会社Ｂは、宅地建物取引業の免許を受ける必要はない。

□□**問20** 宅地建物取引業者である法人Ａと宅地建物取引業者でない法人Ｂが合併し、法人Ａが消滅した場合において、法人Ｂが法人Ａの締結していた売買契約に基づくマンションの引渡しをしようとするときは、法人Ｂは、宅地建物取引業の免許を受ける必要はない。

□□**問21** 甲県知事の免許を受けている宅地建物取引業者Ａが、乙県内に事務所を設置することなく、乙県の区域内で業務を行おうとする場合、国土交通大臣の免許を受けなければならない。

解答・解説

答17 × マンションの分譲を反復継続して行うAは、免許が必要である。売れ残りのマンション1棟を買い取ったBは、**販売代理を依頼**したとしても売主であることに変わりなく、**不特定多数の者に対して**自ら売買するものとして、**免許は必要**である（宅建業法2条2号）。

答18 ○ 宅地を**自己用に購入**する行為は宅建業に該当**しない**ので、Aは免許が不要である。しかし、**他人の媒介によるもの**であっても、**反復継続して宅地を売却**する行為は、自ら売買するものであって**宅建業に該当する**から、Bは免許が必要である（2条2号）。

答19 × **宅建業者A（個人）が代表取締役となって**、宅建業を営む目的で株式会社B（法人）を設立しても、**個人と法人は法律上全く別個の権利主体で**あるから、Bは免許を受ける必要がある。

答20 ○ 法人Bとの合併によって消滅した法人Aが、**すでに締結していた契約に基づく取引を結了する目的の範囲内**（マンションの引渡し）においては、**宅建業者でないB（合併による一般承継人）**も**宅建業者とみなされる**ため、免許を受ける必要がない（76条、11条1項2号）。

答21 × 宅建業者は、**免許権者**（二以上の都道府県の区域内に事務所を設置して事業を営む場合は**国土交通大臣**、一の都道府県の区域内にのみ事務所を設置して事業を営む場合は**都道府県知事**）**のいかんにかかわらず、全国どの地域でも宅建業を営むことができる**。甲県知事の免許を受けているAが乙県内に事務所を設置することなく、乙県の区域内で業務を行おうとする場合、Aの事務所は**1**つであるから、国土交通大臣の免許を受ける必要がない（7条1項）。

次の記述のうち、正しいものには○、誤っているものには×をつけよ。

□□**問22** Ａ社が、甲県に本店を、乙県に支店をそれぞれ有する場合で、乙県の支店のみで宅地建物取引業を営もうとするとき、Ａ社は、乙県知事の免許を受けなければならない。

□□**問23** Ａが反復継続して自己所有の宅地を売却する場合で、売却の相手方が国その他宅地建物取引業法の適用がない者に限られているときは、Ａは、宅地建物取引業の免許を受ける必要はない。

□□**問24** 甲県知事から免許を受けている宅地建物取引業者Ａ（法人）が甲県知事から業務の全部の停止を命じられた場合、Ａは、免許の更新の申請を行っても、その停止の期間内には免許の更新を受けることはできない。

□□**問25** 宅地建物取引業者Aは、免許の更新を申請したが、免許権者である甲県知事の申請に対する処分がなされないまま、免許の有効期間が満了した。この場合、Aは、当該処分がなされるまで、宅地建物取引業を営むことができない。

□□**問26** かつて勤務していたＢ社が、不正の手段により宅地建物取引業の免許を取得したとして、乙県知事から免許を取り消されたが、その聴聞の期日及び場所の公示の日の30日前に、Ａは同社の取締役を退任し、同社の免許の取消しの日から5年を経過していない。この場合、Ａは宅地建物取引業の免許を受けることができる。

□□**問27** 信託業法第3条の免許を受けた信託会社が宅地建物取引業を営もうとする場合、免許を取得する必要はないが、その旨を国土交通大臣に届け出ることが必要である。

解答・解説

⟹**答22** × **本店**は、たとえ宅建業を営んでいなくても、**支店を指揮監督する権限を有する**ことから、宅建業法上**常に事務所に該当**する。したがって、A社は甲県と乙県に事務所を設置することとなり、**国土交通大臣の免許**を受けなければならない（宅建業法3条1項）。

⟹**答23** × 売却の**相手方が国その他宅建業法の適用がない者に限られていても**、それだけで**相手方が特定しているといえない**。Aの売却行為は「業として行う」に該当するものとして、免許を受ける必要がある（2条2号）。

⟹**答24** × **業務停止期間が満了**すると、宅建業者は**業務を再開**することができる。業務停止期間中であってもその**停止期間内に免許の有効期間が満了**するときは、**免許の更新を申請**すれば、更新を受けることができる。

⟹**答25** × 免許の更新の申請があった場合において、その有効期間の満了の日までに**申請についての処分がなされないとき**は、**従前の免許**は有効期間の満了後も**その処分がなされるまでの間**は、なお**効力を有する**（3条4項）。したがって、Aはその間は業務を行うことができる。

⟹**答26** × B社が不正の手段で免許を取得したことを理由に**免許が取り消された**場合、**一定の役員**も、その取消しの日から**5**年間は免許を受けることができない。**一定の役員**とは、免許取消処分に係る聴聞の期日・場所の公示日前**60**日以内に法人の役員であった者である。Aは公示日30日前に役員を退任したのであるから、免許を受けることができない（5条1項2号）。

⟹**答27** ○ 信託会社は、宅建業を営もうとするとき、国土交通省令の定めるところにより、その旨を**国土交通大臣**に**届出**なければならない（77条3項）。**届出**をすればそれでよい。

次の記述のうち、正しいものには○、誤っているものには×をつけよ。

□□**問28** Ａ社の取締役Ｂが刑法第198条の罪（贈賄罪）を犯し、懲役1年、執行猶予3年の刑に処せられ、その執行猶予期間が満了していない場合、Ａ社は宅地建物取引業の免許を受けることができる。

□□**問29** 営業に関し、成年者と同一の能力がなく、かつ、その法定代理人Ｂが、刑法第247条の罪（背任罪）を犯し、罰金の刑に処せられ、その刑の執行を終わった日から5年を経過していない場合、未成年者Ａは、宅地建物取引業の免許を受けることができる。

□□**問30** Ａ社の政令で定める使用人が、刑法第252条（横領）の罪で懲役1年執行猶予2年の刑に処せられ、その刑の執行猶予期間を満了している場合、その満了の日から5年を経過していなくても、Ａ社は免許を受けることができる。

□□**問31** Ａ社の代表取締役Ｂが、1年前に業務上過失致死傷の罪により罰金10万円の刑に処せられた場合、Ａ社は宅地建物取引業の免許を受けることができない。

□□**問32** Ａは宅地建物取引業者であったとき、業務停止処分事由に該当するとして、甲県知事から業務停止処分についての聴聞の期日及び場所を公示されたが、その公示後聴聞が行われる前に相当の理由なく宅地建物取引業の廃止の届出をし、その届出の日から5年を経過していない。この場合、Ａは宅地建物取引業の免許を受けることができない。

解答・解説

⟹**答28** × 法人でその**役員が禁錮以上の刑に処せられた場合**は、その執行が終わるか、執行を受けることがなくなった日から５年間は、その法人は免許を**受けられない**（宅建業法5条1項12号、5号）。**執行猶予**がついたときは、その猶予期間が満了しない限り、**刑の執行を受ける可能性**があるから、刑の執行を受けることがなくなったと**いえない**。

⟹**答29** × 営業に関し成年者と同一の行為能力を有しない**未成年者が免許を受けようとする場合**には、**その法定代理人について免許の欠格事由**が問われる。本問の場合、法定代理人Ｂが背任罪を犯し罰金の刑に処せられ、その刑の執行を終わった日から５年を経過していないのであるから、未成年者Ａは免許を受けることが**できない**（5条1項11号、6号）。

⟹**答30** ○ **執行猶予期間が満了**すれば、刑の言渡しは効力を失い、「刑に処せられ」なかったこととなる（刑法27条）。したがって、当該使用人の執行猶予期間が満了した日の翌日から、Ａ社は免許を受けることが**できる**。

⟹**答31** × **免許の欠格事由に該当する罰金刑**は、宅建業法違反、傷害罪・背任罪など一定の罪に限定されている。役員Ｂが**業務上過失致死傷罪**（211条）により罰金に処せられても、**そもそも欠格事由に該当しない**から、Ａ社は免許を受けることが**できる**（宅建業法5条1項6号、12号）。

⟹**答32** × 免許取消処分ではなく、「**業務停止処分**」について聴聞の期日・場所が公示された後、**相当の理由なく廃業の届出**をした場合、**欠格事由に該当しない**から、届出の日から５年を経過していなくても免許を受けることが**できる**（5条1項3号）。

次の記述のうち、正しいものには○、誤っているものには×をつけよ。

□□**問33** 個人Aは、破産手続開始の決定を受けた場合、復権を得た日から5年を経過していなければ、免許を受けることができない。

□□**問34** A社の役員のうちに、指定暴力団の構成員がいた場合、暴力団員による不当な行為の防止等に関する法律の規定に違反していなくても、A社は免許を受けることができない。

□□**問35** A社の取締役Bが、C社の代表取締役であったとき宅地建物取引業に関し、暴力団員による不当な行為の防止等に関する法律により都道府県公安委員会が指定した暴力団（＝指定暴力団）の構成員に暴力的要求行為をすることを依頼したため、業務停止処分に該当し、その情状が特に重いとして、C社が1年前に宅地建物取引業の免許を取り消された。この場合、A社は宅地建物取引業の免許を受けることができない。

□□**問36** A社の政令で定める使用人が、かつて不正の手段により免許を受けたとして当該免許を取り消された場合で、その取消しの日から5年を経過していないとき、A社は、免許を受けることができない。

□□**問37** A社の政令で定める使用人Bが、2年前にC社が破産を理由に宅地建物取引業の免許を取り消された当時、C社の取締役であった場合、A社は宅地建物取引業の免許を受けることができない。

□□**問38** A社が、免許の更新の申請を怠り、その有効期間が満了した場合は、A社は、遅滞なく、免許証を返納しなければならない。

解答・解説

⟹**答33** ×　破産手続開始の決定を受け、**復権を得ている場合**、免許を受けることができる（宅建業法5条1項1号）。

⟹**答34** ○　指定暴力団の構成員というだけで、**宅建業に関し不正または不誠実な行為をするおそれが明らかな者**に**該当し**、**免許欠格となり**、この者が役員のA社**も免許欠格となる**（5条1項9号、12号）。

⟹**答35** ○　**A社の役員B**が、C社の役員であったときに、**業務停止処分事由**に該当し、その情状が特に重いとしてC社の免許が取り消され、その**取消しの日から5年を経過していない**場合、**A社**は免許を受けることができない（5条1項2号、12号、66条1項9号）。

⟹**答36** ○　**法人が免許を申請**した場合で、その役員または政令で定める使用人のうちに、本問の記述のような**欠格事由に該当する者がいるとき**、**法人自身は免許を受けることができない**（5条1項12号）。

⟹**答37** ×　C社が**破産を理由に免許を取り消された**場合、その**役員であったBは欠格事由に該当しない**。したがって、BがA社の政令で定める使用人であっても、A社は免許を受けることが**できる**（5条1項1号、12号、66条1項1号）。

⟹**答38** ×　**免許の有効期間**が満了した場合、**免許証を返納する必要がない**（則4条の4）。なお、宅建士証の場合は、有効期間が満了して効力を失ったときは、**速やかに返納**しなければならないこと（宅建業法22条の2第6項）に注意する。

次の記述のうち、正しいものには○、誤っているものには×をつけよ。

□□**問39** 甲県に本店、乙県に支店を有して宅地建物取引業を営むＡが、甲県の本店のみで宅地建物取引業を営むこととなった場合、Ａは、国土交通大臣を経由して甲県知事に免許換えの申請をする必要があるが、乙県知事に廃業の届出をする必要はない。

□□**問40** 宅地建物取引業の免許を取り消された者は、免許の取消前に建物の売買の広告をしていれば、当該建物の売買契約を締結する目的の範囲内においては、なお宅地建物取引業者とみなされる。

□□**問41** 甲県知事から免許を受けている宅地建物取引業者Ａ（法人）が、乙県内で建設業を営んでいる法人Ｂ（事業所数１）を吸収合併して、Ｂの事務所をＡの支店とし、そこで建設業のみを営む場合、Ａは、国土交通大臣へ免許換えの申請をする必要はない。

□□**問42** 甲県知事から免許を受けている宅地建物取引業者Ａ（法人）が、乙県内で一団の宅地建物の分譲を行うため案内所を設置した場合、Ａは、国土交通大臣へ免許換えの申請をする必要がある。

□□**問43** 国土交通大臣の免許を受けている宅地建物取引業者Ａ（事務所数2）が、甲県の従たる事務所を廃止し、乙県の主たる事務所だけにした場合、Ａは、乙県知事に、直接免許換えの申請をしなければならない。

□□**問44** Aが転売目的で反復継続して宅地を購入する場合でも、売主が国その他宅地建物取引業法の適用がない者に限られているときは、Aは免許を受ける必要はない。

解答・解説

⟹**答39** × 乙県の支店を廃止して、甲県の本店のみで宅建業を営む場合は、国土交通大臣を経由することなく、**直接、甲県知事に免許換えの申請をしなければならない**。ただ、宅建業を廃止するわけではないから、乙県知事に廃業の届出をする必要が**ない**（宅建業法7条1項1号）。

⟹**答40** × 宅建業者が免許を取り消されたときは、当該宅建業者であった者またはその一般承継人は、**取消前に締結した契約に基づく取引を結了する目的の範囲内において**は、なお宅建業者とみなす（76条）。**しかし**、取消前に広告をした**からといって**、取消後に新たに行う取引について宅建業者とみなされることは**ない**。

⟹**答41** ○ 吸収合併してＢの事務所を宅建業者Ａの支店として、そこで**建設業のみを営む**場合には、**宅建業法の事務所といえない**ので、Ａは国土交通大臣へ免許換えの申請をする必要が**ない**（3条1項）。

⟹**答42** × 一団の宅地建物の**分譲を行うための案内所**は、３条１項の**事務所に該当しない**。案内所を設置しても、Ａは国土交通大臣へ免許換えの申請をする必要が**ない**（3条1項、7条1項、令1条の2）。

⟹**答43** ○ **国土交通大臣の免許を受けた者**が、**都道府県知事の免許が必要**（乙県の区域内にのみ事務所を有すること）となったときは、**乙県知事**に**直接免許換えの申請をしなければならない**（宅建業法7条1項1号）。

⟹**答44** × 「売買」とは、売ることだけではなく、買うこと（購入）も意味する。また、「国その他宅建業法の適用がない者」との取引というだけで特定の者との間での取引とはいえない。したがって本問の場合、宅地の購入（売買）を**反復継続**して行うのだから宅建業に該当し、免許が**必要となる**（2条2号）。

宅建業法編

宅地建物取引業法

2.届　出

めざせ7割！

1回目 ／16問

2回目 ／16問

廃業等の届出事由、届出義務者、届出期間、及び免許の失効時期を整理して覚える。

次の記述のうち、正しいものには○、誤っているものには×をつけよ。

□□**問1**　定款について変更があった場合、法人である宅地建物取引業者は、免許を受けた国土交通大臣又は都道府県知事に変更の届出をしなければならない。

□□**問2**　宅地建物取引業以外に行っている事業の種類について変更があった場合、法人である宅地建物取引業者は、免許を受けた国土交通大臣又は都道府県知事に変更の届出をしなければならない。

□□**問3**　国土交通大臣の免許を受けている宅地建物取引業者Ａ社が新たに政令で定める使用人を設置した場合、Ａ社は、その日から30日以内に、本店の所在地を管轄する都道府県知事を経由してその旨を国土交通大臣に届け出なければならない。

□□**問4**　甲県に本店を、乙県に支店を設けて国土交通大臣免許を受けている宅地建物取引業者Ａは、甲県知事の宅地建物取引士資格登録を受けている宅地建物取引士Ｂを本店の専任の宅地建物取引士として従事させている。このとき、Ａが商号又は名称を変更した場合には、Ａはその旨を甲県知事を経由して国土交通大臣に届け出なければならず、Ｂは甲県知事に変更の登録を申請しなければならない。

虫食い問題でチェック!

①免許を受けた宅建業者につき一定の事項を登載した名簿を［ A ］という（以下、「業者名簿」と略称する）。この名簿は、国土交通省または各都道府県に備えられ、［ B ］に供される。

②業者名簿の登載事項のうち、商号または名称などの一定の事項につき変更があったときは、宅建業者は［ C ］以内に変更の届出をしなければならない。

答：A＝宅地建物取引業者名簿、B＝一般の閲覧、C＝30日

解答・解説

答1　×　**定款の変更**は、変更の届出が必要な事項には該当**しない**から、届出は不要である（宅建業法8条2項、9条）。

答2　×　宅建業以外に行っている**事業（兼業）の種類を変更**した場合、変更の届出事項に該当**しない**から、届出は**不要**である（8条2項8号、9条、則5条2号）。

答3　○　**政令で定める使用人を新たに設置したとき**は、国土交通大臣免許を有するA社は、その日から**30日**以内に、**本店の所在地を管轄する都道府県知事を経由**して、**国土交通大臣に変更の届出**をしなければならない（宅建業法8条2項3号、9条、78条の3第1項）。

答4　○　**商号または名称を変更した場合**には、Aは**本店の所在地を管轄する甲県知事を経由**して、**国土交通大臣に届出**をしなければならない。また、宅地建物取引士Bも、その**従事する宅建業者Aの商号または名称に変更**を生じたときは、**甲県知事に変更の登録を申請**しなければならない（8条2項2号、9条、20条、78条の3第1項）。

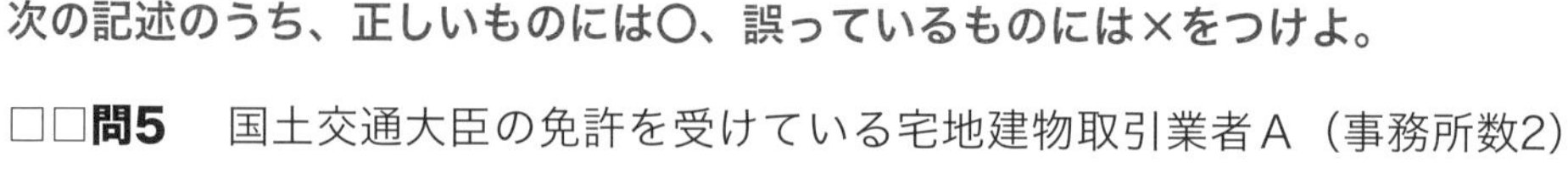

次の記述のうち、正しいものには○、誤っているものには×をつけよ。

□□**問5**　国土交通大臣の免許を受けている宅地建物取引業者Ａ（事務所数2）が、甲県の主たる事務所を従たる事務所に、乙県の従たる事務所を主たる事務所に、変更した場合、Ａは、国土交通大臣に変更の届出をしなければならない。

□□**問6**　宅地建物取引業者である法人Ａ（甲県知事免許）の事務所において、専任の宅地建物取引士で成年者であるものに1名の不足が生じた場合において、Ａの役員であり、かつ、当該事務所で宅地建物取引業以外の業務に従事していた宅地建物取引士Ｂを主として宅地建物取引業の業務に従事させることとした場合、Ａは、専任の宅地建物取引士の変更について甲県知事に届出をする必要はない。

□□**問7**　甲県知事の免許を受けている宅地建物取引業者Ａ社が建設業の許可を取得して建設業を営むこととなった場合、Ａ社は、その日から30日以内にその旨を甲県知事に届け出なければならない。

□□**問8**　甲県に本店、乙県にａ支店を置き国土交通大臣の免許を受けている宅地建物取引業者Ａ（個人）は、ａ支店の専任の宅地建物取引士Ｂが不在になり、宅地建物取引業法第31条の3の要件を欠くこととなった。ａ支店に専任の宅地建物取引士Ｃを置き、宅地建物取引業を行う場合、Ａは、Ｃを置いた日から2週間以内に専任の宅地建物取引士の変更の届出を行う必要がある。

□□**問9**　国土交通大臣の免許を受けている宅地建物取引業者Ａ社と乙県知事の免許を受けている宅地建物取引業者Ｂ社が合併し、Ｂ社が消滅した場合、Ｂ社を代表する役員であった者は、その旨を国土交通大臣に届け出なければならない。

解答・解説

⟹**答5**　○　本問の場合、**主たる事務所と従たる事務所の所在地に変更**があるため、**変更の届出**をしなければならない（宅建業法9条、8条2項5号）。

⟹**答6**　×　役員が宅地建物取引士であるときは、当該事務所でその者が主として宅建業の業務に従事することとなった場合には、その事務所に置かれる**専任の宅地建物取引士**とみなされるから、**変更があったもの**として、**届出は必要**である（31条の3第2項、8条2項6号）。

⟹**答7**　×　建設業のような**宅建業以外の事業**は、**変更の届出事項でない**から、宅建業者が建設業を営むこととなっても、**変更の届出をする必要がない**。

⟹**答8**　×　**専任の宅地建物取引士の変更の届出**は、Ｃを置いた日から**30日以内**に行えばよい（8条2項6号、9条）。

⟹**答9**　×　**合併により消滅した場合**、その旨の**届出は免許権者**に対してなされなければならない（11条1項2号）。乙県知事の免許を受けていたＢ社は、合併による消滅を免許権者である**乙県知事**に届け出る必要がある。

次の記述のうち、正しいものには○、誤っているものには×をつけよ。

□□**問10** 宅地建物取引業者Ａ社（甲県知事免許）の監査役の氏名について変更があった場合、Ａ社は、30日以内にその旨を甲県知事に届け出なければならない。

□□**問11** 国土交通大臣の免許を受けている法人である宅地建物取引業者が合併により消滅した場合には、その法人を代表する役員であった者は、国土交通大臣及び事務所の所在地を管轄するすべての都道府県知事に、その旨を届け出なければならない。

□□**問12** 甲県知事から免許を受けている宅地建物取引業者Ａ（法人）が合併により消滅した場合、Ａの代表役員であった者は甲県知事にその旨の届出をしなければならず、Ａの免許は、当該届出の時にその効力を失う。

□□**問13** 国土交通大臣の免許を受けている宅地建物取引業者Ａ法人が設立許可の取消しにより解散した場合、Ａ法人の清算人は、当該解散の日から60日以内に、その旨を国土交通大臣に届け出なければならない。

□□**問14** 甲県知事の免許を受けている宅地建物取引業者Ａ（事務所数1）が、事務所を廃止し、又は甲県内で増設した場合、Ａは、甲県知事に、それぞれ、廃業の届出又は変更の届出をしなければならない。

□□**問15** 甲県知事の免許を受けている宅地建物取引業者Ａが破産手続開始の決定を受けた場合、Ａの免許は、当該破産手続開始の決定のときから、その効力を失う。

□□**問16** 宅地建物取引業者個人Ａ（甲県知事免許）が死亡した場合、Ａの相続人は、Ａの死亡の日から30日以内に、その旨を甲県知事に届け出なければならない。

解答・解説

⟹**答10** ○　宅建業者が法人である場合において、その**役員の氏名に変更**があったときは、**30日以内**に、その旨を免許を受けた国土交通大臣または**都道府県知事に届け出なければならない**（宅建業法9条、8条2項3号）。

⟹**答11** ×　**合併により消滅した場合の届出**は、**免許権者に対してすればよく**、事務所の所在地を管轄するすべての都道府県知事に届け出る**必要がない**（11条1項2号）。

⟹**答12** ×　**合併により消滅した場合**、免許は届出がなくても、**合併の時点で当然に効力を失う**（11条2項、1項2号）。

⟹**答13** ×　**法人が解散した場合**は、その清算人が、**解散の日から30日以内**に、その旨を**免許権者**に届け出なければならない（11条1項4号）。

⟹**答14** ○　1つしかない**事務所を廃止**することは、**廃業**にほかならないから、**廃業の届出**を要する（11条1項5号）。また、同一県内に事務所を**増設する場合**は、**事務所の変更**にあたるから**変更**の届出を要する（9条、8条2項5号）。

⟹**答15** ×　**破産手続開始の決定**があった場合、**免許は**その旨の届出**があった時**にその**効力を失う**（11条1項3号、2項）。

⟹**答16** ×　**宅建業者が死亡した場合**、その**相続人**は、死亡の事実を**知った日から30日以内**に、その旨を免許を受けた国土交通大臣または都道府県知事に**届け出なければならない**（11条1項1号）。

章 宅地建物取引業法

3.宅地建物取引士

めざせ7割!
1回目 ／46問
2回目 ／46問

宅地建物取引士の資格試験及び登録を行うのは都道府県知事であることに注意。宅地建物取引士が行うことが義務付けられている職務を確認。

次の記述のうち、正しいものには○、誤っているものには×をつけよ。

□□**問1**　クレジットカードを使い過ぎて破産したAは、破産の復権を得ない限り、宅地建物取引士資格試験を受けることができない。

□□**問2**　宅地建物取引業を営む株式会社にあっては、当該会社の監査役を専任の宅地建物取引士として置くことができる。

□□**問3**　宅地建物取引業者は、18歳に達した者を専任の宅地建物取引士として置くことができる。

□□**問4**　「宅地建物取引士は、宅地建物取引業を営む事務所において、専ら宅地建物取引業に従事し、これに専念しなければならない」との規定が、宅地建物取引業法にある。

□□**問5**　宅地建物取引業者は、事務所以外で専任の宅地建物取引士を置かなければならないとされている場所においても、業務に従事する者の数に対する割合が1/5となるように、専任の宅地建物取引士を置かなければならない。

虫食い問題でチェック！

①宅地建物取引士資格試験に合格し、試験を行った都道府県知事の登録を受け、登録知事から宅地建物取引士証の交付を受けた者を［　A　］という。

②宅地建物取引士には、［　B　］の宅地建物取引士と［　C　］の宅地建物取引士がある。宅建業法は、一定の場所に一定数以上の［　C　］の宅地建物取引士を設置することを義務付けている。

答：A＝宅地建物取引士、B＝一般、C＝専任

解答・解説

⟹**答1**　×　破産手続開始の決定を受けて**復権を得ない者**であっても、**宅地建物取引士資格試験を受けることができる**（宅建業法17条1項）。

⟹**答2**　×　**監査役**は、法人の業務監査という職責上**宅建業に従事する者といえない**から、**専任の宅地建物取引士**として置くことができない。

⟹**答3**　○　2022年4月1日から成人の年齢が20歳から18歳に引き下げられたため（民法4条）、18歳に達した者を**専任の宅地建物取引士とすることができる**。

⟹**答4**　×　宅建業法には、このような規定が**ない**。

⟹**答5**　×　事務所以外で置かなければならない**専任の宅地建物取引士の人数**は、**1名以上**であればよい（則15条の5の3）。なお、「**専任**」とは、原則として、宅建業を営む事務所に常勤（**宅建業者の通常の勤務時間を勤務することをいう**。ITの活用等により適切な業務ができる体制を確保した上で、宅建業者の**事務所以外において通常の勤務時間を勤務する場合を含む**。）して、専ら宅建業に従事する状態をいう（宅建業法の解釈・運用の考え方）。

次の記述のうち、正しいものには○、誤っているものには×をつけよ。

□□**問6**　宅地建物取引業者である法人Ａ（甲県知事免許）の事務所において、専任の宅地建物取引士で成年者である者に1名の不足が生じた場合において、宅地建物取引業に係る営業に関し成年者と同一の能力を有する18歳未満の者である宅地建物取引士Ｅは、Ａの役員であるときを除き、専任の宅地建物取引士となることができない。

□□**問7**　宅地建物取引士が不正の手段により宅地建物取引士の登録を受けた場合、その登録をした都道府県知事は、宅地建物取引士資格試験の合格を取り消さなければならない。

□□**問8**　Ａ社（主たる事務所を甲県に、従たる事務所を乙県に設けて、甲県及び乙県で宅地建物取引業を行うために、新設された会社である。）の主たる事務所に従事する者が16名（営業14名、一般管理部門2名）、従たる事務所に従事する者が5名である場合、Ａ社は、専任の宅地建物取引士を、少なくとも、主たる事務所にあっては4名、従たる事務所にあっては1名置かなければ、免許を受けることができない。

□□**問9**　甲県内の一団の宅地30区画の分譲について、売主である宅地建物取引業者Ａ（乙県知事免許）が宅地建物取引業者Ｂ（国土交通大臣免許）に販売代理を依頼して、Ｂが案内所を設けて、売買契約の申込みを受ける場合、Ｂは、その案内所の従業員数に対して5人に1人以上の割合で、専任の宅地建物取引士を置かなければならない。

□□**問10**　宅地建物取引業者は、事務所に置かなければならない専任の宅地建物取引士が退職して欠員を生じた場合、2週間以内に是正措置を講じないと、業務停止処分を受けることはあるが、罰則の適用を受けることはない。

解答・解説

⟹**答6**　○　**専任の宅地建物取引士**は、原則として**成年者**でなければならない（宅建業法31条の3第1項）。しかし、これには**例外**がある。**その者が勤務している法人の役員である場合**、成年者の宅地建物取引者とみなされる（同条2項）。本問の場合、設問にある通り、Aの役員である場合を除き例外規定には該当せず、専任の宅地建物取引士となることが**できない**。

⟹**答7**　×　宅建士が**不正の手段**によって宅建士登録を受けた場合には、その登録をした**都道府県知事**は、その**登録を消除**しなければならない（68条の2第1項2号）。

⟹**答8**　○　免許の申請をする者は、主たると従たるとを問わず、**その事務所ごと**に、**宅建業の業務に従事する者の人数に対し、1/5以上となる割合**で**専任の宅地建物取引士**を置かなければならない。本問の場合、少なくとも、主たる事務所（16名）につき**4**名、従たる事務所（５名）につき**1**名となる（31条の3第1項、則15条の5の3）。

⟹**答9**　×　Aの依頼による一団の宅地分譲の販売代理について、Bが契約の申込みを受ける**案内所を設置する場合**には、**1**名以上の**専任の宅地建物取引士**を置けばよい（則15条の5の2第3号、15条の5の3）。

⟹**答10**　×　**専任の宅地建物取引士に欠員が生じた場合**には、**2週間以内**に**法定数を満たすよう必要な措置**を講じなければならない（宅建業法31条の3第3項）。これに違反すると、**業務停止処分**（65条2項2号）のほか**100万円以下の罰金**に処せられることがある（82条2号）。

次の記述のうち、正しいものには○、誤っているものには×をつけよ。

□□**問11** 宅地建物取引士資格試験に合格した者でも、3年間以上の実務経験を有しなければ、法第18条第1項の登録を受けることができない。

□□**問12** 甲県内に所在する事務所の専任の宅地建物取引士は、甲県知事による法第18条第1項の登録を受けている者でなければならない。

□□**問13** 未成年であるAは、法定代理人から宅地建物取引業の営業に関し許可を得て登録を受けることができるが、宅地建物取引業者がその事務所等に置かなければならない成年者である専任の宅地建物取引士とみなされることはない。

□□**問14** 破産手続開始の決定を受けた者は、復権後5年を経過しないと、登録を受けることができない。

□□**問15** Aは、不正の手段により宅地建物取引士資格登録を受けたとして、登録の消除の処分の聴聞の期日及び場所が公示された後、自らの申請により、登録が消除された。Aは、登録が消除された日から5年を経過せずに新たに登録を受けることができる。

□□**問16** 宅地建物取引業者は、10戸以上の一団の建物を分譲するために案内所を設置し、当該案内所において契約締結を行うときは、1名以上の成年者である専任の宅地建物取引士を置かなければならない。

解答・解説

⟹**答11** ×　宅地建物取引士資格試験に合格した者で、登録のために要求される**実務経験**は、**２年以上**である（宅建業法18条1項、則13条の15）。また、実務経験のない者は国土交通大臣が指定する**登録実務講習を受ける**ことで、これを実務経験に代えて**登録することができ**る（則13条の21）。

⟹**答12** ×　**どの都道府県知事に登録をしても、日本全国どこの宅建業者でも専任の宅地建物取引士になることができ**る。登録には地域の限定がない。

⟹**答13** ×　営業の許可を受けて宅地建物取引士となった**未成年者**も、自ら宅建業者になるか、法人である宅建業者の**役員**となった場合、自ら主として業務に従事する事務所等においては、**専任の宅地建物取引士と**みなされる（宅建業法31条の3第2項）。

⟹**答14** ×　**破産手続開始の決定を受けても復権を得た場合**、直ちに、**登録を受けることができ**る。このため、復権後５年を経過する必要が**ない**（18条1項2号）。

⟹**答15** ×　Ａは、**登録を消除**された日から**５年を経過**しないと、**新たに**登録を受けることができない（18条1項10号）。

⟹**答16** ○　宅建業者が、10区画以上の一団の宅地の分譲または10戸以上の一団の建物の分譲を行うために**案内所**を設置する場合には、**必ず１人以上の成年である専任の宅地建物取引士を置かなければならない**（31条の3第1項、則15条の5の2、5の3）。

次の記述のうち、正しいものには○、誤っているものには×をつけよ。

□□**問17** 宅地建物取引業者Ｂ（法人）が、不正の手段により免許を受けたとして免許を取り消された場合、当該取消しに係る聴聞の期日及び場所の公示の前日にＢの役員であったＡは、取消しの日から5年を経過しなければ、登録を受けることができない。

□□**問18** 6月前に甲社が宅地建物取引業法に違反したとして1年間の業務停止処分を受けたが、その甲社の取締役であったＡは、登録を受けることができない。

□□**問19** 3年前に甲社が引き続き1年以上宅地建物取引業を休止したとしてその免許を取り消されたとき、その聴聞の期日及び場所の公示の日の30日前に、甲社の取締役を退任したＡは、登録を受けることができない。

□□**問20** 宅地建物取引士Ａが、その事務に関し不正な行為をしたため、甲県知事から令和○年7月1日以後6か月間宅地建物取引士としてすべき事務の禁止の処分を受け、同年10月1日その処分に違反したとして登録を消除された場合、Ａは、同年12月に登録を受けることはできない。

□□**問21** 甲県知事の宅地建物取引士登録（以下この問において「登録」という。）を受けている宅地建物取引士Ａが無免許営業等の禁止に関する宅地建物取引業法に違反して宅地建物取引業を営み、懲役1年、執行猶予3年及び罰金10万円の刑に処せられ、登録を消除されたとき、執行猶予期間が満了すれば、その翌日から登録を受けることができる。

□□**問22** 宅地建物取引士Ａが、宅地建物取引士として行う事務に関し不正な行為をし、令和○年5月1日から6か月間の事務の禁止の処分を受け、同年6月1日に登録の消除の申請をして消除された場合、Ａは、同年12月1日以降でなければ登録を受けることができない。

解答・解説

答17 ○　免許取消処分に係る聴聞の期日・場所の公示の「前日」に役員であったAは、**「公示日前60日以内」の役員**に該当するから、**免許取消しの日から5年を経過しなければ、宅地建物取引士の登録を受けることができない**（宅建業法18条1項3号）。

答18 ×　**甲社の業務停止処分**は、**登録の欠格事由に該当しない**。役員Aは宅地建物取引士の登録を受けることが**できる**（18条1項3号）。

答19 ×　1年以上の**休業を理由として**甲社が**免許を取り消された**場合、66条1項8号、9号による免許取消処分では**ない**。役員Aは登録を受けることが**できる**（18条1項3号）。

答20 ○　**事務の禁止処分に違反したとして登録を消除された場合**、宅地建物取引士Aは**消除処分の日**（令和○年10月1日）から**5年間は登録を受けることができない**（18条1項9号、68条の2第1項4号）。

答21 ×　**Aが懲役1年の刑に処せられた点については**、執行猶予期間が満了したことによって刑の言渡しの効力が**失われる**（刑法27条）ため、登録欠格事由は存在**しない**。**罰金刑については、執行が猶予されておらず**、かつ、刑に処せられた日から**5年を経過していない**ため、登録を受けることが**できない**（宅建業法18条1項7号）。

答22 ×　**6か月間の事務禁止期間中**（5月1日から10月31日まで）に、本人の申請により登録が消除された場合、**禁止期間中**は**登録を受けることができない**。**期間が満了した場合**、つまり11月1日からは**登録を受けることができる**（18条1項11号）。

次の記述のうち、正しいものには○、誤っているものには×をつけよ。

□□**問23** 宅地建物取引士Aが、その事務に関し不正な行為をしたため、登録を受けている甲県知事から令和○年7月1日以後3か月間宅地建物取引士としてすべき事務の禁止の処分を受け、同年8月1日以後乙県内の事務所勤務となった場合、Aは、同年10月に甲県知事を経由して乙県知事に登録の移転を申請することができる。

□□**問24** 宅地建物取引士A（甲県知事登録）が、甲県から乙県に住所を変更したときは、乙県知事に対し、登録の移転の申請をすることができる。

□□**問25** 宅地建物取引士A（甲県知事登録）が、宅地建物取引業者B社（乙県知事免許）に勤務先を変更した場合、Aは乙県知事に対し、遅滞なく勤務先の登録の移転を申請しなければならない。

□□**問26** 甲県に本店を、乙県に支店を設けて国土交通大臣免許を受けている宅地建物取引業者Aは、甲県知事の登録を受けている宅地建物取引士Bを本店の専任の宅地建物取引士として従事させている。このとき、Bが住所を変更した場合には、Aはその旨を甲県知事を経由して国土交通大臣に届け出なければならず、Bは甲県知事に変更の登録を申請しなければならない。

□□**問27** 宅地建物取引業者Aは、1棟100戸のマンション分譲のために売買契約の申込みの受付のみを行う案内所を設置した。この場合Aは、当該案内所に成年者である専任の宅地建物取引士を置く必要はない。

□□**問28** 甲県知事の登録を受けている宅地建物取引士Aは、氏名を変更したときは、遅滞なく変更の登録を申請するとともに、当該申請とあわせて、宅地建物取引士証の書換え交付を申請しなければならない。

解答・解説

⇒**答23** ○ 宅地建物取引士としてすべき**事務の禁止の処分を受けた**ときは、**禁止の期間が満了するまで**は、**登録の移転を申請することはできない**（宅建業法19条の2但書）。本問の場合、９月30日で**期間**は**満了する**から、10月に登録の移転を申請することができる。

⇒**答24** × 登録の移転を申請できるのは、**勤務先**を変更した場合であり（19条の2）、単に**住所を変更しただけでは、登録の移転を申請することができない**。

⇒**答25** × **登録の移転**は**任意**であり（19条の2本文）、必要に応じて登録の移転の**申請**を行えばよい。

⇒**答26** × **専任の宅地建物取引士Bが住所を変更した場合**、Bは登録を受けている**甲県知事**に**変更の登録を申請しなければならない**（20条、18条2項、則14条の7第1項）。Bを従事させている宅建業者Aは、Bの住所変更について、**変更の届出をする必要がない**。

⇒**答27** × １棟100戸のマンションの売買契約の申込みの受付を行う案内所は、一団の建物につき**取引行為を行う案内所**である。**専任の宅地建物取引士１名以上**の設置が**必要**である（宅建業法31条の3第1項、則15条の5の2、5の3）。

⇒**答28** ○ **宅地建物取引士が氏名や住所を変更したとき**は、遅滞なく**変更の登録を申請しなければならない**。そして、あわせて**宅地建物取引士証の書換え交付**も**申請しなければならない**（宅建業法20条、則14条の13第1項）。

次の記述のうち、正しいものには○、誤っているものには×をつけよ。

□□**問29** 甲県知事の登録及び宅地建物取引士証の交付を受けている宅地建物取引士Ａが勤務している、甲県知事の免許を受けた宅地建物取引業者Ｂが商号を変更した場合、Ｂが甲県知事に変更の届出をすれば、Ａは、甲県知事に変更の登録を申請する必要はない。

□□**問30** 宅地建物取引士Ａが宅地建物取引業者Ｂに勤務する場合において、Ｂの事務所の所在地が変更になったときは、Ａは変更の登録の申請を、また、Ｂは変更の届出をしなければならない。

□□**問31** 宅地建物取引士Ａが、宅地建物取引業者Ｂ社を退職し、宅地建物取引業者Ｃ社に就職したが、ＡはＢ社及びＣ社においても専任の宅地建物取引士ではないので、宅地建物取引士資格登録簿の変更の登録は申請しなくてもよい。

□□**問32** 宅地建物取引士Ａが宅地建物取引業者Ｂに勤務する場合において、Ｂが廃業したときは、Ａは変更の登録の申請を、また、Ｂは廃業の届出をしなければならない。

□□**問33** 宅地建物取引士が死亡した場合、その相続人は、死亡した日から30日以内に、その旨を当該宅地建物取引士の登録をしている都道府県知事に届け出なければならない。

□□**問34** 宅地建物取引士Ａが心身の故障により宅建士の事務を適正に行うことができない者となった場合、本人またはその法定代理人、もしくは同居の親族は、その日から30日以内にその旨を届け出なければならない。

解答・解説

⟹**答29** ×　宅建業者Bが**商号を変更したとき**は、**勤務**している**宅地建物取引士A**が**変更の登録**を申請**しなければならない**（則14条の2の2第1項5号）。

⟹**答30** ×　**事務所所在地が変更になったとき**、**宅建業者B**は**変更の届出**をしなければならない（宅建業法8条2項5号、9条）。そして、**宅地建物取引士A**が、変更の登録を申請することは**不要**である。

⟹**答31** ×　**宅建業者の業務に従事する宅地建物取引士**は、**専任のいかんにかかわ**らず、当該**宅建業者の商号または名称に変更があったとき**は、**宅地建物取引士資格登録簿の変更の登録**を申請**しなければならない**（20条、則14条の2の2第1項5号）。

⟹**答32** ○　宅建業者Bが**廃業したとき**、Bは**廃業の届出**をしなければならない。そして、宅地建物取引士Aは**変更の登録**を申請しなければならない（宅建業法11条1項5号、20条）。

⟹**答33** ×　**宅地建物取引士が死亡した場合**、その相続人は、**死亡の事実を知った**日から**30日以内**に、**登録をしている都道府県知事**にその旨を届け出なければならない（21条1号）。

⟹**答34** ○　宅地建物取引士が**心身の故障により宅建士の事務を適正に行うことができない者となった場合**、本人またはその法定代理人、もしくは同居の親族が**その日**から**30日以内**に、**登録をしている都道府県知事**に届け出なければならない（21条3号）。

次の記述のうち、正しいものには○、誤っているものには×をつけよ。

□□**問35** 宅地建物取引士Ａが公職選挙法に違反して禁錮刑に処せられた場合、Ａは、届出をしなければならないが、刑法第247条の罪（背任罪）を犯して罰金刑に処せられた場合は、その必要はない。

□□**問36** 宅地建物取引士証の交付を受けようとする者は、国土交通大臣が指定する宅地又は建物の取引に関する実務についての講習で、交付の申請前6月以内に行われるものを受講しなければならない。

□□**問37** 宅地建物取引士資格試験に合格した者は、宅地建物取引に関する実務の経験を有しない場合でも、合格した日から1年以内に登録を受けようとするときは、登録実務講習を受講する必要はない。

□□**問38** 甲県知事の登録を受けている宅地建物取引士Ａが、宅地建物取引士証の有効期間の更新を受けようとするときは、甲県知事に申請し、その申請前6月以内に行われる国土交通大臣の指定する講習を受講しなければならない。

□□**問39** 宅地建物取引士証を亡失し、その再交付を申請している者は、再交付を受けるまでの間、宅地建物取引業法第35条に規定する重要事項の説明をするときは、宅地建物取引士証に代えて、再交付申請書の写しを提示すればよい。

□□**問40** 宅地建物取引士は、法第18条第1項の登録を受けた後に他の都道府県知事にその登録を移転したときには、移転前の都道府県知事から交付を受けた宅地建物取引士証を用いて引き続き業務を行うことができる。

解答・解説

⟹**答35** ×　宅地建物取引士は、犯罪の種類にかかわらず**「禁錮刑」に処せられた場合**、また背任罪（刑法247条）など一定の種類の罪を犯して**「罰金刑」に処せられた場合、ともにその旨を登録をしている都道府県知事に届け出なければならない**（宅建業法21条2号、18条1項6号、7号）。

⟹**答36** ×　**宅地建物取引士証の交付を受けようとする者**は、登録をしている都道府県知事**が指定する講習（法定講習）**で、交付の申請前6か月以内に行われるものを受講しなければならない（22条の2第2項本文）。

⟹**答37** ×　宅地建物取引士の登録を受ける場合、宅地建物取引に関する**実務の経験を有しないとき**は、登録実務講習を**受講しなければならない**（18条1項本文）。

⟹**答38** ×　**宅地建物取引士証の有効期間の更新**を受けようとするときは、その申請前6か月以内に行われる**都道府県知事が指定する講習（法定講習）**を受講しなければならない（22条の2第2項本文、22条の3第1項）。

⟹**答39** ×　再交付申請中であっても、**宅地建物取引士証**がない以上、重要事項説明を行うことはできない。

⟹**答40** ×　**宅地建物取引士**が**登録の移転をしたとき**には、**従前の宅地建物取引士証**は**効力を失う**（22条の2第4項）。効力を失った宅地建物取引士証を使って業務を行うことはできない。

次の記述のうち、正しいものには○、誤っているものには×をつけよ。

□□**問41** 甲県知事の登録を受けている宅地建物取引士Ａが、乙県に所在する宅地建物取引業者の事務所の業務に従事するため、登録の移転とともに宅地建物取引士証の交付を受けたとき、登録移転後の新たな宅地建物取引士証の有効期間は、その交付の日から5年となる。

□□**問42** 甲県知事の登録及び宅地建物取引士証の交付を受けている宅地建物取引士Aが、宅地建物取引士証の有効期間の更新を受けなかったときは、宅地建物取引士証を甲県知事に返納しなければならず、甲県知事は、Ａの登録を消除しなければならない。

□□**問43** 宅地建物取引士は、宅地建物取引士証を亡失してその再交付を受けた後に、亡失した宅地建物取引士証を発見したときは、速やかに、発見した宅地建物取引士証をその交付を受けた都道府県知事に返納しなければならない。

□□**問44** 甲県知事から宅地建物取引士証の交付を受けている宅地建物取引士Ａが、乙県の区域内における業務に関して乙県知事から事務禁止の処分を受けたとき、Ａは、1週間以内に乙県知事に宅地建物取引士証を提出しなければならない。

□□**問45** 甲県知事の登録及び宅地建物取引士証の交付を受けている宅地建物取引士Aが、乙県知事に登録の移転の申請とともに、宅地建物取引士証の交付の申請をした場合における宅地建物取引士証の交付は、Aが現に有する宅地建物取引士証に、新たな登録番号その他必要な記載事項を記入する方法で行わなければならない。

□□**問46** 宅地建物取引士は、常時宅地建物取引士証を携帯して、取引の関係者から請求があったときに提示することを要し、これに違反したときは、10万円以下の過料に処せられることがある。

解答・解説

⇒**答41** ×　登録の移転があった場合、**登録移転後の新たな宅地建物取引士証の有効期間**は、**移転前の宅地建物取引士証の有効期間の**残存期間とされる（宅建業法22条の2第4項、5項）。

⇒**答42** ×　更新しないことにより**宅地建物取引士証が効力を失ったとき**は、甲県知事に宅地建物取引士証を返納しなければならないが、**登録の消除事由ではない**（22条の2第6項、22条、68条の2）。

⇒**答43** ○　宅地建物取引士証の亡失によりその再交付を受けた後、**亡失した宅地建物取引士証を発見したとき**は、速やかに、発見した宅地建物取引士証をその交付を受けた**都道府県知事**に返納しなければならない（則14条の15第5項）。

⇒**答44** ×　宅地建物取引士は、**事務禁止処分を受けたとき**は、**速やかに**、**宅地建物取引士証を**、**交付を受けた知事（甲県知事）**に提出しなければならない（宅建業法22条の2第7項）。

⇒**答45** ×　登録の移転に伴う**宅地建物取引士証の交付**は、**現に有する宅地建物取引士証と**引換えに、**新たな宅地建物取引士証を交付して行われる**（則14条の14）。

⇒**答46** ×　宅地建物取引士証の提示義務に違反して**10万円以下の過料**に処せられるのは、**重要事項説明時の提示義務違反の場合だけ**である（宅建業法35条4項、86条）。

宅地建物取引業法

4.営業保証金

めざせ7割!

1回目

／29問

2回目

／29問

営業保証金は金銭または有価証券で供託できるのに対し、弁済業務保証金分担金は金銭の納付のみである。営業保証金の取戻事由を確認。

次の記述のうち、正しいものには○、誤っているものには×をつけよ。

□□**問1**　営業保証金の供託は、必ず、主たる事務所のもよりの供託所に金銭を供託する方法によらなければならない。

□□**問2**　宅地建物取引業者A（甲県知事免許）は、本店について1,000万円、支店1カ所について500万円の営業保証金を、それぞれの事務所のもよりの供託所に供託しなければならない。

□□**問3**　新たに宅地建物取引業を営もうとする者は、営業保証金を供託所に供託した後に、国土交通大臣又は都道府県知事の免許を受けなければならない。

□□**問4**　宅地建物取引業者Aは、額面金額1,000万円の地方債証券を新たに供託すれば、既に供託している同額の国債証券と変換することができる。その場合、遅滞なく、免許権者に営業保証金の変換の届出をしなければならない。

□□**問5**　宅地建物取引業者は、免許を受けた場合において、主たる事務所と2カ所の従たる事務所を開設するときは、営業保証金2,000万円を、いずれかの事務所のもよりの供託所に供託したうえ、その旨を免許を受けた国土交通大臣又は都道府県知事に届け出なければならない。

虫食い問題でチェック!

①取引で損害を受けた場合、取引の相手方は宅建業者があらかじめ供託所に供託しておいた［ A ］から、損害にあたる金銭の還付を受けられるという制度を［ A ］制度という。

②供託とは、法令の規定により、金銭または［ B ］その他の物品を預けることをいう。

答：A＝営業保証金、B＝有価証券

解答・解説

⟹**答1**　×　**営業保証金の供託**は、**金銭のみに**限られない。国債証券や地方債証券など、一定の有価証券で行うことが**できる**（宅建業法25条3項）。

⟹**答2**　×　**営業保証金の供託**は、**主たる事務所のもよりの供託所**にしなければならない（25条1項）。

⟹**答3**　×　**宅建業を営もうとする者**は、免許を受けた後、**営業保証金**を主たる事務所の**もよりの供託所に供託**し、その旨を免許権者に届け出なければならない（25条1項、4項）。

⟹**答4**　×　**供託物を差し替える**ことを変換という。1,000万円の地方債証券は、額面金額の**90**％がその価額とされ、国債証券にすれば**900**万円にしかならない（則15条1項1号、2号）ところ、変換のためには価値が**同じ**であることが必要である。なお、届出に関しては正しい記述である（則15条の4の2）。

⟹**答5**　×　本問の場合の営業保証金の額は、主たる事務所（**1,000**万円）、従たる事務所（**500**万円×2か所）で**2,000**万円となるので正しい。ただし、**営業保証金の供託**は、**主たる事務所のもよりの供託所**にしなければならない（宅建業法25条1項）。

次の記述のうち、正しいものには○、誤っているものには×をつけよ。

□□**問6**　宅地建物取引業者Ａが甲県内に本店及び２つの支店を設置して宅地建物取引業を営もうとする場合、供託すべき営業保証金の合計額は1,200万円である。

□□**問7**　宅地建物取引業者Ａは、主たる事務所ａとその他の事務所ｂ及びｃの3事務所を設けて、Ｂ県知事から、令和○年6月1日宅地建物取引業の免許を受けた。このとき、Ａは、まず1,500万円を供託して届け出た後、ａ及びｂで業務を開始し、その後500万円を供託して届け出た後、ｃでも業務を開始した。Ａは宅地建物取引業の規定に違反しない。

□□**問8**　宅地建物取引業者は、事業開始後支店を1つ新設した場合には、当該支店のもよりの供託所に営業保証金500万円を供託しなければならない。

□□**問9**　宅地建物取引業者は、主たる事務所と従たる事務所を設けて営業を行うことについて免許を受けた場合、主たる事務所について営業保証金を供託し、その旨を届け出ても、従たる事務所の営業保証金を供託し、その旨を届け出ない限り、主たる事務所で営業を開始してはならない。

□□**問10**　宅地建物取引業者Ａ（甲県知事免許）が、甲県内に本店と支店ａを設置して営業している場合において、Ａが、新たに甲県内に支店ｂを設置したが、同時に従来の支店ａを廃止したため、事務所数に変更を生じない場合、Ａは、新たに営業保証金を供託する必要はない。

□□**問11**　宅地建物取引業者Aは、宅地又は建物の売買契約を締結しようとするときは、当該契約が成立するまでの間に、相手方に対して、営業保証金を供託した供託所及びその所在地並びに供託金の額について説明しなければならない。

解答・解説

答6　×　宅建業者が供託すべき営業保証金の額は、**主たる事務所につき1,000万円、その他の事務所につき事務所ごとに500万円の合計額**である（宅建業法25条2項、令2条の4）。よって、Aが供託すべき営業保証金の合計額は、本店と支店2つなので**1,000万円＋500万円×2＝2,000万円**である。

答7　×　本問の場合、宅建業者Aは合計2,000万円の営業保証金を供託し、**その旨の届出の後でなければ、いずれの事務所**においても**業務を開始することができない**（宅建業法25条1項、4項、5項、令2条の4）。

答8　×　**事業開始後、支店を１つ新設した場合**でも、営業保証金500万円は、「**主たる事務所」のもよりの供託所**に供託しなければならない（宅建業法25条1項）。

答9　○　**営業保証金**は、主たる事務所・従たる事務所**双方**について供託されなければならず、**従たる事務所の営業保証金を供託し、その旨の届出をしない限り、主たる事務所で営業を開始**することができない（25条2項、5項）。

答10　○　支店の新設・廃止によって**事務所数に変更を生じない場合**は、**新たに営業保証金を供託する必要がない**と解されている。

答11　×　**供託金の額**については、**説明する必要がない**（35条の2）。

次の記述のうち、正しいものには○、誤っているものには×をつけよ。

□□**問12** 宅地建物取引業者が新たに事務所を2か所増設するための営業保証金の供託について国債証券と地方債証券を充てる場合、地方債証券の額面金額が800万円であるときは、額面金額が200万円の国債証券が必要となる。

□□**問13** 宅地建物取引業者Aが甲県知事の免許を受けて営業保証金を供託した場合に、Aは、営業保証金を供託しても、その旨を甲県知事に届け出た後でなければ、事業を開始することができず、これに違反したときは、6月以下の懲役に処せられることがある。

□□**問14** 国土交通大臣又は都道府県知事は、免許をした日から1月以内に営業保証金を供託した旨の届出がない場合、当該免許を受けた宅地建物取引業者に対して届出をすべき旨の催告をしなければならない。

□□**問15** 宅地建物取引業者A（甲県知事免許）が、甲県内に本店と支店ａを設置して営業しようとしている場合において、Aが、甲県知事から営業保証金の供託の届出をすべき旨の催告を受けたにもかかわらず、その催告が到達した日から1月以内に届出をしない場合、Aは、実際に供託をしていても、免許の取消処分を受けることがある。

□□**問16** A県知事から免許を受けている宅地建物取引業者が、新たにB県内にも事務所を有することとなった場合には、当該事務所において事業を開始してから2週間以内に、A県知事を経由して、国土交通大臣に免許申請書を提出しなければならない。

□□**問17** 宅地建物取引業者との取引により生じた債権であっても、広告業者の広告代金債権については、当該広告業者は、宅地建物取引業者が供託した営業保証金について、その債権の弁済を受ける権利を有しない。

解答・解説

⟹**答12** ×　本問の場合、営業保証金の額は**500万円**×2か所分の1,000万円であるが、**地方債証券**は、**額面金額の90%がその価額**とされて720万円となるから、国債証券の額面金額は**280万円**である（宅建業法25条1項、2項、則15条1項2号）。

⟹**答13** ○　**営業保証金を供託しても、免許権者にその旨を届け出た後**でなければ事業を開始することはできず、これに違反したときは**6**か月以下の懲役もしくは**100**万円以下の罰金に処せられ、またはこれを併科されることがある（宅建業法25条5項、81条）。

⟹**答14** ×　**免許権者**は、免許をした日から「**3月以内に**」**営業保証金を供託した旨の届出がないとき**は、その届出をすべき旨の**催告**をしなければならない（25条6項）。

⟹**答15** ○　催告が到達した日から**1**か月以内に**営業保証金を供託した旨の届出がないときは、免許権者は免許を**取り消す**ことができる**（25条7項）。

⟹**答16** ×　本問のような**免許換えの場合**は、まず**国土交通大臣の免許を受け、新設の事務所**について**営業保証金を供託した旨の届出をした後**でなければ、新設した事務所において事業を開始することができ**ない**（7条1項3号、26条）。

⟹**答17** ○　**営業保証金について弁済を受けることのできる債権**は、「宅建業に関する取引」によって生じたものに限られており、**広告代金債権**のような「**宅建業以外に関する取引**」によって生じたものは該当**しない**（27条1項）。

次の記述のうち、正しいものには○、誤っているものには×をつけよ。

□□**問18** 宅地建物取引業者Ａ（甲県知事免許）が、甲県内に本店と支店ａを設置して営業している場合において、Ａと支店ａで宅地建物取引業に関する取引をした者は、その支店ａにおける取引により生じた債権に関し、500万円を限度として、Ａの供託した営業保証金の還付を請求することができる。

□□**問19** 宅地建物取引業者は、営業保証金の還付が行われ、営業保証金が政令で定める額に不足することになったときは、通知書の送付を受けた日から2週間以内にその不足額を供託しなければ、業務停止の処分を受けることがあるが、免許取消しの処分を受けることはない。

□□**問20** 宅地建物取引業者は、営業保証金の還付があったために営業保証金に不足が生じたときは、国土交通大臣又は都道府県知事から不足額を供託すべき旨の通知書の送付を受けた日から2週間以内に、不足額を供託しなければならない。

□□**問21** 宅地建物取引業者Aから建設工事を請け負った建設業者は、Aに対する請負代金債権について、営業継続中のAが供託している営業保証金から弁済を受ける権利を有する。

□□**問22** 宅地建物取引業者は、その主たる事務所を移転したためそのもよりの供託所が変更した場合において、金銭と有価証券をもって営業保証金を供託しているときは、遅滞なく、費用を予納して、営業保証金を供託している供託所に対し、移転後の主たる事務所のもよりの供託所への営業保証金の保管替えを請求しなければならない。

□□**問23** 宅地建物取引業者は、宅地建物取引業に関し不正な行為をしたため、免許を取り消されたときは、その営業保証金を取り戻すことができない。

解答・解説

⇒**答18** × Aが供託した**営業保証金の合計額**である**1,500万円を限度**として還付を請求することができる（宅建業法27条1項）。なお、宅建業に関し取引をした相手方から宅建業者は除かれる。

⇒**答19** × 営業保証金の還付が行われた場合、還付があった旨の通知を受け取った日から**2週間以内に不足額を供託しなかったとき**は、**業務停止処分の対象となる**（65条2項2号、28条1項）とともに、**情状が特に重い場合**には、**免許取消処分の対象となる**（66条1項9号）。

⇒**答20** ○ 営業保証金の還付による、**営業保証金の額に不足が生じたときの不足額の供託**は、国土交通大臣または都道府県知事から不足額を供託すべき旨の通知書の**送付を受けた日**から、**2週間以内**である（28条1項）。

⇒**答21** × **営業保証金の還付対象**となる債権は、**宅建業に関する取引によって発生した債権**に限られる（27条1項）。宅建業者との間で建設工事の契約を締結したことによって発生した債権は、**宅建業**に関する債権にあた**らない**。

⇒**答22** × 金銭と有価証券をもって営業保証金を供託している場合は、遅滞なく、営業保証金を**移転後の主たる事務所のもよりの供託所に「新たに供託」**しなければならない（29条1項）。**保管替えの請求**は、「**金銭のみ**」をもって営業保証金を供託している場合である。

⇒**答23** × 宅建業に関し不正な行為をしたため**免許の取消処分を受けたとき、営業保証金の取戻しはできる**（30条1項、66条）。

次の記述のうち、正しいものには○、誤っているものには×をつけよ。

□□**問24** 宅地建物取引業者Ａ（甲県知事免許）が、甲県内に本店と支店ａを設置して営業している場合において、Ａが支店ａを廃止し、営業保証金の額が政令で定める額を超えた場合において、Ａは、その超過額について、還付請求権者に対し所定の期間内に申し出るべき旨の公告をし、その期間内に申出がないとき、当該超過額を取り戻すことができる。

□□**問25** 宅地建物取引業者Ａ（甲県知事免許）が本店と2つの支店を有する場合、Ａが2つの支店を廃止し、その旨の届出をしたときは、営業保証金の額が政令で定める額を超えることとなるので、その超過額1,000万円について公告をせずに直ちに取り戻すことができる。

□□**問26** 宅地建物取引業者Ａ（甲県知事免許）が営業保証金を取り戻すために公告をしたときは、2週間以内にその旨を甲県知事に届け出なければならず、所定の期間内に債権の申出がなければその旨の証明書の交付を甲県知事に請求できる。

□□**問27** Ａ社は、廃業により宅建業免許が失効し、その後に自らを売主とする取引が結了した場合、廃業の日から10年経過していれば還付請求権者への公告なしで営業保証金を取り戻すことができる。

□□**問28** 家主Ｂは、居住用建物の賃貸の管理委託契約を宅地建物取引業者Ａと締結していたが、Ａが借主から収受した家賃を約束期日が過ぎてもＢに支払わなかった。この場合、Ｂは、Ａが供託した営業保証金からその債権の弁済を受ける権利を有する。

□□**問29** 宅地建物取引業者は、免許の有効期間満了に伴い営業保証金を取り戻す場合は、還付請求権者に対する公告をすることなく、営業保証金を取り戻すことができる。

解答・解説

答24 ○　一部の事務所を廃止したことによって、**営業保証金の額が政令で定める額を超えることになった場合**には、還付請求権者に対する公告手続を経た後、その**超過額についてのみ**営業保証金を**取り戻すことができる**（宅建業法30条1項、2項）。

答25 ×　**支店の廃止**によって営業保証金の額が政令で定める額を超えることとなった場合は、**公告を要しない場合に該当しない**（30条2項）。したがって、Aは保証金を取り戻す場合、その超過額1,000万円について**公告**をしなければならない。

答26 ×　Aが営業保証金を取り戻すために**公告をしたとき**は、遅滞なく、甲県知事に届け出なければならない（保証金則7条3項）。

答27 ×　**公告不要となるのは取戻し事由発生から10年経過した**時である。本問の取戻し事由発生の日は、免許が失効した「**廃業の届出の日**」であり「**廃業の日**」ではない（宅建業法30条2項但書、11条2項）。

答28 ×　**管理委託契約の不履行から生じた債権**は、宅建業に関する取引から発生した債権に該当しないので、**営業保証金の還付対象とならない**（27条1項）。

答29 ×　この場合、公告は**必要**である。免許の有効期間満了の場合でも、**還付請求権者が存在する可能性はある**からである。

2章 宅地建物取引業法

5.保証協会

めざせ7割！

1回目　／25問

2回目　／25問

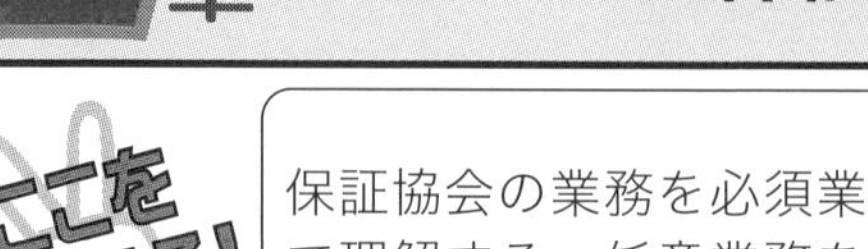

保証協会の業務を必須業務と任意業務とに区別して理解する。任意業務を行うには国土交通大臣の承認が必要となる。

次の記述のうち、正しいものには○、誤っているものには×をつけよ。

□□**問1**　保証協会に加入しようとする者は、加入しようとする日までに弁済業務保証金分担金を保証協会に納付しなければならないが、加入に際して、加入前の宅地建物取引業に関する取引により生じたその者の債務に関し、保証協会から担保の提供を求められることはない。

□□**問2**　保証協会に加入しようとし、又は加入した宅地建物取引業者Ａ（甲県知事免許）と取引した者が複数ある場合で、これらの者からそれぞれ保証協会に対し認証の申出があったとき、保証協会は、これらの者の有する債権の発生の時期の順序に従って認証に係る事務を処理しなければならない。

□□**問3**　保証協会に加入しようとし、又は加入した宅地建物取引業者Ａ（甲県知事免許）が保証協会に対して有する弁済業務保証金分担金の返還請求権を第三者Ｂが差し押さえ、転付命令を受けた場合で、その差押えの後に保証協会がＡに対して還付充当金の支払請求権を取得したとき、保証協会は、弁済を受けるべき還付充当金相当額についても、Ｂに対して支払いを拒否できない。

□□**問4**　宅地建物取引業者は、一の保証協会の社員となった後に、重ねて他の保証協会の社員となることはできない。

虫食い問題でチェック！

①国土交通大臣が指定した宅建業者のみを社員とする公益社団法人であり、一定の必須業務及びあらかじめ承認を受けた任意業務を行うものを［ A ］という。

②社員とは、一般に社団法人の構成員をいうが、宅建業者は［ B ］つの保証協会の社員にしかなることができない。

答：A＝宅地建物取引業保証協会（保証協会）、B＝1

解答・解説

答1　×　保証協会は、社員が社員となる前に宅建業に関する取引によって生じた債務に関して弁済をした結果、弁済業務の**円滑な運営に支障を生ずるおそれがある**と認められるとき、当該社員に対して**担保の提供を求めることができる**（宅建業法64条の4第3項）。

答2　×　**保証協会の認証事務**は、**認証申出書の受理の順序**に従って処理されなければならない（則26条の7第1項）。

答3　×　弁済業務保証金分担金の返還請求権と還付充当金の支払請求権は別個の債権であり、保証協会は、**弁済業務保証金分担金**については、差押債権者Bに支払う必要が**ある**が、**還付充当金**については、Bの差押えを受けておらず、支払いを拒否**できる**（民法481条1項）。

答4　○　**加入できる保証協会**は**1つ**である（宅建業法64条の4第1項）。

次の記述のうち、正しいものには○、誤っているものには×をつけよ。

□□**問5**　保証協会の社員との宅地建物取引業に関する取引により生じた債権を有する者は、当該社員が納付した弁済業務保証金分担金の額に相当する額の範囲内で還付を受ける権利を有する。

□□**問6**　保証協会に加入しようとする宅地建物取引業者が同保証協会に納付すべき弁済業務保証金分担金の額は、主たる事務所につき60万円、その他の事務所につき事務所ごとに30万円の割合による金額の合計額である。

□□**問7**　390万円の弁済業務保証金分担金を納付して保証協会の社員となった者との宅地建物の取引に関し債権を有する者は、5,500万円を限度として、当該保証協会が供託している弁済業務保証金から弁済を受ける権利を有する。

□□**問8**　Aは、平成3年1月8日に宅地建物取引業の免許を受け、同年2月8日にBに宅地を売却し、同年3月8日に営業保証金を供託した旨の届出をし、同年4月8日にCに宅地を売却し、同年5月8日に宅地建物取引業保証協会の社員となり、同年6月8日にDに宅地を売却し、同年7月8日に営業保証金供託済の届出前に事業を開始し、その情状が特に重いとして宅地建物取引業の免許を取り消された。この場合において、Aとの取引により生じた債権について、保証協会が供託した弁済業務保証金から弁済を受ける権利を有する者は、B・C・Dである。

□□**問9**　保証協会甲の社員A（国土交通大臣免許）が新たに従たる事務所を設置した場合、Aは、その日から2週間以内に、弁済業務保証金分担金を納付しないと、甲保証協会の社員たる地位を失うのみならず、国土交通大臣から業務停止処分を命ぜられることがある。

解答・解説

⟹**答5**　×　保証協会の社員と宅建業に関し取引をした者は、その**取引により生じた債権に関し**、その社員が社員でないとしたならば供託しなければならない営業保証金の**額に相当する額の範囲内**で、還付（弁済）を受ける権利を有する。なお、「取引をした者」から**宅建業者**は除外される（宅建業法64条の8第1項）。

⟹**答6**　○　**弁済業務保証金分担金の額**は、**主たる事務所**につき**60万円**、**その他の事務所**にあっては、**事務所ごと**に**30万円**の割合による金額の**合計額**である（64条の9第1項、令7条）。

⟹**答7**　×　**390万円の分担金を納付**している社員は、主たる事務所とその他の事務所11を有している（60万円×１＋30万円×11＝390万円）。したがって債権者が弁済を受けることのできる**限度額**は、1,000万円×１＋500万円×11＝6,500万円となる（宅建業法64条の8第1項、25条2項、令2条の4）。

⟹**答8**　○　弁済業務保証金から**弁済を受ける権利を有する者**には、宅建業者が保証協会の**「社員となる前に取引をした者」も含む**（宅建業法64条の8第1項）。したがって、宅建業者Ａが**社員となる**前に取引をしたＢ・Ｃ、社員となった後に取引したＤは、弁済業務保証金から弁済を受ける権利を有する。

⟹**答9**　○　**新事務所設置の日から２週間以内**に、**分担金を納付しない**と**社員の地位を失う**のみならず、**業務停止処分を命じられることがある**（64条の9第2項、3項、65条2項2号）。

次の記述のうち、正しいものには○、誤っているものには×をつけよ。

□□**問10** 甲は、平成4年2月1日に本店及び2カ所の支店を設置して宅地建物取引業の免許を取得し、営業保証金を供託のうえ業務を行っていたが、同年3月1日に保証協会の社員となって弁済業務保証金分担金を納付し、さらに同年4月1日に2カ所の事務所を増設し、弁済業務保証金分担金を追加納付した。その後、甲から同年2月15日に宅地の購入をしたAが、当該宅地の取引について3,500万円の損害賠償債権が発生した（債権発生の日は5月31日）として、6月1日に保証協会に認証を申し出てきた。この場合、甲が納付した弁済業務保証金分担金相当額180万円を限度として、認証を受けられる。

□□**問11** 宅地建物取引業者で、保証協会に加入した者は、その加入した日から2週間以内に、保証協会に対して弁済業務保証金分担金を納付しなければならない。

□□**問12** 宅地建物取引業者Aが保証協会に加入している場合において、Aは、保証協会から弁済業務保証金の還付に係る還付充当金を納付すべき旨の通知を受けたときは、その通知を受けた日から2週間以内に、通知された額の還付充当金を保証協会に納付しなければならない。

□□**問13** 甲保証協会が甲の社員A（国土交通大臣免許）の取引に関し弁済業務保証金の還付を行った場合、Aは、甲保証協会の社員たる地位を失うとともに、その還付充当金の納付をしなければならない。

□□**問14** 保証協会は、弁済業務保証金の還付があった場合は、当該還付に係る社員又は社員であった者に対し、その還付額に相当する額の還付充当金を法務大臣及び国土交通大臣の定める供託所に納付すべきことを通知しなければならない。

解答・解説

⟹**答10** × 弁済業務保証金から弁済を受けることのできる権利は、保証協会の社員が社員となる前に取引した者にも認められている。本問の場合、**Aの還付限度額**は、債権が発生した5月31日において甲が供託すべき**営業保証金相当額**の範囲となるから、1,000万円＋500万円×4＝**3,000**万円である（宅建業法64条の8第1項、2項）。なお、Aが宅建業者のときは還付の対象とはならない。

⟹**答11** × **弁済業務保証金分担金**は、保証協会に**「加入しようとする日」までに納付**しなければならない（64条の9第1項1号）。

⟹**答12** ○ **還付充当金を納付すべき旨の通知**を受けたときは、その**通知を受けた日から2週間以内**に、通知された額の還付充当金を保証協会に納付しなければならない（64条の10第2項）。

⟹**答13** × Aが、還付充当金を納付すべき旨の通知を受けた日から**2**週間以内に**還付充当金を納付**した場合、その地位を失う**ことがない**（64条の10第3項）。

⟹**答14** × **還付充当金の納付先**は、**保証協会**である（64条の10第1項）。

次の記述のうち、正しいものには○、誤っているものには×をつけよ。

□□**問15** 宅地建物取引業者Aが保証協会に加入している場合において、保証協会は、Aがその一部の事務所を廃止したため弁済業務保証金分担金をAに返還しようとするときは、弁済業務保証金の還付請求権者に対し、一定期間内に保証協会の認証を受けるため申し出るべき旨を公告しなければならない。

□□**問16** 甲県知事の免許を受けている宅地建物取引業者Aが保証協会の社員としての地位を失ったため営業保証金を供託したときは、保証協会は、弁済業務保証金の還付請求権者に対する公告を行うことなく、Aに対し弁済業務保証金分担金を返還することができる。

□□**問17** 120万円の弁済業務保証金分担金を納付して保証協会の社員となった者が、30万円の特別弁済業務保証金分担金を納付すべき通知を受けたときは、その通知を受けた日から3月以内に、30万円を当該保証協会に納付しなければならない。

□□**問18** 保証協会は、社員に対して債権を有する場合は、当該社員が社員の地位を失ったときでも、その債権に関し弁済が完了するまで弁済業務保証金分担金をその者に返還する必要はない。

□□**問19** 宅地建物取引業者A（甲県知事免許）が、保証協会の社員の地位を失ったため、その地位を失った日から1週間以内に営業保証金を供託した場合、Aは、その旨を甲県知事に届け出なければ、指示処分を受けることなく、直ちに業務停止処分を受けることがある。

□□**問20** 還付充当金の未納により保証協会の社員の地位を失った宅地建物取引業者は、その地位を失った日から2週間以内に弁済業務保証金を供託すれば、その地位を回復する。

解答・解説

⟹**答15** ×　営業保証金の場合とは異なり、保証協会の**弁済業務保証金分担金の超過額の取戻し**については、**認証申出の公告**は**必要ない**（宅建業法64条の11第1項）。

⟹**答16** ×　本問の場合、保証協会は還付請求権者に対する**公告を行った**後、Aに分担金を返還することとなる（64条の11第2項、4項）。保証協会が分担金を返還するときは、あらかじめ公告を行う必要**がある**。

⟹**答17** ×　社員が**特別弁済業務保証金分担金を納付すべき通知**を受けたときは、通知を受けた日から「**1月以内に**」その**通知額**を保証協会に納付しなければならない（64条の12第3項、4項）。

⟹**答18** ○　保証協会は社員に対して**債権を有する場合**には、その社員が社員の地位を失ったときでも、**その債権に関し**弁済**が**完了**した後**に弁済業務保証金分担金をその者に返還する（64条の11第3項）。

⟹**答19** ×　**1週間以内に営業保証金を供託**した場合、その旨を届け出ないことで、直ちに業務停止処分を受けることは**ない**（64条の15、65条2項2号）。

⟹**答20** ×　還付充当金の未納によって保証協会の地位を失った宅建業者は、その地位を失った日から**1週間以内に**営業保証金を供託しなければならない（64条の15）。なお、本問のように、供託により「その地位を回復する」という規定は存在しない。

次の記述のうち、正しいものには○、誤っているものには×をつけよ。

□□**問21** 宅地建物取引業保証協会に加入している宅地建物取引業者Ａと宅地建物取引業に関し取引をした者が、その取引により生じた債権に関し、弁済業務保証金について弁済を受ける権利を実行するときは、保証協会の認証を受けるとともに、必ず保証協会に対し還付請求をしなければならない。

□□**問22** 宅地建物取引業保証協会に加入している宅地建物取引業者Ａが、支店を廃止し、Ａの弁済業務保証金分担金の額が政令で定める額を超えることとなった場合で、保証協会が弁済業務保証金分担金をＡに返還するときは、弁済業務保証金に係る還付請求権者に対し、一定期間内に認証を受けるため申し出るべき旨の公告をする必要はない。

□□**問23** 宅地建物取引業者は、保証協会の社員になったことにより営業保証金を供託することを要しなくなった場合において、当該営業保証金の取戻しをしようとするときは、6月を下らない一定の期間内に債権の申出をすべき旨の公告をしなければならない。

□□**問24** 甲県知事の免許を受けている宅地建物取引業者Ａが保証協会の社員としての地位を失ったときは、その地位を失った日から1週間以内に営業保証金を供託しなければならず、この期間内に供託しないときは甲県知事から業務停止処分を受けることがある。

□□**問25** 保証協会は、社員の取り扱った宅地建物取引業に係る取引に関する苦情について、宅地建物取引業者の相手方等からの解決の申出及びその解決の結果を社員に周知させなければならない。

解答・解説

⟹**答21** ×　弁済業務保証金について**弁済を受ける権利**を実行するときは、弁済を受けることができる額について保証協会の**認証**を受けなければならない（宅建業法64条の8第2項）。そして、**還付請求は、供託所に対してする。**

⟹**答22** ○　保証協会の社員がその一部の事務所を廃止したため、納付した弁済業務保証金分担金の額が政令で定める額を超えることとなった場合で、保証協会が**弁済業務保証金分担金を返還**するときは、**公告をする必要がない**（64条の11第1項、4項）。

⟹**答23** ×　保証協会の社員になったことにより、**営業保証金を供託することを要しなくなった場合**は、**公告をすることなく、直ちに営業保証金を取り戻すことができる**（64条の14第1項）。

⟹**答24** ○　保証協会の**社員の地位を失ったときは、その日から１週間以内に営業保証金を供託しなければならない。この期間内に供託しないときは、業務停止処分を受けることがある**（64条の15、65条2項2号）。

⟹**答25** ○　宅地建物取引業保証協会は、宅建業者の相手方からの**苦情の申出及び解決の結果**について社員に**周知**させなければならない（64条の5第4項）。

章

宅地建物取引業法

6.広告規制

めざせ7割！
1回目
／10問
2回目
／10問

誇大広告の禁止は、いかなる態様の広告も対象とする。また、広告の開始時期の制限について確認。

次の記述のうち、正しいものには○、誤っているものには×をつけよ。

□□**問1**　宅地建物取引業者が新聞折込広告で、実際に取引意思のない物件を分譲すると広告した場合、宅地建物取引業法に違反して、6月以下の懲役に処せられることがある。

□□**問2**　販売する宅地又は建物の広告に著しく事実に相違する表示をした場合、監督処分の対象となるほか、6月以下の懲役及び100万円以下の罰金を併科されることがある。

□□**問3**　宅地の売買に関する広告をインターネットで行った場合において、当該宅地の売買契約成立後に継続して広告を掲載していたとしても、最初の広告掲載時点で当該宅地に関する売買契約が成立していなければ、誇大広告等の禁止に違反することはない。

□□**問4**　宅地建物取引業者Ａは、自ら売主として新築マンションを分譲するに当たり、建築基準法第6条第1項の確認の申請中であったため、「建築確認申請済」と明示して、当該建物の販売に関する広告を行い、建築確認を受けた後に売買契約を締結したが宅地建物取引業法には違反しない。

虫食い問題でチェック！

①宅地または建物の所在・規模・形質に関する広告内容は、［ A ］になる。

②現在もしくは将来の［ B ］・環境・交通その他の利便に関する広告内容も、規制対象となる。

③その他規制対象となる広告内容は、代金・借賃などの対価の額もしくは［ C ］、代金もしくは交換差金に関する金銭の［ D ］である。

答：A＝規制対象、B＝利用の制限、C＝その支払方法、D＝貸借のあっせん

解答・解説

答1　○　実際に取引する意思のない物件の分譲広告は、「**おとり広告**」であって、誇大広告等の禁止に違反するため、**6か月以下の懲役**もしくは**100万円以下の罰金**に処せられ、またはこれらを併科されることがある（宅建業法32条、81条1号）。

答2　○　**誇大広告等の禁止に違反**すれば、監督処分だけでなく、**6か月以下の懲役**もしくは**100万円以下の罰金**に処せられ、またはこれらを併科されることがある（32条、65条、81条1号）。

答3　×　インターネットで広告した宅地の**売買契約が成立した後**に、その後も継続してインターネットで広告を掲載している場合には、**おとり広告**として**誇大広告の禁止**に**違反する**（32条）。

答4　×　**建築確認を申請**しただけでは、広告をすることはできない。**処分があった後**でなければ、当該工事に係る宅地または建物の売買その他の業務に関する広告をしてはならないのである（33条）。契約締結が**処分のあった後**でも同じであり、Aは宅建業法に違反**する**。

次の記述のうち、正しいものには○、誤っているものには×をつけよ。

□□**問5**　宅地建物取引業者Aが、建物を分譲するに当たり宅地建物取引業法第32条の規定に違反して誇大広告をした場合は、その広告をインターネットを利用する方法で行ったときでも、国土交通大臣又は都道府県知事は、Aに対して監督処分をすることができる。

□□**問6**　甲県内にのみ事務所を設置している宅地建物取引業者Aが、自ら売主として乙県内でマンション（建築工事完了前）の分譲を行う場合において、Aがマンション建築のための建築基準法第6条第1項の確認を受ける前にマンションの分譲の広告をしたとき、乙県知事は、Aに対し必要な指示をすることができる。

□□**問7**　宅地の売買に関して宅地建物取引業者A（甲県知事免許）が広告を行う場合において、Aが、宅地建物取引業法第33条に規定する広告の開始時期の制限に違反した場合、甲県知事は、Aに対して必要な指示をすることができ、Aがその指示に従わないときは業務停止処分をすることができる。

□□**問8**　宅地建物取引業者Aは、宅地の売買に係る広告において、当該宅地に関する都市計画法第29条の許可を受けていれば、当該造成工事に係る検査済証の交付を受けていなくても、当該広告を行うことができる。

□□**問9**　宅地建物取引業者Aは、土地付建物の売買価格について、建物売買に係る消費税額（地方消費税額を含む。）を含む土地付建物売買価格のみを表示し、消費税額を明示しない広告を行うことができる。

□□**問10**　宅地建物取引業者Aは、宅地又は建物の売買、交換又は貸借に関する広告をするときは、取引態様の別を明示しなければならないが、取引の相手方に対し、取引態様の別が明らかである場合は明示する必要はない。

解答・解説

⇒**答5**　○　**手段・方法を問わず、誇大広告**をした場合は、**監督処分の対象**になる（宅建業法32条、65条2項2号）。

⇒**答6**　○　甲県知事の免許を受けているAが、**乙県内で広告の開始時期の制限に違反した場合**には、乙県知事はAに対し**必要な指示**をすることができる（33条、65条3項）。

⇒**答7**　○　甲県知事は、**広告の開始時期の制限に違反**したAに対し**必要な指示**をすることができ（33条、65条1項2号）、Aがその**指示**に従わないときは、**業務停止処分**をすることができる（65条2項3号）。

⇒**答8**　○　Aは、**都市計画法29条の許可**を受けていれば、造成工事に係る検査済証の交付（都市計画法36条2項）を受けていなくても、広告を行うことができる（宅建業法33条）。

⇒**答9**　○　消費税額を含む**売買価格の総額を表示**すれば、別途消費税額を明示しなくても、広告を行うことができる（宅建業法の解釈・運用の考え方）。

⇒**答10**　×　取引態様の別が**相手方に明らか**であるか否かとは無関係に、**明示は必要である**（宅建業法34条）。

2章 宅地建物取引業法

7.取引態様の明示

1回目

／11問

2回目

／11問

取引態様の差異と宅建業者の権限の関係を確認。取引態様の別の明示義務に違反すれば、業務停止処分または免許取消処分に処せられる。

次の記述のうち、正しいものには○、誤っているものには×をつけよ。

□□**問1**　宅地建物取引業者Ａは、自ら売主となって行う工事完了前の分譲住宅の販売広告をするときは、自己が売主である旨の表示を省略することができない。

□□**問2**　貸主からマンションの貸借の媒介の依頼を受けた宅地建物取引業者Ａは、借主を見つけるために広告を行ったとき、媒介の表示はしたが、貸主の名称を表示しなかった。この場合、Ａは宅地建物取引業法の規定に違反する。

□□**問3**　宅地建物取引業者は、建物の売却について代理を依頼されて広告を行う場合、取引態様として、代理であることを明示しなければならないが、その後、当該物件の購入の注文を受けたとき、広告を行った時点と取引態様に変更がない場合でも、遅滞なく、その注文者に対し取引態様を明らかにしなければならない。

□□**問4**　宅地建物取引業者は、顧客から宅地の購入の注文を受けた場合において、自己所有の物件を提供しようとするときは、取引態様の明示をする必要はない。

□□**問5**　宅地建物取引業者Ａは、他の宅地建物取引業者から建物の売買に関する注文を受けた場合、取引態様の別を明示する必要はない。

虫食い問題でチェック！

①取引態様とは、宅建業者は（i）契約の当事者となって当該売買もしくは交換を成立させるのか、（ii）［ A ］として当該売買、交換もしくは貸借を成立させるのか、（iii）［ B ］して当該売買、交換もしくは貸借を成立させるのか、というように宅建業者がどのような立場でその取引にかかわるかを意味する。

②宅建業者は、広告をするとき、または注文を受けたときに、遅滞なく取引態様の別を［ C ］しなければならない。

答：A＝代理人、B＝媒介、C＝明示

解答・解説

⟹**答1**　○　宅建業者は、宅地建物の**売買、交換、貸借に関する広告**をするときは、**取引態様の別を明示しなければならない**（宅建業法34条1項）。

⟹**答2**　×　**広告**の際に、**取引態様の別**（本問では貸借の媒介である旨）を表示しなければならない（34条1項）。また、**貸主の名称を表示する必要はない**。よって、Aは宅建業法の規定に違反**しない**。

⟹**答3**　○　宅建業者は、広告によって**取引態様の別を明示していても、顧客から注文を受けたとき**は、たとえ広告時から取引態様に変更がなくとも、**取引態様の別を明らかにしなければならない**（34条2項）。

⟹**答4**　×　宅建業者は、宅地の注文を受けた場合において、**自己所有の物件を提供しようとするとき**であっても、**取引態様の別を明示する必要がある**（34条2項）。

⟹**答5**　×　**他の宅建業者から注文を受けた場合**（業者相互間）であっても、**取引態様の別を明示する必要がある**（78条2項）。

次の記述のうち、正しいものには○、誤っているものには×をつけよ。

□□**問6**　宅地建物取引業者が、一団地の住宅を数回に分けて販売する場合、最終回の分譲については、売主が明らかであるので、これを省略して広告しても差し支えない。

□□**問7**　複数の区画がある宅地の売買について、数回に分けて広告をする場合は、広告の都度取引態様の別を明示しなければならない。

□□**問8**　宅地建物取引業者Ａは、建物の売買に関する注文を受けた場合、注文者に対して、必ず文書により取引態様の別を明示しなければならない。

□□**問9**　宅地建物取引業者Ａが、建物の売買に関し、取引態様の別を明示すべき義務に違反する広告をした場合、業務停止処分の対象になることがあり、情状が特に重いときは、免許を取り消される。

□□**問10**　宅地建物取引業者Ａ（甲県知事免許）がＢから宅地を購入するため交渉中であり、Ａが購入後売主として売買するか、又は媒介してＢの宅地を売買するか未定であるとき、Ａは、取引態様の別を明示することなく、当該宅地の売買に関する広告をすることができる。

□□**問11**　宅地建物取引業者Ａは、未完成の土地付建物の販売依頼を受け、その広告を行うに当たり、当該広告印刷時には取引態様の別が未定であるが、配布時には決定している場合、取引態様の別を明示しない広告を行うことができる。

解答・解説

⟹**答6**　×　**宅地建物の売買等に関する広告をするとき**は、**必ず取引態様の別を**明示する必要がある。**売主が明らか**な場合も**省略**することが**できない**（宅建業法34条1項）。

⟹**答7**　○　数回に分けて広告を行う場合、最初に行う広告だけでなく、すべての広告について、**広告の都度**取引態様の別を明示しなければならない（34条1項）。

⟹**答8**　×　**取引態様の別**は明示されればよく、**文書または口頭のいずれの方法**によるかは**問わない**。

⟹**答9**　○　**取引態様の明示規定に反する広告**をした場合、**業務停止**処分の対象となることがあり、情状が特に重いときは**免許**が**取り消される**（34条、65条2項2号、4項2号、66条1項9号）。

⟹**答10**　×　**宅地建物の売買等に関する広告をするとき**は、**必ず取引態様の別を明示**しなければならない（34条1項）。

⟹**答11**　×　**取引態様の別**を**明示しないで広告**をすることはできない（34条1項）。

2章 宅地建物取引業法

8.媒介契約

めざせ7割!

1回目　／19問

2回目　／19問

媒介契約書面への記載事項を押さえる。専任媒介契約の規制の特殊性について理解する。

次の記述のうち、正しいものには○、誤っているものには×をつけよ。

□□**問1**　宅地建物取引業者は、宅地又は建物の売買又は交換の媒介契約を締結するときは、依頼者に対し、当該宅地又は建物に関する都市計画法、建築基準法その他の法令に基づく制限の概要を記載した書面を交付しなければならない。

□□**問2**　宅地建物取引業者が3,000万円の宅地の売買の媒介契約を締結しようとする場合において、当該業者が宅地の購入をしようとしている依頼者に対して、「私どもへのご依頼は宅地の購入の媒介ですので、媒介契約書の作成は省略させていただきます。」として行った説明は、宅地建物取引業法の規定に違反しない。

□□**問3**　宅地建物取引業者Aが、B所有建物の売買の媒介の依頼を受け、Bと一般媒介契約（専任媒介契約でない媒介契約）を締結した場合において、「Bが、A以外の宅地建物取引業者に重ねて売買の媒介の依頼をする際は、Aに通知しなければならない」旨の定めをしたときは、その定めは無効である。

虫食い問題でチェック！

①依頼者と媒介人との間の契約を［ A ］という。これは宅地建物の売買・交換・貸借をあっせんする旨の契約をいう。この契約には、［ B ］媒介契約と［ C ］媒介契約の２つの型がある。

②宅地建物の売買・交換に関する媒介契約が成立した場合、宅建業者は、一定の事項を記載した［ D ］を依頼者に交付すべき義務を負う。

答：A＝媒介契約、B＝一般、C＝専任（B・Cは順不同）、D＝書面

解答・解説

答1　×　媒介契約締結後、**依頼者に交付すべき書面**には、都市計画法、建築基準法その他の法令に基づく**制限の概要を記載する必要がない**（宅建業法34条の2第1項）。なお、書面の交付に代えて、依頼者の**承諾**を得て**電磁的方法で提供することもできる**（34条の2第11項）。

答2　×　宅地購入のため**媒介契約を締結したとき**は、宅建業者は**媒介契約書を作成**して**記名押印**し、依頼者にこれを**交付しなければならない**（34条の2第1項）。

答3　×　媒介契約には、複数の宅建業者に媒介を依頼できる**一般媒介契約**と、一度依頼したら他の宅建業者に依頼することができない**専任媒介契約**がある。さらに一般媒介契約は重ねて他の宅建業者に依頼したことを明示しなければならない**明示型**と明示が不要な**非明示型**に分かれる。本問の記述内容は、「明示型」の媒介契約とすることができるかどうかが問われているだけである。一般媒介契約では特約で明示型とすることは**できる**ので（34条の2第1項3号）、本問の定めは**有効**である。

次の記述のうち、正しいものには○、誤っているものには×をつけよ。

□□**問4**　宅地建物取引業者Ａが、Ｂから宅地の売却の依頼を受け、Ｂと専属専任媒介契約を締結した場合、Ｂが宅地建物取引業者であっても、Ａがこの媒介契約を締結したときにＢに交付すべき書面には、ＢがＡの探索した相手方以外の者と宅地の売買又は交換の契約を締結したときの措置を記載しなければならない。

□□**問5**　宅地建物取引業者Ａが、Ｂの所有する宅地の売却の依頼を受け、Ｂと専任媒介契約以外の一般媒介契約を締結した場合において、Ａは、媒介契約を締結したときにＢに対し交付すべき書面に、当該宅地の指定流通機構への登録に関する事項を記載する必要はない。

□□**問6**　宅地建物取引業者Ａが、Ｂ所有の宅地の売却の媒介依頼を受け、Ｂと専任媒介契約を締結した場合において、ＡがＢに交付した媒介契約書が国土交通大臣が定めた標準媒介契約約款に基づかない書面であるときは、その旨を表示しなければ、Ａは業務停止処分を受けることがある。

□□**問7**　宅地建物取引業者でないＡが、Ａ所有のマンションをＢの媒介によりＣに売却し、その後ＣがＤに転売した。このとき、ＡＢ間において専任媒介契約を締結した場合において、「有効期間は１年とする」旨の特約は無効であり、有効期間の定めのない契約とみなされる。なお、Ｂ、Ｃ及びＤは、宅地建物取引業者であるものとする。

□□**問8**　宅地建物取引業者A社が、宅地建物取引業者でないBと専属専任媒介契約を締結した場合、A社は、Bに当該媒介業務の処理状況の報告を電子メールで行うことはできない。

解答・解説

⟹**答4**　○　**専属専任媒介契約**は、依頼者が媒介を依頼した宅建業者が探索した相手方以外の者と契約することを禁止する特約のついた契約であるから、その契約書には、**依頼者が違約した場合の措置**（**違約金**の規定）**を記載する必要**があり、これは依頼者が宅建業者であっても同じである（宅建業法34条の2、則15条の9第2号）。

⟹**答5**　×　**指定流通機構への登録**に関する事項は、媒介契約書に記載しなければならない事項である。**一般媒介契約の場合**、登録する義務はないが、登録に関する事項を記載することについてはこれを**省略することができない**（宅建業法34条の2第1項6号）。

⟹**答6**　○　**媒介契約書**には、当該媒介契約が国土交通大臣が定める**標準媒介契約約款に基づくものであるか否かの別を記載しなければならない**（34条の2第1項8号、則15条の9第4号）。**記載を怠ると、業務停止**処分を受けることがある（宅建業法65条2項2号）。

⟹**答7**　×　**専任媒介契約の有効期間**は**3か月を超えることができない**。3か月を超える有効期間の特約を締結した場合には、有効期間の定めのない契約とみなされるのではなく、その有効期間は3か月に短縮されることになる（34条の2第3項）。

⟹**答8**　×　**専属専任媒介契約を締結した場合**、媒介業務の処理状況の報告は書面でも電子メールでも行うことができる。

次の記述のうち、正しいものには○、誤っているものには×をつけよ。

□□**問9**　宅地建物取引業者Ａは、Ｂ所有の宅地の売却の媒介依頼を受け、Ｂと専任媒介契約を締結した。ＡがＢに宅地の価額について意見を述べる際に、Ｂからその根拠を明らかにする旨の請求がなければ、Ａはその根拠を明らかにする必要はない。

□□**問10**　宅地建物取引業者Ａは、売主Ｂとの間で、宅地の売買の専任媒介契約を締結し、宅地建物取引業法第34条の2の規定に基づく媒介契約の内容を記載した書面（以下この問において「34条の2書面」という。）を交付した。Ｂが宅地建物取引業者である場合は、専任媒介契約締結時にあらかじめＢの申出があれば、「契約の有効期間は3月を超えない範囲内で自動更新する」旨約定し、それを34条の2書面に記載することができる。

□□**問11**　宅地建物取引業者Aが、B所有地の売買の媒介の依頼を受け、Bと専任媒介契約を締結した。この場合において、「当該B所有地についての売買すべき価額は指定流通機構への登録事項とはしない」旨の特約をしたときは、その特約は無効である。

□□**問12**　宅地建物取引業者Ａが、Ｂの所有する宅地の売却の依頼を受け、Ｂと媒介契約を締結した場合において、媒介契約が専任媒介契約（専属専任媒介契約を除く。）である場合、Ａは、契約の相手方を探索するため、契約締結の日から5日（休業日を除く。）以内に、当該宅地につき所定の事項を指定流通機構に登録しなければならない。

□□**問13**　宅地建物取引業者は、専属専任媒介契約を締結したときは、売買又は交換の媒介の依頼の目的である宅地又は建物を、国土交通大臣が指定する者に当該契約の締結の日から7日（休業日を除く。）以内に登録しなければならない。

解答・解説

⟹**答9**　×　**媒介契約**を締結した宅地建物取引業者は、**媒介に係る宅地または建物を売買すべき価額またはその評価額について意見を述べるとき**は、**その根拠を明らか**にしなければならない（宅建業法34条の2第1項2号、2項）。

⟹**答10**　×　**あらかじめ売主Bの申出**があっても、有効期間を自動更新する旨の特約をすることは**できない**（34条の2第4項、9項）。これは、宅建業者間でも同じである。

⟹**答11**　○　専任媒介契約を締結したときは、売買すべき価額は**指定流通機構への登録事項**とされている。**特約でこれを排除**しても**無効**である（34条の2第5項）。

⟹**答12**　×　**指定流通機構への登録**は、専任媒介契約にあっては**契約締結の日から7日以内**にしなければならない（34条の2第5項、則15条の10第1項）。**5日以内**にしなければならないのは、専属専任媒介契約である。

⟹**答13**　×　**専属専任媒介契約**を締結した宅建業者は、目的物件を**契約締結の日から5日以内**に**指定流通機構**に**登録**しなければならない（宅建業法34条の2第5項、則15条の10第1項）。**7日以内**にしなければならないのは、専任媒介契約である。

次の記述のうち、正しいものには○、誤っているものには×をつけよ。

□□**問14** 宅地建物取引業者Aは、B所有の住宅の売却の媒介依頼を受け、Bと一般媒介契約を締結した場合、指定流通機構に当該住宅の所在等を登録しなければならない。

□□**問15** 宅地建物取引業者Aは、B所有の宅地の売却の媒介依頼を受け、Bと専任媒介契約を締結した。媒介契約の締結に当たって、業務処理状況を5日に1回報告するという特約は無効である。

□□**問16** 宅地建物取引業者Aが、B所有地の売買の媒介の依頼を受け、Bと専任媒介契約を締結した。この場合において、Aは、Bに対し、当該契約に係る業務の処理状況を2週間に1回以上（専属専任媒介契約にあっては、1週間に1回以上。）報告しなければならない。

□□**問17** 宅地建物取引業者Aが、Bから宅地の売却の依頼を受け、Bと専属専任媒介契約を締結した場合に、この媒介契約において、「Bが他の宅地建物取引業者の媒介によって宅地の売買契約を成立させた場合、宅地の売買価額の3パーセントの額を違約金としてAに支払う」旨の特約は、無効である。

□□**問18** 宅地建物取引業者Aは、宅地の所有者Bからその宅地の売買の媒介を依頼され、媒介契約を締結した。AB間の媒介契約が専任媒介契約でない場合、Aは、契約の相手方を探索するため、当該宅地について指定流通機構に登録することはできない。

□□**問19** 宅地建物取引業者Aと宅地の所有者Bの間の宅地の売買に関する媒介契約が専任媒介契約である場合で、Aが、当該宅地について指定流通機構に登録をし、当該登録を証する書面の発行を受けたとき、Aは、その書面を遅滞なくBに引き渡さなければならない。

解答・解説

⟹**答14** ×　住宅の所在等は、一般媒介契約の場合、**指定流通機構への登録事項**で**ないため、登録する必要がない**（宅建業法34条の2第5項）。

⟹**答15** ×　専任媒介契約を締結した宅地建物取引業者は、依頼者に対し、当該専任媒介契約に係る**業務の処理状況**を**2週間に1回以上報告**しなくてはならない（34条の2第9項）。5日に1回報告するという特約は、「**2**週間に1回以上」という要件を満たして**いる**から**有効**である。

⟹**答16** ○　業務の処理状況の報告義務は、**専任媒介契約**にあっては**2週間に1回**以上、**専属専任媒介契約**にあっては、**1週間に1回**以上である（34条の2第9項）。

⟹**答17** ×　**専属専任媒介契約**では、依頼者が他の宅建業者の媒介により契約することを禁止し、**違反した場合の措置**（**違約金**の規定）**を媒介契約書の必要的記載事項**としている。本問の違約金額も妥当なもので、この特約は**有効**である（34条の2第1項8号、則15条の9第2号）。

⟹**答18** ×　**一般媒介契約**の場合でも、宅建業者が**指定流通機構に登録**することは**差し支えない**（宅建業法34条の2第5項、50条の3第1項1号）。

⟹**答19** ○　依頼者と**専任媒介契約を締結した宅建業者**は、法定期間内に目的物に関する一定の事項を指定流通機構に登録し、**登録を証する書面**を**遅滞なく依頼者に引き渡さなければならない**（34条の2第5項、6項、50条の6）。

宅建業法編

宅地建物取引業法

9.重要事項の説明

めざせ7割！
1回目 ／46問
2回目 ／46問

重要事項の説明義務は、宅建業者相互間の取引には課せられないが、書面の交付義務は課されることに注意。

次の記述のうち、正しいものには○、誤っているものには×をつけよ。

※この項目では特にことわりのない限り、説明の相手方は宅建業者ではないものとする。

□□**問1**　宅地建物取引業者相互間の宅地の売買において、売主は、買主に対して、宅地建物取引業法第35条に規定する重要事項を記載した書面を交付しなかった。この場合、宅地建物取引業法に違反しない。

□□**問2**　宅地建物取引業者間の建物の売買において、その対象となる建物が未完成である場合は、重要事項説明書を交付した上で、宅地建物取引士をして説明させなければならない。

□□**問3**　宅地建物取引業者Ａは、自ら売主として、宅地建物取引業者でないＢと土地付建物の売買契約を締結するに際し、Ａが、遠隔地に住んでいるＢの了承を得て、「Ｂが希望する時期に説明をする」旨の条件付きで宅地建物取引業法第35条の規定に基づく重要事項説明書を郵送した。Ｂから希望する時期を明示されないときでも、Ａは、重要事項の説明を行った後に限り、売買契約を締結することができる。

□□**問4**　宅地建物取引業者Ａが、宅地建物取引業法第35条の規定による重要事項の説明をさせようとする場合には、その業務を行うのは、専任の宅地建物取引士でなくてもよいが、重要事項説明書に記名するのは、専任の宅地建物取引士でなければならない。

虫食い問題でチェック！

①宅建業者は、宅地建物の購入者に対し、宅地建物取引士をして当該取引物件に関する［ A ］（権利関係や法令上の制限）を説明させる義務を負う。

②宅地建物取引士は、上記の［ A ］を記載した［ B ］を必ず購入者に交付しなければならない。この書面の交付にあたり、宅地建物取引士は当該書面に［ C ］をしなければならない。

答：A＝重要事項、B＝重要事項説明書、C＝記名

解答・解説

答1　×　**重要事項の説明**に関する宅建業法35条の規定は、**宅建業者相互間の取引**についても**適用される**から、書面を交付することは必要である（宅建業法35条6項）。なお、宅建業者には書面の交付だけで足りる。

答2　×　宅建業者間取引の場合には、**35条書面**（重要事項を記載した書面）を交付しなければならないが、その内容は**宅建士に説明させる必要がない**（35条1項、6項）。

答3　○　宅建業者は、宅地または建物の売買・交換・貸借の**契約を締結するまでの間**に、相手方等に対して重要事項説明書を交付した上、**宅地建物取引士をして説明**させなければならず、本問のAはこの義務を果たしている（35条）。

答4　×　**重要事項説明書**への記名に限らず、宅地建物取引士としてすべき業務は、宅地建物取引士で**あればよく、専任である必要はない**（35条1項、5項）。

次の記述のうち、正しいものには〇、誤っているものには×をつけよ。

□□**問5**　宅地建物取引業者Ａが、貸主Ｂと借主Ｃの間の建物貸借契約の締結を媒介する場合において、建物の上の抵当権の登記に関し、「建物の引渡しの時期までには必ず抵当権を抹消できるから、Ｃには内密にしておいてほしい」旨のＢの依頼にかかわらず、Ａは、Ｃに対して宅地建物取引業法第35条の規定に基づく重要事項として、当該登記について説明した。Ａは、宅地建物取引業法の規定に違反しない。

□□**問6**　宅地建物取引業者Ａが、貸主Ｂと借主Ｃの間の建物貸借契約の締結を媒介する場合において、ＡがＣに対して宅地建物取引業法第35条の規定に基づく重要事項の説明を行う場合に、契約終了時における敷金の精算に関する事項についてのＢの意思が明確でなかったため、Ａは、やむを得ず代替の措置として、当該建物の近隣にある類似建物についての精算の例をＣに説明するにとどめた。Ａは、宅地建物取引業法の規定に違反しない。

□□**問7**　宅地建物取引業者は、抵当権に基づく差押えの登記がされている建物の賃貸借を媒介するに当たり、貸主から当該建物の差押えを告げられなかった場合は、宅地建物取引業法第35条に基づき借主に対して当該建物の上に存する登記の内容を説明する義務はない。

□□**問8**　宅地建物取引業者であるＡ及びＢが、共同で宅地の売買の媒介をするため、協力して一の重要事項説明書（宅地建物取引業法第35条の規定に基づく重要事項を記載した書面）を作成した場合において、重要事項説明書に記載された事項のうち、Ａが調査及び記入を担当した事項の内容に誤りがあったとき、Ａとともに、Ｂも指示処分を受けることがある。

解答・解説

答5　○　必ず抹消できるとしても、現在建物に**登記された抵当権**がある場合、**重要事項として説明**する必要がある（宅建業法35条1項1号）。

答6　×　**建物の貸借契約**にあっては、契約終了時における**敷金の精算に関する事項**についてあらかじめ**定まっていない場合**でも、その旨を説明**しなければならない**（35条1項14号、則16条の4の3第11号）。よって、AがCに対して敷金の精算に関する事項について説明しなかったことは、宅建業法に違反する。

答7　×　宅建業者は、取引の対象となる物件につき登記された権利の種類及び内容を**重要事項説明で説明する義務を負う**（宅建業法35条1項1号）。これは登記簿を見ればわかることであり、**貸主から告げられたかどうかとは無**関係である。

答8　○　**重要事項説明書の記載内容に誤り**があり、**Aにその原因**があったとしても、**共同で重要事項説明書を作成**した**Bも**、宅建業法違反として**指示処分を受けることが**ある。

次の記述のうち、正しいものには○、誤っているものには×をつけよ。

□□**問9**　宅地建物取引業者は、建物の貸借の媒介を行う場合、当該建物について建築基準法に基づき容積率又は建蔽率に関する制限があるときは、その概要について説明しなければならない。

□□**問10** 宅地建物取引業者は、建物の貸借の媒介を行う場合、借賃以外の金銭の授受に関する定めがあるときは、その額及びその目的のほか、当該金銭の授受の時期についても借主に説明しなければならない。

□□**問11** 宅地建物取引業者が、建物の貸借の媒介を行う場合、当該貸借が借地借家法第38条第1項の定期建物賃貸借であるときは、貸主がその内容を書面で説明したときでも、定期建物賃貸借である旨を借主に説明しなければならない。

□□**問12** 宅地建物取引業者は、建物の貸借の媒介を行う場合、私道に関する負担について、説明しなければならない。

□□**問13** 宅地建物取引業法第35条の規定に基づく重要事項の説明において、水道、電気及び都市ガスは完備、下水道は未整備と説明したが、その整備の見通しまでは説明しなかった。この場合、宅地建物取引業法の規定に違反しない。

□□**問14** 宅地建物取引業法第35条の規定に基づく重要事項の説明において、取引物件が工事完了前の土地付建物であったので、完了時の形状・構造については説明したが、当該物件に接する道路の幅員については説明しなかった。この場合、宅地建物取引業法の規定に違反しない。

解答・解説

⇒**答9**　×　**建物貸借契約**にあっては、**容積率・建蔽率に関する制限の概要**は、**重要事項に該当しない**ものであり、説明の必要がない（宅建業法35条1項2号）。

⇒**答10**　×　**金銭の授受の時期**は35条の重要事項でないから、**説明義務がない**（35条1項7号）。

⇒**答11**　○　期間の満了によって賃貸借が確定的に終了する**定期建物賃貸借**であることは、35条の重要事項の１つとされるから、**貸主が書面で説明**をしたときでも、それとは別に**宅建業者はその旨を説明しなければならない**（借地借家法38条3項）。

⇒**答12**　×　**私道に関する負担**については、**建物の貸借**である場合には、説明義務がない（宅建業法35条1項3号）。

⇒**答13**　×　**未整備の下水道等**については、**整備の見通し**とその**整備についての特別の負担に関する事項**を説明しなければならない（35条1項4号）。よって本問の場合、宅建業法の規定に違反する。

⇒**答14**　×　**未完成物件**については、完了時の形状・構造のほか、宅地の場合には、その接する**道路の構造・幅員についても説明しなければならない**（35条1項5号、則16条）。よって本問の場合、宅建業法の規定に違反する。

次の記述のうち、正しいものには○、誤っているものには×をつけよ。

□□**問15** 区分所有建物の売買に際しての宅地建物取引業法第35条の規定に基づく重要事項の説明において、当該建物の管理が委託されているときは、その委託されている管理の内容を説明すれば足り、受託者の氏名及び住所を説明する必要はない。

□□**問16** 区分所有建物の売買に際しての宅地建物取引業法第35条の規定に基づく重要事項の説明において、通常の管理費用の額については、区分所有者が月々負担する経常的経費を説明すれば足り、計画的修繕積立金等については、規約等に定めがなく、その案も定まっていないときは、その説明の必要はない。

□□**問17** 区分所有建物の売買に際しての宅地建物取引業法第35条の規定に基づく重要事項の説明において、共用部分に関する規約の定めについては、その定めがまだ案であるときは、その案を説明すれば足り、規約の定めを待つ必要はない。

□□**問18** 区分所有建物の売買に際しての宅地建物取引業法第35条の規定に基づく重要事項の説明において、建物の一部を特定の者にのみ使用を許す旨の規約の定めがあるときは、その規約の内容を説明すれば足り、使用者の氏名及び住所を説明する必要はない。

□□**問19** 宅地建物取引業者がマンション（区分所有建物）の一室の賃貸借契約を媒介するに際し、敷金の額及び敷金の精算に関する事項については説明したが、その保管方法については、借主に関係がないので説明しなかった。この場合、宅地建物取引業法第35条の規定に違反しない。

解答・解説

⇒**答15** × **区分所有建物の管理が委託されている場合**には、**受託者の氏名・住所を説明しなければならない**（宅建業法35条1項6号、則16条の2第8号）。

⇒**答16** ○ **通常の管理費用の額**については、重要事項として説明する必要がある。**計画的修繕積立金等**については、**規約等に定めがなく、その案も定まっていない**場合、**説明の必要がない**（則16条の2第5号、6号）。

⇒**答17** ○ 共用部分に関する規約の定めがまだ**案であるとき**は、**その案**を**重要事項として説明すればよい**（則16条の2第2号）。

⇒**答18** ○ 建物・敷地の一部を**特定の者にのみ使用を許す旨（専用使用権）に関する規約の定めがあるとき**は、その内容を説明しなければならない。使用者の**氏名等は説明する必要がない**（則16条の2第4号）。

⇒**答19** ○ **敷金**については、その額・**授受の目的・精算**に関する事項を説明すればよく、**保管方法**を説明する必要がない（宅建業法35条1項7号、14号、則16条の4の3第11号）。

次の記述のうち、正しいものには○、誤っているものには×をつけよ。

□□**問20** 宅地建物取引業者が自ら売主となって工事完了前のマンションの売買契約を締結する場合、当該マンションの完成時の建物の説明として、建築確認通知書により、敷地面積、建築面積、延べ面積及び工事完成予定日を説明し、他の説明は省略したときは、宅地建物取引業法第35条の規定に基づく重要事項の説明義務に違反する。

□□**問21** 1棟の建物に属する区分所有建物の貸借の媒介を行う場合、宅地建物取引業法第35条の重要事項の説明として、台所、浴室、便所その他の当該区分所有建物の設備の整備状況について説明しなければならない。

□□**問22** 宅地建物取引業者Aは、売主Dと買主Eとの間における中古マンションの売買を媒介するに当たり、管理規約に定めのある修繕積立金をDが滞納していたが、Eに対し、そのことに関して宅地建物取引業法第35条の重要事項の説明を行わなかった。Aは宅地建物取引業法の規定に違反しない。

□□**問23** 宅地建物取引業者は、建物の貸借の媒介を行う場合における当該建物が新築住宅であって、住宅の品質確保の促進等に関する法律第5条第1項に規定する住宅性能評価を受けた住宅である場合は、その旨を説明しなければならない。

□□**問24** 宅地建物取引業者は、売買契約の対象となる宅地が土砂災害警戒区域等における土砂災害防止対策の推進に関する法律によって指定された土砂災害警戒区域内にある場合は、当該区域内における制限を説明すれば足り、対象物件が土砂災害警戒区域内にある旨の説明をする必要はない。

解答・解説

⟹**答20** ○ **マンション完成時の建物**については、**完了時における形状・構造、主要構造部、内装・外装の構造・仕上げなど**を重要事項として説明する必要がある（宅建業法35条1項5号、則16条）。

⟹**答21** ○ **建物（区分所有建物を含む）の貸借契約**にあっては「**台所、浴室、便所その他の当該建物の設備の整備の状況**」を、重要事項として説明する必要がある（宅建業法35条1項14号、則16条の4の3第7号）。

⟹**答22** × 区分所有建物の計画的な**維持修繕に要する費用の積立てを行う旨の規約**の定めがある場合には、その**内容及びすでに積み立てられている額**について説明する必要が**ある**（16条の2第6号）。また、**滞納がある場合、その額**を説明する必要が**ある**。よって、説明を行わなかったAは宅建業法の規定に違反**する**。

⟹**答23** × **売買契約**の対象となる建物が住宅の品質確保の促進等に関する法律5条1項に規定する**住宅性能評価を受けた新築住宅**であるときは、**その旨**を説明する必要が**ある**（宅建業法35条1項14号、則16条の4の3第6号）。しかし、建物の**貸借の媒介・代理**の場合、説明する必要が**ない**。

⟹**答24** × 売買契約の対象となる宅地が土砂災害警戒区域等における土砂災害防止対策の推進に関する法律7条1項により指定された**土砂災害警戒区域内にあるとき**は、**その旨**を説明する必要が**ある**（宅建業法35条1項14号、則16条の4の3第2号）。

次の記述のうち、正しいものには○、誤っているものには×をつけよ。

□□**問25** 宅地建物取引業者は、賃貸借契約の対象となる建物について、高齢者の居住の安定確保に関する法律第52条1項で定める終身建物賃貸借の媒介をしようとする場合、その旨を説明しなければならない。

□□**問26** 宅地建物取引業者は、マンションの1戸の貸借の媒介を行う場合、建築基準法に規定する容積率及び建蔽率に関する制限があるときは、その制限内容を説明しなければならない。

□□**問27** 宅地建物取引業法第35条の規定に基づく重要事項の説明において、当該物件の引渡時期については、いまだ定まっていなかったので、何も説明しなかった。この場合、宅地建物取引業法の規定に違反しない。

□□**問28** 宅地建物取引業者は、建物の売買の媒介を行う場合、買主が天災その他不可抗力による損害を負担する旨の定めをするときは、その内容について買主に説明しなければならない。

□□**問29** 宅地建物取引業者が自ら売主となって工事完了前のマンションの売買契約を締結するに当たり、手付金等の保全措置について、保証委託契約によって保全措置を講ずることとし、その措置の概要は説明したが、保証保険契約については説明しなかったときは、宅地建物取引業法第35条の規定に基づく重要事項の説明義務に違反する。

□□**問30** 定期建物賃貸借を媒介する場合に、宅地建物取引業法第35条に規定する重要事項の説明において、期間の定めがない旨の説明を行うことは、宅地建物取引業法の規定に違反する。

解答・解説

⟹**答25** ○　建物の賃貸借で、**高齢者の居住の安定確保に関する法律**52条1項の規定の適用を受けるものを媒介しようとするときは、**その旨を重要事項説明で説明する必要がある**（宅建業法35条1項14号、則16条の4の3第9号）。

⟹**答26** ×　マンションの1戸の貸借の媒介の場合、**容積率や建蔽率を説明する必要がない**。マンションの1戸の借主がこれらの制限を考慮しなければならないような工事を行うことがないからである。

⟹**答27** ○　**物件の引渡時期**は35条の重要事項には**該当しない**。よって、説明を省略した場合、宅建業法違反と**ならない**。

⟹**答28** ×　天災その他不可抗力による**損害の負担（危険負担）に関する特約**は、35条の重要事項には該当**しない**ので、その**説明義務がない**。

⟹**答29** ×　**手付金等の保全措置**については、**保証委託**契約による措置の概要を説明していれば、**保証保険契約についての説明義務がない**（宅建業法35条1項10号）。

⟹**答30** ○　**定期建物賃貸借の契約を締結する場合**には、重要事項説明でこの契約は定期建物賃貸借であって、更新がなく、期間の満了によって契約は終了する旨**説明する必要がある**。**期間の定めがないという説明**は、事実に反している**ので、重要事項説明の規定に違反する**（則16条の4の3第9号）。

次の記述のうち、正しいものには〇、誤っているものには×をつけよ。

□□**問31** 売主B、買主Cとする建物の売買の媒介をした宅地建物取引業者Aは、売買契約が成立するまでの間に、代金に関する融資のあっせんについて融資条件を説明したが、その融資が成立しないときの措置についてはCに説明しなかった。Aは、宅地建物取引業法の規定に違反しない。

□□**問32** 宅地建物取引業者が宅地（代金1,000万円）を販売する場合、代金の支払いの方法は、宅地建物取引業法第35条の規定に基づく書面に必ず記載しなければならない。

□□**問33** 宅地建物取引業者が、マンションの１戸の賃貸借の媒介を行うに際し、宅地建物取引業法第35条の規定による重要事項の説明を行った。この場合において、建物の区分所有等に関する法律に規定する専有部分の用途その他の利用の制限に関する規約の定め（その案を含む。）がなかったので、そのことについては説明しなかったとしても、同条の規定に違反しない。

□□**問34** 宅地建物取引業者が宅地（代金1,000万円）を販売する場合、50万円未満の額の手付金を授受する場合の当該手付金の額は、宅地建物取引業法第35条の規定に基づく書面に必ず記載しなければならない。

□□**問35** 宅地建物取引業者が宅地（代金1,000万円）を販売する場合、50万円未満の額の預り金を授受する場合の当該預り金の保全措置の概要は、宅地建物取引業法第35条の規定に基づく書面に必ず記載しなければならない。

解答・解説

⟹**答31** ×　重要事項説明においては、**融資条件だけでなく、融資が成立しないときの措置**（たとえば、融資不成立の場合には契約は無条件に解除されるなど）について、**説明義務がある**（宅建業法35条1項12号）。したがって、Cに対して融資が成立しないときの措置について説明しなかったAは、宅建業法に違反する。

⟹**答32** ×　具体的な**代金の額やその支払方法**については、重要事項説明の段階では決まっていない場合がある。したがって、これらの事項については、35条の重要事項として、必ず記載する必要が**ない**。

⟹**答33** ○　区分所有建物における専有部分の用途その他の利用制限に関する**規約の定めがない場合、重要事項説明の際に説明する必要がない**（則16条の4の3第10号）。したがって違反**しない**。

⟹**答34** ○　**手付金の額**は、35条の重要事項として、**必ず書面に記載**しなければならない（宅建業法35条1項7号）。

⟹**答35** ×　**50万円未満の額の預り金**については、宅建業法35条の重要事項から除かれるため、**書面に記載する必要がない**（則16条の3第1号）。

次の記述のうち、正しいものには○、誤っているものには×をつけよ。

□□**問36** 宅地建物取引業者は、宅地又は建物の売買について売主となる場合、買主が宅地建物取引業者のときは、宅地建物取引業法第35条に基づく重要事項の説明は行わなければならないが、書面の交付は省略してよい。

□□**問37** 宅地建物取引業者Aが建物に係る信託（Aが委託者となるものとする。）の受益権を販売する場合において、宅地建物取引業法第35条の規定に基づいて行う買主Bに対する説明は、宅地建物取引士でない従業員にさせることができる。

□□**問38** 売主Ａ、買主Ｂの間の宅地の売買について宅地建物取引業者Ｃが媒介をした場合において、Ｃの事務所の応接室がふさがっていたので、Ｃは、近くの喫茶店で、宅地建物取引士をして、Ｂに対し宅地建物取引業法第35条の規定に基づく重要事項を記載した書面を交付して説明をさせた。この場合、Ｃは宅地建物取引業法の規定に違反する。

□□**問39** 宅地建物取引業者Ａが、建物に係る信託（Ａが委託者となるものとする。）の受益権を販売する場合の宅地建物取引業法第35条の規定に基づいて行う買主Ｂに対する説明は、Ａが、当該信託の受益権の売買契約を締結する半年前に、Ｂに、当該契約と同一の内容について書面を交付して説明していた場合には、省略することができる。

□□**問40** 宅地建物取引業者Ａ（甲県知事免許、事務所数1）が保証協会に加入している場合において、Ａは、宅地建物取引業に関する取引の相手方に対し、取引が成立するまでの間に、宅地建物取引士をして保証協会の社員である旨及び当該保証協会の名称を説明させなければならない。

解答・解説

⟹**答36** × **宅建業者間取引**は、重要事項説明の省略ができるが、重要事項説明書の交付は**省略することができない**（宅建業法35条6項）。

⟹**答37** × 販売対象が**信託の受益権であっても**、その重要事項説明は**宅地建物取引士にさせなければならない**（35条3項）。

⟹**答38** × **重要事項を説明すべき場所**については**限定はなく**、喫茶店で行ったとしても宅建業法に違反**しない**。

⟹**答39** ○ 信託の受益権の売買契約の**締結前１年以内**に売買の相手方に対し当該契約と**同一の内容の契約**について**書面を交付して説明**をしている場合、宅地建物取引士による説明を省略できる（35条3項但書、則16条の4の4第1項2号）。

⟹**答40** × **保証協会の社員である旨**、及び**当該保証協会の名称**については、宅建業者が説明すればよい（宅建業法35条の2第2号）。

次の記述のうち、正しいものには○、誤っているものには×をつけよ。

□□**問41** 宅地又は建物の取引は権利関係や法令上の制限など取引条件に関する事項が複雑で多岐にわたるため、重要事項説明書は、宅地建物取引の専門的知識を有する宅地建物取引士が作成しなければならない。

□□**問42** 宅地建物取引業者Ａが、甲地の所有者と買主Ｂとの売買契約を締結させようとしている。甲地が都市計画法による第二種低層住居専用地域に指定されている場合で、その制限について宅地建物取引業法第35条の規定による重要事項の説明をするとき、Ａは、Ｂに対して、低層の住宅が建築できることを告げれば足りる。

□□**問43** 建物の貸借の媒介において、当該建物について石綿が使用されていない旨の調査結果が記録されているときは、その旨を借主に説明しなくてもよい。

□□**問44** 宅地建物取引業者が建物の売買の媒介の際に行う宅地建物取引業法第35条に規定する重要事項の説明に際し、当該建物（昭和56年5月31日以前に新築の工事に着手したもの）が指定確認検査機関、建築士、登録住宅性能評価機関又は地方公共団体による耐震診断を受けたものであるときは、その旨を説明しなければならない。

□□**問45** 宅地建物取引業者は、市町村が取引の対象となる宅地又は建物の位置を含む「洪水」、「雨水出水（内水）」、「高潮」の水害ハザードマップを作成している場合、重要事項説明の際にいずれか1種類の水害ハザードマップを提示すればよい。

□□**問46** 宅地建物取引業者は、市町村が取引の対象となる宅地又は建物の位置を含む水害ハザードマップを作成している場合、売買又は交換の媒介のときは重要事項説明の際に水害ハザードマップを提示しなければならないが、貸借の媒介のときはその必要はない。

解答・解説

⟹**答41** ×　宅地建物取引業者は、重要事項説明書面を作成したときは、**宅地建物取引士をして、当該書面に記名**させなければならないが、**作成**は宅地建物取引士がしなければならない規定は**ない**（宅建業法35条1項、7項）。

⟹**答42** ×　**重要事項説明**では、都計法、建基法その他の法令に基づく制限について、宅地建物取引業法施行令で定める事項の概要の説明が**必要**とされている。本問のように、単に低層の住宅が建築できることを告げただけでは**足りない**（35条1項2号、令3条）。

⟹**答43** ×　**建物の貸借の媒介**において、**石綿の使用の有無の調査結果が記録**されているときは、その旨の説明が必要である（宅建業法35条1項14号、則16条の4の3第4号）。**使用されていない場合、その旨の説明が必要**である。

⟹**答44** ×　建物が昭和56年5月31日以前に新築工事に着手したもので、**耐震診断を受けたものである場合は、その内容**を説明しなければならない（宅建業法35条1項14号、則16条の4の３第5号）。耐震診断を受けただけでなく、**その内容も説明が必要**である。

⟹**答45** ×　宅地建物取引業者は、重要事項説明の際に、取引の対象となる宅地または建物の位置を含む水害ハザードマップのうち、市町村が**洪水・雨水出水（内水）・高潮**の水害ハザードマップを作成している場合は、その**3つすべてを提示して説明する必要がある**（宅建業法の解釈・運用の考え方）。

⟹**答46** ×　取引の対象となる宅地または建物の位置を含む水害ハザードマップを提示して説明を行わなければならないのは、**売買・交換・貸借**のときである（則16条の4の3第3号の2）。

宅地建物取引業法

10.契約締結の時期制限

めざせ7割!
1回目 ／10問
2回目 ／10問

宅地・建物の貸借については、代理・媒介の別を問わず、制限を受けないことに注意。

次の記述のうち、正しいものには○、誤っているものには×をつけよ。

□□**問1**　宅地建物取引業者は、建築工事完了前の賃貸住宅について、借主として貸借の契約を締結してはならない。

□□**問2**　宅地建物取引業法第36条に規定する契約締結等の時期の制限によれば、宅地建物取引業者は、都市計画法第58条第1項の規定に基づく風致地区内における建築等の規制についての条例の規定による処分がある前に、売買契約を締結することはできない。

□□**問3**　宅地建物取引業法第36条に規定する契約締結等の時期の制限によれば、宅地建物取引業者は、宅地造成及び特定盛土等規制法第10条第1項に基づく宅地造成等工事規制区域内において行われる宅地造成に関する工事についての許可がある前に、売買契約を締結できない。

□□**問4**　宅地建物取引業者Aは、宅地の貸借の媒介に際し、当該宅地が都市計画法第29条の許可の申請中であることを知りつつ、賃貸借契約を成立させたが、これは宅地建物取引業法の規定に違反しない。

虫食い問題でチェック！

①宅建業者は、宅地の造成または建物の建築に関する工事の完了前においては、[A] や [B] などの一定の許認可があった後でなければ、代理人としても締結できず、また媒介契約を締結することもできない。

②宅地の造成または建物の建築に関する工事の完了前になされる売買のことを [C] という。

答：A＝開発許可、B＝建築確認（A・Bは順不同）、C＝青田売り

解答・解説

答1 × 宅建業者が**自ら貸借の契約**をすることは宅建業に該当しないので（宅建業法2条2号参照）、宅建業者は、**建築工事完了前であっても、賃貸住宅について借主として貸借の契約を締結することができる。**

答2 ○ **宅地建物の工事完了前においては**、開発許可、建築確認など「**法令に基づく許可等の処分で政令で定めるもの**」があった**後でなければ、契約締結等をしてはならない。**本問の場合、この処分に該当するから、この処分前に売買契約を締結できない（36条、令2条の5第1号）。

答3 ○ 本問の場合、「法令に基づく許可等の処分で政令で定めるもの」に該当するから、**宅地造成に関する工事**についての**許可がある前に売買契約を締結することはできない**（令2条の5第23号）。 改正！

答4 ○ 宅建業者は、宅地の造成・建物の建築に関する工事の完了前においては、当該工事に関し必要とされる**都市計画法29条の許可があった**後でなければ、当該工事に係る宅地・建物につき、**自ら当事者として、もしくは当事者を代理して、その売買・交換契約を締結し、または**売買・交換**の媒介をしてはならない**（宅建業法36条）。しかし、宅建業者による**貸借の**代理・媒介については、このような**制限がない**。よって、本問のAによる宅地の貸借の媒介は、宅建業法の規定に違反**しない**。

次の記述のうち、正しいものには○、誤っているものには×をつけよ。

□□**問5**　宅地建物取引業者が、買主として、造成工事完了前の宅地の売買契約を締結しようとする場合、売主が当該造成工事に関し必要な都市計画法第29条第1項の許可を申請中であっても、当該売買契約を締結することができる。

□□**問6**　宅地建物取引業法第36条に規定する契約締結等の時期の制限によれば、宅地建物取引業者は、建築基準法第73条第1項に基づく建築物の敷地、位置、構造、用途、形態、意匠又は建築設備に関する基準についての協定の認可がある前に、売買契約を締結することはできない。

□□**問7**　宅地建物取引業法第36条に規定する契約締結等の時期の制限によれば、宅地建物取引業者は、都市計画法第65条第1項に基づく都市計画事業地内における建築等の制限についての許可がある前に、売買契約を締結することはできない。

□□**問8**　宅地建物取引業者は、建物の建築工事着手前において、建築基準法第6条第1項の確認を受けていない場合であっても、当該確認を受けることを停止条件とする特約付きで建物の売買契約を締結することができる。

□□**問9**　宅地建物取引業者は、建築確認が必要とされる建物の建築に関する工事の完成前においては、建築確認を受けた後でなければ、建物の賃貸借の媒介をしてはならない。

□□**問10**　宅地建物取引業者が自ら売主となる建物の建築に関する工事の完成前の建物の売買において、手付金の保全措置を講じる場合には、建築確認を受ける前であっても、その建物の売買契約を締結することができる。

解答・解説

⟹**答5**　×　宅建業者は、**造成工事の完了前の宅地**について、売主が都市計画法29条1項の**開発許可を申請中**であるときは、当該許可が**あった後**でなければ、**自ら当事者として売買契約を締結することはできない**（宅建業法36条）。

⟹**答6**　×　建基法73条1項の**建築協定の認可**は、「法令に基づく許可等の処分で政令で定めるもの」には該当**しない**から、認可の有無にかかわらず売買契約を締結**できる**。

⟹**答7**　○　本問の場合、「法令に基づく許可等の処分で政令で定めるもの」に該当**する**ため、**建築等の制限**についての許可がある前に売買契約を締結することは**できない**（令2条の5第1号）。

⟹**答8**　×　**建築工事完了前**においては、建築確認を受けるまでは、確認を停止条件として**売買契約を締結することができない**（宅建業法36条）。

⟹**答9**　×　**宅地建物の貸借**については、代理も媒介も**規制の対象ではない**。

⟹**答10**　×　**宅建業法36条**には、本問のような**適用除外規定**がない。

章

宅地建物取引業法

11. 37条書面

めざせ7割！

1回目　／25問

2回目　／25問

必要的記載事項と任意的記載事項を混同しないようにする。売買・交換と貸借の記載事項の相違に注意。

次の記述のうち、正しいものには○、誤っているものには×をつけよ。

※以下、37条書面とは宅地建物取引業法第37条の規定に基づく契約内容を記載した書面をいうものとする。

□□**問1**　宅地建物取引業法第37条の書面については、宅地建物取引士が記名することを要し、建物の賃貸借の媒介の場合でも、これを省略することはできない。

□□**問2**　売主A、買主Bの宅地建物取引業者間の宅地の売買契約成立後、法第37条の規定により交付すべき書面を作成し、記名は宅地建物取引士ではない者が行い、これをBに交付した。この場合、宅地建物取引業法には違反しない。

□□**問3**　売主A、買主Bの宅地建物取引業者間の宅地の売買について宅地建物取引業者Cが媒介をした場合において、Cは、Bに対しては37条書面を交付したが、Aに対しては37条書面を交付しなかった。この場合、Cは宅地建物取引業法の規定に違反する。

□□**問4**　宅地建物取引業者Aは、損害賠償額として売買代金の額の10分の2を超えない額を予定するときは、その内容は37条書面に記載しなくてもよい。

虫食い問題でチェック！

①宅建業者には、宅地建物の売買や賃貸借に関する契約内容につき後日当事者間でトラブルが発生するのを防止するために、相手方などに対し、契約内容を記載した［ A ］が課される。

②上記の書面に必ず記載しなければならない事項を［ B ］、定めがなければ記載する必要のない事項を［ C ］という。

答：A＝書面の交付義務、B＝必要的記載事項、C＝任意的記載事項

解答・解説

⇒**答1**　○　媒介により**建物の賃貸借契約**を成立させたときは、宅建業者は、交付すべき37条書面に**宅地建物取引士をして記名**させなければならない（宅建業法37条2項、3項）。

⇒**答2**　×　**37条書面**の作成及び交付義務は、宅建業者間以外の取引においても**適用される**ため、AがBに交付すべき**37条書面**には、**宅地建物取引士**をして**記名**させなければならない（37条1項、3項）。

⇒**答3**　○　**37条書面**は、売主A・買主Bの**当事者双方**に交付しなければならない（37条1項）。

⇒**答4**　×　**37条書面**においては、**損害賠償額の予定**または**違約金に関する定め**は**任意的記載事項**である。**定めがなければ**記載の必要がないが、**定めがある場合**は**必ず記載**しなければならない（37条1項8号）。

次の記述のうち、正しいものには○、誤っているものには×をつけよ。

□□**問5**　宅地建物取引業者Ａは、宅地の売買を媒介し、契約が成立した場合、宅地建物取引業法第37条の規定により、その契約の各当事者に書面を交付しなければならないが、当該宅地上に存する登記された権利の種類及び内容並びに登記名義人又は登記簿の表題部に記載された所有者の氏名（法人にあっては、その名称。）は、当該書面に記載しなくてもよい。

□□**問6**　宅地建物取引業者相互間の宅地の売買において、売主が、宅地建物取引業法第37条第１項に規定する契約成立時に交付すべき書面の記載事項のうち、移転登記の申請の時期を省略した場合、宅地建物取引業法に違反しない。

□□**問7**　宅地建物取引業者が自ら売主として宅地建物取引業法第37条に規定する書面を交付する場合において、売買の対象が工事完了前の物件で、完成の時期が未定であったので、引渡しの時期について、これを定めず、買主の承諾を得てその記載をしなかった。この場合、宅地建物取引業法の規定に違反しない。

□□**問8**　宅地建物取引業者が自ら売主として宅地建物取引業法第37条に規定する書面を交付する場合において、固定資産税について、負担額が不明であったので、日割計算によって負担割合を定めたが、買主の承諾を得てその記載を省略した。この場合、宅地建物取引業法の規定に違反する。

□□**問9**　建物の賃貸借契約において、宅地建物取引業者（管理業務受託）が貸主代理として借主と契約締結した場合、宅地建物取引業法第37条に規定する契約が成立したときに交付すべき書面は、借主にのみ交付すれば足りる。

解答・解説

⟹**答5**　○　当該宅地上に存する**登記された権利の種類及び内容ならびに登記名義人等に関する事項**は、**35条書面（重要事項説明書）の記載事項**であるが、**37条書面の記載事項でない**（宅建業法37条1項、35条1項1号）。

⟹**答6**　×　**移転登記の申請時期**は、契約成立時に交付すべき37条書面に**必ず**記載する必要があり、**宅建業者相互間の取引**において、**省略することができない**（37条1項5号）。

⟹**答7**　×　宅地建物の**引渡し時期**は37条書面への**必要的記載事項**であり、買主の承諾がある場合においても、省略することが**できない**（37条1項4号）。

⟹**答8**　○　**固定資産税について負担割合**を定めた場合には、その内容を**37条書面に記載しなければならず**、買主の承諾があっても省略**できない**（37条1項12号）。

⟹**答9**　×　当事者を**代理して契約したとき**は、その**相手方及び代理を依頼した者**に37条書面を交付しなければならない（37条2項）。

次の記述のうち、正しいものには○、誤っているものには×をつけよ。

□□**問10** 宅地建物取引業者Aは、宅地の所有者Bから定期借地権（借地借家法第22条）の設定を受けてその宅地に建物を建築し、Bの承諾を得て定期借地権付きで建物をCに売却する契約を締結した。当該契約を締結する時に建物の完成時期が確定していない場合、Aは、Cの了解を得れば、宅地建物取引業法第37条に規定する書面に建物の引渡しの時期を記載する必要はない。

□□**問11** 宅地建物取引業者Aがマンションの貸借の媒介を行った場合において、貸主が権利金の授受について定めていなかったので、宅地建物取引業法第37条の規定に基づく書面において権利金に関する事項を記載しなかった。この場合、Aは宅地建物取引業法の規定に違反しない。

□□**問12** 宅地建物取引業者Aは、宅地の所有者Bから定期借地権（借地借家法第22条）の設定を受けてその宅地に建物を建築し、Bの承諾を得て定期借地権付きで建物をCに売却する契約を締結した。Aは、宅地建物取引業法第37条に規定する書面に定期借地権の存続期間終了時における建物の取壊しに関する事項の内容を記載しなければならない。

□□**問13** 宅地建物取引業者が自ら売主として宅地建物取引業法第37条に規定する書面を交付する場合において、金銭の貸借のあっせんの定めをしたが、その履行が確実であったので、当該あっせんに係る金銭の貸借が成立しないときの措置について、これを定めず、買主の承諾を得てその記載をしなかった。この場合、宅地建物取引業法の規定に違反する。

□□**問14** 借賃の額並びにその支払いの時期及び方法は、宅地建物取引業者が、その媒介により宅地の貸借の契約を成立させた場合に、宅地建物取引業法第37条の規定に基づく契約内容を記載した書面において必ず記載すべき事項である。

解答・解説

⟹**答10** × **建物の引渡し時期**は、37条書面の**必要的記載事項**である。相手方Cの了解を得た場合においても、省略することは**できない**（宅建業法37条1項4号）。よって、Aは建物の引渡しの時期について、37条書面に記載しなければならない。

⟹**答11** ○ **権利金の授受**については、定めがあるときに**37条書面に記載**すればよく、**定めがないときは、記載する必要がない**（37条2項3号）。

⟹**答12** × 契約終了時における**当該宅地上の建物の取壊しに関する事項**は、**35条書面の記載事項**ではある（則16条の4の3第13号）が、**37条書面の記載事項**でない。

⟹**答13** ○ **金銭の貸借のあっせんを定めた場合**には、あっせんに係る金銭の貸借が成立しないときの措置は、**買主の承諾を得たとしても、37条書面に記載する必要がある**（宅建業法37条1項9号）。

⟹**答14** ○ **借賃の額、その支払時期・方法**は、**37条書面の**必要的**記載事項**である（37条2項2号）。

次の記述のうち、正しいものには○、誤っているものには×をつけよ。

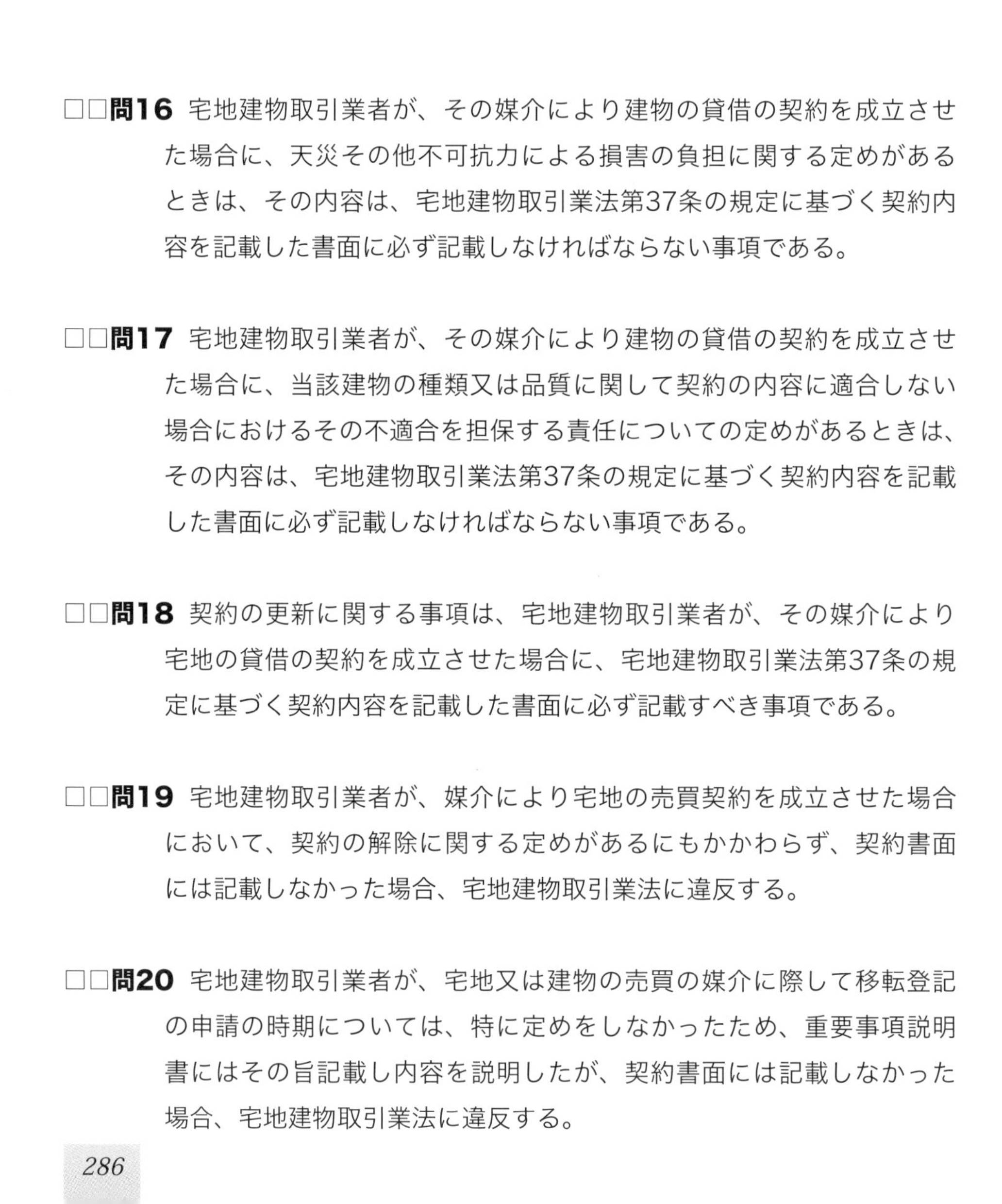

□□**問15** 宅地建物取引業者が、宅地又は建物の売買の媒介に際して相手方に交付する必要のある書面に関し、代金の額及びその支払いの時期については、重要事項説明書に記載し内容を説明したが、契約書面には記載しなかった場合、宅地建物取引業法に違反する。

□□**問16** 宅地建物取引業者が、その媒介により建物の貸借の契約を成立させた場合に、天災その他不可抗力による損害の負担に関する定めがあるときは、その内容は、宅地建物取引業法第37条の規定に基づく契約内容を記載した書面に必ず記載しなければならない事項である。

□□**問17** 宅地建物取引業者が、その媒介により建物の貸借の契約を成立させた場合に、当該建物の種類又は品質に関して契約の内容に適合しない場合におけるその不適合を担保する責任についての定めがあるときは、その内容は、宅地建物取引業法第37条の規定に基づく契約内容を記載した書面に必ず記載しなければならない事項である。

□□**問18** 契約の更新に関する事項は、宅地建物取引業者が、その媒介により宅地の貸借の契約を成立させた場合に、宅地建物取引業法第37条の規定に基づく契約内容を記載した書面に必ず記載すべき事項である。

□□**問19** 宅地建物取引業者が、媒介により宅地の売買契約を成立させた場合において、契約の解除に関する定めがあるにもかかわらず、契約書面には記載しなかった場合、宅地建物取引業法に違反する。

□□**問20** 宅地建物取引業者が、宅地又は建物の売買の媒介に際して移転登記の申請の時期については、特に定めをしなかったため、重要事項説明書にはその旨記載し内容を説明したが、契約書面には記載しなかった場合、宅地建物取引業法に違反する。

解答・解説

⟹**答15** ○　**代金の額及びその支払時期**については、**重要事項説明書**（宅建業法35条）**の記載事項でない**。このような事項は、重要事項説明の時点ではまだ決定していないことがあるからである。**契約書面**ではこれらの事項がなければ契約書として不十分であり、トラブルを招く可能性があるために、**必要的記載事項**とされている（37条1項3号）。

⟹**答16** ○　**37条書面**には、それが売買や交換の契約ならもちろん、宅建業者が媒介して成立した**貸借であっても**「天災その他不可抗力による**損害の負担に関する定めがあるとき**は、その内容」を**記載しなければならない**（37条2項1号、1項10号）。

⟹**答17** ×　**種類または品質に関して契約の内容に適合しない場合におけるその不適合の担保責任に関する事項**は、売買・交換の契約については**任意的記載**事項とされている（37条1項11号）が、**貸借を媒介して契約が締結**された場合については、**記載すべき事項とされていない**（同条2項）。

⟹**答18** ×　**契約の更新**に関する事項は、記載する必要がない（37条2項）。

⟹**答19** ○　**契約の解除**に関する事項は、特に定めがないのであれば**記載する必要はない**が、定めがある場合は、**記載しなければならない**（37条1項7号）。

⟹**答20** ○　**移転登記の申請時期**については、**重要事項説明書**では記載事項でない。**契約書面**では**必要的記載事項**である。定めがなければ、定めがない旨を記載しなければならない（37条1項5号）。

次の記述のうち、正しいものには○、誤っているものには×をつけよ。

□□**問21** 宅地建物取引業者が建物の貸借の媒介を行う場合、借賃以外に金銭の授受があるときは、その額及び授受の目的について、法第35条に規定する重要事項を記載した書面に記載しているのであれば、法第37条の規定により交付すべき書面に記載する必要はない。

□□**問22** 宅地建物取引業者が、区分所有建物の貸借の媒介を行う場合、損害賠償額の予定又は違約金に関する特約の内容について、法第37条の規定により交付すべき書面に記載する必要はないが、売買の媒介を行う場合には、当該内容について37条書面に記載する必要がある。

□□**問23** 土地付き建物の売買契約において、買主が金融機関から住宅ローンの承認を得られなかったときは契約を無条件で解除できるという取り決めがある場合、当該売買の媒介を行う宅地建物取引業者は、自ら住宅ローンのあっせんをする予定がなくても、37条書面にその取り決めの内容を記載する必要がある。

□□**問24** 宅地建物取引業者Aが、自ら貸主として宅地の定期賃貸借契約を締結した場合において、借賃の支払方法についての定めがあるときは、Aは、その内容を37条書面に記載しなければならず、借主が宅地建物取引業者であっても、当該書面を交付しなければならない。

□□**問25** 宅地又は建物に係る租税その他の公課の負担に関する定めがない場合、定めがない旨を37条書面に記載しなければならない。

解答・解説

⟹答21 × 宅建業者が**貸借の媒介**を行う場合には、**借賃以外に金銭の授受があるときは、その額及び授受の目的**について、**重要事項説明書及び37条書面**に記載**しなければならない**（宅建業法35条1項7号、37条1項6号）。

⟹答22 × **貸借の媒介**を行う場合でも、**売買の媒介**を行う場合でも、**損害賠償額の予定**または**違約金に関する特約の内容**については、その定めがあるときは**37条書面**に記載**しなければならない**（37条1項8号）。

⟹答23 ○ 本問の記述内容は、一見すると住宅ローンのあっせんに関する定めのようにも見えるが、よく読むと、**契約の解除**に関する定めであることがわかる。**契約の解除**に関する定めは、**定めがある**ときは、その内容について、**37条書面**に記載する必要が**ある**（37条1項7号）。

⟹答24 × 宅建業者が**貸借の代理・媒介**をする場合とは異なり、**自ら貸借**の当事者として契約を締結した場合には、37条書面の**交付義務がない**。

⟹答25 × 当該宅地または建物に係る租税その他の公課の負担に関する定めがあるときは、その内容を37条書面に記載する必要があるが（37条1項12号）、**この定めがない場合**、37条書面への**記載は不要**である。

宅建業法編

宅地建物取引業法

12.業務一般

1回目

／27問

2回目

／27問

従業者名簿及び業務に関する帳簿についての細かい知識が問われている。

次の記述のうち、正しいものには○、誤っているものには×をつけよ。

□□**問1**　宅地建物取引業者Aは、建物の貸借の媒介において、申込者が自己都合で申込みを撤回し賃貸借契約が成立しなかったため、既に受領していた預り金から媒介報酬に相当する金額を差し引いて、申込者に返還したが、この行為は宅地建物取引業法には違反しない。

□□**問2**　宅地建物取引業者Aが、宅地及び建物の売買の媒介を行うに際し、媒介報酬について、買主の要望を受けて分割受領に応じることにより、契約の締結を誘引する行為は、宅地建物取引業法に違反する。

□□**問3**　宅地建物取引業者A社が自ら売主として宅地建物取引業者でない買主Bと交渉を行ったが、その際にBが契約するかどうかの重要な判断要素の1つとして当該宅地周辺の将来における交通整備の見通し等についてA社に確認したところ、A社が、将来の交通整備について新聞記事を示しながら「確定はしていないが、当該宅地から徒歩2分のところにバスが運行するという報道がある」旨を説明した。A社の行為は宅地建物取引業法の規定には違反しない。

虫食い問題でチェック!

①宅建業者はその業務に関し、取引の相手方などに対し、一定の重要な事項について［ A ］に事実を告げず、または［ B ］のことを告げる行為をしてはならない。

②宅建業者は、その業務に関し、手付について貸付けその他信用の供与をすることにより、契約の締結を［ C ］する行為をしてはならない。ここで「信用の供与」とは、手付を［ D ］で受け取ることや手付の分割受領を指す。

答：A＝故意、B＝不実、C＝誘引、D＝約束手形

解答・解説

答1　×　**宅建業者が受ける報酬**は**成功報酬**である（宅建業法46条）。つまり、契約が成立しなかったときは、報酬を受ける権利は発生**しない**。契約不成立の**原因が申込者の自己都合による場合**でも、契約が成立していない以上、報酬を受け取ることが**できない**。よって、Aの行為は違反**する**。

答2　×　手付金を分割払いにすることは、信用の供与にあたるため、手付の支払いを猶予することと同様に禁止されている（47条3号）が、**報酬を分割受領**することは、いわゆる割賦販売であり、**契約の締結を誘引**する行為にあたら**ず**、**法に違反**しない。

答3　○　本問の場合「確定はしていない」として**断定的な判断を提供して**いないことから、**将来の交通整備の見通し**について、新聞記事を根拠としてその報道内容を説明しても問題はない。

次の記述のうち、正しいものには○、誤っているものには×をつけよ。

□□**問4**　宅地建物取引業者が、自ら売主として、宅地及び建物の売買の契約を締結するに際し、手付金について、当初提示した金額を減額することにより、買主に対し売買契約の締結を誘引し、その契約を締結させることは、宅地建物取引業法には違反しない。

□□**問5**　宅地建物取引業者Aが売主となる新築分譲マンションを訪れた買主Bが、「隣接地が空地だが、将来の眺望は大丈夫なのか。」と発言した際に、Aが、「隣接地は市有地で、現在、建築計画や売却の予定がないことを市に確認しました。将来、建つとしても公共施設なので、市が眺望を遮るような建物を建てることは絶対にありません。ご安心ください。」と発言しても、宅地建物取引業法には違反しない。

□□**問6**　宅地建物取引業者が未完成の建売住宅を販売する場合、建築基準法第６条第１項に基づく確認を受けた後、同項の変更の確認の申請書を提出している期間においては、変更の確認を受ける予定であることを表示し、かつ、当初の確認内容を合わせて表示すれば、変更の確認の内容を広告することができる。

□□**問7**　宅地建物取引業者Aは、建物の貸借の媒介をするに当たり、借受けの申込みをした者から預り金の名義で金銭を授受したが、後日その申込みが撤回されたときに、「預り金は、手付金として既に家主に交付した」といって返還を拒んだ。Aは、宅地建物取引業法の規定に違反しない。

□□**問8**　宅地建物取引業者の従業者は、従業者証明書を取引の関係者から請求があったときは、提示しなければならないが、宅地建物取引士は、重要事項の説明をするときは、請求がなくても説明の相手方に対し、宅地建物取引士証を提示しなければならない。

解答・解説

⟹**答4**　○　手付金額を、売主の**提示金額より減額すること**は、**手付の貸与**または**信用の供与**にあたらず、違反とならない（宅建業法47条3号）。

⟹**答5**　×　Aの発言は、**将来の環境または交通その他の利便**について誤解させるべき**断定的判断の提供**に該当する（47条の2第1項、則16条の11第1号イ）。よって、Aの発言は違反する。

⟹**答6**　○　宅建業者は、**宅地の造成または建物の建築に関する工事の完了前**においては、都市計画法の開発許可や、建築基準法の**建築確認**を受けた後でなければ**広告をしてはならない**が、**建築確認を受けた後**の**変更の確認の申請を建築主事へ提出している期間**は、変更の確認を受ける予定である旨を表示し、かつ、当初の確認の内容も当該広告にあわせて表示すれば、**変更の確認の内容を広告することができる**（宅建業法33条、宅建業法の解釈・運用の考え方）。

⟹**答7**　×　契約の**申込みの撤回**を行うに際し、すでに**受領した預り金の返還を拒むことは、宅建業法に違反する**（則16条の11第2号）。

⟹**答8**　○　**従業者証明書**は、取引の関係者の**請求があった時**に提示すればよいが、**宅地建物取引士証**は、重要事項説明の相手方の**請求がなくても**提示しなければならない（宅建業法35条４項、48条2項）。

次の記述のうち、正しいものには○、誤っているものには×をつけよ。

□□**問9**　宅地建物取引業者Ａ（個人）は、取引の関係者から従業者証明書の提示を求められたが、それに代えて宅地建物取引士証を提示した。Ａは、宅地建物取引業法の規定に違反しない。

□□**問10** 宅地建物取引業者は、その事務所に従業者名簿を備え、取引の関係者から請求があったときは、その閲覧に供しなければならないが、この名簿には、宅地建物取引士の事務禁止処分の内容も記載される。

□□**問11** 宅地建物取引業者Ａが本店及び支店のすべての従業者に従業者証明書を携帯させている場合、Ａは、本店以外の事務所に従業者名簿を備え、取引の関係者に閲覧させる必要はない。

□□**問12** 宅地建物取引業者は、その事務所に備える従業者名簿に、従業者が宅地建物取引士であるか否かの別を記載しなかった場合、業務停止の処分を受けることがあるが、罰金の刑に処せられることはない。

□□**問13** 宅地建物取引業者の従業者名簿を、最終の記載をした日から5年間保存し、その後直ちに廃棄した。これは、宅地建物取引業法の規定に違反しない。

□□**問14** 宅地建物取引業者の従業者名簿を、それぞれの事務所ごとに作成して備え付け、主たる事務所に一括して備え付けることはしなかった。これは、宅地建物取引業法の規定に違反しない。

□□**問15** 複数の宅地建物取引業者が、業務に関し展示会を共同で実施する場合、その実施の場所に、すべての宅地建物取引業者が自己の標識を掲示しなければならない。

解答・解説

⟹**答9**　×　**従業者証明書の提示**に代えて、**宅地建物取引士証を提示する**ことは宅建業法に違反する（宅建業法48条1項、2項）。

⟹**答10**　×　**従業者名簿**には、**宅地建物取引士の事務禁止処分の内容**は、**記載されない**（48条3項、則17条の2第1項）。

⟹**答11**　×　**従業者名簿**は、事務所ごとに備えなければならず、**取引の関係者から請求**があった場合、その者の閲覧に供する必要が**ある**（宅建業法48条3項、4項）。

⟹**答12**　×　従業者が**宅地建物取引士であるか否かの別**を、従業者名簿に記載しなかった場合には、**業務停止処分を受ける**ほか、**50万円以下の罰金に処せられる**（48条3項、83条1項3号の2、則17条の2第1項3号）。

⟹**答13**　×　**従業者名簿**は、**最終の記載をした日**から、**10年間保存**しなければならない（則17条の2第4項）。よって、5年間保存し、その後直ちに廃棄したことは、宅建業法に違反する。

⟹**答14**　○　宅建業者は、**主たる事務所**には、**主たる事務所に勤務する従業者の名簿**を、**従たる事務所**には、**その事務所に従事する従業者の名簿**を備え付ければよい（宅建業法48条3項）。

⟹**答15**　○　宅建業者が業務に関し**展示会等を行う場合**には、法定の標識を掲げなければならず、これを**共同で行う場合**は、**すべての宅建業者が自己の標識を掲示**する必要がある（50条1項、則19条1項5号）。

次の記述のうち、正しいものには○、誤っているものには×をつけよ。

□□**問16** 宅地建物取引業者は、一団の宅地の分譲を行う案内所で契約の締結を行わない場合、その案内所には標識を掲示しなくてもよい。

□□**問17** 甲県内の一団の宅地30区画の分譲について、売主である宅地建物取引業者Ａ（乙県知事免許）が宅地建物取引業者Ｂ（国土交通大臣免許）に販売代理を依頼して、Ｂが案内所を設けて、売買契約の申込みを受ける場合、Ｂは、その案内所の見やすい場所に、専任の宅地建物取引士の氏名を表示した標識を掲げなければならない。

□□**問18** 宅地建物取引業者の標識の様式及び記載事項は、その掲示する場所が契約の締結を行う案内所であれば、事務所と同一でなければならない。

□□**問19** 宅地建物取引業者Aが、取引関係者から業務に関する帳簿の閲覧請求を受けて、閲覧に供さなかった場合、Aは宅地建物取引業法に違反する。

□□**問20** 宅地又は建物の貸借の媒介に当たって、その媒介に係る取引の当事者の双方と媒介契約を締結することは、宅地建物取引業者がしてはならないこととして、宅地建物取引業法の規定により禁止されている。

□□**問21** 宅地建物取引業者は、その業務に従事する者であっても、アルバイトとして一時的に事務の補助をする者については、従業者名簿に記載する必要はない。

□□**問22** 宅地建物取引業者は、中古住宅の取引に係る帳簿は、各事業年度の末日をもって閉鎖し、閉鎖後5年間当該帳簿を保存しなければならない。

解答・解説

⟹答16 × **一団の宅地の分譲を行う案内所**には、そこで**契約の締結をするか否かに関係なく**、標識の掲示義務**がある**（宅建業法50条1項、則19条1項3号）。

⟹答17 ○ 本問の**案内所**には**専任の宅地建物取引士を設置**しなければならず、その**氏名を表示した標識を掲げる必要がある**（宅建業法50条1項、則19条2項5号）。

⟹答18 × 契約の締結を行う**案内所に掲示する標識**と、**事務所に掲示する標識**とは、**様式**と**記載事項**は**異なる**。案内所の標識には「この場所における業務の内容」という欄が設けられている（宅建業法50条1項、則19条2項1号、2号、様式9号、10号）。

⟹答19 × 帳簿には、宅建業に関する**取引の内容**が記載されている。**個人情報**の記載もある。取引関係者であっても**閲覧されては困る**こともある。

⟹答20 × **媒介**については、**双方と媒介契約を締結することは禁止されていない**。なお、代理については、民法で双方代理は、原則として無権代理行為とみなす（民法108条）が、この場合も両方の本人（依頼者）の承諾があれば双方代理が**認められる**。

⟹答21 × アルバイトとして**一時的に事務補助をする者**についても、その業務に従事する者である以上、**従業者名簿に記載**する必要**がある**（宅建業法48条3項、則17条の2）。

⟹答22 ○ 本問の記述は**正しい**。なお、**宅建業者自ら売主となる新築住宅に係る帳簿**は、**10年間**保存が必要である（則18条3項かっこ書）。

次の記述のうち、正しいものには○、誤っているものには×をつけよ。

□□**問23** 宅地建物取引業者は、その事務所ごとに、その業務に関する帳簿を備え、宅地建物取引業に関し取引のあった月の翌月10日までに、一定の事項を記載しなければならない。

□□**問24** 宅地建物取引業者は、その事務所ごとに従業者名簿を備え、取引の関係者から請求があったときは閲覧に供しなければならないが、当該名簿を事務所のパソコンのハードディスクに記録し、ディスプレイの画面に表示する方法で閲覧に供することもできる。

□□**問25** 宅地建物取引業者A（甲県知事免許）が甲県に建築した一棟100戸建てのマンションを、宅地建物取引業者B（国土交通大臣免許）に販売代理を依頼し、Bが当該マンションの隣地（甲県内）に案内所を設置して契約を締結する場合、A及びBは当該マンションの所在する場所について、法第50条第1項に規定する標識をそれぞれ掲示しなければならない。

□□**問26** 宅地建物取引業者A（甲県知事免許）が甲県に建築した一棟100戸建てのマンションを、宅地建物取引業者B（国土交通大臣免許）に販売代理を依頼し、Bが当該マンションの隣地（甲県内）に案内所を設置して契約を締結する場合、A及びBはその案内所について、それぞれ法第50条第1項に規定する標識に専任の宅地建物取引士の氏名を記載しなければならない。

□□**問27** 宅地建物取引業者A（甲県知事免許）が甲県に建築した一棟100戸建てのマンションを、宅地建物取引業者B（国土交通大臣免許）に販売代理を依頼し、Bが当該マンションの隣地（甲県内）に案内所を設置して契約を締結する場合、Bは法第50条第2項で定める届出を、その案内所の所在地を管轄する甲県知事及び甲県知事を経由して国土交通大臣に、業務を開始する10日前までにしなければならない。

解答・解説

⟹**答23** × 帳簿の記載は取引の**あった都度行わなければならない**（宅建業法49条）。なお、記載事項は、その年月日、取引に係る宅地または建物の所在及び面積その他**国土交通省令**で定める事項である。

⟹**答24** ○ ハードディスクに記録し、ディスプレイの画面に表示する方法で閲覧させることが**できる**（則17条の2第3項）。なお、帳簿については、ハードディスクに記録し、**必要に応じて紙面に印刷可能な環境を整えれば**、帳簿への記載に代えることができる（則18条2項）。

⟹**答25** × **売主であるA**は、当該マンションの**所在する場所**に**標識**を掲示しなければならないが、**Bは掲示する必要がない**（宅建業法50条1項、則19条1項2号）。

⟹**答26** × **案内所を設置したのはB**であるから、**Bは**その**案内所**について、専任の宅地建物取引士の氏名を記載した標識を掲示する必要が**ある**（宅建業法50条1項、則19条1項4号、2項5号）。**Aは、その必要**がない。

⟹**答27** ○ **50条2項で定める届出**は、免許を受けた**国土交通大臣または都道府県知事**と、その**事務所等の所在地を管轄する都道府県知事の双方**に、業務を開始する**10**日前までにする必要が**ある**（宅建業法50条2項、則19条3項）。また、国土交通大臣に対する届出は、その届出に係る業務を行う場所の所在地を管轄する**都道府県知事を経由**しなければならない（宅建業法78条の3第2項）。

宅建業法編

2章 宅地建物取引業法

13.売買契約締結の制限

めざせ7割！

1回目 ／12問

2回目 ／12問

宅建業者は自己の所有に属しない物件について自ら売主となる売買契約を締結できないが、売買契約を媒介する行為を禁じられない場合がある。

次の記述のうち、正しいものには○、誤っているものには×をつけよ。

□□**問1**　宅地建物取引業者Aが自ら売主となって宅地の売買契約を締結する場合において、Bの所有地について、Aが、Bの代替地取得を停止条件としてBと売買契約を締結して、自ら売主となって宅地建物取引業者でないCと売買契約を締結した場合には、宅地建物取引業法の規定に違反する。

□□**問2**　宅地建物取引業者Aが自ら売主となって宅地の売買契約を締結する場合において、Bの所有地について、Aが、Bと売買契約又は予約契約を締結しないで、自ら売主となって宅地建物取引業者Cと売買契約を締結した場合、宅地建物取引業法の規定に違反する。

□□**問3**　宅地建物取引業者Aが、自ら売主として、宅建業者でないBと土地付建物の売買契約を締結しようとする場合において、当該建物の敷地の一部に甲市所有の旧道路敷が含まれていることが判明したため、甲市に払下げを申請中である場合、Aは、宅建業法第35条の規定に基づく重要事項説明書に払下申請書の写しを添付し、その旨をBに説明すれば、売買契約を締結することができる。

虫食い問題でチェック！

①宅建業者は、原則として、自己の所有に属しない宅地または建物につき、自ら［　A　］となる売買契約の締結をしてはならない。

②①でいう「自己の所有に属しない」とは、物件の所有権が他人にある場合のほか、物件が［　B　］である場合も含む。

答：A＝売主、B＝未完成

解答・解説

⇒**答1**　○　**宅建業者が自己の所有に**属し**ない不動産**について、**自ら売主となって宅建業者でない買主との間で売買契約を締結**することは、原則的に**禁止**されている。ＡＢ間の**売買契約が停止条件付**であっても、宅建業者Ａは、**自ら売主となってＣと売買契約を締結**すれば、**宅建業法に違反する**（宅建業法33条の2第1号）。

⇒**答2**　×　**自己の所有に**属し**ない宅地建物**の**売買契約締結の制限**（33条の2）は、**宅建業者間の取引**に**適用がない**（78条2項）。したがって、宅建業者Ａが宅建業者であるＣとの間で売買契約を締結した場合、宅建業法に違反**しない**。

⇒**答3**　×　**宅建業者が自己の所有に**属し**ない不動産**について、**自ら売主となって宅建業者でない買主との間で売買契約を締結**することは、原則的に**禁止**されている。市に払下げを申請中であっても、Ａの所有に**属しない**物件であることにかわりはない（33条の2）。

次の記述のうち、正しいものには○、誤っているものには×をつけよ。

□□**問4**　宅地建物取引業者Ａは、自ら売主となって、宅地を買主Ｂに代金6,000万円で売却する契約を締結した。この場合において、その宅地が第三者Ｃの所有するものである場合で、ＡがＣと売買契約を結んでいるときでも、Ａは、常に宅地建物取引業者でない買主Ｂと売買契約を締結してはならない。

□□**問5**　競売開始決定がなされた自己の所有に属しない宅地について、裁判所による競売の公告がなされた後、入札前に、自ら売主として宅地建物取引業者でない者と当該宅地の売買契約を締結することは、宅地建物取引業法の規定に違反する。

□□**問6**　宅地建物取引業者ＡがＢから土地を取得して、宅地に造成し、自ら売主となって、Ｃに分譲する場合において、ＡＢ間の売買契約において、その効力の発生がＢの代替地取得を条件とする場合、Ａは、その条件が成就するまでの間は、宅地建物取引業者でないＣと、売買契約を締結してはならない。

□□**問7**　宅地建物取引業者Aは、宅地建物取引業者ではないBが所有する宅地について、Bとの間で確定測量図の交付を停止条件とする売買契約を締結した。その後、停止条件が成就する前に、Aは自ら売主として、宅地建物取引業者ではないCとの間で当該宅地の売買契約を締結することができる。

解答・解説

答4 × **Cの所有する宅地について、AC間に売買契約が締結**されていれば、所有権がAに**移転**しているので、宅建業者AはBと売買契約を締結することが**できる**（宅建業法33条の2第1号）。

答5 ○ 自ら**売主**となって**宅建業者でない者**との間で、**自己の所有に属しない宅地**について**売買契約を締結することは禁止**されている（33条の2）。競売公告はあっても入札すら終わっていない段階では、明らかに**他人**所有の物件である。

答6 ○ AB間の売買契約は**停止条件付**であるから、この条件が成就するまでの間は、宅建業者AはCと売買契約を締結することが**できない**（33条の2第1号）。

答7 × 宅建業者は、一定の場合を除き、**自己の所有に属しない**宅地・建物について、**自ら売主となる売買契約（予約を含む。）を締結してはならない**（33条の2本文）。ただし、**宅建業者が当該宅地・建物を取得する契約**（予約を含み、その**効力の発生が条件に係るものを除く**。）を締結しているときは、例外的に、自ら売主となる売買契約を締結することが認められている（33条の2第1号）。よって、その効力の発生が**条件**に係るものは除かれている（同号かっこ書）。AB間の宅地の売買契約には停止条件が付されているから、Aは、当該宅地について自ら売主となる売買契約をCとの間で締結することは**できない**。なお、買主が宅建業者である場合はこの規定は適用されない（78条2項）。

次の記述のうち、正しいものには○、誤っているものには×をつけよ。

□□**問8**　宅地建物取引業者Ａが、自ら売主として、建物を販売する場合において、Ａは、中古の建物を、その所有者Ｃから停止条件付きで取得する契約を締結し、当該条件の未成就のまま、その建物を宅建業者Ｄに対し販売する契約を締結した。Ａは、宅地建物取引業法の規定に違反しない。

□□**問9**　宅地建物取引業者は、宅地建物取引業者でない相手方に対して自己の所有に属しない宅地又は建物についての自ら売主となる売買契約を締結してはならないが、当該売買契約の予約を行うことはできる。

□□**問10**　宅地建物取引業者Ａが、自ら売主として、Ｂ所有の宅地（造成工事完了済）をＣに売却しようとしている。Ｃが宅地建物取引業者でない場合で、ＡがＢから当該宅地を取得する契約の予約を締結しているときは、Ａが予約完結権を行使するまでの間であっても、Ａは、Ｃと売買契約を締結できる。

□□**問11**　宅地建物取引業者Ａが、自ら売主として、Ｂ所有の宅地（造成工事完了済）をＣに売却しようとしている。Ｃが宅地建物取引業者でない場合で、ＡがＣから受け取る手付金について宅地建物取引業法第41条の2の規定による手付金等の保全措置を講じたときは、ＡＢ間の宅地の譲渡に関する契約の有無にかかわらず、Ａは、Ｃと売買契約を締結できる。

□□**問12**　Ｂの所有する宅地について、ＢとＣが売買契約を締結し、所有権の移転登記がなされる前に、Ｃは宅地建物取引業者Ａに転売し、Ａは更にＤに転売できる。

解答・解説

⟹答8 ○　自己の所有に**属しない**物件の売買契約締結の禁止は、売主が**宅建業者**で、買主が宅建業者で**ない**場合に適用となる。他人物であっても**宅建業者間の取引なら自由にできる**ので、Aの行為は宅建業法に違反**しない**（宅建業法33条の2、78条2項）。

⟹答9 ×　宅建業者は、一定の場合を除き、**自己の所有に属しない**宅地・建物について、**自ら売主となる売買契約（予約を含む。）を締結して**はならない（33条の2）。なお、買主が宅建業者である場合はこの規定は適用されない（78条2項）。

⟹答10 ○　すでにＡＢ間で**予約契約が締結**されているのであるから、Ａの予約完結権の行使前であっても、当該宅地について、ＡはＣと売買契約を締結できる（33条の2第1号）。

⟹答11 ×　ＡＢ間に**宅地譲渡に関する契約**がない以上、Ａは手付金等の保全措置を講じていても、Ｃとの間で売買契約を締結することができない。

⟹答12 ○　ＢＣ間の売買契約締結により宅地所有権はＣに**移転**しており、ＣＡ間の転売により**Aが宅地を取得できることは明らか**といえるから、自己の所有に属しない物件の売買契約締結の禁止規定に**反しない**（33条の2第1号）。

2章 宅地建物取引業法
14.申込みの撤回等

めざせ7割！
1回目 ／17問
2回目 ／17問

申込みの撤回等ができなくなる例外事由を押さえる。申込みの撤回等の効力は申込者等が書面を発したときに生じることに注意。

次の記述のうち、正しいものには○、誤っているものには×をつけよ。

□□**問1**　宅地建物取引業者Aが自ら売主となって宅地の売買契約を締結する場合において、買主Bが宅地建物取引業者であるときは、売買契約の締結が現地近くの喫茶店で行われても、Bは、当該契約を解除することができない。

□□**問2**　宅地建物取引業法第37条の2に規定する事務所等以外の場所においてした買受けの申込みの撤回等において、売買契約が、売主である宅地建物取引業者の事務所以外の場所で継続的に業務を行うことができる施設を有するものにおいて締結された場合、専任の宅地建物取引士がそのとき不在であっても、買主は、当該売買契約を解除することができない。

□□**問3**　宅地建物取引業法第37条の2に規定する事務所等以外の場所においてした買受けの申込みの撤回等において、売買契約が、売主である宅地建物取引業者が行う一団の建物の分譲のためのモデルルームで締結された場合、当該モデルルームについて宅地建物取引業法第50条第2項の届出がされていないときでも、買主は、当該売買契約を解除することができない。

虫食い問題でチェック！

①一般購入者が事務所など以外の場所でした買受けの申込みについて、一定期間内であれば、任意に撤回し、または締結した契約を任意に解除することができるという制度を［ A ］という。

②①の「事務所など」とは、一般購入者が購入に際して［ B ］ができる場所のことをいい、ここで買受けの申込みなどをした者は、［ A ］ができない。

答：A＝クーリング・オフ、B＝冷静な判断

解答・解説

⟹**答1**　○　**クーリング・オフの規定**は、宅建業者相互間**の取引には適用されない**。喫茶店で売買契約が締結されても宅建業者である買主Bは契約を解除することができない（宅建業法37条の2、78条2項）。

⟹**答2**　○　「**事務所以外の場所**で**継続的に業務**を行うことができる**施設を有する**もの」で**売買契約が締結**されれば、専任の宅地建物取引士が「そのとき不在」であっても、**クーリング・オフの規定は適用**されず、買主は契約を解除できない（37条の2第1項、則16条の5第1号イ）。

⟹**答3**　○　一団の建物の分譲のための**モデルルーム**で売買契約が締結された場合、**クーリング・オフの規定は適用**されず、買主は契約の解除ができない。50条２項の届出の有無は、直接関係がない（宅建業法37条の2第1項、則16条の5第1号ロ）。

次の記述のうち、正しいものには○、誤っているものには×をつけよ。

□□**問4**　宅地建物取引業者Aが、自ら売主として宅地建物取引業者でないBとの間でマンションの売買契約を締結する場合において、Bは自ら指定した自宅でマンションの買受けの申込みをしたときでも、書面により買受けの申込みの撤回を行うことができる。

□□**問5**　宅地建物取引業者Aが自ら売主として宅地建物取引業者でないBとマンションの売買契約を喫茶店で締結した場合、Bは、「事務所等以外の場所で契約をしても、解除できない」旨の特約をすることを承諾していても、当該契約を解除することができる。

□□**問6**　宅地建物取引業者でないAは、宅地建物取引業者Bに対し、Bが売主である宅地建物について、Aの自宅付近の喫茶店で、その買受けの申込みをした。申込みの撤回を行う前にAが売買代金の一部を支払い、かつ、引渡し日を決定した場合は、Aは申込みの撤回はできない。

□□**問7**　宅地建物取引業者でないBは、宅地建物取引業者Aが自ら売主となって20区画の宅地を販売するテント張りの案内所において、買受けを申し込み、契約を締結して、手付金を支払った。Bは、Aからクーリング・オフについて書面で告げられていなくても、その翌日に契約の解除をすることができる。

□□**問8**　宅地建物取引業者Aが自ら売主となる宅地の売買契約において、宅地建物取引業者でないBは、喫茶店で買受けの申込みをした際に、Aからクーリング・オフについて書面で告げられ、その4日後にAの事務所で契約を締結した。Bは、契約締結日から起算して8日が経過するまでは契約の解除をすることができる。

解答・解説

⟹**答4**　×　**宅建業者でない買主Bの申出**によって、Bの**自宅**で申込みをした場合、その自宅は「事務所等」に該当し、Bは申込みを撤回することが**できない**(宅建業法37条の2第1項、則16条の5第2号)。

⟹**答5**　○　**「事務所等以外の場所で契約をしても、解除できない」**旨の**特約**は、買主Bにとって**不利**なもので、無効とされるから、Bは契約を解除することが**できる**（宅建業法37条の2第4項)。

⟹**答6**　×　売主が**引渡し**を完了し、かつ、買主が**代金**の**全額**を支払った時にはクーリング・オフはできなくなる（37条の2第1項2号)。しかし、**履行の一部**しかなされていない状態であれば、**クーリング・オフが可能**である。したがって、Aは売買代金の一部しか払っていないため、申込みの撤回が**できる**。

⟹**答7**　○　宅建業者が一団の宅地建物の分譲を案内所を設置して行う場合、その案内所で契約を締結すると、クーリング・オフできない。しかし、ここにいう案内所は、**土地**に**定着**する建物内に設けられるものに限られ（則16条の5第1号ロ)、**テント張りの案内所**はこれに**あたらない**。したがって、Bは、契約を解除することが**できる**。

⟹**答8**　×　**クーリング・オフ**は、一定の事項を記載した書面をもって**告げられた日から起算**して**8日を経過**すると、することができなくなる（宅建業法37条の2第1項1号)。したがって、本問の場合、Bは、契約を解除することが**できない**。

次の記述のうち、正しいものには○、誤っているものには×をつけよ。

□□**問9**　売主を宅地建物取引業者であるＡ、買主を宅地建物取引業者でないＢとする宅地の売買契約において、ＡがＢに対し、売買契約の解除ができる旨及びその方法について口頭でのみ説明を行った場合、当該宅地の引渡しを受けていなければ、当該告知から何日を経過していても、Ｂは契約の解除が可能である。

□□**問10**　売主を宅地建物取引業者であるA、買主を宅地建物取引業者でないBとする宅地の売買契約において、Bが、宅地建物取引業法第37条の2（事務所等以外の場所においてした買受けの申込みの撤回等）の規定に基づき売買契約の解除を行う場合、Aが、一団の宅地の分譲について宣伝のみを行う現地案内所でBに契約に関する説明を行い、翌日Aの事務所等の近くのホテルのロビーで売買契約を締結したときは、Bは、当該売買契約を解除することができる。

□□**問11**　宅地建物取引業者Ａが、自ら売主として、宅地建物取引業者でないＢと宅地の売買契約を締結しようとした場合において、ＢがＡの事務所で買受けの申込みをし、１週間後にＢの自宅の近所の喫茶店で売買契約を締結した場合、Ｂは、当該契約を締結した日から8日以内であれば、宅地建物取引業法第37条の2の規定により契約を解除することができる。

□□**問12**　宅地建物取引業者でないＡは、宅地建物取引業者Ｂに対し、Ｂが売主である宅地建物について、Ａの自宅付近の喫茶店で、その買受けの申込みをした。買受けの申込みに際して申込証拠金がＡから支払われている場合、Ａが申込みの撤回を行ったときは、Ｂは、遅滞なくその全額をＡに返還しなければならないが、申込みの撤回に伴う損害があったときは、別途これをＡに請求できる。

解答・解説

⟹**答9** ○　クーリング・オフは、一定の事項を記載した書面をもって告げられた日から起算して8日間経過すると、できなくなる（宅建業法37条の2第1項1号、則16条の6）。本問のAは、クーリング・オフについて**口頭で説明**したにすぎないから、**8日間の起算は始まって**いない。したがって、当該告知から何日を経過していても、Bは契約の解除が可能である。

⟹**答10** ○　**宅建業者が売主**で**一般消費者が買主**となる場合には、**事務所等で契約の申込み**をしたり、**契約を締結**した場合には、クーリング・オフ制度の適用がない。**ホテルのロビー**などは**事務所等に該当**しないので、クーリング・オフ制度の適用があり、契約の解除ができる（宅建業法37条の2第1項）。

⟹**答11** ×　**申込みを行った場所**と**契約締結の場所が異なる場合**には、申込み**の場所が事務所等に該当するか否か**でクーリング・オフ制度の適用の有無を判断すればよい。本問の場合には、申込みの場所が宅建業者の事務所であり、この場合にはクーリング・オフ制度の適用がなく、契約を解除することはできない（37条の2第1項）。

⟹**答12** ×　クーリング・オフは、無条件で申込みの撤回または契約の解除ができるというものである。よって、宅建業者Bは、その**撤回または解除**によって損害が発生したとき、その**損害賠償の請求などをAに対してすることは一切できない**（37条の2第1項後段）。

次の記述のうち、正しいものには○、誤っているものには×をつけよ。

□□**問13** 売主を宅地建物取引業者であるＡ、買主を宅地建物取引業者でないＢとする宅地の売買契約において、Ｂが契約の解除ができる期間は、売買契約の解除ができる旨及びその方法について告げられた日から起算して8日間とされるが、特約で当該期間を10日間に延長したり、7日間に短縮した場合、これらの特約は有効である。

□□**問14** 売主を宅地建物取引業者であるＡ、買主を宅地建物取引業者でないＢとする宅地の売買契約において、Ｂが当該売買契約の解除を行う場合は、Ａに対して国土交通大臣が定める書式の書面をもってその意思表示を行わなければならない。

□□**問15** 売主を宅地建物取引業者であるＡ、買主を宅地建物取引業者でないＢとする宅地の売買契約において、Ａが他の宅地建物取引業者Ｃに当該宅地の売却の依頼をしている場合、Ｃの事務所において当該売買契約の申込みを行った場合であっても、Ｂは当該売買契約の解除を行うことができる。

□□**問16** 宅地建物取引業者でない買主Ｂが宅地建物取引業者Ａに対しレストランにおいて土地付建物の買受けの申込みをし、当該場所において売買契約を締結した場合、Ａが法第37条の2に規定する内容について書面で説明し、その説明の日から起算して8日を経過した場合は、Ｂは当該契約を解除できない。

□□**問17** 宅地建物取引業者Ａが、自ら売主として、宅地建物取引業者ではないＢとの間で宅地の売買契約を締結した際、Ｂが喫茶店で当該宅地の買受けの申込みをした場合において、Ｂが、Ａからクーリング・オフについて書面で告げられた日の翌日から起算して8日目にクーリング・オフによる契約の解除の書面を発送し、10日目にＡに到達したとき、Ｂはクーリング・オフにより契約の解除を行うことができる。

解答・解説

答13 × クーリング・オフに関する**特約で申込者等に不利なもの**は、無効である（宅建業法37条の2第4項）。したがって、契約の解除ができる期間を10日間に延長する特約は**有**効であるが、7日間に短縮する特約は**無**効である。

答14 × **クーリング・オフ**は、**書面**により行わなければならない（37条の2第1項）。ただし、その**書式**には、制限が**ない**。

答15 × Aが他の宅地建物取引業者Cに当該宅地の**売却の依頼をしている場合、Cの事務所で**当該売買契約の申込みを行えば、クーリング・オフをすることが**できない**（37条の2第1項、則16条の5第1号ハ）。

答16 ○ 買受けの申込み及び契約締結の場所（レストラン）はクーリング・オフ制度の適用が**ある**。しかし、**書面**で説明した日から起算して**8日が経過すればクーリング・オフができない**（宅建業法37条の2第1項1号）。

答17 × **喫茶店**で買受けの申込みをしたので、クーリング・オフ制度の適用が**ある**。しかし、本問のBがクーリング・オフによる契約の解除の書面を発送したのは、「クーリング・オフについて告げられた日の翌日から起算して」8日目であり、告げられた日から起算すると9日目であることから、Bはクーリング・オフにより契約の解除を行うことが**できない**（37条の2第1項1号）。

宅地建物取引業法

15.手付の額の制限

めざせ7割！

1回目 ／12問

2回目 ／12問

手付の額は代金の額の2割を超えてはならず、宅建業者はそれ以上の手付を受領する権能を持たない。

次の記述のうち、正しいものには○、誤っているものには×をつけよ。

□□**問1**　宅地建物取引業者Aが、自ら売主となり、宅地建物取引業者でない買主Bとの間で、中古住宅及びその敷地である土地を、代金3,500万円、うち手付金500万円で売買契約を締結しようとする場合、相手方が契約の履行に着手するまでは、Bは手付金のうち250万円を放棄して、また、Aは1,000万円を現実に提供して、契約を解除することができる旨の定めをすることができる。

□□**問2**　宅地建物取引業者Aは、自ら売主となって、宅地建物取引業者でない買主Bに、建築工事完了前のマンションを価格4,000万円で譲渡する契約を締結し、手付金300万円を受け取った。この場合、AB間の契約において、「Aがマンションの引渡しができない場合には、当該手付金の全額を返還するので、Bの履行着手前にAが契約を解除してもBは損害賠償その他の金銭を請求しない」旨の特約をすることができる。

□□**問3**　宅地建物取引業者Aが、自ら売主として、宅地建物取引業者ではないBとの間で建物の売買契約を締結する場合、Bが当該契約の履行に着手した後においては、Aは、契約の締結に際してBから受領した手付金の倍額をBに現実に提供したとしても、契約を解除することはできない。

虫食い問題でチェック！

①手付とは、売買などの有償契約を締結する際に当事者間で授受される有価物（主に金銭）であり、その種類は［ A ］、［ B ］、解約手付と３つある。

②宅建業法上は、手付はすべて［ C ］手付としての性質を有しており、相手方が契約の［ D ］するまでは、買主はその手付を［ E ］して、また宅建業者はその［ F ］して契約の解除をすることができる。

答：A＝証約手付、B＝違約手付（A・Bは順不同）、C＝解約
D＝履行に着手、E＝放棄、F＝倍額を現実に提供

解答・解説

答1　○　宅建業者が売主、宅建業者でない者が買主の宅地または建物の売買契約における**手付**は、その性質いかんにかかわらず解約手付としての効力を有する（宅建業法39条2項）。この場合、**買主は**手付放棄、**宅建業者は**手付倍返し**で契約を解除できる**が、本問では、手付金の半額だけ放棄するという特約となっており、このような買主に有利な特約をすることはできる（同条3項）。

答2　×　**宅建業者自らが売主**であって、**買主が宅建業者でない場合**には、交付された**手付金**は解約手付とみなされる（39条2項）。したがって、業者Aの側からの解約手付による契約解除には、手付の額の**倍額**を現実に提供することが必要である。**これに反する特約で、買主に不利なものは**無効となる（同条3項）。したがって本問のような買主に不利な特約はすることができない。

答3　○　宅建業者は、自ら売主となる宅地・建物の売買契約の締結に際して手付を受領したときは、**相手方が契約の履行に**着手**するまでは**、買主はその手付を放棄して、当該宅建業者はその倍額を現実に提供して、契約の解除をすることができる（39条2項）。よって、Bが当該契約の履行に着手した後においては、手付による契約解除をすることができない。

次の記述のうち、正しいものには○、誤っているものには×をつけよ。

□□**問4**　宅地建物取引業者Ａは、宅地の分譲を行っているテント張りの現地案内所において、宅地建物取引業者でないＢから宅地の購入の申込みを受け、自ら売主として、売買代金を4,000万円とする売買契約を締結した。「Ａが契約の履行に着手するまでは、Ｂは支払い済みの手付金及び中間金を放棄して、Ａはその倍額を現実に提供して、契約を解除することができる」旨を特約した場合、この特約は、宅地建物取引業法の規定によれば、有効である。

□□**問5**　宅地建物取引業者Ａが自ら売主として、宅地建物取引業者でない買主Ｂとマンション（価額5,000万円）の売買契約を締結した際に、ＡＢ間の合意で、Ｂが契約の履行に着手するまでの間の契約の解除について、Ａは手付の3倍額を現実に提供して解除することができると定めた場合、Ａは、手付の倍額を現実に提供するだけでは、解除することはできない。

□□**問6**　宅地建物取引業者Ａは、自ら売主として、宅地建物取引業者でないＢと建築工事完了前の分譲住宅の売買契約（代金5,000万円、手付金200万円、中間金200万円）を締結した。売買契約で「手付放棄による契約の解除は、契約締結後30日以内に限る」旨の特約をしていた場合でも、契約締結から45日経過後にＡが契約の履行に着手していなければ、Ｂは、手付を放棄して契約の解除をすることができる。

□□**問7**　宅地建物取引業者Ａは、自ら売主となって、宅地を宅地建物取引業者であるＢに代金6,000万円で売却する契約を締結した。Ｂが本件物件を掘出し物と考えて、契約の拘束力を高めるため、自ら手付金を3,000万円とする申出を行った場合、Ａがこの手付金を受領しても、宅地建物取引業法違反とはならない。

解答・解説

⟹**答4**　×　**買主**が**手付金のみならず中間金を放棄**しなければ契約を解除することができない旨の**特約**は、買主に**不利**なものといえ、**無効**である（宅建業法39条3項）。

⟹**答5**　○　手付の授受があったときは、**売主である宅建業者**は、受け取った手付の倍額を現実に提供して契約を解除することができる。**この定めに反して買主に不利となる特約は無効**である（39条3項）。しかし、宅建業者Aが手付の**3倍額を現実に提供して契約を解除できる旨の特約**は、買主に不利といえないから**有効**である。

⟹**答6**　○　手付の授受があった場合には、相手方が**履行に着手**するまでは手付放棄または倍額を現実に提供することで契約を解除することができる。**これに反する特約で買主に不利**となるものは無効である（39条2項、3項）。本問のような特約は買主に**不利**なものであって**無効**とされる。宅建業者Aが履行に**着手していなければ**、買主Bはいつでも契約を解除**できる**。

⟹**答7**　○　**手付の額の制限**は、宅建業者自ら売主となる場合で、買主が一般消費者である場合にのみ適用される制限である。これは**専ら一般消費者保護を目的**とした規定であり、**宅建業者相互間の取引には適用されない**（78条2項）。

次の記述のうち、正しいものには○、誤っているものには×をつけよ。

□□**問8**　宅地建物取引業者Ａが、自ら売主として、宅地建物取引業者でないＢに対し宅地（造成工事完了済）を分譲しようとする場合において、「Ｂは、Ａが契約の履行に着手するまでは、手付金の半額を放棄すれば契約を解除できる」旨の特約をしても、Ｂは全額を放棄しなければ解除できない。

□□**問9**　宅地建物取引業者Ａが、自ら売主として、宅地建物取引業者でないＢに対し宅地（造成工事完了済）を分譲しようとする場合において、「宅地建物取引業法第41条の2に規定する手付金等の保全措置を講ずるので手付金を1,500万円とする」旨の特約があれば、Ａは、その額の手付金を受領できる。なお、当該宅地の分譲価格は5,000万円とする。

□□**問10**　宅地建物取引業者Ａ社が自ら3,000万円の宅地の売主となる場合で、相手方が宅地建物取引業者でない場合、手付金の保全措置を講じれば、宅地の引渡し前に手付金として900万円を受領することができる。

□□**問11**　宅地建物取引業者Ａが、自ら売主として、宅地建物取引業者でないＢと建物の売買契約を締結する場合において、Ｂが契約の履行に着手するまでにＡが売買契約の解除をするには、手付の3倍に当たる額をＢに現実に提供しなければならないとの特約を定めることができる。

□□**問12**　宅地建物取引業者Aが、自ら売主として、宅地建物取引業者でないＢと建物の売買契約を締結した後、Ｂから宅地建物取引業法第37条の2の規定に基づくいわゆるクーリング・オフによる契約の解除があった場合でも、Ａが契約の履行に着手していれば、ＡはＢに対して、それに伴う損害賠償を請求することができる。

解答・解説

⟹答8 ×　**宅建業者自ら売主**となる場合で、**買主が一般消費者**である場合には、買主は手付を放棄して契約を解除できる。この定めに反する特約で買主に不利なものは無効となる（宅建業法39条2項、3項）。買主Ｂが手付金の**半額を放棄すれば契約を解除できる旨の特約**は、Ｂにとって有利であり、有効となる。

⟹答9 ×　**宅建業者自ら売主**となる場合で、**買主が一般消費者**である場合には、**手付の額**は代金**額の２/10以内に制限**される（39条1項）。本問にあるように、手付金等の**保全措置を講じても**、5,000万円の２/10である1,000万円を超える手付金を受領することができない。

⟹答10 ×　**宅建業者が自ら売主**となる場合は、手付金の保全措置を講じても、代金**の**2**割を超える額の手付金を受領してはならない**（39条1項）。本問の場合、3,000万円の2/10である600万円を超える手付金を受領することはできない。

⟹答11 ○　**宅建業者**自ら売主となる場合には、**宅建業法の規定より**も**買主に不利な特約を定めることが**できない。本問のように**売主である**宅建業者**が不利となる特約**である場合、締結することができる（39条2項、3項）。

⟹答12 ×　クーリング･オフは、無条件**での申込みの撤回、契約の解除**を意味する。売主である宅建業者が契約の履行に着手しているかどうかにかかわらず、これを理由として損害賠償の請求ができない（37条の2）。

宅建業法編

2章 宅地建物取引業法

16.手付金等の保全

めざせ7割！

1回目 ／11問

2回目 ／11問

未完成物件と完成物件の場合の規律の相違点を意識する。それぞれ保全措置が不要な場合を正確に覚える。

次の記述のうち、正しいものには○、誤っているものには×をつけよ。

□□**問1**　宅地建物取引業者Aは、自ら売主となって、買主Bと1億2,000万円のマンション（以下この問において「物件」という。）の売買契約（手付金1,500万円、中間金4,500万円、残代金6,000万円）を締結した。Bが宅地建物取引業者でない場合、物件の建築工事完了前に契約を締結し、その引渡し及び登記の移転を残代金の支払いと同時に行うときは、Aは、中間金を受け取る前に、手付金等の保全措置を講じなければならない。

□□**問2**　宅地建物取引業者A社は、自ら売主となって、工事完了前のマンションを宅地建物取引業者でない買主Bに4,000万円で譲渡する契約を締結し、手付金300万円を受け取った。A社が倒産した場合、Bは、A社の講じた手付金等の保全措置により連帯保証したC銀行に対し300万円の返還を求めることができるとともに、その取引により生じた損害があるときは、A社が供託していた営業保証金から弁済をするよう求めることができる。

□□**問3**　宅地建物取引業者Aは、造成工事完了前の宅地を自ら売主として売却するため、他の宅地建物取引業者Bにその代理を依頼し、宅地建物取引業者Cに1億円で売却する契約を締結した。Aは、Cから手付金3,000万円を受け取るときは、宅地建物取引業法第41条の規定に基づく手付金等の保全のための措置を講ずる必要はない。

虫食い問題でチェック!

①宅建業者は、買主から一定額を超える手付金などを受領しようとする場合には、あらかじめ銀行などによる［ A ］契約または保険会社による［ B ］契約などの保全措置を講じなければならない。
②①でいう「手付金など」とは、代金の全部または一部として授受される金銭及び手付金その他の名義をもって授受される金銭で、［ C ］に充当され、契約締結の日以後その宅地建物の［ D ］前に支払われるものをいう。

答：A＝保証委託、B＝保証保険、C＝代金、D＝引渡し

解答・解説

答1　×　宅建業法41条の手付金等とは、「代金の全部または一部」として授受される金銭及び手付金その他の名義をもって授受される金銭で「**代金**に充当される」ものであって、契約締結日以後物件の**引渡し**前に支払われるものをいう。**工事完了前**の物件について、宅建業者が代金額の５％または1,000万円を超える手付金等を受領するときは**保全措置**を講じなければならない（41条1項、令3条の5)。本問の場合、中間金のみならず**手付金を受領する前**に、それぞれ保全措置を**講じなければならない**。

答2　○　買主Ｂは、**連帯保証**したＣ銀行に対する300万円の**返還請求とともに**、取引により生じた損害について**営業保証金の還付を受けることができる**(宅建業法41条1項、27条)。

答3　○　**宅建業者ＡＣ相互間の取引**であるため、**手付金等の保全措置に関する規定の適用がない**（78条2項)。

次の記述のうち、正しいものには○、誤っているものには×をつけよ。

□□**問4**　甲県内にのみ事務所を設置している宅地建物取引業者Ａが、自ら売主として乙県内でマンション（建築工事完了前）の分譲を行う場合において、Ａが宅地建物取引業法第41条第1項の規定に違反して手付金等の保全措置を怠ったとき、乙県知事は、Ａに対し1年以内の業務停止を命ずることができる。

□□**問5**　宅地建物取引業者Ａは、自ら売主として、宅地建物取引業者でないＢと建築工事完了前の分譲住宅の売買契約（代金5,000万円、手付金200万円、中間金200万円）を締結した。この場合に、契約締結時の2月後で分譲住宅の引渡し及び登記前に、Ａが中間金を受け取る場合で、中間金を受け取る時点では当該分譲住宅の建築工事が完了していたとき、Ａは、手付金及び中間金について手付金等の保全措置を講じる必要はない。

□□**問6**　宅地建物取引業者Ａが自ら売主となって行う工事完了前の分譲住宅の販売において、Ａは、宅地建物取引業者でない買主Ｃとこの分譲住宅の売買契約を締結する場合、その受領する手付金等の額を代金の5パーセント以下とするか、又は代金の5パーセントを超える部分についてその保全措置を講じた後でなければ、手付金等を受領してはならない。

□□**問7**　宅地建物取引業者Ａは、土地付建物（価格1億5,000万円）を、建築工事の完了前に自ら売主として宅地建物取引業者でない買主Ｂに販売し、申込証拠金30万円を受領した後、売買契約を締結し、その際手付金として申込証拠金を充当するほか別に2,000万円を受領した。契約によれば、中間金6,000万円を1月後に、残代金6,970万円を所有権移転登記完了後にそれぞれ支払うこととされている。この場合、Ａが契約締結時に手付金等保全措置を講じなければならない金額は、2,000万円である。

解答・解説

⇒**答4**　○　**乙県内で、甲県知事免許**の宅建業者Aが**41条１項に違反**した場合、乙**県知事**はAに対し**業務停止**を命じることができる（宅建業法65条4項2号）。

⇒**答5**　×　工事完了後に中間金を受け取るとしても、**契約は工事完了前**であるから、保全措置を講ずることは必要である。本問の場合、手付金200万円と中間金200万円、合計400万円は代金額の５％を超えるので、Aは、保全措置を講じることが必要である（41条1項但書）。

⇒**答6**　×　手付金等が代金の５％以下としても、**1,000万円を超えるとき**は、保全措置を講じる必要がある。また、保全措置は５％を超える部分についてではなく、**手付金等の全額**について講じなければならない（41条1項本文）。

⇒**答7**　×　手付金等の保全措置でいう**手付金等とは、**契約締結の日以後、物件引渡し前に支払われるものをいう（41条1項本文）。したがって、原則として**契約締結前に授受**される**申込証拠金**は含まれないが、それが本問にあるように、**手付金に充当されるものであれば手付金**として評価され、Aが保全措置を講じなければならない額は2,030万円となる。

次の記述のうち、正しいものには○、誤っているものには×をつけよ。

□□**問8**　宅地建物取引業者Ａは、自ら売主となって、宅地建物取引業者でないＢと１億円の宅地の売買契約（手付金900万円、中間金4,100万円、残代金5,000万円）を締結した。当該契約が宅地造成工事完了前に締結され、宅地の引渡し及び登記の移転を中間金の支払いと同時とした場合、Ａは、指定保管機関Ｄと宅地建物取引業法第41条の2第1項第1号に規定する手付金等寄託契約を締結し、その契約を証する書面をＢに交付すれば、手付金を受領することができる。

□□**問9**　宅地建物取引業者Ａは、自ら売主となって、買主Ｂと１億2,000万円のマンション（以下この問において「物件」という。）の売買契約（手付金1,500万円、中間金4,500万円、残代金6,000万円）を締結した。Ｂが宅地建物取引業者でない場合、物件の建築工事完了後に契約を締結し、その引渡し及び登記の移転を中間金の支払いと同時に行うときは、Ａは、手付金を受け取る前に、手付金等の保全措置を講じなければならない。

□□**問10**　宅地建物取引業者Ａは、自ら売主となって、宅地建物取引業者でない買主Ｂに、建築工事完了前のマンションを価格4,000万円で譲渡する契約を締結し、手付金300万円を受け取った。Ａが手付金について銀行との間に保全措置を講じている場合で、Ａが資金繰りに困り工事の請負代金を支払うことができず、マンションの譲渡が不可能となったときには、Ｂは、手付金の全額の返還を当該銀行に請求できる。

□□**問11**　宅地建物取引業者Ａが自ら売主となって宅地建物取引業者でないＢとマンション（工事完了済）の売買契約（価格4,500万円）を締結した場合において、Ａは、Ｂから手付金600万円を受領するに当たって、半額については銀行と保証委託契約を締結し、また、残りの半額については友人を連帯保証人として、それぞれの契約を証する書面をＢに交付した。Ａは、宅地建物取引業法の規定に違反しない。

解答・解説

⟹**答8** ×　**宅地造成工事完了前の物件**については、「**指定保管機関**」との間の**手付金等寄託契約による保全措置**を講じることは、否定されている（宅建業法41条、41条の2）。

⟹**答9** ○　**建築工事完了後の物件**については、**手付金等が代金額の10%**または**1,000万円を超える**ときは、その受領**前**に**保全措置**を講じなければならない（41条の2第1項但書、令3条の5）。

⟹**答10** ○　銀行は、宅建業者Aの債務の履行が不能となった場合のために**連帯保**証しているのである。この場合には、Bは交付した**手付金の全額**について銀行に返還を請求できる（宅建業法41条1項1号）。

⟹**答11** ×　**保全措置**は**宅建業法に規定されている方法による**ものであることが必要である。友人を連帯保証人とした場合、「保全措置」を講じたことにならない。よって、Aは宅建業法に違反する。

宅建業法編

2章 宅地建物取引業法

17.損害賠償額の予定等

めざせ7割！

1回目 ／8問

2回目 ／8問

損害賠償額の予定等の制限に違反した場合には、代金の2割を超える部分について無効とされ、特約自体は無効とならない。

次の記述のうち、正しいものには○、誤っているものには×をつけよ。

□□**問1**　宅地建物取引業者Ａは、自ら売主となって、宅地を宅地建物取引業者でないＢに代金6,000万円で売却する契約を締結した。当事者の債務不履行を理由とする契約の解除に伴う損害賠償の額を2,000万円とする特約をした場合、その特約は無効であり、損害賠償の額は予定しなかったことになる。

□□**問2**　宅地建物取引業者Ａは、自ら売主として工事完了前のマンションを宅地建物取引業者であるＢに4,000万円で売却する契約を締結した。Ａは、売買契約において損害賠償額の予定の定めをしなかったが、Ｂが債務を履行しなかったので、3,000万円を損害賠償金として受領した。Ａは、宅地建物取引業法の規定に違反する。

□□**問3**　宅地建物取引業者Ａが自ら売主として、宅地建物取引業者でない買主Ｂとマンション（価格5,000万円）の売買契約を締結した場合、ＡＢ間の合意で、違約金を2,000万円と定めても、Ａは、1,000万円を超える部分については、Ｂに対し請求することができない。

虫食い問題でチェック！

①損害賠償額の予定などには、損害賠償の額のほか［ A ］も含まれる。これを定めておくことによって、当事者は後日損害の発生や契約違反があった場合でも［ B ］の立証負担を負うことなく、あらかじめ定めていた額の賠償を得ることができる。

②上記の額があまりにも多額だと宅地建物の取引に不慣れな買主にとって酷となるので、宅建業者が自ら売主となる場合は、損害賠償の額と［ A ］の合算額は代金額の［ C ］以下に制限される。

答：A＝違約金、B＝実損額、C＝10分の2

解答・解説

⟹**答1**　×　本問の場合、**損害賠償の額**は代金6,000万円の **2/10**、つまり**1,200万円**を超える部分について**無効**となる。2,000万円とする特約自体は無効とならない（宅建業法38条2項）。

⟹**答2**　×　損害賠償額の予定等に関する規定は、**宅建業者間の取引に適用**されない（78条2項）。このため、代金の2割を超える特約は**有効**となる。なお、仮にBが宅建業者でなかったとしても、**損害賠償額の予定**を定めていない場合は、実際に発生した損害額の賠償を請求することができる（民法416条1項）。この場合、代金の額（4,000万円）の**2/10**を超える額を受領することができる（宅建業法38条1項）。よって、Aは宅建業法に違反**しない**。

⟹**答3**　○　**違約金**を2,000万円と定めても、価格5,000万円の **2/10を超える1,000万円超の部分**については**無効**であるから（38条2項）、請求できない。

次の記述のうち、正しいものには○、誤っているものには×をつけよ。

□□**問4**　宅地建物取引業者Aは、自ら売主として、宅地建物取引業者でないBとの間でマンション（代金3,000万円）の売買契約を締結した際に、AB間の債務不履行を理由とする契約解除に伴う違約金について300万円とする特約を定めた場合、加えて、損害賠償の予定額を600万円とする特約を定めた。Aは、宅地建物取引業法に違反しない。

□□**問5**　宅地建物取引業者Ａは、自ら売主となって、建築工事完了前の建物を、宅地建物取引業者でない買主Ｂに代金6,000万円で譲渡する契約を締結し、手付金として500万円を受け取った。契約締結の際、ＡＢの合意で、「相手方が契約の履行に着手した後契約を解除するには、1,200万円の違約金を支払わなければならない」との特約を結んだ場合、Ａは、宅地建物取引業法の規定に違反する。

□□**問6**　宅地建物取引業者Ａが自ら売主として、宅地建物取引業者でない買主Ｂと宅地（価格5,000万円）の売買契約を締結した場合において、「債務不履行による契約解除に伴う損害賠償の予定額と違約金の額をそれぞれ1,000万円とする」旨の特約をしたとしても、損害賠償と違約金を合計した額は、1,000万円となる。

□□**問7**　宅地建物取引業者Aが、自ら売主として、宅地建物取引業者でないBと中古の土地付建物の売買契約（代金5,000万円、手付金1,000万円）を締結する場合において、AB間で、手付金を違約手付とする旨の特約を定めたとしても、別途Bの債務不履行による契約解除に伴う損害賠償の予定額を定めることができる。

□□**問8**　宅地建物取引業者Ａが、自ら売主として宅地建物取引業者でない買主Ｂとの間で宅地の売買契約を締結した場合、当事者の債務不履行を理由とする契約の解除に伴う損害賠償の予定額を定めていない場合、損害賠償の請求額は売買代金の額を超えてはならない。

解答・解説

⟹**答4**　×　**債務不履行による契約解除**に関し、損害賠償の額を予定しまたは違約金を定めるときは、これらを**合算した額が代金額の2/10を超えてはならない**（宅建業法38条1項、2項）。本問の場合、**合算**額**900**万円は代金3,000万円の**2/10**を超えているので、宅建業法に違反する。

⟹**答5**　×　宅建業者が自ら売主となり、一般消費者が買主となる場合には、**損害賠償の予定または違約金の額を合算した額**は、代金額の**2/10**を超えることができない（38条1項）。しかし本問の場合には、違約金の額が**代金**額の**2/10**を超えていないので、宅建業法に違反**しない**。

⟹**答6**　○　**損害賠償の予定額と、違約金の額を合算した額**が**代金**額の**2/10**を超えることとなる特約をした場合には、**超える部分について無効**となり（38条2項）、合計した額は**代金**額の**2/10**の額となる。したがって、本問の場合、合算額は**1,000**万円であり、**正しい**。

⟹**答7**　×　**違約手付**1,000万円は、損害賠償の予定額を定めた手付であるから、さらに**別途代金の2割を超えて損害賠償の予定額を定めることが**できない（38条1項、民法420条3項）。

⟹**答8**　×　本問のように損害賠償の予定額を**定めていない**場合、代金額とは無関係に損害賠償を請求することができる（416条1項）。

宅建業法編

2章 宅地建物取引業法

18.担保特約の制限

めざせ7割！
1回目 ／7問
2回目 ／7問

民法の担保責任との違いを意識する（特約の期間）。また、担保責任に関する特約の制限は宅建業者間の取引に適用されないことに注意。

次の記述のうち、正しいものには○、誤っているものには×をつけよ。

□□**問1**　宅地建物取引業者Ａは、自ら売主として工事完了前のマンションを宅地建物取引業者であるＢに4,000万円で売却する契約を締結した。Ａは、担保責任について、当該マンションの引渡しの日から１年とする特約を結んだ。Ａは、宅地建物取引業法に違反する。

□□**問2**　宅地建物取引業者Ａ社は、自ら売主となって、工事完了前のマンションを宅地建物取引業者でない買主Ｂに4,000万円で譲渡する契約を締結し、手付金300万円を受け取った。ＡＢ間で、その譲渡価額についてＡ社が1,000万円値引きする代わりに、担保責任については、Ａ社の責めに帰するものに限るとの特約をした場合、Ｂは、この特約に拘束される。

□□**問3**　宅地建物取引業者Ａが、自ら売主として、宅地建物取引業者でない買主Ｂと締結した宅地の売買契約において、「Ａは、宅地の引渡しの日から2年間担保責任を負うが、Ｂが知っていた契約の不適合についてはその責任を負わない」旨定めた場合、その定めは無効である。

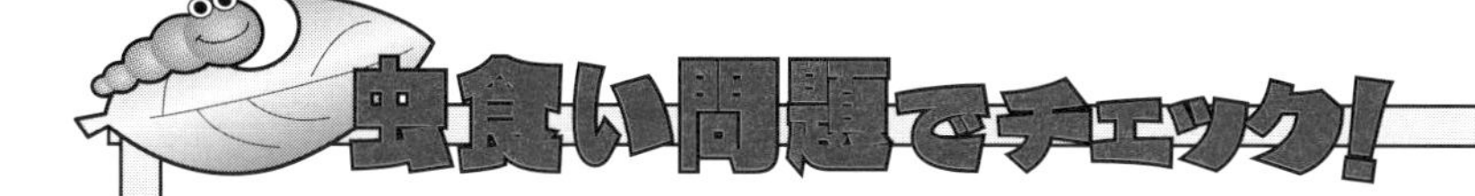

①宅地建物などの特定物の売買において、目的物が契約の内容に適合しない場合に売主が買主に対して負う責任を［ A ］という。買主は売主に対しこの責任を追及して、［ B ］や［ C ］をすることができる。

答：A＝担保責任、B＝契約の解除、C＝損害賠償請求（B・Cは順不同）

解答・解説

答1　×　**担保責任についての特約の制限**は、**宅建業者相互間の取引については適用がない**から、本問のような特約も宅建業法には違反しない（宅建業法40条、78条2項）。

答2　×　宅建業者自らが売主となる場合の売主の**担保責任**について、A社の責めに帰するものに限るとの特約は、**買主Bにとって不利**なものであり、Bはこの特約には拘束され**ない**（40条）。

答3　○　**宅建業者は、自ら売主となる不動産売買契約**において、担保責任を負うべき期間について、目的物引渡しの日から2年以上とする特約をする場合を除き、**民法の規定より買主に不利となる特約をしてはならない**。そして民法上、**買主が知っていた契約の不適合部分**についても、発見した時から1年以内に売主に通知し、そこから時効消滅するまでの期間であれば売主は**責任を負う**。本問の特約は民法より不利であるから、その定めは無効である（40条、民法566条）。

次の記述のうち、正しいものには○、誤っているものには×をつけよ。

□□**問4**　宅地建物取引業者Ａは、宅地の分譲を行っているテント張りの現地案内所において、宅地建物取引業者でないＢから宅地の購入の申込みを受け、自ら売主として、売買代金を4,000万円とする売買契約を締結した。「ＡがＢに引き渡した宅地が契約の内容に適合しないときは、Ｂが契約の不適合の部分を発見した時から１年半後まで、Ａが担保責任を負担する」旨を特約した場合、この特約は、宅地建物取引業法の規定によれば、有効である。

□□**問5**　宅地建物取引業者Ａが、自ら売主として、宅地建物取引業者でないＢに対し宅地（造成工事完了済）を分譲しようとする場合において、「Ａが担保責任を負うべき期間を当該宅地の引渡しの日から2年間とする」旨の特約をしたときでも、Ａは、Ｂが契約の内容に適合しない部分を発見した時から１年間は担保責任を負わなければならない。

□□**問6**　宅地建物取引業者Ａが、自ら売主として、宅地建物取引業者でないＢと建物の売買契約を締結した場合、「Ａが担保責任を負う期間は建物の引渡しの日から2年間とし、Ｂは、その期間内に、契約を解除することはできないが、損害賠償を請求することができる」旨の特約は無効である。なお、建物の引渡しの日は、契約締結の日の１月後とする。

□□**問7**　宅地建物取引業者Ａが、自ら売主として、宅地建物取引業者でない買主Ｂと締結した宅地の売買契約において、「Ａが担保責任を負う場合、Ｂは、損害賠償の請求をすることができるが、契約の解除ができるのは契約の不適合により契約をした目的を達成できないときに限る」旨定めた場合、その定めは無効である。

解答・解説

⟹**答4**　○　宅建業者の**担保責任**を、買主Bが**契約の不適合の部分**を**発見した時から1年半後まで**とする特約は、民法の規定と比べて、Bにとって有利なものであり、有効である。

⟹**答5**　×　本問のような特約は宅建業法40条1項の規定通りであり、**有効**である。宅建業者Aは、Bが**契約の内容に適合しない部分**を**発見した時**から1年間担保責任を負わなければならないものではない。

⟹**答6**　○　担保責任について、民法上買主Bは**契約解除と損害賠償請求ができる**。Bは**契約を解除できないとする特約**は、Bにとって**不利**であり、特約は**無効**である（宅建業法40条、民法564条）。

⟹**答7**　○　民法上、売買の目的物が**契約の内容に適合しない**場合に、買主は、**契約の解除**と**損害賠償請求をすることができる**。本問の記述は、民法の規定**に反する**内容であり、買主に**不利**となる特約であるから、**無効**である（宅建業法40条、民法564条）。

宅地建物取引業法

19.報　酬

めざせ7割！

1回目　／11問

2回目　／11問

売買・交換の場合と貸借の場合の規律の違いを理解する。

次の記述のうち、正しいものには○、誤っているものには×をつけよ。

□□**問1**　消費税の免税業者である宅地建物取引業者Ａは、消費税の課税業者である法人甲から媒介の依頼を受け、また、消費税の課税業者である宅地建物取引業者Ｂは、消費税の免税業者である乙から媒介の依頼を受けて、ＡＢ共同して、甲乙間に、甲の所有する事業用の宅地及び建物の売買契約を成立させた。この場合において、消費税込みの物件価額が宅地1,000万円、建物2,200万円の場合、Ｂの受領することのできる報酬の上限額は、96万円である。

□□**問2**　宅地建物取引業者Ａ（消費税課税事業者）が売主Ｂ（消費税課税事業者）からＢ所有の土地付建物の媒介依頼を受け、買主Ｃとの間で売買契約を成立させた場合、ＡがＢから受領できる報酬の限度額（消費税額及び地方消費税額を含む。）は、171万6,000円である。なお、土地付建物の代金は5,160万円（消費税額及び地方消費税額を合算した額160万円を含む。）とする。

□□**問3**　宅地建物取引業者Ａが、単独で貸主と借主双方から媒介を依頼され店舗用建物の賃貸借契約を成立させた場合、双方から受け取ることのできる報酬額の合計は借賃の1か月分以内である。

虫食い問題でチェック！

①宅建業者が売買・交換・貸借の契約を［ A ］または［ B ］して成約させたときの［ C ］額については上限が法定されており、いかなる場合であってもその国土交通大臣の定める［ C ］額を超えて［ C ］を受け取ってはならない。

②宅建業者は、その事務所ごとに公衆の見やすい場所に、国土交通大臣の定める［ C ］額を［ D ］しなくてはならない。

答：A＝媒介、B＝代理（A・Bは順不同）、C＝報酬、D＝掲示

解答・解説

⟹答1　×　建物の代金には消費税が含まれているが、土地の代金には消費税は含まれていない。また、**消費税の課税業者の場合**には、**報酬限度額に10%の消費税が加算**され、**免税業者の場合**には、仕入れに係る消費税及び地方消費税相当額の転嫁として、**報酬限度額に4.0%を限度とした額を加算**することができる。以上のことから、Bが受け取ることができる報酬限度額の基準となる代金は、土地代金1,000万円＋建物代金2,000万円（消費税抜きの建物の代金は、2,200万円÷1.1）＝3,000万円である。そしてBは依頼を受けた乙からのみ報酬を得られるので、**報酬の上限**は、3,000万円×３％＋６万円＝96万円。**Bは課税業者**であるから、96万円×1.1＝105万6,000円となる。

⟹答2　○　**報酬の計算の基礎となる取引代金**は、**消費税額及び地方消費税額を含まない本体価額**であるから、本問の場合、5,000万円（5,160万円－160万円）である。したがって、AがBから受領できる報酬の限度額は、156万円（5,000万円×３％＋６万円）に消費税額及び地方消費税額10％を上乗せした171万6,000円となる。

⟹答3　○　店舗用建物の**貸借の媒介の場合**、依頼者の双方から受け取ることのできる報酬額の合計は、**借賃の１か月分以内**である（旧建設省告示第1552号）。

次の記述のうち、正しいものには○、誤っているものには×をつけよ。

□□問4　宅地建物取引業者Ａが甲の媒介依頼を受け、宅地建物取引業者Ｂが乙の媒介依頼を受け、甲所有の宅地を代金4,000万円で乙が買うとの売買契約を成立させた場合、Ａが甲より132万3,000円、Ｂが乙より120万円受領したときは、宅地建物取引業法の規定に違反しない。なお、Ａと乙は消費税の課税事業者、Ｂと甲は消費税の免税事業者とする。

□□問5　甲所有の宅地（3,000万円）について、甲から代理の依頼を受けた宅地建物取引業者Ａと、買主乙から媒介の依頼を受けた宅地建物取引業者Ｂとが共同して、売買契約を成立させ、Ａが甲から192万円、Ｂが乙から96万円を受領したときは、宅地建物取引業法に違反しない。ただし、Ａ・Ｂともに、消費税の免税業者である。

□□問6　甲所有の宅地（1,800万円）と乙所有の宅地（2,000万円）の交換について、甲から媒介の依頼を受けた宅地建物取引業者Ａと、乙から媒介の依頼を受けた宅地建物取引業者Ｂとが共同して、交換契約を成立させ、Ａが甲から66万円、Ｂが乙から66万円の報酬を受領したときは、宅地建物取引業法に違反しない。ただし、Ａ・Ｂともに、消費税の免税業者であるものとする。

□□問7　甲所有の店舗用建物の賃貸借について、甲から媒介の依頼を受けた宅地建物取引業者Ａが、甲と借主乙との間に、賃貸借契約（借賃月額40万円、保証金1,500万円。ただし、この保証金は、乙の退去時に乙に返還するものとする。）を成立させ、甲から51万円の報酬を受領した。Ａは、宅地建物取引業法に違反しない。ただし、Ａは消費税の免税事業者であるものとする。

解答・解説

答4 ○ **土地は消費物ではなく**、その代金に消費税は含まれ**ない**。本問の場合、**代金4,000万円を基準**として**報酬額の上限を計算**し、この報酬額に**課税事業者は消費税額を加算**し、**免税事業者は消費税及び地方消費税の転嫁額を加算**すればよい。課税事業者Aの報酬額の上限は（4,000万円×3％＋6万円）×1.1＝**138**万**6,000**円、免税事業者Bの報酬額の上限は（4,000万円×3％＋6万円）×1.04＝**131**万**400**円となる。したがって本問の場合、ABともに受け取った額は上限以内で**あり**、宅建業法の規定に違反**しない**。

答5 × 3,000万円の土地の売買契約の場合に、代理人である免税事業者Aが受領できる**報酬限度額**は、（3,000万円×3％＋6万円）×1.04＝**99**万**8,400**円の**2**倍以内である。また、媒介人である免税事業者Bが受け取れる報酬限度額は（3,000万円×3％＋6万円）×1.04＝**99**万**8,400**円である。しかし、一取引に宅建業者が何人かかわろうと、**双方の依頼者が支払う報酬額の合計は99万8,400円の2倍を超えることはない**。本問の場合には、総額でこれを超えており、宅建業法に違反**する**。

答6 ○ **交換の場合**には、交換の目的物の**いずれか高い方の価額を基準**として報酬額の上限を算定する。ABともに媒介人であり免税事業者である。両者がそれぞれ受領できる報酬額の上限は、（2,000万円×3％＋6万円）×1.04＝**68**万**6,400**円である。本問ではこの範囲内で**ある**から、宅建業法に違反**しない**。

答7 × **居住用以外の建物の賃貸借**について**権利金の授受**がある場合には、**権利金の額を売買の価額とみなして報酬額を計算**することができる。権利金とは、権利設定の対価として授受される金銭であり、返還されないものをいう。**保証金**は退去時に返還されるもので、権利金とは**異なる**。したがって本問の場合には、原則通り**賃料の月額**が報酬額の上限となる。免税事業者Aの報酬は、**40**万円×1.04＝**41**万**6,000**円が上限である。

次の記述のうち、正しいものには○、誤っているものには×をつけよ。

□□**問8**　宅地建物取引業者Ａ（消費税の免税業者）は甲から代理依頼を、また、宅地建物取引業者Ｂ（消費税の課税業者）は乙から媒介依頼を受けて、共同して甲乙間に、甲所有の居住用建物の賃貸借契約を借賃月額24万円で成立させ、Ａは甲から24万円、Ｂは乙から12万円の報酬を受領したときは、宅地建物取引業法に違反しない。

□□**問9**　宅地建物取引業者Ａ（消費税の免税業者）が、甲の媒介依頼を受けて、甲所有の事務所ビルの１室を権利金（権利設定の対価として支払われる金銭で、返還されないものをいう。）300万円、借賃月額13万円で、賃貸借契約を成立させ、甲から14万円の報酬を受領したときは、宅地建物取引業法に違反しない。

□□**問10**　宅地建物取引業者Ａは、造成工事完了前の宅地を自ら売主として売却するため、他の宅地建物取引業者Ｂ（消費税免税業者）にその代理を依頼し、宅地建物取引業者Ｃに１億円で売却する契約を締結した。この場合、ＢがＣから契約の締結に関し300万円の報酬を受け取ったときでも、ＢはＡから600万円の代理の報酬を受け取ることができる。

□□**問11**　宅地建物取引業者Ａ（消費税課税事業者）は、土地付建物について、売主Ｂから媒介を依頼され、代金300万円（消費税等相当額を含み、土地代金は80万円である。）で契約を成立させた。現地調査等の費用については、通常の売買の媒介に比べ５万円（消費税等相当額を含まない。）多く要する旨、Ｂに対して説明し、合意の上、媒介契約を締結した。この場合、ＡがＢから受領できる報酬の限度額は20万200円である。

解答・解説

答8 × **貸借の代理**の場合には、依頼者から賃料**1か月**分の報酬を受け取ることができる。**媒介**の場合には、一方の依頼者から受領できるのは居住用建物であれば**半月分**が限度である。しかし**複数の宅建業者がかかわった取引**の場合には、**かかわった宅建業者全員が受領する報酬の総額は賃料の1か月分を超えることはできない**。したがって本問の場合には、ABが受領した総額でこの限度を超え**ており**、宅建業法に違**反する**。

答9 ○ **居住用以外の建物**であれば、**権利金の額を売買の価額とみなして報酬額の上限を算出**できる。したがってAが受領できる報酬の限度額は、(300万円×4%+2万円)×1.04=**14万5,600**円以内であれば、宅建業法に違反しない。

答10 × **売買の代理**の場合に依頼者から受領できる報酬の額は、**契約当事者双方から報酬を受ける場合**であっても、**媒介の場合に一方から受領できる額の2倍を超えることはできない**。したがって、免税業者Bが受領できる報酬の限度額は(1億円×3%+6万円)×2×1.04=**636万4,800**円であるから、BはAから600万円の報酬を受け取ることが**できない**。

答11 × 物件の価額が400万円以下の売買または交換の媒介の場合で、**通常の売買または交換の媒介と比較して現地調査等の費用を要するもの**は、依頼者(売主または交換主)から受け取れる報酬額について、**媒介報酬と現地調査費を合わせて18万円**を上限に受け取ることができる。ただし、宅地建物取引業者は、媒介契約の締結時に、あらかじめ報酬額について依頼者に対して説明し、合意をもらう必要がある(国交省告示第1155号)。したがって、報酬額と現地調査費を合わせた**18万円**に、消費税課税事業者であるので、その1.1倍となる**19万8,000円**が報酬の限度額であるから、20万200円を受け取ることが**できない**。

宅建業法編

2章 宅地建物取引業法

20.監督処分

めざせ7割！
1回目　／22問
2回目　／22問

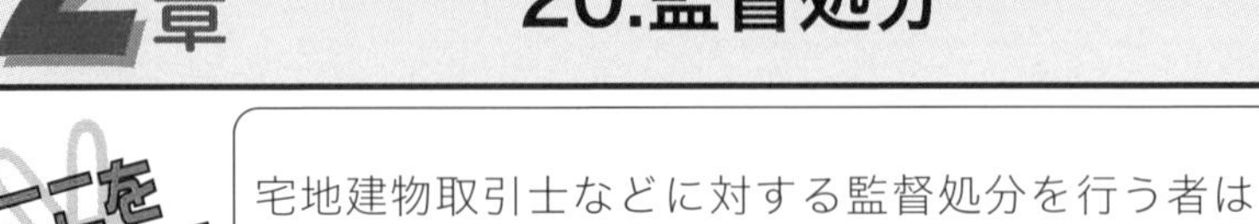

ここを押さえる！

宅地建物取引士などに対する監督処分を行う者は都道府県知事であり、国土交通大臣ではないことに注意。

次の記述のうち、正しいものには○、誤っているものには×をつけよ。

□□**問1**　宅地建物取引業者は、宅地建物取引業法第35条に規定する重要事項の説明を怠った場合、1年間の業務の停止を命ぜられることがある。

□□**問2**　宅地建物取引業者A（甲県知事免許）は、マンション管理業に関し、不正又は著しく不当な行為をしたとして、マンションの管理の適正化の推進に関する法律に基づき、国土交通大臣から業務の停止を命じられた。この場合、Aは、甲県知事から宅地建物取引業法に基づく指示処分を受けることがある。

□□**問3**　団地造成の許認可の便宜を図ってもらうため、賄賂を供与し、刑法第198条の罪（贈賄罪）を犯したとして、罰金の刑に処せられた宅地建物取引業者は、宅地建物取引業法に基づく監督処分の対象となることがない。

□□**問4**　甲県に本店（従業者13人）、乙県に支店（従業者5人）を有する個人である宅地建物取引業者Ａが支店において宅地の売買契約を締結した場合で、宅地建物取引業法第37条の規定に基づく書面を交付しなかったときは、乙県知事は、1年以内の期間を定めて、支店だけでなく、本店における業務の停止を命ずることができる。

虫食い問題でチェック！

①監督処分の主なものは、(i) 宅建業者に対する指示処分・業務停止処分・［ A ］処分と、(ii) 宅地建物取引士に対する指示処分・事務禁止処分・［ B ］処分である。

②処分権者は、宅建業者に対しては［ C ］(都道府県知事または国土交通大臣)、宅地建物取引士に対しては登録をしている［ D ］である。

答：A＝免許取消、B＝登録消除、C＝免許権者、D＝都道府県知事

解答・解説

⇒**答1**　○　**重要事項の説明を怠った場合、1年以内の期間**を定めて**業務停止を命じられることがある**（宅建業法65条2項2号、35条）。

⇒**答2**　×　免許権者である甲県知事から**指示処分**を受けるのは、**宅地建物取引業に関し、違反をした場合である**（65条1項3号）。本問の場合、宅地建物取引業に関する違反ではないため、宅建業法に基づく指示処分を受けることはない。

⇒**答3**　×　本問の場合、**業務に関し他の法令に違反**し宅建業者として不適当であると認められるため、**監督処分の対象**となる（65条1項3号）。

⇒**答4**　○　**乙県知事**は、乙県の区域内で37条の規定に基づく書面を交付しなかったA（国土交通大臣免許）に対し、**業務停止処分**をすることが**できる**（65条4項2号）。

次の記述のうち、正しいものには○、誤っているものには×をつけよ。

□□**問5**　甲県内にのみ事務所を設置している宅地建物取引業者Aが、自ら売主として乙県内でマンション（建築工事完了前）の分譲を行う場合において、Aが乙県知事の免許を受けた宅地建物取引業者Bの名義でマンションの分譲の広告をしたとき、甲県知事は、Aに対し必要な指示をすることができる。

□□**問6**　宅地建物取引業者A（甲県知事免許）が、その業務に関して広告をし、宅地建物取引業法第32条（誇大広告等の禁止）の規定に違反した場合、甲県知事は、Aに対して業務の停止を命ずるとともに、実際に広告に関する事務を行った宅地建物取引士に対して必要な指示をすることができる。

□□**問7**　宅地建物取引業者は、国土利用計画法の規定に違反して刑罰に処せられた場合、これに伴い、宅地建物取引業法の罰則の適用を受けることはないが、業務停止処分を受けることはある。

□□**問8**　宅地建物取引業者が宅地建物取引業法第65条第2項の規定による業務停止の処分を受けた場合、宅地建物の販売をすることができないが、当該処分期間経過後の販売に関し、あらかじめ広告をすることはできる。

□□**問9**　宅地建物取引業者A（法人）の取締役かつ宅地建物取引士であるBが、宅地建物取引士の事務に関し1年間の事務禁止の処分を受けた場合で、Aの責めに帰すべき理由があるとき、情状のいかんにかかわらず、このことを理由としてAの免許が取り消されることはない。

□□**問10**　甲県知事の免許を受けた宅地建物取引業者Aが免許を受けてから1年以内に事業を開始しない場合、甲県知事は、Aに対し、1年以内の期間を定めて業務停止を命ずることができる。

解答・解説

⟹**答5**　○　**他人名義**で宅建業を営んだ場合、免許権者の甲県知事は、Aに対し**指示処分をすることができる**（宅建業法13条2項、65条1項、2項）。

⟹**答6**　×　**広告に関する事務**を行った宅地建物取引士は、「宅地建物取引士として行う事務に関し」不正または著しく不当な行為をしたとは**いえず**、指示処分を受けることがない（65条2項2号、68条1項3号）。

⟹**答7**　○　業務に関し**他の法令に違反し宅建業者として不適当**であると認められたときは、**業務停止処分**を受けることはあるが、**罰則の適用**を受けることはない（65条2項1号）。

⟹**答8**　×　**業務停止処分期間中**は、処分期間経過後に行う業務に関する広告であってもすることはできない。

⟹**答9**　×　宅地建物取引士が事務禁止処分を受けた場合で、法人Aの責めに帰すべき理由があるときは、Aは**業務停止**処分に処せられる。そして、**情状が特に重いときは**免許**が**取り消される（68条2項、65条1項4号、2項1号の2、66条1項9号）。

⟹**答10**　×　免許を受けてから**1年以内に事業を開始しない場合**、Aは**免許を取り**消される（66条1項6号）。

次の記述のうち、正しいものには○、誤っているものには×をつけよ。

□□**問11** 甲県内にのみ事務所を設置している宅地建物取引業者Ａが、自ら売主として乙県内でマンション（建築工事完了前）の分譲を行う場合において、Ａが乙県内にも事務所を有することとなったが、国土交通大臣の免許を受けていないことが判明したとき、甲県知事は、Ａに対し1年以内の業務停止を命ずることができる。

□□**問12** 取締役甲が、団地造成の用地交渉で土地所有者に傷害を与え、刑法第204条の罪（傷害）を犯したとして罰金の刑に処せられた場合、宅地建物取引業者Ａ社は、宅地建物取引業法に基づく監督処分の対象となることがない。

□□**問13** 宅地建物取引業者Ａ（法人）の非常勤の顧問であり、Ａに対し取締役と同等の支配力を有するものと認められるＣが、刑法第247条（背任）の罪により罰金の刑に処せられたとき、このことを理由としてＡの免許が取り消されることはない。

□□**問14** 宅地建物取引業者Ａ（甲県知事免許）が乙県の区域内における業務に関し宅地建物取引業法第32条（誇大広告等の禁止）の規定に違反し、乙県知事から業務停止処分を受けた場合で、Ａがその処分に違反したとき、甲県知事は、Ａの免許を取り消さなければならない。

□□**問15** 甲県知事から免許を受けている宅地建物取引業者Ａ（法人）の役員の１人が、刑法第209条（過失傷害）の罪により3年前に罰金の刑に処せられ、罰金を納付していることが判明した場合、甲県知事は、Ａの免許を取り消さなければならない。

□□**問16** 宅地建物取引業者Ａ（甲県知事免許）が、乙県の区域内の業務に関し乙県知事から指示を受け、その指示に従わなかった場合で、情状が特に重いとき、国土交通大臣は、Ａの免許を取り消すことができる。

解答・解説

答11 ×　免許換えを要する場合に、**免許換えをしていないことが判明**したときは、**免許が取り消される**（宅建業法66条1項5号）。

答12 ×　A社の**役員が傷害罪**（刑法204条）により罰金の刑に処せられた場合、**A社の免許は取り消される**（宅建業法5条1項6号、66条1項3号）。

答13 ×　**非常勤であっても、取締役と同等の支配力を有するもの**と認められるCは、「役員」とみなされる。Cが**背任罪**（刑法247条）により罰金の刑に処せられたときは、**法人Aの免許は取り消される**（宅建業法5条1項6号、66条1項3号）。

答14 ○　乙県知事から**業務停止処分**を受けたAが、その**処分に違反したとき**は、免許権者である甲県知事が、Aの**免許を取り消さなければならない**（66条1項9号、65条4項2号）。

答15 ×　本問の場合は、**免許取消事由**に該当**しない**から、甲県知事はAの免許を取り消すことは**できない**（5条1項6号、66条1項3号）。

答16 ×　宅建業者A（甲県知事免許）の**免許を取り消す**ことができるのは、**免許権者**である**甲県知事**だけである（66条1項）。

次の記述のうち、正しいものには○、誤っているものには×をつけよ。

□□**問17** 宅地建物取引業者Ａ（甲県知事免許）が、乙県の区域内の業務に関し甲県知事から指示を受け、その指示に従わなかった場合、乙県知事は、Ａに対し業務停止の処分をすることができる。

□□**問18** 宅地建物取引士は、宅地建物取引士証を紛失した場合、その再交付がなされるまでの間であっても、宅地建物取引士証を提示することなく、重要事項説明を行ったときは、宅地建物取引士としてすべき事務を行うことを禁止されることがある。

□□**問19** 甲県知事の登録を受けて、宅地建物取引業者Ａの事務所ａで専任の宅地建物取引士として従事しているＢがＣにＢの名義の使用を許し、ＣがＢの名義を使用して宅地建物取引士である旨の表示をした場合、その情状が特に重いときは、甲県知事は、Ｂの登録を消除しなければならない。

□□**問20** 甲県知事の登録を受けて、宅地建物取引業者Ａの事務所ａで専任の宅地建物取引士として従事しているＢが不正の手段により甲県知事の登録を受けたときは、宅地建物取引業法に違反し、罰金の刑に処せられることがある。

□□**問21** Ａが役員をしている宅地建物取引業者Ｂ社が、不正の手段により宅地建物取引業の免許を受けたとしてその免許を取り消されても、Ａは、宅地建物取引士証の交付を受けていなければ、その登録を消除されることはない。

□□**問22** 登録を受けている者で、宅地建物取引士証の交付を受けていない者が、宅地建物取引業法第35条に規定する重要事項説明を行い、書面に記名した場合で、情状が特に重いときは、登録を消除される。

解答・解説

⟹**答17** ○　宅建業者に対する**指示処分**は、免許権者ばかりでなく**業務地を管轄する知事**も行うことができる。そして、いずれの指示であっても宅建業者がそれに従わなかった場合、免許権者も**業務地を管轄する知事**も、**業務停止処分を行うことができる**（宅建業法65条1項、3項、2項3号、4項）。

⟹**答18** ○　理由のいかんを問わず、**宅地建物取引士証を提示しないで重要事項の説明**を行ったときは、宅地建物取引士として行う事務に関し、不正または著しく不当な行為をしたものとして、**事務禁止処分の対象**となる（68条1項3号、2項）。

⟹**答19** ○　宅地建物取引士Ｂが**他人に自己名義使用を許し**、その他人が名義を使用して宅地建物取引士である旨の表示をした場合、**情状が特に重いときは、甲県知事はＢの登録を消除しなければならない**（68条1項2号、68条の2第1項4号）。

⟹**答20** ×　**不正の手段**により登録を受けた場合、**罰則の適用がない**。ただし、登録を消除される（68条の2第1項2号）。

⟹**答21** ×　不正手段による免許取得を理由としてＢ社の**免許が取り消された場合、役員Ａの登録は消除される**（68条の2第2項1号、18条1項3号、66条1項8号）。

⟹**答22** ○　本問のような「宅地建物取引士資格者」が、**重要事項説明など宅地建物取引士としてすべき事務**を行い、**情状が特に重いときは、登録が消除される**（68条の2第2項3号）。

宅建業法編

章

宅地建物取引業法

21.罰則その他

／5問

2回目

／5問

両罰規定が適用される場合とその例外について理解する。

次の記述のうち、正しいものには○、誤っているものには×をつけよ。

□□**問1**　建売住宅の分譲について、建築確認が下りる前に「建築確認申請中」として新聞広告をした場合、宅地建物取引業法に違反して、20万円以下の罰金に処せられることがある。

□□**問2**　宅地建物取引業者A（甲県知事免許）は、法第72条第1項に基づく甲県職員による事務所への立入検査を拒んだ。この場合、Aは、50万円以下の罰金に処せられることがある。

□□**問3**　宅地建物取引業者Ａが宅地建物取引業を廃止した旨の届出をした後においても、Ａは、届出前に締結した宅地分譲の契約に基づく当該宅地の引渡しを不当に遅延する行為をしてはならない。

□□**問4**　甲県知事の免許を受けている宅地建物取引業者Ａが死亡した場合、Ａの一般承継人は、Ａが締結した契約に基づく取引を結了する目的の範囲内において、なお宅地建物取引業者とみなされる。

□□**問5**　宅地建物取引業者Ａが不正の手段により免許を取得したとして、その免許を取り消された場合でも、Ａがその取消し前に締結した宅地の売買契約に基づき行う債務の履行については、宅地建物取引業法第12条の無免許事業の禁止規定に違反しない。

虫食い問題でチェック！

①違反行為者だけでなく、業務を行わせている法人または人に対しても罰則を科す規定を［ A ］という。

②法人または人が、代理人・使用人その他の従業者の違反行為を防止するために相当の［ B ］を尽くし、そのことの証明があったときは、その法人または人に対し［ A ］は適用されない。

答：A＝両罰規定、B＝注意及び監督

解答・解説

答1　×　**「建築確認申請中」との新聞広告**は、広告の開始時期の制限に違反する（宅建業法33条）。ただし、**罰則の適用はない**。

答2　○　立入検査を拒んだり妨害した場合、宅地建物取引業法83条1項6号により、**50万円以下の罰金**に処せられることがある。

答3　○　**廃業した場合**でも、宅建業者であった者が締結した契約に基づく**取引を結了する範囲内**では、なお**宅建業者**とみなされるから、宅地の引渡しを不当に遅延する行為をしては**ならない**（宅建業法76条、44条）。

答4　○　宅建業者Aが死亡した場合、**一般承継人（相続人）**は、Aが締結した契約に基づく**取引を結了する目的の範囲内**において、なお**宅建業者**とみなされる（76条）。

答5　○　免許を取り消された場合でも、その**取消し前に締結した契約**に基づく**取引を結了する目的の範囲内**においては、**宅建業者**とみなされる。**無免許事業の禁止規定**には違反**しない**（76条）。

宅建業法編

宅地建物取引業法

章 22.その他宅建業者の義務・履行確保法

めざせ7割！

1回目　／4問

2回目　／4問

履行確保法は、平成22年度より追加された試験科目である。資力確保措置を講ずる義務がある場合、その手続方法を理解する。

次の記述のうち、正しいものには○、誤っているものには×をつけよ。

□□**問1**　宅地建物取引業者は、自ら売主として宅地建物取引業者である買主との間で新築住宅の売買契約を締結し、当該住宅を引き渡す場合、資力確保措置を講ずる義務を負う。

□□**問2**　自ら売主として新築住宅を販売する宅地建物取引業者は、住宅販売瑕疵担保保証金の供託をする場合、宅地建物取引業者でない買主に対して供託所の所在地等について記載した書面の交付及び説明を、新築住宅を引き渡すまでに行えばよい。

□□**問3**　宅地建物取引業者は、自ら売主として新築住宅を販売する場合だけでなく、新築住宅の売買の媒介をする場合においても、資力確保措置を講ずる義務を負う。

□□**問4**　自ら売主として新築住宅を宅地建物取引業者でない買主に引き渡した宅地建物取引業者は、基準日ごとに当該基準日に係る資力確保措置の状況について、その免許を受けた国土交通大臣又は都道府県知事に届け出なければならない。

①履行確保法の対象となる住宅としては、戸建ての住宅や分譲マンションはもちろん、[A]住宅も対象となり、その住宅の範囲としては、[B]な部分及び[C]を防止する部分である。

②資力確保措置としては、住宅販売瑕疵担保[D]の供託または住宅販売瑕疵担保[E]の締結が義務付けられている。

答：A＝賃貸、B＝構造耐力上主要、C＝雨水の浸入
D＝保証金、E＝責任保険契約

解答・解説

答1　×　履行確保法は、**宅建業者相互間**の取引には**適用されない**（履行確保法2条7項ロ）。したがって、資力確保措置を講ずる義務が**ない**。

答2　×　買主に対する供託所の所在地等について記載した**書面の交付及び説明は**、**売買契約締結**までに行わなければならない（15条）。

答3　×　履行確保法は、宅建業者が**自ら売主**となって**新築**住宅を販売する場合に、その瑕疵担保責任を確実に履行させることを目的とした法律である（1条）。宅建業者が**媒介**で関与する場合、宅建業者は義務を**負わない**。

答4　○　自ら売主として、宅建業者でない買主に新築住宅を販売した宅建業者は、係る**資力確保措置の状況**について、**基準日**ごとに免許権者に対して届け出る義務を**負う**（4条）。

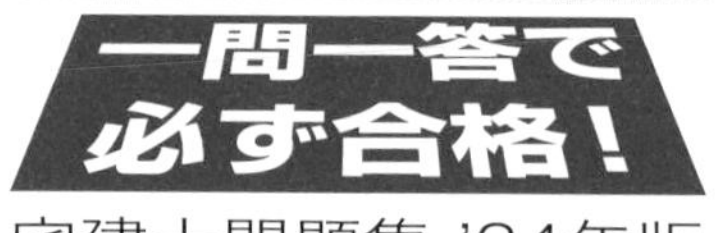

宅建士問題集 '24年版

3章　法令上の制限編

◆法令上の制限編の勉強法◆

法令上の制限分野は、一見無味乾燥で暗記に頼らざるを得ない項目が多いところです。しかし、内容を理解して頭の中でイメージを作ることで、記憶を助けることもできます。都市計画法では市街化区域や市街化調整区域という用語がいたるところで出てきます。この用語の定義を丸暗記するだけではなく、たとえば**「市街化」という用語の意味を「建物がたくさん建っている状態」とイメージ**した上で定義を記憶すれば、市街化区域と市街化調整区域の性質の違いが明確になり、それぞれの区域ごとの制限内容の違いも記憶しやすくなるのです。同様のことは用途地域にも当てはまります。**用途地域とは、「建物の使い道を制限する区域」**です。**13種類**ある用途地域それぞれをイメージすることで、制限内容も記憶しやすくなるのです。また、宅建業法上の宅地の定義など他の法令で用途地域という用語が出てくることもありますが、その場合も用語の意味を考えれば、なぜそのような定めになっているかが理解しやすくなります。

なお、区画法、農地法、盛土法はわずかに1問ずつの出題ですが、これを最初から捨てるようでは合格は困難です。範囲が狭く、過去の出題が何度も繰り返し出題され、得点しやすい科目ですから、確実に得点につなげましょう。

法令上の制限編の問題・解説文では、本試験に準拠し、以下の略語を用いている場合があります。

〔都市計画法〕

略語	正式名称
都計法	都市計画法

〔建築基準法〕

略語	正式名称
建基法	建築基準法
則	建築基準法施行規則
令	建築基準法施行令
別表	建築基準法別表
建蔽率	建築物の建築面積の敷地面積に対する割合
容積率	建築物の延べ面積の敷地面積に対する割合
建蔽率制限	建築物の建築面積の敷地面積に対する割合の制限
日影規制	日影による中高層の建築物の高さの制限

〔その他〕

略語	正式名称
国土法	国土利用計画法
盛土法	宅地造成及び特定盛土等規制法
盛令	宅地造成及び特定盛土等規制法施行令
区画法	土地区画整理法

法令上の制限編

章

都市計画法

1.都市計画の内容・手続

めざせ7割!

1回目　／32問

2回目　／32問

地域地区の種類（用途地域、特別用途地区、高度地区等）、都市施設の種類、地区計画の種類、都市計画の決定手続に注意して学習する。

次の記述のうち、正しいものには○、誤っているものには×をつけよ。

□□**問1**　都市計画は、都市の健全な発展と秩序ある整備を図るための土地利用、都市施設の整備及び市街地開発事業に関する計画で、都道府県が決定するときは、関係市町村の意見を聴き、かつ、都道府県都市計画審議会の議を経なければならない。

□□**問2**　土地区画整理事業等の市街地開発事業だけではなく、道路、公園等の都市計画施設の整備に関する事業についても、都市計画事業として施行することができる。

□□**問3**　市町村は、都市計画を決定しようとするときは、あらかじめ、都道府県知事に協議し、その同意を得なければならない。

□□**問4**　第一種低層住居専用地域に関する都市計画には、建築物の高さの限度を定めることとされている。

□□**問5**　市街化区域は、既に市街地を形成している区域及びおおむね10年以内に優先的かつ計画的に市街化を図るべき区域であり、市街化調整区域は、市街化を抑制すべき区域である。

虫食い問題でチェック！

①すでに市街地を形成している区域及びおおむね10年以内に優先的かつ計画的に市街化を図るべき区域のことを［ A ］という。また、市街化を抑制すべき地域のことを［ B ］という。

②市街化区域を用途に分けて開発規制するために［ C ］の指定が行われる。［ C ］は①住宅地、②［ D ］、③工業地に大別でき、［ D ］には、近隣［ E ］地域と［ E ］地域の2種類がある。

答：A＝市街化区域、B＝市街化調整区域、C＝用途地域
D＝商業地、E＝商業

解答・解説

⇒**答1**　○　**都市計画**とは、都市の健全な発展と秩序ある整備を図るための「土地利用」「都市施設の整備」「市街地開発事業」に関する計画をいう。また、都道府県が都市計画を決定する場合は、**関係市町村の意見を聴くとともに都道府県都市計画審議会の議を経なければならない**とされている（都計法4条1項、18条1項）。

⇒**答2**　○　**都市計画事業**には市街地開発事業のほか、**都市計画施設の整備に関する事業**が含まれる（4条15項）。

⇒**答3**　×　**知事の同意**は不要である（19条3項）。

⇒**答4**　○　**第一種低層住居専用地域**に関する都市計画には、**建築物の高さの限度を必ず定める**こととされている（8条3項2号ロ）。その最高限度は10mまたは12mでなければならない（建基法55条1項）。

⇒**答5**　○　**都市計画**においては、**市街化区域**と**市街化調整区域**との区分を定める**ことができる**（都計法7条1項）。両区域の意義は、**記述の通り**である（同条2項、3項）。なお、区域区分の定められていない都市計画区域は、通称「非線引区域」と呼ばれている。

次の記述のうち、正しいものには○、誤っているものには×をつけよ。

□□**問6**　市街化区域及び市街化調整区域に関する都市計画は、都道府県が定める。

□□**問7**　地域地区について都市計画を定める場合、市街化区域については、少なくとも用途地域を定めるものとし、市街化調整区域については、原則として用途地域を定めないものとされている。

□□**問8**　第一種住居地域、第二種住居地域及び準住居地域については、都市施設のうち少なくとも道路、公園、下水道及び義務教育施設を定める。

□□**問9**　用途地域に関する都市計画には、建築物の延べ面積の敷地面積に対する割合を定めなければならない。

□□**問10** 第二種低層住居専用地域は、主として住居の環境を保護するため定める地域である。

□□**問11** 第二種中高層住居専用地域は、中高層住宅に係る良好な住居の環境を保護するため定める地域である。

□□**問12** 第二種中高層住居専用地域に関する都市計画には、建築物の高さの最高限度及び最低限度を定めることとされている。

□□**問13** 工業専用地域は、主として工業の利便を増進するため定める地域である。

解答・解説

⟹**答6** ○　**市街化区域及び市街化調整区域に関する都市計画**は、**都道府県**が定める（都計法15条1項2号）。

⟹**答7** ○　**市街化区域**については、少なくとも**用途地域を定める**ものとし、**市街化調整区域**については、原則として**用途地域を定めない**ものとされている（13条1項7号）。

⟹**答8** ○　**市街化区域及び非線引区域**については、都市施設のうち少なくとも**道路、公園、下水道を定める**ものとされている。また、住居系用途地域については、さらに**義務教育施設を定める**ものとされている（13条1項11号）。

⟹**答9** ○　**用途地域**においては、**建築物の延べ面積の敷地面積に対する割合（容積率）**を都市計画に定め**なければならない**とされている（8条3項2号イ）。

⟹**答10** ×　**第二種低層住居専用地域**とは、主として**低層住宅に係る良好な住居の環境を保護する**ため定める地域である（9条2項）。

⟹**答11** ×　**第二種中高層住居専用地域**は、**主として**中高層住宅に係る良好な住居の環境を保護するため定める地域である。本問は、**第一種中高層**住居専用地域についての説明である（9条3項、4項）。

⟹**答12** ×　**第二種中高層住居専用地域**に関する都市計画には、建築物の高さの最高限度及び最低限度を定めることとされて**いない**。

⟹**答13** ×　**工業専用地域**は、工業の利便を増進するため定める地域である。**「主として」の文言が入ると、工業地域**についての説明となる（9条12項、13項）。

次の記述のうち、正しいものには○、誤っているものには×をつけよ。

□□**問14** 第一種中高層住居専用地域は、中高層住宅に係る良好な住居の環境を保護するために定める地域であり、その都市計画には、建築物の高さの最低限度又は最高限度を定めなければならない。

□□**問15** 特定街区に関する都市計画には、建築物の延べ面積の敷地面積に対する割合並びに建築物の高さの最高限度及び壁面の位置の制限を定めることとされている。

□□**問16** 特別用途地区は、土地の利用の増進、環境の保護等を図るため定める地区であることから、その区域内においては、用途地域で定める建築物の用途に関する制限を強化することができるが、制限を緩和することはできない。

□□**問17** 高度利用地区は、用途地域内において市街地の環境を維持し、又は土地利用の増進を図るため、建築物の高さの最高限度又は最低限度を定める地区である。

□□**問18** 高度地区は、用途地域内において市街地の環境を維持し、又は土地利用の増進を図るため、容積率の最高限度又は最低限度を定める地区である。

□□**問19** 都市計画には、道路、公園等の都市施設のうち当該都市計画区域において必要なものを定め、当該都市計画区域外に都市施設を定めることはできない。

□□**問20** 都市計画事業の認可の告示があった後に当該認可に係る事業地内の土地建物等を有償で譲り渡そうとする者は、施行者の許可を受けなければならない。

解答・解説

⟹**答14** ×　第一種中高層住居専用地域の定義は正しい。その**都市計画で定めるべきもの**は建蔽率であって、**建築物の高さの最低限度や最高限度ではない**（都計法9条3項、8条3項2号ハ）。

⟹**答15** ○　**特定街区**に関する**都市計画**には、容積率（**建築物の延べ面積の敷地面積に対する割合**）と**建築物の高さの最高限度、壁面の位置の制限**を定めることとされている（8条3項2号リ）。

⟹**答16** ×　**特別用途地区内**においては、地方公共団体は、その地区の指定の目的のために必要と認める場合には、国土交通大臣の承認を得て、**条例で**、用途地域内の建築物の**用途制限を緩和**することができる（建基法49条2項、48条1項～13項）。

⟹**答17** ×　**高度利用地区**とは、用途地域内の市街地における土地の合理的かつ健全な高度利用と都市機能の更新とを図るため、①建築物の**容積率**の最高限度と最低限度、②建築物の**建蔽率**の最高限度、③建築物の**建築面積**の最低限度、④**壁面の位置**の制限を定める地区である（都計法9条19項）。

⟹**答18** ×　**高度地区**は、用途地域内において市街地の環境を維持し、または土地利用の増進を図るため、**建築物の高さの最高限度または最低限度**を定める地区である（9条18項）。

⟹**答19** ×　**都市計画**には、特に必要があるときには、都市計画**区域外**において、**都市施設を定めることができる**（11条1項柱書）。

⟹**答20** ×　都市計画事業の認可の告示後、事業地内の土地建物等を有償で譲り渡そうとする者は、**事前に施行者に届け出なければならない**（67条1項）。

次の記述のうち、正しいものには○、誤っているものには×をつけよ。

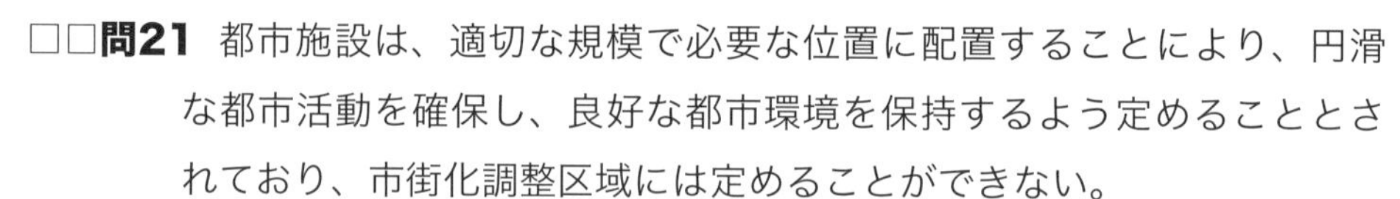

□□**問21** 都市施設は、適切な規模で必要な位置に配置することにより、円滑な都市活動を確保し、良好な都市環境を保持するよう定めることとされており、市街化調整区域には定めることができない。

□□**問22** 地区計画等とは、一定のまとまりのある地区を対象にその地区の実情にあったきめ細かい規制等を行うことを内容とするもので、地区計画、沿道地区計画、集落地区計画、防災街区整備地区計画及び歴史的風致維持向上地区計画をいう。

□□**問23** 地区計画は、それぞれの区域の特性にふさわしい態様を備えた良好な環境の各街区を整備し、保全するための都市計画であり、すべて市町村が定めることとされている。

□□**問24** 市街化調整区域内の土地の区域について定められる地区計画の地区整備計画においては、建築物の容積率の最低限度、建築物の建築面積の最低限度及び建築物等の高さの最低限度を定めることはできない。

□□**問25** 市街地開発事業は、市街化区域内において、一体的に開発し、又は整備する必要がある土地の区域について定めるものであるが、必要に応じて市街化調整区域内においても定めることができる。

□□**問26** 都道府県又は市町村は、都市計画を決定したときは、その旨を告示し、かつ、都道府県にあっては国土交通大臣及び関係市町村長に、市町村にあっては国土交通大臣及び都道府県知事に、図書の写しを送付しなければならない。

解答・解説

⟹**答21** ×　**都市施設**は、土地利用、交通等の現状及び将来の見通しを勘案して、適切な規模で必要な位置に配置することにより、円滑な都市活動を確保し、良好な都市環境を保持するように定めることとされており、特に必要があるときには、**市街化調整区域**はもちろん、**都市計画区域外**においても**定めることができる**（都計法11条1項、13条1項11号）。

⟹**答22** ○　**地区計画等**は、それぞれの地区の実情に応じたきめ細かな街づくりを一体的かつ総合的に促進するために、**地区計画、沿道地区計画、集落地区計画、防災街区整備地区計画、歴史的風致維持向上地区計画**で必要なものを都市計画に定めるものとされている（12条の4第1項）。

⟹**答23** ○　**地区計画等に関する都市計画**は、**すべて市町村**が定めることとされている（12条の5第1項、15条1項）。

⟹**答24** ○　**市街化調整区域内で定める地区整備計画**については、容積率、建築面積及び建築物等の高さについて**最高限度**を定めることができ、**最低限度を定めることはできない**（12条の5第7項）。

⟹**答25** ×　**市街地開発事業**は、一体的に開発し、または整備する必要がある土地の区域について定められるもので、その対象は市街化区域内及び区域区分が定められていない**都市計画区域内においてのみ**である（13条1項13号）。

⟹**答26** ×　図書の写しを送付する相手方は、**都道府県**にあっては**関係市町村長**に、**市町村**にあっては**都道府県知事**となる（20条1項）。

次の記述のうち、正しいものには○、誤っているものには×をつけよ。

□□**問27** 市街地開発事業に関する都市計画は、すべて都道府県が定めることとされており、市町村は定めることができない。

□□**問28** 都市計画は都市の健全な発展と秩序ある整備を図るために必要なものを定め、都市の将来の動向を左右するものであるので、市町村は、都市計画を決定するとき、議会の議決を経なければならない。

□□**問29** 都道府県又は市町村は、都市計画を決定しようとするときは、あらかじめ当該都市計画の案を公衆の縦覧に供しなければならないが、その案に係る区域内の土地の所有者は、縦覧期間満了後1週間以内の間、都道府県又は市町村に対して異議を申し立てることができる。

□□**問30** 都道府県は、都市計画の案を都道府県都市計画審議会に付議しようとするときは、関係市町村の住民及び利害関係人から提出された意見書の要旨を都道府県都市計画審議会に提出しなければならない。

□□**問31** 都道府県は、関係市町村の意見を聴き、かつ、都道府県都市計画審議会の議を経るとともに、一定の場合には、国土交通大臣の認可を受けて、都市計画を定めるが、国土交通大臣の認可を要する都市計画については、その認可があった日から、その効力を生ずる。

□□**問32** 都市計画の決定又は変更の提案は、当該提案に係る都市計画の素案の対象となる土地の区域内の土地所有者の全員の同意を得て行うこととされている。

解答・解説

⇒**答27** ×　**市街地開発事業に関する都市計画**のうち、**政令で定める**小規模な土地区画整理事業、市街地再開発事業、住宅街区整備事業及び防災街区整備事業については、**市町村が定める**こととされている（都計法15条1項6号）。

⇒**答28** ×　**市町村が定める都市計画**は、議会の議決を経て定められた当該市町村の建設に関する基本構想に即し、かつ、都道府県が定めた都市計画に適合したものでなければならず、原則として、当該**市町村都市計画審議会の議を経て決定**するものとされている（15条3項、19条1項）。

⇒**答29** ×　都道府県または市町村は、都市計画を決定しようとするときは、あらかじめその旨を公告し、当該**都市計画案**を、公告の日から２週間公衆の縦覧に供しなければならず、この公告があったときには、関係市町村の住民及び利害関係人は、**縦覧期間満了の日までに**都道府県または市町村に意見書を**提出**することができる（17条1項、2項）。

⇒**答30** ○　都道府県は、都市計画の案を**都道府県都市計画審議会に付議する場合**には、当該関係市町村の住民及び利害関係人から提出された**意見書の要旨を提出しなければならない**とされている（17条2項、18条2項）。

⇒**答31** ×　都道府県が**都市計画を決定する場合**には、関係市町村の意見を聴き、かつ、都道府県都市計画審議会の議を経て行い、一定の場合には、あらかじめ国土交通大臣に協議し、その**同意（認可ではない）を得なければならない**。また、都市計画を決定したときには、その効力はその旨の**告示があった日から**生じるとされている（18条1項、3項、20条3項）。

⇒**答32** ×　**都市計画の決定または変更の提案**は、当該提案に係る都市計画の素案の対象となる土地の区域内の土地所有者等の**2/3以上の同意**を得て行うこととされている（21条の2第3項2号）。

都市計画法
2.開発許可

めざせ7割!
1回目 ／36問
2回目 ／36問

市街化区域、非線引き区域、準都市計画区域等の区別により、開発許可の要件が異なることに注意。

次の記述のうち、正しいものには○、誤っているものには×をつけよ。

□□**問1**　二以上の都府県にまたがる開発行為は、国土交通大臣の許可を受けなければならない。

□□**問2**　都市計画区域及び準都市計画区域外の区域内において、変電所の建築の用に供する目的で1,000㎡の土地の区画形質の変更を行おうとする者は、あらかじめ、都道府県知事の許可を受けなければならない。

□□**問3**　医療施設又は社会福祉施設の建築の用に供する目的で行う開発行為は、市街化調整区域内におけるものであっても、その規模の大小を問わず、開発許可を受けることなく、行うことができる。

□□**問4**　市街化調整区域内で行う開発行為で、農業を営む者の住宅の建築のために行うものについては、都道府県知事の許可を要しない。

□□**問5**　開発行為とは、主として建築物の建築の用に供する目的で行う土地の区画形質の変更をいい、建築物以外の工作物の建設の用に供する目的で行う土地の区画形質の変更は開発行為には該当しない。

虫食い問題でチェック！

①開発行為とは、主として［ A ］または［ B ］の用に供する目的で行う土地の区画形質の変更をいう。

②開発行為をしようとする者は、原則として、あらかじめ［ C ］の許可を必要とするが、例外的に［ D ］で行う1,000㎡未満の開発行為、［ E ］で行う1ヘクタール未満の開発行為などは許可が不要とされる。

答：A＝建築物の建築、B＝特定工作物の建設（A・Bは順不同）
C＝都道府県知事、D＝市街化区域内
E＝都市計画区域及び準都市計画区域外の区域内

解答・解説

答1　×　開発行為が二以上の都府県にまたがる場合には、**それぞれの都府県知事**の許可を受ける。**都市計画区域の指定**とは異なることに注意（参考条文：都計法5条4項）。

答2　×　鉄道施設、図書館、公民館、変電所など**公益上必要な一定の建築物の建築の用に供する目的**で行う**開発行為**については、「都市計画区域または準都市計画区域内」及び「都市計画区域及び準都市計画区域外」において**開発許可が不要**である（29条1項3号、2項2号）。

答3　×　鉄道施設などの**公益的建築物の建築の用に供する目的での開発行為**については、規模の大小を問わず、また、市街化区域であるか市街化調整区域であるかを問わず、**開発許可が不要**である（29条1項3号）。しかし、**社会福祉施設**、**医療施設**、**学校**は開発許可が**必要**である。

答4　○　市街化調整区域内において行う開発行為で、**農林漁業の業務を営む者の居住の用に供する建築物の建築**の用に供する目的で行うものについては、**都道府県知事の許可を受ける必要**がないとされている（29条1項2号）。

答5　×　**特定工作物**の建設の用に供する目的で行う**土地の区画形質の変更**も、**開発行為**にあたる（4条12項）。

次の記述のうち、正しいものには○、誤っているものには×をつけよ。

□□**問6**　市街化調整区域内で行われる開発区域の面積が１ヘクタール未満のゴルフコースの建設のための開発行為は、開発許可が不要である。

□□**問7**　市街化調整区域内において行う開発行為で、私立大学である建築物の建築の用に供する目的で行うものは、都市計画法に基づく開発許可が常に不要である。なお、開発行為の規模は1,000㎡以上であるものとする。

□□**問8**　市街化調整区域内における開発行為であっても、その区域内で生産される農産物の加工に必要な建築物の建築の用に供する目的で行うものについては、開発許可を受けることなく、行うことができる。

□□**問9**　区域区分が定められていない都市計画区域内において、博物館法に規定する博物館の建築を目的とした8,000㎡の開発行為を行おうとする者は、都道府県知事の許可を受けなくてよい。

□□**問10**　土地区画整理事業の施行として行う開発行為については、開発許可を受ける必要はない。

□□**問11**　市街化区域内の既に造成された宅地において、敷地面積が1,500㎡の共同住宅を建築する場合は、当該宅地の区画形質の変更を行わないときでも、原則として開発許可を受けなければならない。

□□**問12**　市街化区域内において、農業を営む者の居住の用に供する建築物の建築の用に供する目的で1,500㎡の土地の区画形質の変更を行おうとする者は、都道府県知事の許可を受けなくてよい。

解答・解説

⟹**答6**　×　**ゴルフコース**はすべて第二種特定工作物に該当するため、その開発行為については、**開発許可が必要**である（都計法4条11項、12項、29条1項）。

⟹**答7**　×　**鉄道施設、図書館、公民館、変電所**その他これらに類する公益上必要な建築物の建築の用に供する目的で行う開発行為については、開発許可が不要である。しかし、学校教育法による**学校、大学、専修学校及び各種学校**などは**除外されている**（29条1項3号）。

⟹**答8**　×　区域内で生産される**農産物の加工に必要な建築物の建築**の用に供する目的で行う開発行為を市街化調整区域で行う場合には、開発許可が不要なのではなく、**許可を申請すれば、許可がなされる**のである（34条4号）。

⟹**答9**　○　公益上必要な建築物の目的で行う開発行為については、**開発許可が不要**であり、博物館法に規定する**博物館**はこれに**該当する**（29条1項3号、同法施行令21条1項17号）。

⟹**答10**　○　**土地区画整理事業の施行**として行う開発行為については、**開発許可が不要**である（都計法29条1項5号）。

⟹**答11**　×　**開発行為**とは、主として建築物の建築または特定工作物の建設の用に供する目的で行う**土地の区画形質の変更**をいい、すでに造成された宅地の**区画形質の変更を行わない共同住宅の建築**の場合には、当該開発行為には該当しないため、**開発許可が不要**である（4条12項、29条）。

⟹**答12**　×　本問の行為は建築物の建築の用に供する目的で行う**土地の区画形質の変更**に該当するので、**開発行為**である。そして、開発行為を**市街化区域内で行う場合、1,000㎡以上であれば許可が必要である**（同法施行令19条1項）。また、市街化区域内においては、**農業を営む者の居住の用**に供する建築物の建築目的の場合は許可が必要である（都計法29条1項2号）。

次の記述のうち、正しいものには〇、誤っているものには×をつけよ。

□□**問13** 開発許可の申請に当たっては、あらかじめ当該開発行為に関係のある公共施設の管理者と協議をし、その協議の経過を示す書面を申請書に添付しなければならない。

□□**問14** 開発許可を受けようとする者が都道府県知事に提出しなければならない申請書には、開発行為に関する設計、工事施行者等を記載しなければならない。

□□**問15** 開発許可を受けた者は、開発行為に関する工事の廃止をしようとするときは、都道府県知事の許可を受けなければならない。

□□**問16** 都道府県知事は、市街化区域における開発許可の申請があった場合において、当該開発行為が都市計画法第33条の開発許可の基準に適合し、かつ、その申請手続が法令に違反していなくても、公益上支障があると認めるときは、その開発許可を拒むことができる。

□□**問17** 開発許可を申請した場合、開発行為をしようとする土地等について開発行為の施行又は開発行為に関する工事の実施の妨げとなる権利を有する者の相当数の同意を得ていなければ許可を受けることができない。

□□**問18** 市街化区域内において開発許可を受けた者が、開発区域の規模を100㎡に縮小しようとする場合においては、都道府県知事の許可を受けなければならない。

解答・解説

答13 × **開発許可の申請書**には、当該開発行為に関係がある公共施設の管理者と協議し、その同意を得た**ことを証する書面**を添付しなければならないとされている（都計法30条2項、32条1項）。

答14 ○ **開発許可の申請書**には、「**開発区域の位置、区域及び規模**」「開発区域内において予定される建築物または特定工作物の**用途**」「**開発行為に関する設計**」「**工事施行者**」「その他一定の書面、図書」を記載しなければならない（30条1項、2項）。

答15 × 開発許可を受けた者は、開発行為に関する工事を廃止したときは、**遅滞なく**、国土交通省令で定めるところにより、その旨を**都道府県知事に届け出なければならない**（38条）。許可ではなく**届出**が必要になる。

答16 × 市街化区域内において**開発許可の申請**があった場合においては、当該申請に係る開発行為が一定の基準に適合しており、かつ、その申請の手続が一定の規定に違反していないと認めるときには、**都道府県知事は開発許可をしなければならない**（33条1項）。

答17 ○ **開発許可申請の適合基準**のなかに、開発行為をしようとする土地もしくは開発行為に関する工事をしようとする土地の区域内の土地について、開発行為の施行または開発行為に関する**工事の実施の妨げとなる権利を有する者の相当数の同意**を得ていること、という事項がある（33条1項14号）。

答18 × 開発許可を受けた者が、開発許可申請書の記載事項を変更しようとする場合、原則として変更の許可を要する。ただし、変更の許可の申請に係る開発行為が、29条1項1号が規定する「政令で定める規模未満であるもの」に該当する場合には許可は不要である（35条の２第１項）。ここでいう政令で定める規模は**1,000㎡**である。本問の場合は100㎡であり、**1,000㎡未満**となるため許可は**不要**である（同法施行令19条1項）。

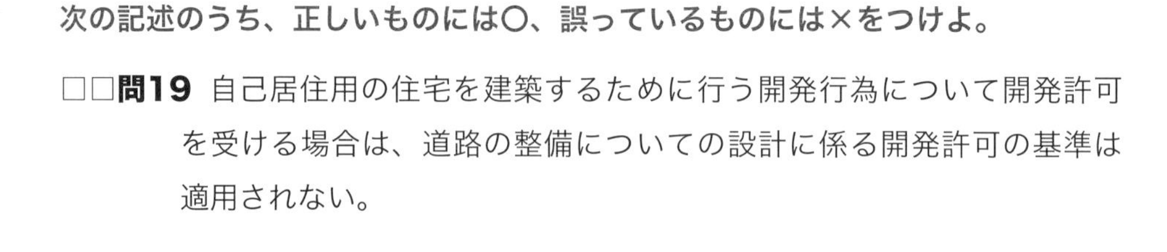
次の記述のうち、正しいものには○、誤っているものには×をつけよ。

□□**問19** 自己居住用の住宅を建築するために行う開発行為について開発許可を受ける場合は、道路の整備についての設計に係る開発許可の基準は適用されない。

□□**問20** 一定の規模以上の開発行為にあっては、環境を保全するため、開発区域における植物の生育の確保上必要な樹木の保存、表土の保全その他の必要な措置が講ぜられるように設計が定められていなければ、開発許可を受けることができない。

□□**問21** 主として自己の居住の用に供する住宅の建築の用に供する目的で行う開発行為について開発許可を受けようとする場合において、給水施設が、開発区域について想定される需要に支障を来さないような構造及び能力で適当に配置されるように設計が定められていないときは、開発許可を受けることができない。

□□**問22** 主として自己の居住の用に供する住宅の建築の用に供する目的で行う開発行為について開発許可を受けようとする場合において、申請者に当該開発行為を行うために必要な資力及び信用がないときは、開発許可を受けることができない。

□□**問23** 主として自己の居住の用に供する住宅の建築の用に供する目的で行う開発行為について開発許可を受けようとする場合において、開発区域内の土地について用途地域が定められており、予定建築物の用途がこれに適合していないときは、開発許可を受けることができない。

解答・解説

⟹**答19** ○　道路の整備についての設計に係る**開発許可基準が適用**されるのは、**自己の居住用**のための**住宅建築を目的とする開発行為以外の開発行為**である（都計法33条1項2号）。

⟹**答20** ○　開発許可申請の適合基準のなかに、**一定規模以上の開発行為**にあっては、開発区域及びその周辺の地域における環境を保全するため、開発区域における植物の生育の確保上必要な**樹木の保存**、**表土の保全**その他の必要な措置が講ぜられるように設計が定められていること、という項目がある（33条1項9号）。

⟹**答21** ×　**給水施設に関する設計**は、33条に定める**開発許可基準の１つ**であるが、これは主として自己の居住の用に供する住宅の建築の用に供する目的で行う開発行為については**適用されない**（33条1項4号）。

⟹**答22** ×　申請者が、開発行為を行うために**必要な資力や信用を有すること**は、33条に定める**開発許可基準の１つ**であるが、これは主として自己の居住の用に供する住宅の建築の用に供する目的で行う開発行為については**適用されない**（33条1項12号）。

⟹**答23** ○　開発区域内の土地に**用途地域の指定がある場合**には、予定建築物の用途が**用途地域の定めに適合して**いなければならない（33条1項1号）。

次の記述のうち、正しいものには○、誤っているものには×をつけよ。

□□**問24** 主として自己の居住の用に供する住宅の建築の用に供する目的で行う開発行為について開発許可を受けようとする場合において、開発区域内に建築基準法第39条第1項に規定する災害危険区域が含まれているときは、開発許可を受けることができない。

□□**問25** 都道府県知事は、開発許可の申請があったときは、申請があった日から21日以内に、許可又は不許可の処分をしなければならない。

□□**問26** 開発許可を受けた者は、開発区域の区域を変更した場合においては、都道府県知事に届出をしなければならない。

□□**問27** 開発許可を受けた者が、当該開発行為に関する工事完了の公告前に予定建築物等の用途を変更しようとする場合においては、一定の開発行為に該当するときを除き、都道府県知事の変更の許可を受けなければならない。

□□**問28** 都道府県知事は、開発行為に関する工事の完了の届出があった場合において、当該工事が開発許可の内容に適合していると認めたときは、検査済証を交付しなければならない。

□□**問29** 開発許可を受けた者は、当該開発区域の全部について開発行為に関する工事を完了したときだけでなく、開発行為に関する工事を廃止したときも、その旨を都道府県知事に届け出なければならない。

□□**問30** 開発許可を受けた開発区域内の土地において、都道府県知事が支障がないと認めたときは、開発行為に関する工事完了の公告があるまでの間であっても、建築物を建築することができる。

解答・解説

⟹**答24** ×　開発区域内には、原則として**災害危険区域や地すべり防止区域を含まないこと**も開発許可基準の１つだが、これは主として**自己の居住の用に供する住宅の建築の用に供する目的で行う開発行為については**適用されない（都計法33条1項8号）。

⟹**答25** ×　都道府県知事は、**開発許可の申請**があったときは、**遅滞なく**、許可または不許可の処分を**しなければならない**（35条1項）。

⟹**答26** ×　開発許可を受けた者は、**開発区域の区域の変更**をしようとする場合においては、原則として、**都道府県知事の許可**を受けなければならないとされている（35条の2第1項本文、30条1項1号）。

⟹**答27** ○　開発許可を受けた者は、**予定建築物等の用途の変更**をしようとする場合においては、原則として、**都道府県知事の許可**を受けなければならないとされている（35条の2第1項本文、30条1項2号）。

⟹**答28** ○　**都道府県知事**は、開発行為に関する工事完了の届出があり、検査の結果、当該工事が**開発許可の内容に適合**していると認めたときは、当該開発許可を受けた者に**検査済証を交付**しなければならない（36条2項）。

⟹**答29** ○　開発許可を受けた者は、当該開発行為に関する工事を完了したときはその旨を、当該開発行為に関する**工事を廃止したとき**は遅滞なくその旨を、**都道府県知事に届け出なければならない**とされている（36条1項、38条）。

⟹**答30** ○　開発許可を受けた開発区域内の土地において、開発行為に関する**工事完了の公告があるまで**の間であっても、都道府県知事が支障がないと認めた場合、**建築物を建築することができる**（37条１号）。

次の記述のうち、正しいものには○、誤っているものには×をつけよ。

□□**問31** 開発許可を受けた開発区域内の土地については、工事完了の公告があるまでの間は、都道府県知事の許可を受けなければ分譲することができない。

□□**問32** 開発許可を受けた開発区域内において、開発行為に関する工事の完了の公告があるまでの間に、当該開発区域内に土地所有権を有する者のうち、当該開発行為に関して同意をしていない者がその権利の行使として建築物を建築する場合については、都道府県知事が支障がないと認めたときでなければ、当該建築物を建築することはできない。

□□**問33** 開発許可を受けた開発行為により設置された公共施設は、市町村の管理に属することとなるが、公共施設の用に供する土地は、当該市町村には帰属しない。

□□**問34** 都市再開発法第50条の2第3項の再開発会社が市街地再開発事業の施行として行う開発行為は、開発行為の規模によっては、実施に当たりあらかじめ都市計画法の開発許可を受けなければならない場合がある。

□□**問35** 車庫の建築の用に供する目的で行う開発行為は、開発行為の規模によっては、実施に当たりあらかじめ都市計画法の開発許可を受けなければならない場合がある。

□□**問36** 開発行為にかかる監督処分に不服がある者は、委員5人以上をもって組織される開発審査会に対して審査請求をすることができる。

解答・解説

⟹**答31** × 開発許可を受けた**開発区域内の土地の分譲**は、当該開発行為に関する工事が完了した旨の公告があるまでの間であっても、**都道府県知事の許可を受けずにすることができる**（都計法37条）。

⟹**答32** × **開発行為に同意していない者**が、その権利の行使として建築物を建築し、または特定工作物を建設することは、**工事完了公告前であっても認められる**（37条2号）。この場合、都道府県知事が支障がないと認めたときでなくても建築することが**できる**。

⟹**答33** × 公共施設は、工事完了公告の日の翌日において、原則としてその公共施設の存する**市町村**の管理に属するものとされる。また、**公共施設用の土地**は、管理すべき者が市町村であるときは、原則として当該**市町村に帰属する**ことになる（39条、40条2項）。

⟹**答34** × **市街地再開発事業の施行**として行う開発行為については、**開発許可が不要**である（29条1項6号）。

⟹**答35** × 通常の管理行為、軽易な行為その他の行為で政令で定めるものは、**開発許可が不要**である（29条1項11号）。政令で定める行為の中には、**車庫、物置その他これらに類する附属建築物の建築の用**に供する目的で行う開発行為がある（同法施行令22条2号）。

⟹**答36** ○ 開発行為にかかる監督処分についての**審査請求**は、**開発審査会**に対してする（都計法50条1項）。

3章 都市計画法

3.建築行為等の制限他

めざせ7割！

1回目　／20問

2回目　／20問

工事完了前と工事完了後の建築制限の相違点、市街化調整区域内の建築制限の特徴について理解する。

次の記述のうち、正しいものには○、誤っているものには×をつけよ。

□□**問1**　市街化調整区域内で都道府県知事が開発許可をするに当たって建築物の敷地、構造及び設備に関する制限を定めた土地の区域内においても、都道府県知事の許可を受ければ、これらの制限を超える建築物を建築することができる。

□□**問2**　都道府県知事は、市街化調整区域における開発行為について開発許可をする場合において必要があると認めるときは、当該開発区域内の土地について、建築物の高さに関する制限を定めることができるが、壁面の位置に関する制限を定めることはできない。

□□**問3**　開発許可を受けた開発区域内において、当該開発行為に関する工事の完了公告があった後に当該開発許可に係る予定建築物以外の建築物を建築しようとする場合、当該開発区域内の土地について用途地域等が定められていないときは、都道府県知事の許可を受けなければならない。

虫食い問題でチェック！

① [A] 内において開発行為をする場合には、開発許可の最低基準をすべて満たした上に、[A] についての許可基準のいずれか1つを満たさなければならない。

② [A] 内では、都道府県知事が開発を許可するにあたり、建築物の [B] に関する制限を定めた場合は、これに反する建築物は建築できない。

答：A＝市街化調整区域、B＝敷地・構造・設備

解答・解説

答1 ○　市街化調整区域における開発行為にかかる開発許可については、**都道府県知事**が当該区域及びその周辺の地域における環境の保全上支障がないと認め、または**公益上やむを得ないと認めて許可したとき**は、建築物の敷地、構造及び設備に関する制限を定めた土地の区域内においても、**これらの制限を超えた建築物を建築することができる**（都計法41条1項、2項）。

答2 ×　都道府県知事は、**市街化調整区域における開発行為**について開発許可をする場合において必要があると認めるときは、当該開発区域内の土地について、建築物の敷地面積に対する建築面積の割合（建蔽率）、建築物の高さ、**壁面の位置**その他建築物の敷地、構造及び設備に関する**制限を定めることができる**（41条1項）。

答3 ○　開発許可を受けた開発区域内においては、当該開発行為に関する**工事の完了公告があった後**は、当該**開発許可に係る予定外の建築物等の建築等**はしては**ならない**のが原則である。しかし、①都道府県知事が当該開発区域における利便の増進上もしくは開発区域及びその周辺の地域における環境の保全上支障がないと認めて許可したとき、または②当該開発区域内の土地について**用途地域等が定められているとき**は、この限りでない（42条1項）。

次の記述のうち、正しいものには○、誤っているものには×をつけよ。

□□**問4**　開発許可を受けた開発区域内において、当該開発行為に関する工事の完了公告があった後に国が行う当該開発許可に係る予定建築物以外の建築物の新築については、当該国の機関と都道府県知事との協議が成立すれば、都道府県知事の許可があったものとみなされる。

□□**問5**　市街化調整区域のうち、開発許可を受けた開発区域以外の区域内においては、原則として、建築物の建築は都道府県知事の許可が必要であり、建築物の用途変更は都道府県知事に届け出ることが必要である。

□□**問6**　市街化調整区域のうち、開発許可を受けた開発区域以外の区域内における社会福祉施設の新築については、都道府県知事の許可を受ける必要はない。

□□**問7**　市街化調整区域のうち、開発許可を受けた開発区域以外の区域内においては、都市計画事業の施行として行う建築物の新築については許可は不要である。

□□**問8**　市街化調整区域のうち、開発許可を受けた開発区域以外の区域内では、農業に従事する者の居住の用に供する建築物を新築する場合、都道府県知事の許可は不要である。

□□**問9**　開発許可を受けた者の相続人その他の一般承継人は、都道府県知事の承認を受けて、被承継人が有していた開発許可に基づく地位を承継することができる。

解答・解説

答4　○　開発許可を受けた開発区域内において、当該開発行為に関する工事の完了公告後の**予定建築物以外の建築物の新築**について、当該行為を国が行う場合については、当該**国の機関と都道府県知事との協議が成立**することをもって、**都道府県知事の許可があったものとみなす**、とされている（都計法42条2項）。

答5　×　本問記述の区域内では、**建築物の用途変更**についても、原則として、**都道府県知事の許可が必要**であって、届出は**不要**である（43条1項本文）。

答6　×　**社会福祉施設**は、都道府県知事の許可が不要となる29条１項３号に規定する公益上必要な建築物に**あたらない**ため、当該建築物の新築については、**都道府県知事の許可が必要**である（43条1項本文、29条1項3号）。

答7　○　本問記述の区域内では、**都市計画事業の施行として行う建築物の新築**については、**許可は不要**である（43条1項1号）。

答8　○　市街化調整区域のうち、開発許可を受けた開発区域以外の区域内では、**農業に従事する者の居住の用に供する建築物**を新築する場合、**都道府県知事の許可を得る必要がない**（29条1項2号、43条1項）。

答9　×　開発許可を受けた者の相続人その他の**一般承継人**は、被承継人が有していた当該開発許可に基づく地位を**「当然に」承継する**。知事の承認は不要である（44条）。

次の記述のうち、正しいものには○、誤っているものには×をつけよ。

□□**問10** 開発許可を受けた者から開発区域内の土地の所有権その他開発行為に関する工事を施行する権原を取得した者は、一般承継人を除き、その旨を都道府県知事に届け出て、開発許可に基づく地位を承継することができる。

□□**問11** 都道府県知事は、開発許可をする場合に当該開発区域内の土地について建築物の高さに関する制限を定めたときは、その制限の内容を開発登録簿に登録しなければならない。

□□**問12** 都道府県知事は、開発登録簿を常に公衆の閲覧に供するように保管し、請求があったときは、その写しを交付しなければならない。

□□**問13** 市街地開発事業等予定区域に関する都市計画において定められた区域内において、土地の形質の変更を行おうとする者は、原則として市町村長の許可を受けなければならない。

□□**問14** 都市計画施設の区域又は市街地開発事業の施行区域内において建築物の建築をしようとする者は、一定の場合を除き、都道府県知事（市の区域内にあっては、当該市の長）の許可を受けなければならない。

□□**問15** 市街地開発事業の施行区域又は都市計画施設の区域内において建築物の建築をしようとする者は、非常災害のため必要な応急措置として行う行為についても、都道府県知事等の許可を受けなければならない。

解答・解説

⟹**答10** ×　**一般承継人を除き**、都道府県知事の**承認**を受けなければ、当該開発許可に基づく**地位を承継することができない**（都計法45条）。

⟹**答11** ○　当該開発区域内の土地について、建築物の建蔽率、**建築物の高さ**、壁面の位置その他建築物の敷地、構造及び設備に関する制限を定めた場合には、その**制限の内容**を**開発登録簿に登録しなければならない**（47条1項5号、41条1項）。

⟹**答12** ○　都道府県知事は、**開発登録簿**を常に**公衆の閲覧に供するように保管**し、かつ、**請求があったとき**は、**その写しを交付しなければならない**（47条5項）。

⟹**答13** ×　市街地開発事業等予定区域に関する都市計画において定められた区域内において、**土地の形質の変更**を行い、または建築物の建築その他工作物の建設を行おうとする者は、原則として、**都道府県知事等の許可**を受けなければならない（52条の2第1項）。

⟹**答14** ○　都市計画施設の区域または市街地開発事業の施行区域内において**建築物の建築をしようとする者**は、一定の場合（非常災害のため必要な応急措置として行う行為等）を除き、**都道府県知事等の許可**を受けなければならない（53条1項）。

⟹**答15** ×　**非常災害のため必要な応急措置**として行う行為については、都道府県知事等の**許可が不要**である（53条1項2号）。

次の記述のうち、正しいものには○、誤っているものには×をつけよ。

□□**問16** 都市計画施設の区域内において建築物の新築をしようとする者は、原則として都道府県知事等の許可を受けなければならないが、階数が2以下の木造建築物で、容易に移転し、又は除却することができるものの新築であれば、許可が必要となることはない。

□□**問17** 地区整備計画が定められている地区計画の区域内において、建築物の建築を行おうとする者は、都道府県知事（市の区域内にあっては、当該市の長）の許可を受けなければならない。

□□**問18** 都市計画事業の認可の告示があった後、当該認可に係る事業地内において、当該都市計画事業の施行の障害となるおそれがある土地の形質の変更を行おうとする者は、都道府県知事（市の区域内にあっては、当該市の長）の許可を受けなければならない。

□□**問19** 開発許可を受けた用途地域の定めのない開発区域内において、開発行為に関する工事が完了した旨の公告があった後は、民間事業者は、都道府県知事が許可したときを除き、予定建築物以外の建築物を新築してはならない。

□□**問20** 都市計画法に違反した者だけでなく、違反の事実を知って、違反に係る建築物を購入した者も、都市計画法の規定により、都道府県知事から建築物の除却等の命令を受ける対象となる。

解答・解説

⟹**答16** ×　都市計画施設の区域または市街地開発事業の施行区域内において建築物の新築をしようとする者による許可申請があった場合、都道府県知事等は、当該建築物が、**階数が２以下の木造建築物**で、容易に移転し、もしくは除却することができるものであると認めるときは、**その許可をしなければならない**（都計法53条1項、54条3号）。許可が不要となるわけではない。

⟹**答17** ×　地区整備計画が定められている地区計画の区域内において、**建築物の建築**を行おうとする者は、原則として**当該行為に着手する日の30日前まで**に、行為の種類、場所、設計または施行方法、着手予定日等を**市町村長に届け出**なければならない（58条の2第1項）。

⟹**答18** ○　都市計画事業の認可の**告示後に、当該認可に係る事業地内において、当該都市計画事業の施行の障害となる**おそれがある土地の形質の変更を行おうとする者は、**都道府県知事等の許可を受けなければならない**（65条1項）。

⟹**答19** ○　開発許可を受けた開発区域内においては、**工事完了公告後**は原則として**予定建築物以外の建築物の新築は認められない**が、例外として予定建築物以外の建築物であっても、**知事の許可を受けた建築物**であれば、**建築が認められる**（42条1項）。また、**用途地域の定めがある区域**であれば、予定建築物以外の建築物を建築できるが、用途地域の定めがない区域については建築できない。

⟹**答20** ○　事情を知って購入した者も除却等の命令の対象としない場合、都市計画法に違反した状態が継続することとなり、妥当ではない。よって、**違反の事実を知って購入した者は対象となる**（81条1項1号）。しかし、事情を**知らないで購入した者**には不測の損害を与えるわけにはいかないので、対象から除外されている。

法令上の制限編

3章 建築基準法

1.建築物の構造等

めざせ7割！

1回目 ／5問

2回目 ／5問

大規模建築物の構造計算が必要となる場合、及び、延べ面積が1,000㎡を超える建築物の規定に注意。

次の記述のうち、正しいものには○、誤っているものには×をつけよ。

□□**問1**　一室の居室で天井の高さが異なる部分がある場合、室の床面から天井の一番低い部分までの高さが2.1m以上でなければならない。

□□**問2**　石綿以外の物質で居室内において衛生上の支障を生じるおそれがあるものとして政令で定める物質は、ホルムアルデヒドのみである。

□□**問3**　木造の建築物で階数が3であるものは、必ず構造計算によって、その構造が安全であることを確かめなければならない。

□□**問4**　高さ25mの建築物には、安全上支障がない場合を除き、非常用の昇降機を設けなければならない。

□□**問5**　延べ面積が2,000㎡の準耐火建築物は、防火上有効な構造の防火壁又は防火床によって有効に区画し、かつ、各区画の床面積の合計をそれぞれ500㎡以内としなければならない。

虫食い問題でチェック！

①敷地は接する道の境より高く、また建築物の地盤面は接する周囲の土地より［ A ］なければならない。ただし排水に支障がない場合はこの限りではない。建築物の敷地には、雨水及び下水を排出し、または処理するための適当な施設を設けなければならない。

②延べ面積が1,000㎡を超える建築物の場合、［ B ］または防火床によって区画し、かつ各区画の床面積の合計をそれぞれ1,000㎡以内としなければならない。

答：A＝高く、B＝防火壁

解答・解説

⇒**答1**　×　**居室の天井の高さ**は、室の床面から測り、**2.1m以上**でなければならず、一室で天井の高さの異なる部分がある場合においては、その**平均の高さ**によるものとする（建基法施行令21条1項、2項）。

⇒**答2**　×　石綿以外で**居室内において衛生上の支障を生ずるおそれがある物質**として、ホルムアルデヒドのほかにもう1つ、**クロルピリホス**が規定されている（建基法28条の2第3号、令20条の5）。

⇒**答3**　○　**木造３階建て**は**建築確認を要する**建築物であり（建基法6条1項2号）、その際作成する設計図書の**構造計算**によって、その**安全性を確かめる**ことが必要である（20条1項2号イ）。

⇒**答4**　×　**高さ31mを超える建築物**には、政令で定めるものを除き、**非常用の昇降機**を設けなければならない（34条2項）。

⇒**答5**　×　**延べ面積が1,000㎡を超える建築物**は、**防火壁**または**防火床によって区画**し、かつ、**各区画の床面積の合計をそれぞれ1,000㎡以内**としなければならない。ただし、**耐火建築物または準耐火建築物**は、この規定から除外される（26条柱書、1号）。

法令上の制限編

3章 建築基準法

2.建築確認

めざせ7割！

1回目 ／25問

2回目 ／25問

建築確認を受けた建築物の計画に変更があっても、建築主事または指定確認検査機関の承認が不要である場合に注意。

次の記述のうち、正しいものには○、誤っているものには×をつけよ。

※以下、建築主事の確認には、確認済証の交付も含まれるものとする。

□□**問1**　都市計画区域以外の区域であっても、都道府県知事が指定する区域においては、建築物の建築を行う場合は、原則として建築主事等の確認を受けなければならない。

□□**問2**　建築主は、建築主事等に対し確認の申請をするときは、あらかじめ相当数の周辺住民の同意を得なければならない。

□□**問3**　建築物については、建築する場合のほか、修繕をする場合にも建築主事等の確認を受けなければならないことがある。

□□**問4**　都市計画区域内において建築物を新築する場合には、当該建築物の用途、構造又は規模にかかわらず、建築主事等の確認を受ける必要がある。ただし、都道府県知事が都道府県都市計画審議会の意見を聴いて指定する区域については、考慮に入れないものとする。

□□**問5**　高さが14mの木造の建築物を改築する場合、改築に係る部分の床面積が100㎡のときでも、建築主事等の確認を受けなければならない。

虫食い問題でチェック！

①建築計画が建築関係法令に適合しているかどうかを公的にチェックすることを［ A ］という。建築主は建築物を建築する場合、工事着手前に［ A ］の申請書を提出して建築主事等または［ B ］の確認を受けなければならない。 改正！

②特殊建築物とは、劇場、映画館、病院、ホテル、旅館、共同住宅、学校、体育館、工場などであり、床面積の合計が［ C ］㎡を超えるものは、建築確認が必要となる。

答：A＝建築確認、B＝指定確認検査機関、C＝200

解答・解説

答1 ○　都市計画区域外であっても、いわゆる**知事指定区域**、**準都市計画区域**、**準景観地区**で建築物の建築を行う場合は、原則として**建築確認を受けなければならない**（建基法6条1項4号）。 改正！

答2 ×　建基法には、**建築確認の申請**において、相当数の周辺住民の**事前の同意を条件とする規定がない**。

答3 ○　建築確認申請は新築のみならず、建基法に規定する建築物（6条1項1号から3号に規定されている特殊建築物や大規模木造建築物、一定規模以上の木造以外の建築物）の「**大規模の修繕、模様替え**」について要することになっている。 改正！

答4 ○　6条1項1号から3号に規定する建築物のほか、**都市計画区域内**または都道府県知事が、関係市町村の意見を聴いて指定する区域内の建築物は、**建築確認が必要である**（6条1項4号）。 改正！

答5 ○　木造建築物で**建築確認を要する**のは、「3階以上」または「延べ面積500㎡超」、「高さ13m超」もしくは「軒の高さ9m超」のものについてであって、**増改築を含め建築確認が必要**である（6条1項2号）。 改正！

次の記述のうち、正しいものには○、誤っているものには×をつけよ。

□□**問6**　ホテルの用途に供する建築物を共同住宅（その用途に供する部分の床面積の合計が300㎡）に用途変更する場合、建築確認は不要である。

□□**問7**　延べ面積が100㎡の下宿について、大規模の修繕を行う場合は、建築主事等の確認を受ける必要はない。

□□**問8**　延べ面積が100㎡で階数が2である鉄筋コンクリート造の建築物について、改築をする場合には、建築主事等の確認を受ける必要はない。

□□**問9**　延べ面積が150㎡で階数が１である鉄筋コンクリート造の建築物について、大規模の模様替えをする場合には、建築主事等の確認を受ける必要はない。

□□**問10** 木造3階建で、延べ面積が200㎡の住宅の増築を行う場合において、増築に係る床面積の合計が20㎡の場合には、建築主事等の確認を受ける必要はない。

□□**問11** 階数が2で延べ面積が200㎡の鉄骨造の共同住宅の大規模の修繕をしようとする場合、建築主は、当該工事に着手する前に、確認済証の交付を受けなければならない。

□□**問12** 延べ面積が150㎡の倉庫を新築しようとする場合は、建築主事等の確認を受けなければならない。

□□**問13** 住宅の増築を行う場合、準防火地域内においては、増築に係る部分の床面積の合計が8㎡であっても、建築主事等の確認を受けなければならない。

解答・解説

⟹**答6**　×　その用途に供する部分の**床面積の合計が200㎡を超える共同住宅**へ用途変更する場合は、**建築確認が必要である**（建基法87条1項、6条1項1号）。

⟹**答7**　○　**延べ面積が100㎡の下宿**について大規模修繕を行う場合は、**建築確認を受ける必要がない**（6条1項1号）。　改正！

⟹**答8**　×　**階数が２である鉄筋コンクリート造の建築物**の改築を行う場合には、**建築確認が必要である**（6条1項3号）。　改正！

⟹**答9**　○　鉄筋コンクリート造の建築物について、大規模の模様替えをする場合、延べ面積が**200㎡以下**で、かつ**２以上の階数を有しない**ものについては、**建築確認の必要がない**（6条1項3号）。　改正！

⟹**答10**　×　**木造３階建ての住宅**の**10㎡を超える**増築は、**建築確認が必要**である（6条1項2号、２項）。　改正！

⟹**答11**　○　共同住宅は**特殊建築物**に該当し、**200㎡以下**の場合は建築確認が不要であるが、**鉄骨造の建築物**について**2以上の階数を有する**ものについては、**建築確認と確認済証の交付を受けなければならない**（6条1項3号）。

改正！

⟹**答12**　×　**倉庫**は特殊建築物にあたるが、**延べ面積が200㎡を超えていないため**、**建築確認を受ける必要がない**。

⟹**答13**　○　**準防火地域内**においては、増築に係る部分の床面積の合計の**規模を問わず建築確認を要する**（6条2項）。　改正！

次の記述のうち、正しいものには○、誤っているものには×をつけよ。

□□**問14** 木造3階建、延べ面積500㎡、高さ15mの一戸建て住宅について大規模な修繕をする場合は、建築確認を受ける必要はない。

□□**問15** 建築物の改築で、その改築に係る部分の床面積の合計が10㎡以内のものであれば、建築主事等の確認の申請が必要となることはない。

□□**問16** 建築主は、木造以外の建築物（延べ面積200㎡）について、新たに増築して延べ面積を250㎡とする場合は、建築主事等の建築確認を受けなければならない。

□□**問17** 都市計画区域内の木造2階建、延べ面積200㎡、高さ6mの一戸建て住宅を共同住宅に用途変更をする場合、建築主事等の確認を受ける必要がある。

□□**問18** 鉄骨2階建、高さ8m、延べ面積150㎡の住宅の新築については、建築主事等の確認を受けなければならない。

□□**問19** 木造3階建、延べ面積400㎡、高さ12mの一戸建住宅の1階部分（床面積250㎡）をコンビニエンスストアに用途変更する場合、建築主事等の確認を受ける必要がある。

解答・解説

答14 ×　木造の建築物で３以上の階数を有し、または延べ面積が500㎡、**高さが13mもしくは軒の高さが９mを超えるものは、建築確認を受ける必要がある**（建基法6条1項2号）。

答15 ×　10㎡以内の増改築で**建築確認申請を要しない**のは、**防火、準防火地域外**の場合であって、**防火地域、準防火地域**内では、**建築確認が必要**である（6条2項）。　改正！

答16 ○　**非木造建築物**で建築確認が必要なのは、**２以上の階**を有しまたは延べ**面積が200㎡を超えるものの建築または増改築**であるが、**増築の場合**、増築後に６条１項の１号から３号に規定する規模になるものは、建築確認が必要である。本問の場合、増築によって250㎡になるため**建築確認が必要**となる（6条1項3号）。　改正！

答17 ×　**用途変更後**に**特殊建築物**（２条２号に定められている建築物で、共同住宅はそれに含まれている。）であるが、延べ面積が**200㎡**を超えていないため**建築確認は必要**ない（87条1項、6条1項1号）。　改正！

答18 ○　**鉄骨造**は「木造以外の建築物」であるので、**２以上の階を有するものは建築確認が必要**である（6条1項3号）。本問の建築物は鉄骨造２階建てなので**建築確認が必要**である。　改正！

答19 ○　建築物の**用途を変更することで特殊建築物**（６条１項１号に規定）になる場合、87条１項により、６条１項が準用されることになる。したがって本問の場合、コンビニエンスストアは**10㎡**を超える物品販売を営む店舗という**特殊建築物**に該当することになるので、**建築確認が必要**である（87条1項、6条1項、令115条の3第3号）。　改正！

次の記述のうち、正しいものには○、誤っているものには×をつけよ。

□□**問20** 延べ面積が200㎡の下宿の用途に供する建築物を寄宿舎に用途変更する場合、建築主事等の確認を受ける必要はない。

□□**問21** 木造3階建（延べ面積300㎡）の住宅を新築する場合には、建築主は、新築工事に着手する前に建築主事等の確認を受けるとともに、当該住宅を新築する旨を都道府県知事に届け出なければならない。

□□**問22** 木造3階建、延べ面積400㎡、高さ12mの一戸建住宅の新築工事の施工者は、工事現場の見やすい場所に、建築主事等の確認を受けた旨の表示をしなければならない。

□□**問23** 木造3階建、延べ面積400㎡、高さ12mの一戸建住宅の建築主は、新築工事を完了したときは、その旨を工事が完了した日から4日以内に到達するように、建築主事等に文書をもって届け出なければならない。

□□**問24** 都市計画区域内の木造2階建、延べ面積200㎡、高さ6mの一戸建住宅の新築をする場合、検査済証の交付を受けた後でなければ使用してはならない。

□□**問25** 鉄筋コンクリート造であって、階数が2の住宅を新築する場合において、特定行政庁が、安全上、防火上及び避難上支障がないと認めたときは、検査済証の交付を受ける前においても、仮に、当該建築物を使用することができる。

解答・解説

⟹**答20** ○　下宿から寄宿舎への用途変更は、**類似用途相互間の変更**であるから、**建築確認を受ける必要がない**（建基法87条1項、3項2号、則3条の2第1項7号）。 改正！

⟹**答21** ○　**木造の３階建て**を建築する場合は**建築確認が必要**である。**都道府県知事への届出**は、「建築工事届」として**届出が必要**で、知事はこの届出に基づき、建築統計を作成し国土交通大臣に送付する（建基法6条1項2号、15条、則8条）。 改正！

⟹**答22** ○　**建築確認を受けた建築物の工事**にあたっては、工事現場の見やすい場所に国土交通省令で定める様式で、建築主、設計者、工事施工者、工事の現場管理者などの氏名や、**確認があった旨の表示をしなければならない**（建基法89条1項）。

⟹**答23** ○　木造３階建ては建築確認を受ける必要がある建築物であり、６条１項の規定による**工事を完了したとき**、その旨を**工事完了日から４日以内に到達するように建築主事等に文書で届け出なければならない**。一般には工事完了届といわれているものである（7条1項、2項本文）。 改正！

⟹**答24** ×　**検査済証の交付**を受けるまで使用できないとされているのは、６条１項１号から３号までに規定された特殊建築物や大規模建築物などの建築物またはその部分であって、第４号に該当する本問の**木造住宅の場合はこの制限を受けない**（7条の6第1項）。

⟹**答25** ○　本問の住宅は、６条１項３号に該当する。したがって、検査済証の交付を受けた後でなければ、使用できないのが**原則**である。ただし、**特定行政庁が、安全上、防火上及び避難上支障がないと認めた**ときは、検査済証の交付を受ける前においても、仮に、当該建築物を**使用し、または使用させることができる**（7条の6第1項但書、1号）。

法令上の制限編

3章

建築基準法

3.道　路

めざせ7割！

1回目　／10問

2回目　／10問

建築基準法の道路規制が都市計画区域及び準都市計画区域内に限り適用されること、及び道路内の建築制限、私道の変更・廃止の要件について注意。

次の記述のうち、正しいものには○、誤っているものには×をつけよ。

□□**問1**　道路法による道路は、すべて建築基準法上の道路に該当する。

□□**問2**　都市計画区域内において、建築物の周囲に広い空地があり、その他これと同様の状況にある場合で安全上支障がないときは、建築物の敷地が道路に2m以上接してなくてもよい場合がある。

□□**問3**　都市計画区域内において中古住宅を建て替える場合、前面道路が幅員4m未満の道で、特定行政庁が指定したものであるときは、原則として道路の中心線から水平距離2mの線が道路と敷地の境界線とみなされて、建築基準法の規定が適用される。

□□**問4**　都市計画区域内の建築物の敷地は、原則として道路に2m以上接しなければならないとされているが、地方公共団体は、条例で、特殊建築物の敷地と道路との関係について制限の付加又は緩和を定めることができる。

虫食い問題でチェック！

①道路は原則として幅員が［ A ］m以上なければならないが、［ A ］m未満でも、建築基準法の道路規定の適用の際に現に建築物が立ち並んでいる場合で、特定行政庁が指定したものについては道路として取り扱われる。

②建築物の敷地は、原則として［ B ］m以上道路に接していなければならない。敷地が［ A ］m未満の道路にのみ接する場合、地方公共団体は、必要があると認めるときは、条例で必要な制限を付加することができる。

答：A＝4、B＝2

解答・解説

答1　×　道路法による道路であっても、**幅員4m未満のもの**については、特定行政庁が指定したものでなければ、**建基法上の道路には該当しない**（建基法42条1項1号、2項）。

答2　○　**建築物の敷地**は、原則として道路に**2**m以上接しなければならない。ただし、周囲に広い空地を有する建築物で、特定行政庁が安全上、防火上など支障がないと認めて**建築審査会の同意**を得て、**許可**したものは例外とされる（43条1項、2項2号）。

答3　○　**建築物の敷地**は原則として、**幅員4m以上の道路**に**2m以上接して**いなければならないが、規定適用の際、**現に建築物が立ち並んで幅員が4m未満**の場合でも、**特定行政庁の指定**したものは**「道路」とみなされる**。したがって、本問の建替えの場合、既存道路の中心線から両側**2**mのところが道路境界とみなされる。いわゆる2項道路といわれるものである（42条2項）。

答4　×　**地方公共団体**は、制限を付加することはできるが、**緩和**することはできない（43条3項）。

次の記述のうち、正しいものには○、誤っているものには×をつけよ。

□□**問5**　建築物の敷地は、必ず幅員4m以上の道路に2m以上接しなければならない。

□□**問6**　都市計画区域内において中古住宅を建て替える場合、その敷地が幅員4m以上の道路に2m以上接していれば、その道路が自動車専用道路であっても、その建築に制限を受けることはない。

□□**問7**　A所有の都市計画法による市街化区域内の宅地甲地（面積250㎡）を、Bが取得した場合において、甲地と公道との間が建築基準法第42条第2項の規定により道路とみなされる私道（敷地はA所有）のみにより接続しているときには、Bは、甲地に住宅を建築する目的で同法第6条第1項の確認を受けるためには、当該私道の通行についてのAの承諾を必要とする。

□□**問8**　都市計画区域内において、公衆便所、巡査派出所その他これらに類する公益上必要な建築物で通行上支障がないものについても、道路に突き出して建築してはならない。

□□**問9**　地盤面下に設ける建築物については、道路内に建築することができる。

□□**問10**　私道の所有者が私道を廃止し、又は変更する場合、その私道に接する敷地に与える影響のいかんによっては、特定行政庁から、その変更又は廃止を禁止し、又は制限されることがある。

解答・解説

⟹**答5**　×　幅員４m未満の道路であっても、**特定行政庁の指定**があれば道路として扱われ、これに**２**m以上接する土地は、**建築物の敷地となり得る**（建基法42条2項、43条1項）。

⟹**答6**　×　建築物の敷地が接しなければならない道路の幅員は原則４m以上であるが、自動車専用**道路や**高架**道路**は、**ここでいう道路とはみなされない**ので、**建築の制限を**受ける（43条1項1号、2号）。

⟹**答7**　×　建基法上の道路には**私道**も**含まれて**おり（42条1項5号）、住宅建築予定の敷地が接している道路が私道であっても、その**私道の所有者の承諾は不要**である。

⟹**答8**　×　建築物や敷地を造成するための**擁壁**は、原則的に道路内または道路に突き出して建築**できない**が、地盤面より下に設けたり、**公衆便所、巡査派出所**など公益上必要で、特定行政庁が通行上支障がないと認め、**建築審査会の同意を得て許可したものは例外**とされる（44条1項2号）。

⟹**答9**　○　道路内であっても**地盤面下に設けるのであれば**、通行の支障にはならず、**建築物の建築ができる**（44条1項1号）。なお、この場合、公衆便所や巡査派出所など公益上の建築物と異なり、特定行政庁の許可は**不要**である。

⟹**答10**　○　**私道**を廃止したり、変更したりすることによって、その道路に接する敷地が、接道の規定（43条1項）に抵触することになる場合、**特定行政庁はその私道の変更、廃止の禁止という制限ができる**（45条1項）。

3章 建築基準法

4.用途制限

めざせ7割！
1回目 ／21問
2回目 ／21問

用途地域・特別用途地区・地区計画等の区域内の建築物の規制の相違について細かい知識が問われるので注意。

次の記述のうち、正しいものには○、誤っているものには×をつけよ。

※以下、特定行政庁の許可については考慮しないものとする。

□□**問1**　すべての用途地域内において建築できる建築物としては、公衆浴場、教会、図書館などがある。

□□**問2**　第一種中高層住居専用地域内においては、5階建の大学を、建築することができる。

□□**問3**　近隣商業地域内において、客席の部分の床面積の合計が200㎡以上の映画館は建築することができない。

□□**問4**　ぱちんこ屋の建築が禁止されている用途地域においては、すべて料理店の建築も禁止されている。

□□**問5**　病院は、工業地域、工業専用地域以外のすべての用途地域内において建築することができる。

虫食い問題でチェック！

①建築基準法別表第2によれば、用途地域の指定のない区域内（市街化調整区域を除く）は、［ A ］㎡超の映画館・演芸場・店舗などの大規模集客施設は原則として建築できない。

②病院は、［ B ］、［ C ］、［ D ］、工業地域、工業専用地域には建築できない。

答：A＝10,000、B＝第一種低層住居専用地域
C＝第二種低層住居専用地域、D＝田園住居地域（B・C・Dは順不同）

解答・解説

答1　×　図書館は、**工業専用地域内**では**建築できない**（建基法別表第2（わ））。

答2　○　別表第２（は）に、**第一種中高層住居専用地域内に建築することができる建築物**が挙げられており、これには、**大学**、**高専**、**専修学校**が含まれている（48条3項）。

答3　×　近隣商業地域内においては、映画館の建築にあたって、**客室の床面積に制限がない**（建基法48条9項、別表第2（り）参照）。

答4　○　**ぱちんこ屋の建築**は、第一種・第二種低層住居専用地域、第一種・第二種中高層住居専用地域、第一種住居地域、田園住居地域、工業専用地域において禁止されており、**これらの用途地域では料理店の建築が禁止されている**。なお、料理店が建築できるのは、**商業地域**と**準工業地域**の２つだけである（48条、別表第2）。

答5　×　**病院**は、**工業地域**、**工業専用地域**に加えて、**第一種・第二種**低層住居専用地域、**田園住居地域でも建築**できない（48条、別表第2）。

次の記述のうち、正しいものには○、誤っているものには×をつけよ。

□□**問6**　老人ホームは、工業専用地域以外のすべての用途地域内において建築することができる。

□□**問7**　大学は、工業地域、工業専用地域以外のすべての用途地域内において建築することができる。

□□**問8**　ホテル、自動車教習所は、第一種住居地域内においては、建築できない場合がある。

□□**問9**　病院、図書館、ボーリング場は、準住居地域内において建築することができる。

□□**問10**　劇場、ホテル、教会は、第二種住居地域内において建築することができる建築物である。

□□**問11**　第一種住居地域内においては、騒音の小さいカラオケボックスであれば、建築することができる。

□□**問12**　田園住居地域内においては、小学校を建築することはできない。

□□**問13**　建築物の敷地が第一種住居地域と近隣商業地域にわたる場合、当該敷地の過半が近隣商業地域であるときは、その用途について特定行政庁の許可を受けなくとも、カラオケボックスを建築することができる。

解答・解説

⟹**答6** ○ **老人ホーム**が建築できないのは、**工業専用地域だけ**である（建基法48条13項、別表第2（わ））。

⟹**答7** × **大学**・専修学校・高等専門学校・各種学校は病院と同じ扱いで、工業地域、工業専用地域に加えて、**第一種・第二種低層住居専用地域でも建築できない**（48条、別表第2（い）（ろ））。

⟹**答8** ○ **ホテル、自動車教習所**は、第一種住居地域内においては、その用途に供する部分の床面積の合計が**3,000㎡以下の場合に限り、建築**できる（48条5項、別表第2（ほ））。

⟹**答9** ○ いずれも**準住居地域内**において**建築**できる（48条7項）。

⟹**答10** × **劇場**は、**第二種住居地域内**では**建築**できない（48条6項）。

⟹**答11** × 別表第２（ほ）に、**第一種住居地域内に建築してはならない**建築物が挙げられており、３号に**カラオケボックス**その他これに類するものが含まれており建築できない（48条5項）。

⟹**答12** × 別表第２（ち）に、**田園住居地域内に建築できる**建築物が挙げられており、**大学や高専などを除く「学校」**は建築してよいことになっているので、**小学校は建築**できる。

⟹**答13** ○ 建築物の敷地が**第一種住居地域と近隣商業地域にわたる場合**、当該敷地の過半が近隣商業地域であるときは、**近隣商業地域**に関する規定が適用される（91条）。したがって、**特定行政庁の許可を**受け**なくとも、カラオケボックスを建築することが**できる（別表第2）。

次の記述のうち、正しいものには○、誤っているものには×をつけよ。

□□**問14** 第一種低層住居専用地域内においては、保育所を建築することができない。

□□**問15** 第一種住居地域内においては、原動機を使用する工場で作業場の床面積の合計が100㎡であるものを建築することができない。

□□**問16** 工業地域及び工業専用地域においては、住宅を建築することはできない。

□□**問17** 工業地域内においては、幼保連携型認定こども園を建築することができる。

□□**問18** 第二種中高層住居専用地域内では、原則として、ホテル又は旅館を建築することができる。

□□**問19** 第一種低層住居専用地域内においては、病院は建築してはならないが、診療所は建築することができる。

□□**問20** 商業地域内においては、原動機を使用する工場で作業場の床面積の合計が50㎡を超えるものは、建築してはならない。

□□**問21** 映画館は、用途地域内においては、商業地域及び準工業地域内に限って、建築することができる。

解答・解説

⟹**答14** × **保育所**は、第一種・第二種低層住居専用地域、第一種中高層住居専用地域に建築ができ、それ以外のすべての地域で、建築できない建築物から除外されている。すなわち、**用途地域全域で建築できる**（建基法48条、別表第2）。

⟹**答15** ○ **原動機を使用する工場**で、作業場の**床面積の合計が50㎡を超えるもの**は、第二種住居地域から住居系の地域では**建築できない**（48条、別表第2）。

⟹**答16** × **住宅**が建築できないことになっているのは、**工業専用地域のみ**であり、ほかの地域では制限されていない（48条12項、13項、別表第2）。

⟹**答17** ○ **工業地域内**では、**学校**を建築することは**できない**が、その中で幼保連携型認定こども園は除かれる。よって、**幼保連携型認定こども園**は建築することができる（別表第2（を）5号）。

⟹**答18** × 別表第２（に）4号より、**第二種中高層住居専用地域内**では、原則として、**ホテルまたは旅館**を**建築**できない（48条4項）。

⟹**答19** ○ **診療所**は、**すべての地域で建築できる**。**病院**は、**第一種低層住居専用地域内**では**建築**できない（別表第2）。

⟹**答20** × 商業地域内では、**原動機を使用する工場**で、作業場の床面積の合計が**150㎡以下の規模ならば建築できる**（別表第2（ぬ））。

⟹**答21** × **映画館**や劇場は、**商業地域**、**準工業地域に限らず**、**準住居地域**、**近隣商業地域**でも**建築できる**。ただし、**準住居地域**では客席部分の床面積の合計が**200㎡**未満のものに限られる（別表第2（と）5号、（り）、（ぬ）、（る））。

3章 建築基準法

5.建蔽率・容積率

めざせ7割！

1回目 ／12問

2回目 ／12問

建蔽率の制限がない場合の具体例について押さえる。敷地が建蔽率の異なる地域にわたる場合の取扱い（加重平均方式）にも注意。

次の記述のうち、正しいものには○、誤っているものには×をつけよ。

□□**問1**　第一種低層住居専用地域内においては、建築物の延べ面積の敷地面積に対する割合（容積率）として都市計画で定められる値は、10/10以下である。

□□**問2**　第一種中高層住居専用地域又は第二種中高層住居専用地域内において、建築物の延べ面積の敷地面積に対する割合（容積率）として都市計画で定められる値は、20/10以下である。

□□**問3**　工業地域又は工業専用地域内にある建築物であれば、容積率は、前面道路の幅員による制限を受けない。

□□**問4**　建築物の敷地が近隣商業地域と商業地域にわたる場合においては、容積率は、商業地域の容積率による。

□□**問5**　建築物の容積率の算定の基礎となる延べ面積には、老人ホームの共用の廊下又は階段の用に供する部分の床面積は、算入しないものとされている。

①建築面積の敷地面積に対する割合の最高限度のことを［ A ］といい、延べ面積の敷地面積に対する割合の最高限度のことを［ B ］という。

②敷地が建蔽率、容積率の異なる地域にわたる場合の建蔽率、容積率の算定は、いずれも［ C ］によって算定される数値が、それらの最高限度になる。

答：A＝建蔽率、B＝容積率、C＝加重平均方式

解答・解説

答1　×　第一種低層住居専用地域内における、建築物の**延べ面積の敷地面積に対する割合（容積率）**は、5/10、6/10、8/10、10/10、**15**/10、**20**/10のうち、当該地域に関する都市計画で定められたものとされている（建基法52条1項1号）。

答2　×　第一・第二種中高層住居専用地域内における**容積率**は、10/10、15/10、20/10、**30**/10、**40**/10、**50**/10のうち、当該地域に関する都市計画で定められたものとされている（52条1項2号）。

答3　×　**前面道路の幅員**が12m未満の場合、幅員のメートルの数値に、特定行政庁の指定がない場合であれば、住居系の地域で**4**/10、その他の地域で**6**/10を乗じたもの以下でなければならないとされており、**すべての地域で道路の幅員による制限を受ける**（52条2項）。

答4　×　建築物の敷地が**2以上の地域にまたがる場合**には、**それぞれの地域**の容積率から計算されたものとなり（加重平均方式）、一方の容積率によることがない（52条7項）。

答5　○　容積率の算定の基礎となる延べ面積には、**老人ホームの共用の廊下**や**階段部分**の床面積は、**算入しない**（52条6項2号）。　改正！

次の記述のうち、正しいものには○、誤っているものには×をつけよ。

□□**問6**　都市計画において定められた建蔽率の限度が8/10とされている地域外で、かつ、防火地域内にある耐火建築物の建蔽率については、都市計画において定められた建蔽率の数値に1/10を加えた数値が限度となる。

□□**問7**　防火地域内で、かつ、準工業地域内にある耐火建築物については、建蔽率（建築面積の敷地面積に対する割合）制限は適用されない。

□□**問8**　公園内にある建築物で、安全上、防火上及び衛生上支障のないものについては、建蔽率制限は適用されない場合がある。

□□**問9**　用途地域の指定のない区域内にある建築物で、安全上、防火上及び衛生上支障のないものについては、建蔽率制限は適用されない。

□□**問10**　建築物の前面道路の幅員により制限される容積率について、前面道路が2つ以上ある場合には、これらの前面道路の幅員の最小の数値（12m未満の場合に限る。）を用いて算定する。

□□**問11**　近隣商業地域内で、かつ、防火地域内にある耐火建築物の建蔽率は、8/10を超えてはならない。

□□**問12**　準住居地域内で、かつ、防火地域内にある耐火建築物についても、常に建蔽率の制限は適用される。

解答・解説

⟹**答6**　○　**建蔽率の限度が8/10の地域外**で、かつ、**防火地域内**にある**耐火建築物**の建蔽率については、都市計画において定められた建蔽率に**1/10**を加えた数値となる（建基法53条3項1号イ）。

⟹**答7**　×　**建蔽率の制限**が**適用されない**のは、建蔽率の限度が8/10とされている地域内で、かつ**防火地域内**にある**耐火建築物**等である。準工業地域内に適用がないと**いいきれない**（53条6項1号）。

⟹**答8**　○　**公園、広場、道路、川などにある建築物**で、安全上、防火上及び衛生上支障がないと特定行政庁が認め、**建築審査会の同意**を得て許可したものには適用**されない**（53条6項3号）。

⟹**答9**　×　**用途地域の指定のない区域内の建築物の建蔽率**は、特定行政庁が、都道府県都市計画審議会の議を経て**定める**（53条1項6号）。

⟹**答10**　×　**容積率**は、前面道路の**幅員が12m未満の場合、一定の制限**を**受ける**。そして、前面道路が2つ以上ある場合は、その幅員の**最大の数値**を用いて算定する（52条2項）。

⟹**答11**　×　近隣商業地域で建蔽率が8/10とされている地域内で、かつ、**防火地域にある**耐火建築物等については**建蔽率は**適用されない（53条6項1号）。

⟹**答12**　×　準住居地域の建蔽率は5/10、6/10、8/10のうちのいずれかに定められるが、**8/10**と定められた場合で、かつ、**防火地域で耐火建築物**等であれば、**建蔽率制限が**適用されない（53条6項1号）。

法令上の制限編

章

建築基準法

6.防火地域・準防火地域

めざせ7割！
1回目 ／10問
2回目 ／10問

防火地域・準防火地域内の規制の共通点、相違点を確認。建築物が防火地域または準防火地域の内外にわたる場合の取扱いに注意。

次の記述のうち、正しいものには○、誤っているものには×をつけよ。

□□**問1**　高さが2mの門については、特定防災街区整備地区内に建築する場合であっても、木造としてもよい。

□□**問2**　防火地域内においては、建築物の屋根は、必ず耐火構造としなければならない。

□□**問3**　特定防災街区整備地区内において、延べ面積が50㎡の平家建の附属建築物で、外壁及び軒裏が防火構造のものは、必ず耐火建築物としなければならない。

□□**問4**　防火地域内において、建築物の屋上に看板を設ける場合、その主要な部分を不燃材料で造り、又は覆わなければならない。

虫食い問題でチェック！

①防火地域または準防火地域内にある建築物は、その外壁の［ A ］で［ B ］のおそれのある部分に防火戸その他の政令で定める［ C ］を設け、通常の火災による周囲への［ B ］を防止しなければならない。

②建築物が準防火地域と未指定区域にわたる場合は、その全部について［ D ］内の建築物に関する規定が適用される。

答：A＝開口部、B＝延焼、C＝防火設備、D＝準防火地域

解答・解説

答1　○　**特定防災街区整備地区内においては、高さが2mを超える門**は、**不燃材料**で造り、または**覆われたもの**でなければならない。しかし、**2**m以下なら特に制約がないので、木造とすることが**できる**（建基法67条1項3号、4号）。

答2　×　防火地域や準防火地域にあっては、建築物の屋根の構造は、市街地における火災を想定した火の粉による建築物の火災の発生を防止するために屋根に必要とされる性能に関して建築物の構造及び用途の区分に応じて政令で定める**技術的基準**に**適合**するもので、国土交通大臣が定めた**構造方法**を用いるものまたは国土交通大臣の**認定**を受けたものとしなければならない（62条）。したがって、**必ずしも耐火構造とする必要がない**。

答3　×　**特定防災街区整備地区内**においては、建築物は原則として**耐火建築物等**または**準耐火建築物等**としなければならない。しかし、例外的に**延べ面積50㎡以内の平家建の附属建築物**であって、**外壁及び軒裏が防火構造**のものについてはこの制限は**適用されない**（67条1項1号）。

答4　○　防火地域内にある看板、広告塔等その他これらに類する工作物で、**建築物の屋上に設けるもの**または**高さが3mを超えるもの**は、その主要な部分を**不燃材料で造り**、または**覆わなければならない**（64条）。

次の記述のうち、正しいものには○、誤っているものには×をつけよ。

□□**問5**　建築物が防火地域及び準防火地域にわたる場合においては、その面積の大きい地域内の建築物に関する規定を適用する。

□□**問6**　特定防災街区整備地区内においては、すべての建築物の敷地面積は、特定防災街区整備地区に関する都市計画において定められた建築物の敷地面積の最低限度以上でなければならない。

□□**問7**　建築物が防火地域及び準防火地域にわたる場合、建築物が防火地域外で防火壁により区画されているときは、その防火壁外の部分については、準防火地域の規制に適合させればよい。

□□**問8**　特定防災街区整備地区内にある建築物で、卸売市場の上家は耐火建築物等又は準耐火建築物等としなければならない。

□□**問9**　防火地域又は準防火地域内にある建築物で、門又は塀で、高さ2メートル以下のもの又は準防火地域内にある建築物に附属するものについては、すべて建築基準法の規制を受けない。

□□**問10**　防火地域又は準防火地域内にある建築物は、建築物の部分や防火設備を通常の火災による周囲への延焼を防止するためにこれらに必要とされる性能に関して防火地域及び準防火地域の別並びに建築物の規模に応じて政令で定める技術的基準に適合するもので、国土交通大臣が定めた構造方法を用いるもの又は国土交通大臣の認定を受けたものとしなければならない。

解答・解説

⟹**答5**　×　建築物が防火地域と準防火地域に**またがっている場合**、原則として、**その全部について**、防火地域内の建築物の規定が**適用される**（建基法65条2項本文）。

⟹**答6**　×　すべての建築物ではなく、次のいずれかに該当する建築物の敷地については、この限りでない。①公衆便所、巡査派出所その他これらに類する建築物で**公益上必要なもの**、②**特定行政庁**が用途上または構造上やむを得ないと認めて**許可**したもの（67条3項）。

⟹**答7**　○　建築物が防火地域及び準防火地域にわたる場合、原則としてその全部について防火地域の規制が及ぶが、建築物が**防火地域外で防火壁により区画されているとき**は、その**防火壁外の部分**については、**準防火地域の規制に適合させればよい**（65条2項）。

⟹**答8**　×　**卸売市場の上家、機械製作工場**その他これらと同等以上に火災の発生のおそれが少ない用途に供する建築物で、主要構造部が不燃材料で造られたものその他これに類する構造のものは**耐火建築物等または準耐火建築物等としなくてよい**（67条1項2号）。

⟹**答9**　×　**準防火地域内にある木造建築物**に附属するもの（延焼のおそれのある部分に限る）は、建築基準法の規制を受ける（61条1項但書）。　改正！

⟹**答10**　○　防火地域または準防火地域内にある建築物は、建築物の部分や防火設備を通常の火災による周囲への延焼を防止するためにこれらに必要とされる性能に関して防火地域及び準防火地域の別並びに**建築物の規模に応じて政令で定める技術的基準に適合するもの**で、**国土交通大臣が定めた**構造方法を用いるものまたは**国土交通大臣の認定**を受けたものとしなければならない（61条1項）。　改正！

法令上の制限編

章

建築基準法

7.建築物の高さ制限

めざせ7割！

1回目　／12問

2回目　／12問

特定街区内の建築物については、道路斜線制限、隣地斜線制限、北側斜線制限の適用がないことに注意。

次の記述のうち、正しいものには○、誤っているものには×をつけよ。

□□**問1**　第二種中高層住居専用地域内において、条例により日影による中高層の建築物の高さの制限が行われている区域内の建築物については、隣地斜線制限の適用はない。

□□**問2**　第一種住居地域内の建築物についても、北側斜線制限の適用がある。

□□**問3**　日影制限（建築基準法第56条の2の制限をいう。）は、商業地域内においても、適用される。

□□**問4**　日影規制は、都市計画区域のうち、地方公共団体が条例で指定する区域内にのみ適用される。

□□**問5**　日影規制は、第一種低層住居専用地域においては、軒の高さが7mを超える建築物又は地階を除く階数が3以上の建築物に適用される。

□□**問6**　同一の敷地内に2以上の建築物がある場合においては、これらの建築物を一の建築物とみなして日影規制が適用される。

虫食い問題でチェック!

①敷地の地域・地区及び容積率と前面道路の幅員に基づく建築物の高さの制限を［ A ］という。また、隣地の境界線までの距離に基づく建築物の高さの制限を［ B ］という。

②日影規制の対象となる建築物は、第一種・第二種低層住居専用地域では軒の高さが［ C ］mを超える建築物または地階を除く3階以上の建築物である。

答：A＝道路斜線制限、B＝隣地斜線制限、C＝7

解答・解説

⟹**答1**　×　**隣地斜線制限の適用がない**のは、第一種・第二種**低層住居専用**地域のみである。**中高層住居専用地域**にあっては、日影規制の有無に**関係なく**、隣地斜線制限の適用が**ある**（建基法56条1項2号）。

⟹**答2**　×　**第一種住居地域内**の建築物については、**北側斜線制限の適用がない**（56条1項3号）。

⟹**答3**　×　日影による中高層建築物の高さの制限（日影規制）は、別表第4に地域、区域が挙げられているが、**商業地域**、**工業地域**、**工業専用地域**は含まれていない（56条の2第1項）。

⟹**答4**　○　**日影規制**は、都市計画区域内で地方公共団体の**条例で指定する区域内**において**適用される**（41条の2、56条の2第1項）。

⟹**答5**　○　**日影規制**は、**第一種・第二種低層住居専用地域**においては、**軒の高さが7ｍを超える**かまたは**地階を**除く**階数が3以上の建築物**に適用される（56条の2、別表第4）。

⟹**答6**　○　同一の敷地内に**2つ以上の建築物**がある場合、**1つの建築物とみなして**日影規制が適用される（56条の2第2項）。

建築基準法

建築物の高さ制限

次の記述のうち、正しいものには○、誤っているものには×をつけよ。

□□**問7**　日影による中高層の建築物の高さの制限については、その対象区域外にある建築物であっても、その対象区域内に日影を生じさせる場合には、当該制限の適用を受けることがある。

□□**問8**　日影規制の対象となる区域については、その区域の存する地方の気候及び風土、土地利用の状況等を勘案して、都市計画で定められる。

□□**問9**　第一種中高層住居専用地域又は第二種中高層住居専用地域内においても、高さが9mの建築物であれば、日影による中高層の建築物の高さの制限を受けない。

□□**問10**　建築物が第二種低層住居専用地域と第一種住居地域にわたる場合、当該建築物の敷地の過半が第一種住居地域であるときは、北側斜線制限が適用されることはない。

□□**問11**　建築物が第一種中高層住居専用地域と第二種住居地域にわたる場合で、当該建築物の敷地の過半が第二種住居地域内に存するときは、当該建築物に対して法第56条第1項第3号の規定による北側高さ制限は適用されない。

□□**問12**　日影による中高層の建築物の高さの制限に係る日影時間の測定は、夏至日の真太陽時の午前8時から午後4時までの間について行われる。

解答・解説

⟹**答7**　○　対象区域外にある建築物であっても、高さ10m超で、冬至の日にその**対象区域内に日影を生じさせる場合、日影規制の適用を受ける**（建基法56条の2第4項）。

⟹**答8**　×　**日影規制の対象となる区域**は、地方公共団体がその地方の気候、風土、土地利用の状況等を勘案して、条例で指定することになっており、**都市計画で定められない**（56条の2第1項）。

⟹**答9**　○　第一種、第二種とも中高層住居専用地域において、**日影の制限を受ける高さ**は、10mを超えるものとされており、９mである場合、制限は受けない（56条の2第1項、別表第4）。

⟹**答10**　×　建築物が**第二種低層住居専用地域と第一種住居地域にわたる場合**、当該建築物の**第二種低層住居専用地域の部分**に北側斜線制限が**適用される**（別表第3備考1）。

⟹**答11**　×　建築物が、**２以上の地域、地区または区域にわたる場合**においては、高さ制限に関する規定中、**「建築物」とあるのは、「建築物の部分」**とされる。したがって、第一種中高層住居専用地域に存在する部分については、北側高さ制限（北側斜線制限）の適用が**ある**（56条5項、1項3号）。

⟹**答12**　×　日影による中高層の建築物の高さの制限に係る**日影時間の測定**は、**冬至日の真太陽時による午前８時から午後４時までの間**である（56条の2第1項）。

3章 建築基準法
8.第一種・第二種低層住居専用地域

めざせ7割！
1回目 ／10問
2回目 ／10問

第一種・第二種低層住居専用地域それぞれの規律の違いを正確に理解する。

次の記述のうち、正しいものには○、誤っているものには×をつけよ。

□□**問1**　第一種低層住居専用地域内の3階建の住宅（高さ10m）は、特定行政庁の許可を得なければ、建てることができない。

□□**問2**　第一種低層住居専用地域内においては、高さ10mを超える建築物を建築できる場合はない。

□□**問3**　第一種低層住居専用地域内においては、第一種低層住居専用地域に関する都市計画において外壁の後退距離の限度が定められていない場合でも、外壁等を敷地境界線から1.5m以上後退させなければならない。

□□**問4**　第一種低層住居専用地域内においては、建築物の高さはすべて10m又は12m以内に制限されているため、当該地域内の建築物については、道路斜線制限（建築基準法第56条第１項第１号の制限をいう。）の適用はない。

□□**問5**　第一種低層住居専用地域内の建築物の敷地面積の最低限度に関する制限を都市計画で定める場合、200㎡を超えない範囲で、定めなければならない。

虫食い問題でチェック!

①都市計画において外壁の後退距離の限度が定められた場合、[A]内では外壁などを敷地境界線から1.5mまたは[B]m以上後退させなければならない。

②[A]内においては、建築物の高さは[C]mまたは[D]mのうち、都市計画で定められた高さの限度を超えてはならない。

答：A＝第一種・第二種低層住居専用地域または田園住居地域、B＝1
C＝10、D＝12（C・Dは順不同）

解答・解説

答1　×　**第一種低層住居専用地域**における**建築物の高さ**は10mまたは12mのうち、都市計画において定められた高さの限度を**超えてはならない**とされている。本問の住宅の高さは10mで、**10mを超えているわけではない**から、特定行政庁の許可を得なくても建築**できる**（建基法55条1項）。

答2　×　第一種低層住居専用地域内の高さ制限は10mまたは12mであるから、**12mと指定された場合**、10mを超える建築物の建築が**できる**。また、特定行政庁の許可があれば、この制限を超えることが**できる**（55条1項、3項）。

答3　×　都市計画において、**外壁の後退距離の限度**が定められた場合に限って、1.5mまたは1m以上後退させなければならない（54条2項）。

答4　×　**道路斜線制限**は、**すべての都市計画区域**において適用**される**（56条）。

答5　○　都市計画において、**敷地面積の最低限度**を定めるとき、その最低限度は200㎡を**超えてはならない**とされている（53条の2第1項、2項）。

次の記述のうち、正しいものには○、誤っているものには×をつけよ。

□□**問6**　第一種低層住居専用地域内の建築物についても、隣地斜線制限（建築基準法第56条第1項第2号の制限をいう。）は、適用される。

□□**問7**　第一種低層住居専用地域内の建築物のうち、地階を除く階数が2以下で、かつ、軒の高さが7m以下のものは、日影による中高層の建築物の高さの制限を受けない。

□□**問8**　田園住居地域内においては、建築物の高さは、一定の場合を除き、10m又は12mのうち当該地域に関する都市計画において定められた建築物の高さの限度を超えてはならない。

□□**問9**　第一種低層住居専用地域又は第二種低層住居専用地域においては、特定行政庁は、壁面線を指定して、建築を制限することができる。

□□**問10**　第一種低層住居専用地域又は第二種低層住居専用地域においては、建築主は、床面積の合計が50㎡以下の工場を建てることができる。

解答・解説

⟹**答6**　×　いわゆる**隣地斜線制限**は、第一種低層住居専用地域が対象の地域に入っておらず、しかも高さ20mまたは31mを超える部分を有するものに適用される。第一種低層住居専用地域の高さ制限は10mまたは12mであるので、適用されない（建基法56条1項2号、55条1項）。

⟹**答7**　○　第一種低層住居専用地域にあっては、**軒の高さが７mを超える建築物**または**地階を除く階数が３以上**の建築物は、**日影による中高層建築物の制限を受ける**（56条の2第1項、別表第4）。本問の建築物は地階を除く階数が2以下で、かつ、軒の高さが7m以下なので、この制限を受けない。

⟹**答8**　○　**田園住居地域内**も、第一種、第二種と同様、建築物の高さは10mまたは12mのうち、都市計画で定められた限度を超えてはならない（55条1項）。

⟹**答9**　○　**特定行政庁**は、街区内の整備や環境向上を図る必要があると認めた場合、建築審査会の同意を得て壁面線を指定できることになっており、建築物の壁のみならず、高さが２mを超える門や塀の建築制限がある（46条、47条）。

⟹**答10**　×　**第一種・第二種の低層住居専用地域**にあっては、別表第２に建築できる建築物が挙げられているが、工場は含まれていないので、建てることができない（48条1項、2項）。

建築基準法

9.建築協定

めざせ7割!
1回目 ／6問
2回目 ／6問

建築協定を締結するための要件を押さえる。

次の記述のうち、正しいものには○、誤っているものには×をつけよ。

□□**問1**　建築協定は、建築物の敷地、位置及び構造に関して定めることができるが、用途に関しては定めることができない。

□□**問2**　建築協定を締結するには、当該建築協定区域内の土地（借地権の目的となっている土地はないものとする。）の所有者の、全員の合意が必要である。

□□**問3**　建築協定の効力は、原則として、当該協定区域内の土地の所有者及び借地権者に及ぶが、建築協定の目的となっている建築物の借主には及ばない。

□□**問4**　認可の公告のあった建築協定の効力は、その公告のあった日以後、当該協定区域内の土地の所有者となった者には及ぶが、借地権者となった者には及ばない。

□□**問5**　建築協定を変更又は廃止する場合には、土地所有者等の過半数の合意でその旨を定め、特定行政庁の認可を受けなければならない。

□□**問6**　建築協定は、当該建築協定区域内の土地の所有者が1人の場合でも、定めることができる。

虫食い問題でチェック！

①一定区域の土地の所有権者、地上権者及び賃借権者が、住宅地や商店街としてその区域の環境を改善するために行う建築基準についての協定を、［ A ］という。

② ［ A ］を締結しようとする土地所有者などは、基準などを定めた［ B ］を作成するが、そのときには土地の所有者などの［ C ］が必要である。

答：A＝建築協定、B＝建築協定書、C＝全員の合意

解答・解説

⇒**答1**　×　**建築協定**においては、土地所有者等が環境、利便の維持、増進のため定められた区域内について、建築物の敷地、位置、構造の他、**用途**、形態、意匠、建築設備に関する基準について**協定を締結できる**（建基法69条）。

⇒**答2**　○　**建築協定**を締結しようとする土地の所有者等は、基準等を定めた建築協定書を作成するが、そのときには土地の所有者等の**全員の合意が必要**であるとされている（70条3項）。

⇒**答3**　×　建築協定の目的となっている**建築物の借主**は、協定で定める基準が借主の権限にかかる場合、土地の所有者等とみなされるので、**建築協定の効力が及ぶ**ことがある（77条）。

⇒**答4**　×　認可の公告のあった日以後、当該**協定区域内**の**土地の所有者となった者**だけでなく、**借地権者となった者**にも建築協定の効力が**及ぶ**（75条）。

⇒**答5**　×　**廃止**は**過半数**の合意で足りるが、**変更**は**全員**の合意が必要（76条1項、74条2項、70条3項）。

⇒**答6**　○　特則として、**1人の所有者**以外の土地の所有者等がいない場合、その所有者が**単独で**建築協定を定めることが**できる**（76条の3第1項）。

3章 国土利用計画法

1回目 ／25問

2回目 ／25問

届出制度の内容と、各区域における土地売買等の契約とはどのような内容なのかをしっかりと理解する。

次の記述のうち、正しいものには○、誤っているものには×をつけよ。

※本ページにおいて「届出」とは、注視区域における国土法第27条の4の届出をいう。

□□**問1**　規制区域に所在する土地について、都道府県知事の許可を受けずに売買契約を締結した場合、刑罰を科されることはあるが、当該契約は効力を有する。

□□**問2**　届出は、原則として契約の当事者が行うべきであるが、譲受人が定まっていない場合は、譲渡人が単独で行うことができる。

□□**問3**　土地所有権移転の予約をした後、その予約完結権を行使して所有権を移転する場合、予約完結権を行使する旨の届出が必要である。

□□**問4**　土地に関する賃借権の移転又は設定をする契約については、対価として権利金その他の一時金の授受がある場合以外は、届出をする必要はない。

①国土の利用に関する必要事項を定める計画を［ A ］といい、［ B ］とは、総合的な土地利用に関する計画をいう。

②規制区域、注視区域、監視区域以外の土地売買などについては、［ C ］届出の制度、注視区域及び監視区域内の土地売買などについては、［ D ］届出の制度がとられる。

答：A＝国土利用計画、B＝土地利用基本計画、C＝事後、D＝事前

国土利用計画法

解答・解説

答1　×　規制区域内の土地について、**許可を受けずに売買契約を締結したとき**は、３年以下の懲役または200万円以下の罰金に処せられ、**当該契約はその効力を生じない**（国土法14条1項、3項、46条）。

答2　×　27条の４の届出は、契約の当事者すなわち譲渡人と譲受人が共同して行わなければならない。**譲受人が未定の場合、届出をすることができない。**なお、23条（事後届出制）の届出は、権利取得者のみで行う。

答3　×　国土法による許可や届出が必要な「土地売買等の契約（14条1項）」には、予約は含まれる。そして、**予約完結権や買戻権など（いわゆる形成権）の行使による権利の移転**は「契約」ではないので、含まれない。したがって、この場合、**届出不要**である。

答4　○　届出を必要とする「土地売買等の契約」とは、**土地に関する権利の設定・移転を対価を得て行う**契約に限られる（14条1項）。したがって、権利金等の一時金の授受を伴う賃借権の設定・移転契約は届出を要す**る**が、一時金の授受を伴わない場合、**届出不要**である（27条の4第1項）。

次の記述のうち、正しいものには○、誤っているものには×をつけよ。

※本ページにおいて「届出」とは、注視区域における国土法第27条の4の届出をいう。

□□**問5**　停止条件付きの土地売買等の契約については、その締結に当たり届出をするとともに、停止条件の成就後改めて届出をする必要がある。

□□**問6**　届出をして土地の所有権を6か月以内に移転する旨の売買契約を締結し、所有権移転請求権を取得した者が、届出に係る事項を変更することなく当該請求権を行使して所有権を取得する場合、改めて届出を行う必要はない。

□□**問7**　金銭消費貸借契約の締結に伴い、債務者の所有する土地に債権者のために抵当権を設定しようとする場合、届出が必要である。

□□**問8**　ＡがＢに対して有する金銭債権の担保として、Ｂ所有の市街化区域（注視区域内）の2,000㎡の土地の所有権をＡに移転する契約を締結しようとする場合（いわゆる譲渡担保の場合）、届出をする必要はない。

□□**問9**　注視区域内における取引につき届出をして勧告を受けなかった場合に、予定対価の額を減額するだけの変更をして、当該届出に係る契約を締結するとき、改めて届出をする必要はない。

□□**問10**　注視区域内における取引につきＡとＢが届出をし、勧告をしない旨の通知を受けたが、事情により契約を締結できなくなった後、その届出に係る土地について、同一の対価及び利用目的で、ＡがＣと権利移転の契約を締結する場合、改めて届出を行う必要はない。

解答・解説

国土利用計画法

⟹**答5**　×　停止条件付きであっても土地売買等の契約は、国土法14条１項の「土地売買等の契約」に該当するから届出が必要である。**条件の成就自体は、契約でない**から、**改めて届出をする必要がない**（国土法27条の4第1項）。

⟹**答6**　○　**所有権移転請求権の行使**は、形成権の行使といわれるもので、契約つまり相手方の承諾を必要とするものでなく、**「土地売買等の契約」に該当しない**から、**改めて届出を行う必要がない**（27条の4第1項、14条1項）。

⟹**答7**　×　**抵当権**は目的物の使用収益を目的とする権利ではないから、その設定契約は14条１項の**「土地売買等の契約」に該当せず**、**届出は不要**である。

⟹**答8**　×　**譲渡担保**は、担保目的物の所有権を担保権者に移転するものであり、14条１項の**「土地売買等の契約」にあたる**。また、**市街化区域内**の2,000㎡**以上の土地**について土地売買等の契約を締結する場合は、**届出が必要**である(23条2項1号イ)。したがって、本問の契約を締結しようとするときは、届出が必要である（27条の4第1項、2項)。

⟹**答9**　○　届出後、予定対価額を増額したり、土地の利用目的を変更して、契約を締結しようとするときは、改めて届出を要する。**予定対価額を減額するだけ**の場合、**改めて届出をする必要がない**（27条の4第1項）。

⟹**答10**　×　27条の４の届出は「当事者」、すなわち譲渡人と譲受人が共同で行うこととされている。その**一方が変わった場合**、その他の契約内容が同一でも、改めて**新しい当事者による届出は必要**である。

次の記述のうち、正しいものには○、誤っているものには×をつけよ。

※本ページにおいて「届出」とは、注視区域における国土法第27条の4の届出をいう。

□□**問11** 市街化区域（注視区域内）に所在する5,000㎡の土地を、A・B・Cの3人が共有（持分均一）し、Aのみがその持分を売却する場合、届出が必要である。

□□**問12** 届出は、監視区域に所在する一定面積以上の土地について必要であり、監視区域外に所在する土地については、その必要はない。

□□**問13** 市街化区域（注視区域内）の甲地（A所有1,000㎡）、乙地（B所有1,500㎡）、丙地（C所有2,000㎡）について、Cが甲地及び乙地にまたがってビルの建設を計画して、甲地については丙地との交換契約をAと締結し、乙地についてはBと地上権設定契約（設定の対価1億円）を締結しようとする場合、それぞれの契約の締結について、届出が必要である。なお、甲地と乙地は、隣地である。

解答・解説

⟹**答11** ×　**共有持分の譲渡**の場合は、当該土地の面積にその持分を乗じた数値で取引に係る土地の規模を判断する。Ａのみがその持分を売却する場合、土地の規模は、5,000㎡×１／３、すなわち**市街化区域の届出対象面積である2,000㎡未満**だから、届出は**不要**である（国土法27条の4第1項、2項1号、23条2項1号イ）。

⟹**答12** ×　**国土法**による土地に関する権利の移転等の**届出**は、**監視区域**に所在する**一定面積**以上の土地について必要である。また、**監視区域外**の土地でも、規制区域内のものを除き、**一定面積以上の土地**については、**注視区域内では事前の、それ以外では事後の届出が必要**である（27条の4、27条の7）。

⟹**答13** ○　**注視区域**に指定されている**市街化区域**において、**2,000㎡未満の土地を売買等**する場合は、原則として、**届出は不要**である。しかし、**単独では2,000㎡未満**の土地であっても、**契約当事者**の一方または双方が当該土地を含む**一団の土地で2,000㎡以上となる土地**について売買等をしようとする場合には、**届出が必要**である（27条の4第2項1号かっこ書）。Ｃは、単独では2,000㎡未満の土地である甲地を含む一団の土地で2,000㎡以上となる土地（甲地と乙地の合計面積2,500㎡）について、Ａとの交換契約により所有権を設定しようとしているから、当該交換契約の締結に届出が必要となる。また、Ｃは、単独では2,000㎡未満の土地である乙地を含む一団の土地で2,000㎡以上となる土地（甲地と乙地の合計面積2,500㎡）について、Ｂとの地上権設定契約により地上権を設定しようとしているから、当該地上権設定契約についても、届出が必要となる。

次の記述のうち、正しいものには○、誤っているものには×をつけよ。

□□**問14** 市街化区域（注視区域内）の隣地である甲地（A所有1,000㎡）、乙地（B所有1,500㎡）について、Cが甲地及び乙地にまたがってビルの建設を計画して、甲地についてはAと売買契約を締結し、乙地についてはBと賃借権設定契約（設定の対価なし）を締結しようとする場合、それぞれの契約の締結について、国土法第27条の4の届出が必要である。

□□**問15** 監視区域の指定を解除する旨の公告があった場合において、当該解除に係る区域内の土地について土地売買等の契約を締結しようとするときは、一切届出を行う必要はない。

□□**問16** 第23条の届出（以下この問では「事後届出」という。）に関しては、一団の造成宅地を数期に分けて不特定多数の者に分譲する場合において、それぞれの分譲面積は事後届出の対象面積に達しないが、その合計面積が事後届出の対象面積に達するときは、事後届出が必要である。

□□**問17** 第23条の事後届出においては、都市計画区域外に所在し、一団の土地である甲土地（面積6,000㎡）と乙土地（面積5,000㎡）を購入する契約を締結した者は、届出を行わなければならない。

□□**問18** 第23条の事後届出においては、市街化調整区域に所在する農地法第3条1項の許可を受けた面積6,000㎡の農地を購入したAは、届出を行わなければならない。

□□**問19** 都道府県知事は、土地利用審査会の意見を聴いて、事後届出をした者に対し、当該事後届出に係る土地の利用目的について必要な変更をすべきことを勧告することができ、勧告を受けた者がその勧告に従わない場合、その勧告に反する土地売買等の契約を取り消すことができる。

解答・解説

⟹**答14** ×　ＢＣ間の賃貸借契約には設定の対価がないところ、国土法14条1項の**「土地売買等の契約」に該当しない**。またＡＣ間の売買契約も対象面積である**2,000㎡未満**である。いずれの契約についても届出の必要がない。

⟹**答15** ×　**監視区域**の指定が**解除**された後でも、**注視区域に指定**されていれば、届出対象面積以上の一団の土地についての**「土地売買等の契約」を締結しようとする場合**は、**27条の４の届出が必要**であり、**それ以外の土地なら23条による事後届出が必要**である（国土法27条の4第1項、2項、23条）。

⟹**答16** ×　23条の「事後届出」は「権利取得者」のみで届け出るものであるから、権利取得者が**届出対象面積以上の一団の土地について**土地取引をする場合、**届出が必要**である（23条2項1号）。本問の場合、**各権利取得者の取得面積は届出対象面積に達していない**から、届出は不要となる。

⟹**答17** ○　都市計画区域外の土地を一団として取引しているので、**合計面積**11,000㎡で考える。**都市計画区域外では10,000㎡以上**の土地取引が事後届出対象となる（23条2項1号ハ）。

⟹**答18** ×　農地法3条1項の**許可を受けている場合**は、事後届出は**不要**となる（国土法23条2項3号、同法施行令17条1号、6条7号）。

⟹**答19** ×　都道府県知事は、土地利用審査会の意見を聴いて、その届出をした者に対し、その届出に係る土地の利用目的について**必要な変更をすべきことを勧告することができ**、その勧告を受けた者がその勧告に従わないときは、その旨及びその勧告の内容を**公表することができる**（国土法24条1項、26条）。よって、土地売買等の**契約を取り消すことはできない**。

次の記述のうち、正しいものには○、誤っているものには×をつけよ。

□□**問20** 監視区域に所在する土地について売買契約を締結した者は、その土地が届出対象面積未満のものであっても、当該契約の対価、利用目的等について、都道府県知事から報告を求められることがある。

□□**問21** 監視区域内において一定規模以上の面積の土地売買等の契約を締結した場合には、契約締結後2週間以内に届出をしなければならない。

□□**問22** 第23条の事後届出に関しては、停止条件付きの土地売買等の契約を締結した場合には、停止条件が成就した日から起算して2週間以内に、その届出をしなければならない。

□□**問23** 第23条の事後届出においては、甲市が所有する市街化調整区域内の12,000㎡の土地を、宅地建物取引業者Hが購入した場合、Hは届出を行わなければならない。

□□**問24** 都道府県知事は、第23条の事後届出があった日から起算して3週間以内に勧告をすることができない合理的な理由があるときは、3週間の範囲内において、当該期間を延長することができる。

□□**問25** 第27条の4の規定に違反して、届出をしないで土地売買等の契約を締結した場合は、その契約が無効になるだけでなく、契約の当事者が懲役に処せられることがある。

解答・解説

答20 ○　**都道府県知事**は、**監視区域の地価の動向や土地取引の状況等を常時把握するための調査を行う義務がある**（国土法27条の6第3項、12条10項）が、この調査を適正に行うため、監視区域内の土地（面積に関係なし）について土地売買等の契約をした者に対して、その契約内容や土地利用について**報告を求めることができ**る（27条の9）。

答21 ×　監視区域内において、**都道府県の規則で定める規模以上の土地売買等の契約**を締結しようとする場合には、**契約締結前に届出**をしなければならない（27条の4第1項、27条の7第1項）。

答22 ×　停止条件付売買契約の場合にも、契約締結から2週間以内に届出が必要である。これは、**届出事項に変更がない限り、条件成就の際に重ねて届出をする必要がない**（23条1項、14条1項）。

答23 ×　当事者の**一方または双方が国・**地方公共団体等である場合、事後届出は不要になる（23条2項3号）。

答24 ○　原則は事後届出があった日から3週間以内に勧告をしなければならないが、本問のように**合理的な理由がある場合**、3週間の範囲内で**延長**できる（24条2項、3項）。

答25 ×　27条の4の届出をしないで土地売買等の契約をした場合、6か月以下の懲役**または100万円以下の罰金**に処せられる。しかし、その**契約の効力には**影響**がない**（47条2号）。

3章 盛土規制法

1回目

／17問

2回目

／17問

宅地造成工事についての許可制度・届出制度に関して、期限と提出先、違反した場合の処分について覚える。

次の記述のうち、正しいものには○、誤っているものには×をつけよ。

□□**問1**　宅地を宅地以外の土地にするために行う土地の形質の変更は、宅地造成に該当しない。

□□**問2**　宅地以外の土地を宅地にするための切土であって、当該切土を行う土地の面積が400㎡であり、かつ、高さが1mのがけを生ずることとなる土地の形質の変更は、宅地造成に該当しない。

□□**問3**　宅地以外の土地を宅地にするための盛土であって、当該盛土を行う土地の面積が1,000㎡であり、かつ、高さが80cmのがけを生ずることとなる土地の形質の変更は、宅地造成に該当する。

□□**問4**　都道府県知事等が、宅地造成等工事規制区域として指定できるのは、都市計画区域内の土地の区域に限られる。

虫食い問題でチェック！

①宅地造成に伴い、がけくずれ、土砂の流出が起こらないよう、宅地造成に関する工事などについて必要な規制を行い、国民の生命・財産の保護を図り、公共の福祉に寄与することを目的とする［ A ］法がある。 改正！

②［ A ］法の適用場所は、［ B ］内である。［ B ］の指定権者は、［ C ］である。

答：A＝盛土規制、B＝宅地造成等工事規制区域、C＝都道府県知事等

解答・解説

⟹答1 ○ **宅地造成**とは、**宅地以外の土地を宅地にする**ために行う**盛土その他の土地の形質の変更**で政令で定めるものをいい、**宅地を宅地以外の土地にするために行う土地の形質の変更**は含まれない（盛土法2条2号）。 改正！

⟹答2 ○ **宅地造成にあたる切土**は、①当該切土をした土地の部分に**高さが2ｍを超えるがけを生ずるもの**、②①に該当しない切土であって、**盛土と切土を同時にする場合において、盛土と切土部分をあわせた高さが2mを超えるがけを生ずるもの**、③①②に該当しない切土であり、**当該切土をする土地の面積**が**500㎡を超えるもの**をいう（2条2号、盛令3条2号、3号、5号）。

改正！

⟹答3 ○ **宅地造成にあたる盛土**は、①当該盛土をした土地の部分に**高さが1ｍを超えるがけを生ずるもの**、②①に該当しない盛土であって、**盛土と切土を同時にする場合において、盛土と切土部分をあわせた高さが2mを超えるがけを生ずるもの**、③①②に該当しない盛土であり、**当該盛土をする土地の面積**が**500㎡を超えるもの**をいう（盛土法2条2号、盛令3条1号、3号、5号）。 改正！

⟹答4 × **規制区域**として指定できるのは、**都市計画区域の**内外を問わず、宅地造成等に伴い災害が生ずるおそれが大きい市街地または市街地となろうとする土地の区域である（盛土法10条1項）。 改正！

次の記述のうち、正しいものには○、誤っているものには×をつけよ。

□□**問5**　宅地造成等工事規制区域内で行われる宅地造成等に関する工事については、工事主は、工事着手後21日以内に都道府県知事等の許可を受けなければならない。

□□**問6**　宅地造成等工事規制区域外において行われる宅地造成等に関する工事については、工事主は、工事に着手する日の14日前までに都道府県知事等に届け出なければならない。

□□**問7**　都道府県知事等は、宅地造成又は特定盛土等に伴い災害が生ずるおそれが大きい市街地又は市街地となろうとする土地の区域であって、宅地造成に関する工事について規制を行う必要があるものを、造成宅地防災区域として指定することができる。

□□**問8**　宅地造成等工事規制区域内において宅地造成等に関する工事を行う場合、当該土地が宅地造成等工事規制区域の指定が行われる以前からの宅地であるときは、都道府県知事等の許可を受ける必要はない。

□□**問9**　宅地造成等工事規制区域内において許可を受けて行う宅地造成等に関する工事は、すべて政令で定める一定の資格を有する者の設計によらなければならない。

□□**問10**　工事主は、都道府県知事等の許可を受けた宅地造成等工事規制区域内の宅地造成等に関する工事を完了したときは、一定の技術的基準に従い必要な措置が講じられているかどうかについて、都道府県知事等の検査を申請しなければならない。

□□**問11**　宅地造成等工事規制区域内において許可を受けて行われた宅地造成等に関する工事が検査に合格したとき、都道府県知事等は、工事主に対して検査済証を交付しなければならない。

解答・解説

答5 ×　**宅地造成工事等に関する許可**は、「**工事に着手**する**前に**」受けなければならない（盛土法12条1項）。 改正！

答6 ×　**規制区域**外は**許可も届出も**不要。**規制を行うのは規制区域**内**だけ**である（12条1項）。 改正！

答7 ×　造成宅地防災区域**に指定できる**のは、宅地造成又は特定盛土等に伴う災害で相当数の居住者その他の者に危害を生ずるものの発生のおそれが大きい一団の造成宅地の区域とされている（45条1項）。本問は**宅地造成等工事規制区域**についての説明である。 改正！

答8 ×　規制区域の指定が行われる以前からの宅地であっても、**現在規制区域内になっている場合**、その土地について宅地造成工事等を行うには、**都道府県知事等の許可を受ける必要が**ある。

答9 ×　**一定の資格を有する者の設計**によらなければならないのは、**高さが５ｍを超える擁壁の設置工事**などに限定されている（13条2項、盛令21条）。 改正！

答10 ○　宅地造成等工事を完了したときは、工事主は、一定の技術的基準に従い**災害を防止するため必要な措置が講じられているかどうか**について、都道府県知事等**の検査**を申請しなければならない（盛土法17条1項、13条1項）。 改正！

答11 ○　宅地造成等工事が検査に合格（適合）したときには、**都道府県知事等は、工事主に**検査済証**を交付**しなければならない（17条2項）。 改正！

盛土規制法

次の記述のうち、正しいものには○、誤っているものには×をつけよ。

□□**問12** 宅地造成等工事規制区域内において、許可を受けないで造成等がされた宅地について、当該宅地の所有者と工事主が異なる場合には、都道府県知事等は、当該宅地の所有者に対して宅地の使用を禁止又は制限することはできない。

□□**問13** 都道府県知事等は、宅地造成等工事規制区域内の土地において行われている工事の状況について、その工事が宅地造成等に関する工事であるか否かにかかわらず、当該土地の所有者、管理者又は占有者に対して報告を求めることができる。

□□**問14** 都道府県知事等は、宅地造成等工事規制区域内において、許可を受けないで宅地造成等工事が行われているときは、いつでも直ちに、当該工事主に対して、工事の施行の停止を命ずることができる。

□□**問15** 宅地造成等工事規制区域が指定された際に、すでに着手している宅地造成等に関する工事については、都道府県知事等の許可を受ける必要はない。

□□**問16** 都道府県知事等は、造成宅地防災区域内の造成宅地について、災害防止のため必要があると認めるときは、当該造成宅地の所有者等に対し、擁壁の設置等の措置をとることを勧告することができる。

□□**問17** 都道府県知事等は、宅地造成等工事規制区域内の宅地で、宅地造成に伴う災害の防止のため必要な擁壁が設置されていないために、これを放置するときは、宅地造成に伴う災害の発生のおそれが大きいと認められる場合、一定の限度のもとに、当該宅地の所有者、管理者又は占有者に対して、擁壁の設置を命ずることができる。

解答・解説

⇒**答12** × **無許可で造成等された宅地**については、その工事主、所有者、管理者、占有者に対して、**宅地の使用禁止**または**制限**をすることができる（盛土法20条3項1号）。 改正！

⇒**答13** ○ **都道府県知事等**は、**規制区域内**における土地の所有者、管理者または占有者に対して、当該宅地または**当該土地において行われている工事の状況**について報告を求めることができる（25条）。その工事が宅地造成等に関する工事であるか否かにかかわらない。 改正！

⇒**答14** × 宅地造成等工事が無許可で行われている場合、都道府県知事等は、工事の**施行の停止を命じる**ことができるが、原則として、**あらかじめ聴聞**または**弁明の機会**を付与しなければならない（20条2項、行政手続法13条）。

改正！

⇒**答15** ○ **規制区域が指定**された際、**すでに宅地造成等に着手している工事**については、**許可を受ける必要がない**。ただし、指定があった日から**21**日以内に、**都道府県知事等に届け出なければ**ならない（盛土法21条1項）。 改正！

⇒**答16** ○ 都道府県知事等は、その造成宅地の**所有者**、**管理者**、**占有者**に対し、擁壁の設置または改造その他災害防止のため必要な措置をとることを**勧告**することができる（46条2項）。 改正！

⇒**答17** ○ 都道府県知事等は、規制区域内の宅地で、宅地造成等に伴う災害の防止のため必要な擁壁が設置されていないため、または極めて不完全なため、これを放置するときは、宅地造成等に伴う災害の発生のおそれが大きいと認められる場合、必要かつ相当な限度において、当該宅地または擁壁の所有者、管理者または占有者に対して、**擁壁の設置もしくは改造等**を行うことを命ずることができる（23条1項）。 改正！

3章 土地区画整理法

1回目　／34問

2回目　／34問

土地区画整理事業の施行者となるための手続、仮換地指定の効果、仮換地処分の効果について整理する。

次の記述のうち、正しいものには○、誤っているものには×をつけよ。

□□**問1**　都道府県が施行する土地区画整理事業は、すべて都市計画事業として施行される。

□□**問2**　土地区画整理事業の個人施行者について、施行者以外の者への相続、合併その他の一般承継があった場合においては、その一般承継者は、施行者となる。

□□**問3**　土地区画整理事業の施行者が、道路法にいう道路の用に供する土地を道路管理者の了解を得ることなく造成した場合でも、当該道路管理者は、施行者に対し、その造成費用の全部を支払わなければならない。

□□**問4**　市町村が施行する土地区画整理事業について定めるべき事業計画については、施行地区となるべき区域内の宅地の所有者及び借地権者のそれぞれ2/3以上の同意を得なければならない。

□□**問5**　組合が施行する土地区画整理事業に係る施行地区内の宅地について借地権のみを有する者は、その組合の組合員とはならない。

□□**問6**　市町村が施行する土地区画整理事業については、事業ごとに土地区画整理審議会がおかれる。

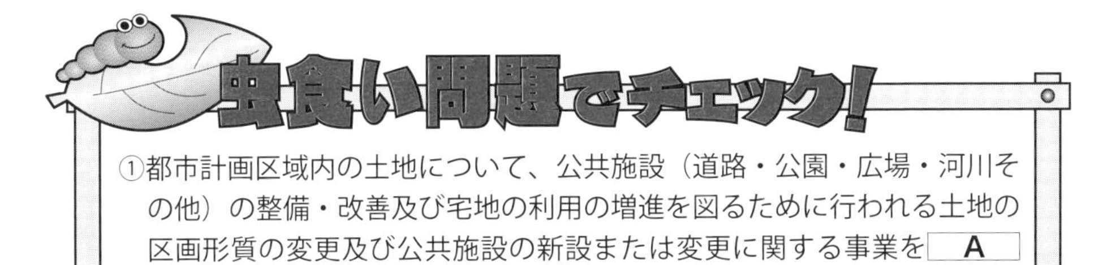

①都市計画区域内の土地について、公共施設（道路・公園・広場・河川その他）の整備・改善及び宅地の利用の増進を図るために行われる土地の区画形質の変更及び公共施設の新設または変更に関する事業を［　A　］という。

②［　A　］は、［　B　］と［　C　］という手法によって行われる。
［　B　］とは、土地区画整理事業施行区域内の各筆の土地から一定の割合（減歩率）で土地を提供してもらうことをいう。

答：A＝土地区画整理事業、B＝減歩、C＝換地

解答・解説

答1　○　**都道府県が土地区画整理事業を施行する場合**には、必ず**都市計画事業**である**市街地開発**事業**として施行される**（区画法3条4項、3条の4第1項）。

答2　○　**相続や法人の合併**などの一般承継があった場合には、その**一般承継者が施行者**となる（11条1項）。

答3　×　土地区画整理事業の施行者が、**道路管理者の了解を得ることなく**道路法上の道路の用に供する土地を造成した場合には、道路管理者は、**造成費用の全部を支払う必要がない**（120条参照）。

答4　×　区域内の宅地の所有者及び借地権者のそれぞれ**2/3以上の同意を得なければならない**のは、**土地区画整理組合の定款及び事業計画**または事業基本方針であり、**市町村が施行**する場合、この規定がない（18条）。

答5　×　組合が施行する土地区画整理事業に係る施行地区内の宅地について所有権または**借地権**を有する者は、すべて**その組合の組合員とする**（25条1項）。

答6　○　都道府県または**市町村**が土地区画整理事業を行う場合には、**事業ごと**に**土地区画整理審議会が置かれる**（56条1項）。

次の記述のうち、正しいものには○、誤っているものには×をつけよ。

□□**問7**　土地区画整理事業の事業計画には、施行地区（施行地区を工区に分ける場合においては、施行地区及び工区。）、設計の概要、事業施行期間及び資金計画を定めなければならない。

□□**問8**　土地区画整理組合の設立に当たって土地区画整理事業の事業計画を定めようとする場合で、公共施設の用に供されている国又は地方公共団体の所有する土地を施行地区に編入しようとするときは、当該土地を管理する者の承認を得なければならない。

□□**問9**　土地区画整理事業の施行地区内においては、土地区画整理法第76条の規定により、一定の建築行為等について、国土交通大臣又は都道府県知事等の許可を必要とする規制がなされるが、仮換地における当該建築行為等については、仮換地の換地予定地的な性格にかんがみ、当該規制の対象外となっている。

□□**問10**　土地区画整理法による建築行為等の規制に違反して建築された建築物等については、施行者は、事業の施行のため必要となったときは、いつでも移転又は除却することができる。

□□**問11**　仮換地の指定に伴い、従前の宅地に存する建築物を移転する必要がある場合、当該建築物の所有者が、自らこれを移転しなければならない。

□□**問12**　仮換地指定の結果、使用し、又は収益する者のなくなった従前の宅地についても、従前の宅地に関する所有権は残るので、施行者は、土地区画整理事業の工事を行うためには、当該従前の宅地の所有者の同意を得なければならない。

解答・解説

⟹**答7** ○　事業計画には、**施行地区**（工区に分ける場合には施行地区及び工区）、**設計の概要、事業施行期間及び資金計画**を定めなければならない（区画法6条1項）。

⟹**答8** ○　土地区画整理組合の設立にあたり事業計画を定めるときに、**宅地以外の土地**（公共施設の用に供されている国または地方公共団体の所有する土地）を**施行地区に編入**しようとする場合には、**当該土地を管理する者の承認を得る必要がある**（14条1項、17条、7条、2条6項）。

⟹**答9** ×　**土地区画整理事業の施行地区内**においては、土地区画整理事業の施行の障害となるおそれがある土地の形質の変更、建築物の新築等一定の建築行為等をするには、**国土交通大臣または都道府県知事等の許可が必要**である。**仮換地**もこのような**規制の対象**となる（76条1項）。

⟹**答10** ×　土地区画整理法による建築行為等の規制に**違反して建築された建築物等の移転または除却**は、**国土交通大臣または都道府県知事等の命令**により、**相当の期限**を定めて、土地区画整理事業の施行に対する障害を排除するために**必要な限度**において行われる（76条4項）。**施行者が自己の判断で移転・除却することはできない**。

⟹**答11** ×　仮換地の指定に伴い、従前の宅地に存する建築物を移転する必要がある場合、建築物の**所有者が自ら移転するのではなく、施行者が移転することができる**（77条1項）。

⟹**答12** ×　**施行者**は、**従前の宅地の所有者の同意を得ることなく**、土地区画整理事業の工事を行う**ことができる**（80条）。

次の記述のうち、正しいものには○、誤っているものには×をつけよ。

□□**問13** 土地区画整理事業の施行者は、土地区画整理事業の施行のため必要がある場合においては、土地の所有者及び借地権者の同意を得たときに限り、土地の分割又は合併の手続を行うことができる。

□□**問14** 施行地区内の宅地についての未登記の借地権で施行者に対する申告のないものについては、個人施行者以外の施行者は、これを存しないものとみなして、換地処分をすることができる。

□□**問15** 土地区画整理事業の施行者は、仮換地の指定を行うに当たっては、従前の宅地について抵当権を有する者に対して、仮換地について仮にその目的となるべき宅地又はその部分を指定しなければならない。

□□**問16** 仮換地が指定されても、土地区画整理事業の施行地区内の宅地を売買により取得した者は、その仮換地を使用することができない。

□□**問17** Aが所有権に基づき使用収益していた宅地がBの仮換地として指定された場合、当該指定の効力の発生の日からAはその宅地の使用収益ができなくなるが、Aの所有権が消滅するわけではない。

□□**問18** A所有の宅地について仮換地が指定された場合には、Aは当該指定の効力の発生の日にその仮換地について所有権を取得する。

□□**問19** 仮換地の使用又は収益を開始することができる日を仮換地の指定の効力発生の日と別に定めた場合においては、仮換地について権原に基づき使用し、又は収益することができる者は、当該別に定められた日から換地処分の公告がある日まで、当該仮換地の使用又は収益を行うことができない。

解答・解説

⟹**答13** ×　**土地の所有者や借地権者の同意なくして**、土地区画整理事業の施行のために必要がある場合においては、施行者は所有者に代わって、土地の分割または合併の**手続をすることが**できる（区画法82条1項）。

⟹**答14** ○　**申告のない未登記の借地権**については、個人施行者以外の施行者は、これを存しないものとみなして**換地処分をすることが**できる（85条5項）。

⟹**答15** ×　従前の宅地について**使用収益する権利を有する者**に対しては、仮換地について仮にその目的となる宅地またはその部分を指定しなければならない（98条1項）。しかし、従前の宅地の**抵当権者は、その土地の使用収益権を有していない**。したがって**指定の必要がない**。

⟹**答16** ×　施行区域内の宅地（従前の宅地）を売買により取得した者は、**従前の宅地について権原を有する**ことになるから、仮換地が指定されると、その仮換地について**使用収益することが**できる（99条1項）。

⟹**答17** ○　Aの宅地が、Bの仮換地として指定されると、Aはその宅地について**使用収益**できなくなる。そして、**所有権**は**消滅しない**。

⟹**答18** ×　Aはその仮換地について**使用収益**権を取得するのであり、**所有権**を取得するのではない。**所有権は、従前の宅地に存する**（99条1項、104条1項）。

⟹**答19** ○　仮換地の「**使用収益を開始することができる日**」を「**効力発生の日**」**と別に定めた場合**においては、仮換地について使用収益権原を有する者は、別に定められたその日から**換地処分の公告**が**ある日まで**、仮換地の使用収益を行うことができない（99条2項、3項）。

土地区画整理法

次の記述のうち、正しいものには○、誤っているものには×をつけよ。

□□**問20** 仮換地の指定があった場合、従前の宅地について権原に基づき使用し、又は収益することができる者は、仮換地の指定の効力発生の日から換地処分の公告がある日まで、従前の宅地の使用又は収益を行うことができない。

□□**問21** 従前の宅地について権原に基づき使用し、又は収益することのできる者は、仮換地の指定の通知が到達した日から、仮換地の使用又は収益を行うことができる。

□□**問22** 土地区画整理事業の施行地区において仮換地の指定がされた場合において、仮換地の指定を受けた者は、その使用収益を開始できる日が仮換地指定の効力発生日と別に定められている場合、その使用収益を開始できる日まで従前の宅地を使用収益することができる。

□□**問23** A所有の宅地甲がB所有の宅地の仮換地として指定された場合には、AB間の話し合いにより、Bが宅地甲について使用収益を開始できる日を決めることができる。

□□**問24** 換地計画において、換地を定めないこととされる宅地の所有者については、換地処分の公告のある日までは当該宅地の使用収益をさせなければならない。

□□**問25** 仮換地指定の効力の発生の日後、換地処分の公告がある日までは、当該指定により使用収益することができる者のなくなった従前の宅地の管理は施行者が行う。

□□**問26** 換地処分は、換地計画に係る区域の全部について土地区画整理事業の工事がすべて完了した場合でなければ、することができない。

解答・解説

⟹**答20** ○ **仮換地**については使用収益できるが、**従前の宅地**の使用収益はできない（区画法99条1項）。

⟹**答21** × **仮換地の使用収益**は、仮換地指定の**効力が発生する日から**行うことができる。なお、この「**効力発生**の日」は、通知によって明らかにされている（99条1項）。

⟹**答22** × 仮換地が指定されて、使用収益を開始できる日が別に定められている場合には、**使用収益を開始できる日まで**は、仮換地についても従前の宅地についても**使用収益することが**できなくなる（99条）。

⟹**答23** × ＡＢ間の話し合いによって、仮換地として指定された宅地甲の使用収益の開始日を決めることはできない。**開始日を定めることができるのは、**「**施行者**」である（99条2項）。

⟹**答24** × 施行者は、換地計画において換地を定めないこととされる宅地の所有者については、その宅地の使用収益を停止させることができるが、この場合は**換地処分の公告がある日まで**、その宅地を**使用収益することが**できなくなる（100条1項、2項）。

⟹**答25** ○ 仮換地の指定により、使用収益することができる者のなくなった**従前の宅地の管理**は、「**施行者**」が行う（100条の2）。

⟹**答26** × **換地処分**は**工事完了**後にするのが原則である。ただし、**規準、規約、定款**などに**別段の定めがあれば、工事完了以前にも**できる（103条2項）。

次の記述のうち、正しいものには○、誤っているものには×をつけよ。

□□**問27** 土地区画整理事業の施行地区において仮換地の指定がされた場合、従前の宅地の所有者は、仮換地の指定により従前の宅地に抵当権を設定できなくなり、当該仮換地について抵当権を設定することができる。

□□**問28** 換地計画において定められた換地は、換地処分の公告があった日の翌日から、従前の宅地とみなされる。

□□**問29** 施行者は、清算金の徴収及び交付の完了後、遅滞なく、換地処分を行わなければならない。

□□**問30** 個人施行者は、規準又は規約に別段の定めがある場合においては、換地計画に係る区域の全部について土地区画整理事業の工事が完了する以前においても換地処分をすることができる。

□□**問31** 土地区画整理組合が施行する土地区画整理事業（組合施行事業）における保留地は、換地処分の公告のあった日の翌日に、各組合員が、従前の宅地に係る権利の価額に応じて取得する。

□□**問32** 土地区画整理事業の施行により公共施設が設置された場合、施行者は、換地処分の公告のあった日の翌日以降に限り、公共施設を管理する者となるべき者にその管理を引き継ぐことができる。

□□**問33** 換地処分の公告があった場合において、施行地区内の土地について土地区画整理事業の施行により変動があったときは、当該土地の所有者は、遅滞なく、当該変動に係る登記を申請しなければならない。

□□**問34** 仮換地の指定があった日後においては、土地区画整理事業の施行による変動に係る登記がされるまでは、施行地区内の土地について他の登記をすることは、原則としてできない。

解答・解説

⟹**答27** ×　仮換地が指定された場合、従前の宅地の「**使用収益**」ができなくなるが、最終的に換地処分により換地が確定するまでは、「**所有権**」**が移転するわけではない**から、従前の宅地について**抵当権は設定**できる（区画法99条1項）。

⟹**答28** ○　換地計画において定められた換地は、換地処分の公告があった日の翌日から、**従前の宅地と**みなされる（104条1項）。

⟹**答29** ×　施行者は、**換地処分の**公告後に、清算金の徴収・交付を行わなければならない（110条1項）。

⟹**答30** ○　換地処分は、原則は**工事完了後**にするが、規準、規約、定款または施行規程に**別段の定めがあれば**、区域の全部について工事が完了する以前においても**換地処分をすることが**できる（103条2項）。

⟹**答31** ×　保留地は各組合員が取得するのではなく、**施行者である**土地区画整理組合**が取得する**（104条11項）。

⟹**答32** ×　「**換地処分の公告がある日**以前」においても、施行者は公共施設を管理する者となるべき者（市町村）に、その**管理を引き継ぐことが**できる（106条2項）。

⟹**答33** ×　事業の施行により、施行地区内の土地・建物について変動があったときは、「**施行者**」がその**変動に係る登記を申請**しなければならない。土地の所有者に、このような義務はない（107条2項）。

⟹**答34** ×　施行地区内の土地・建物に関しては、**換地処分の公告**があった日後においては、**事業の施行による変動の登記がされるまで**、原則として、**他の登記をすることができない**（107条3項）。

3章 農地法

1回目

／20問

2回目

／20問

農地の所有権や使用収益権を設定・移転する場合の制限の内容を、3条、5条を中心に覚える。

次の記述のうち、正しいものには○、誤っているものには×をつけよ。

□□**問1**　山林を開墾した場合、農地として耕作していても、土地登記簿の地目が「山林」から「田」又は「畑」に変更されるまでは、農地法上の農地ではない。

□□**問2**　土地区画整理事業の施行地区内にある農地で、耕作の目的に供されているものは、仮換地の指定処分があっても、農地法上の農地である。

□□**問3**　土地登記簿の地目が山林で、現況が農地である土地は、農地法第3条の権利移動制限の対象となる。

□□**問4**　現況は農地であるが、土地登記簿上の地目が「山林」である土地を住宅建設の目的で取得する場合には、農地法第5条の許可を要しない。

□□**問5**　遺産分割により農地を取得することとなった場合、法第3条第1項の許可を受ける必要がある。

□□**問6**　土地収用法に基づいて農地又は採草放牧地の権利が収用される場合には、農地法第3条の許可を要しない。

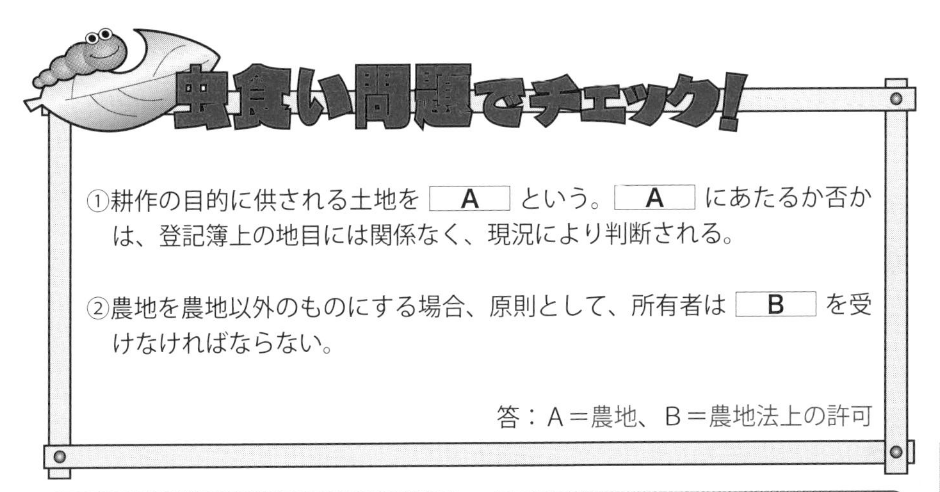

解答・解説

農地法

⟹**答1**　×　農地法では、農地とは「耕作の目的に供される土地」をいい、登記簿上の地目とは無関係である。たとえ地目が山林であっても、**農地として耕作している場合**は、**農地法上の農地**となる（農地法2条1項）。

⟹**答2**　○　農地とは「耕作の目的に供される土地」をいう（2条1項）ので、土地区画整理事業の施行地区内にあっても、さらには仮換地の指定処分があっても、転用**されない限り農地法上の農地**である。

⟹**答3**　○　**現況が農地であれば**、登記簿上の地目（土地の用途）が山林であっても、**農地法３条の対象**となる（2条1項、3条）。

⟹**答4**　×　登記簿上の地目が山林であっても、現況が農地であれば、農地法上は農地として扱われる（2条1項）。本問の場合には、**農地を転用目的で取得**しているから、**農地法５条の許可**を受けなければならない。

⟹**答5**　×　**遺産分割により農地の所有権を取得**するに際しては、農地法3条1項の**許可は不要**（3条1項12号）だが、取得後遅滞なく、その農地の存する市町村の農業委員会にその旨を**届け出**なければならない（3条の3）。

⟹**答6**　○　**土地収用法に基づいて**、農地もしくは採草放牧地またはこれらの権利が**収用・使用される場合**には、**３条の許可を要しない**（3条1項11号）。

次の記述のうち、正しいものには○、誤っているものには×をつけよ。

※以下、「市街化区域」とは、都市計画法第7条第1項の市街化区域と定められた区域で、農林水産大臣との協議が調ったものをいう。

□□**問7**　農業者が耕作目的で農地を取得しようとする場合において、当該農地がその取得しようとする者の住所のある市町村の区域外にあるときは、都道府県知事の許可を受ける必要がある。

□□**問8**　砂利採取法による認可を受けた砂利採取計画に従って砂利を採取するために農地を一時的に貸し付ける場合には、農地法第5条第1項の許可を受ける必要はない。

□□**問9**　競売により農地の買受人となった者がその農地を取得する場合は、農地法第3条の許可を得る必要がある。

□□**問10**　金融機関から資金を借り入れるために農地に抵当権を設定する場合、法第3条第1項の許可を受ける必要がある。

□□**問11**　農地の賃貸借及び使用貸借は、その登記がなくても農地の引渡しがあったときは、これをもってその後にその農地について所有権を取得した第三者に対抗することができる。

□□**問12**　都道府県が農地を、農地のままで使用する目的で取得する場合には、農地法第3条の許可を受ける必要はない。

□□**問13**　民事調停法による農事調停により農地の所有権を取得する場合には、農地法第3条の許可を受ける必要はない。

□□**問14**　市街化区域内の農地を耕作のために取得する場合、あらかじめ農業委員会に届け出れば、農地法第3条第1項の許可を受ける必要はない。

解答・解説

⟹答7　×　農業者が耕作目的で農地を取得しようとする場合において、当該農地がその取得しようとする者の住所のある市町村の区域外にあるときは、**農業委員会**の許可を**受ければよい**（農地法3条1項）。

⟹答8　×　たとえ**一時的**なものであっても、**転用**目的で貸借する以上は**5条の許可が必要**になる。

⟹答9　○　**競売**によって農地を取得する場合、**3条の許可を要する**（許可不要な場合を列挙した3条1項各号中に競売は含まれていない）。

⟹答10　×　抵当権は目的物の**使用収益を目的とする権利**でないから、**3条1項または5条1項の許可を必要**とする**権利移動に含まれていない**。したがって同条による許可は**不要**である。

⟹答11　×　農地の賃貸借は、登記がなくても**農地の引渡し**があれば、第三者に対抗することが**できる**（16条）が、農地の使用貸借は対抗することが**できない**。

⟹答12　○　3条に該当する行為であっても、**取得者**が**国または都道府県**である場合には**3条の許可は不要**である（3条1項5号）。

⟹答13　○　民事調停法による**農事調停により**農地の所有権を移転し、または地上権等を設定・移転する場合、**3条1項の許可を受ける必要がない**（3条1項10号）。

⟹答14　×　農地を**農地のまま取得**する場合、**3条1項の許可が必要**である。**市街化区域内の農地の届出の特例**があるのは、**4**条または**5**条の許可である。

次の記述のうち、正しいものには○、誤っているものには×をつけよ。

□□**問15** 農地法上必要な許可を受けないで農地の賃貸借をした場合は、その賃貸借の効力が生じないから、賃借人は、その農地を利用する権利を有することにならない。

□□**問16** 農業者が市街化区域内の農地に自己居住用の住宅を建てようとする場合、事前に農業委員会に届出を行えば、農地法の許可を受ける必要はない。

□□**問17** 市街化区域外の農地を転用するため買い受ける場合は、農地法第3条の権利移動許可と同法第4条の農地転用許可の両方の許可を受ける必要がある。

□□**問18** 市街化調整区域内の山林の所有者が、その土地を開墾し果樹園として利用した後に、その果樹園を山林に戻す目的で、杉の苗を植える場合には、農地法第4条の許可を受ける必要がある。

□□**問19** 個人が、ゴルフ練習場の建設の用に供するために市街化区域外の4ヘクタール以下の農地と併せて採草放牧地を売買により取得しようとする場合は、当該採草放牧地の面積の広さに関係なく、都道府県知事等の許可を受ける必要がある。

□□**問20** 個人が、宅地に転用するため市街化区域外の農地を売買により取得しようとする場合において、「農地の所有権を契約締結時から1年以内に移転する」旨の契約を行おうとするときは、その契約の締結について、あらかじめ農地法第5条の許可を受ける必要がある。

解答・解説

⟹**答15** ○　**3条または5条の許可**が必要な場合に、許可を受けないでした行為はその効力を生じないから、本問の賃借人には**賃借権が生じない**（農地法3条6項、5条3項）。

⟹**答16** ○　農地を**自己転用**する場合、原則として**4条の許可**が必要であるが、その**農地が市街化区域内にある場合**は、事前に**農業委員会**に**届出**をすれば、**許可不要**となる（4条1項7号）。　改正！

⟹**答17** ×　農地を**転用目的**で権利移動する場合は、**5条の許可**が必要である。

⟹**答18** ○　山林を開墾して造った果樹園は「農地」（2条1項）にあたるから、これを山林に戻すことは、**農地の転用**となる。したがって、原則として、**4条の許可**を受ける必要がある。

⟹**答19** ○　**農地と併せて採草放牧地**を同一の事業目的に供するため**取得転用**する場合には、**都道府県知事等**の**許可**を受けることとなる（5条1項）。

⟹**答20** ×　**転用目的**で農地の所有権を移転する場合には、**5条の許可**が必要であるが、**契約前に許可を受ける必要がない**。一般には許可を停止条件として契約が行われている。本問の場合には、契約締結時から1年以内に許可を受けておけばよいこととなる（5条1項）。

宅建士問題集 '24年版

4章 鑑定・需給・取引実務・税等編

※登録講習修了者免除科目

◆鑑定・需給・取引実務・税等編の勉強法◆

税法の分野からは**2問**の出題です。**令和5年度試験**は**印紙税から1問、不動産取得税から1問**が出題されました。最近の傾向としては、従来のような特定分野を中心とした出題ではなくなってきています。出題範囲に含まれている分野の税については、全般的に学習する必要があります。まず、過去に出題された各税の基礎的な事項を記憶して、その後に各税の特例の学習に移ります。税法に関しては基礎的な事項と特例以外は出題されることはまずないと考えてよいと思います。

不動産鑑定評価については、文章自体が特殊でわかりづらいものになっています。しかし、出題されるのはごく狭い範囲です。それぞれの事項の定義を、使用されている用語の意味に着目して（例えば「時点修正」と「事情補正」なら「時点」と「事情」）、**丁寧に比較しながら記憶**することで得点することができます。

鑑定・需給・取引実務・税等編の問題・解説文では、本試験に準拠し、以下の略語を用いている場合があります。

景品表示法	不当景品類及び不当表示防止法
国土法	国土利用計画法
機構法	独立行政法人住宅金融支援機構法
公正規約	不動産の表示に関する公正競争規約
鑑定評価	不動産鑑定評価基準
租特法	租税特別措置法
施行令	租税特別措置法施行令
建基法施行令	建築基準法施行令

鑑定・需給・取引実務・税等編

4章 不動産鑑定評価

1回目 ／17問

2回目 ／17問

不動産の価格を形成する要因について理解し、不動産価格の鑑定評価の手法の種類と適用する場合分けを覚える。

次の記述のうち、正しいものには○、誤っているものには×をつけよ。

□□**問1**　不動産の価格を形成する要因（以下「価格形成要因」という。）とは、不動産の効用及び相対的稀少性並びに不動産に対する有効需要の三者に影響を与える要因をいい、不動産の鑑定評価を行うに当たっては、明確に把握し、十分に分析することが必要である。

□□**問2**　価格形成要因のうち一般的要因とは、一般経済社会における不動産のあり方及びその価格の水準に影響を与える要因をいい、自然的要因、人為的要因及び経済的要因に大別される。

□□**問3**　価格形成要因のうち地域要因とは、一般的要因の相関結合によって規模、構成の内容、機能等にわたる各地域の特性を形成し、その地域に属する不動産の価格の形成に全般的な影響を与える要因をいう。

□□**問4**　価格形成要因のうち個別的要因とは、不動産に個別性を生じさせ、その価格を個別的に形成する要因をいい、土地、建物等の区分に応じて分析する必要がある。

□□**問5**　対象不動産の属する地域であって、居住、商業活動等人の生活と活動とに関し、ある特定の用途に供されることを中心として地域的にまとまりを示している地域を同一需給圏という。

①現実の社会経済情勢のもとで合理的と考えられる条件を満たす市場で形成されるであろう不動産の市場価値を判定し、これを貨幣額をもって表示することを、[A]という。

②不動産の効用、相対的稀少性、不動産に対する有効需要の三者に影響を与える要因を不動産の[B]という。

答：A＝不動産の鑑定評価、B＝価格形成要因

解答・解説

答1 ○　不動産鑑定評価基準総論第３章によると、不動産の**価格形成要因**とは、不動産の効用、相対的稀少性、不動産に対する有効需要の三者に影響を与える要因をいい、不動産の鑑定評価を行う場合は、**価格形成要因を明確に把握**し、**諸要因間の相互関係を十分に分析**することが必要であるとされる。

答2 ×　**価格形成要因**には、**一般的要因**、**地域要因**、**個別的要因**がある。**一般的要因**は、一般経済社会における不動産のあり方及びその価格の水準に影響を与える要因をいうが、**自然的要因**、**社会的要因**、**経済的要因**、**行政的要因**に大別され、**人為的要因はない**（鑑定評価総論第3章第1節）。

答3 ○　本問は、価格形成要因の１つである「**地域要因**」を説明したものであり、**正しい**（第3章第2節）。

答4 ○　本問は、価格形成要因の１つである「**個別的要因**」を説明したものであり、**正しい**（第3章第3節）。

答5 ×　本問は「**近隣地域」の説明**である。**同一需給圏は**、一般に対象不動産と代替関係が成立して、その価格の形成について相互に影響を及ぼすような関係にある他の不動産の存する圏域をいう（第6章第1節Ⅱ1.（1）①、（2））。

次の記述のうち、正しいものには○、誤っているものには×をつけよ。

□□**問6**　不動産の価格は、その不動産の効用が最高度に発揮される可能性に最も富む使用を前提として把握される価格を標準として形成されるが、これを最有効使用の原則という。

□□**問7**　特定価格とは、市場性を有する不動産について、法令等による社会的要請を背景とする鑑定評価目的の下で、正常価格の前提となる諸条件を満たさないことにより正常価格と同一の市場概念の下において形成されるであろう市場価値と乖離することとなる場合における不動産の経済価値を適正に表示する価格をいう。

□□**問8**　鑑定評価の手法の適用に当たっては、鑑定評価の手法を当該案件に即して適切に適用すべきであり、この場合、複数の鑑定評価の手法を適用すべきである。

□□**問9**　取引事例等にかかる取引の時点が不動産の鑑定評価を行う時点と異なり、その間に価格水準に変動があると認められる場合に、当該取引事例等の価格を鑑定評価を行う時点の価格に修正することを事情補正という。

□□**問10**　鑑定評価に当たって必要とされる取引事例は、当該事例に係る取引の事情が正常なものでなければならず、特殊な事情の事例を補正して用いることはできない。

□□**問11**　賃料の鑑定評価において、支払賃料とは、賃料の種類の如何を問わず貸主に支払われる賃料の算定の期間に対応する適正なすべての経済的対価をいい、純賃料及び不動産の賃貸借等を継続するために通常必要とされる諸経費等から成り立つものである。

解答・解説

⟹**答6**　○　不動産の価格は、その不動産の効用が**最高度に発揮される可能性に最も富む使用（最有効使用）**を前提として把握される価格を標準として形成される。不動産の価格に関する原則には、このほか需要と供給の原則、変動の原則、代替の原則など11の原則がある（鑑定評価総論第4章Ⅳ）。

⟹**答7**　○　市場性を有する不動産につき、正常価格の前提となる諸条件を満たさないことにより**正常価格と同一の市場概念の下において形成されるであろう市場価値**と乖離することとなる場合における不動産の経済価値を適正に表示する価格を**特定価格**という（第5章第3節Ⅰ3.）。

⟹**答8**　○　鑑定評価の手法の適用にあたっては、鑑定評価の手法を当該案件に即して適切に適用すべきである。この場合、**複数の鑑定評価の手法**を適用すべきであり、複数の手法の適用が困難な場合においても、その考え方をできるだけ**参酌**するように努めるべきである（第8章第7節）。

⟹**答9**　×　本問は、「**時点修正**」についての説明である。**時点修正**は、取引事例の取引時点と鑑定評価を行う価格時点との価格水準を修正する手法である。**事情補正**というのは、取引事例の取引に特殊な事情を含んでいる場合に、それを適切に補正する手法である（第7章第1節Ⅰ3.、4.）。

⟹**答10**　×　取引事例が特殊な事情を含み、これが**当該事例に係る取引価格に影響していると認められるとき**は、**適切な補正を行う**ことができれば、これを用いることができる（第7章第1節Ⅲ2.（2））。

⟹**答11**　×　賃料の鑑定評価において、**支払賃料とは**各支払時期において支払われる賃料をいい、**敷金、保証金、礼金、権利金などの一時的な金銭が含まれない**（第7章第2節Ⅰ1.）。本問の記述は、**実質賃料**に関する記述である。

次の記述のうち、正しいものには○、誤っているものには×をつけよ。

□□**問12** 原価法において、土地の再調達原価は、建設請負により、請負者が発注者に対して直ちに使用可能な状態で引き渡す通常の場合を想定し、その土地の標準的な取得原価に当該土地の標準的な造成費と発注者が直接負担すべき通常の付帯費用を加算して求める。

□□**問13** 土地についての原価法の適用において、宅地造成直後と価格時点とを比較し公共施設の整備等による環境の変化が価格水準に影響を与えていると認められる場合は、熟成度として地域要因の変化の程度に応じた増加額を加算できる。

□□**問14** 原価法では価格時点における対象不動産の再調達原価を求める必要があるため、建設資材、工法等の変遷により対象不動産の再調達原価を求めることが困難な場合には、鑑定評価に当たって原価法を適用することはできない。

□□**問15** 取引事例比較法とは、まず多数の取引事例を収集して適切な事例の選択を行い、これらに係る取引価格に必要に応じて事情補正及び時点修正を行い、かつ、地域要因の比較及び個別的要因の比較を行って求められた価格を比較考量し、これによって対象不動産の試算価格を求める手法である。

□□**問16** 収益還元法は、対象不動産が将来生み出すであろうと期待される収益の現在価値の総和を求める手法であり、対象不動産の収益価格を求める方法には、総費用を控除する前の総収益を還元利回りで還元して求める方法がある。

□□**問17** 収益還元法は、文化財の指定を受けた建造物等の一般的に市場性を有しない不動産以外のすべての不動産に適用すべきものであり、自用の住宅地といえども賃貸を想定することにより適用されるものである。

解答・解説

⟹**答12** ○　本問は、**再調達原価**を求める方法を説明したものであり、**正しい**（鑑定評価総論第7章第1節Ⅱ2.（2））。

⟹**答13** ○　土地についての原価法を適用する場合、宅地造成直後と価格時点とを比較し公共施設、利便施設等の整備等により**経済的環境の変化が価格水準に影響を与えている**と認められる場合は、地域要因の変化の程度に応じた**「増加額」を熟成度として加算することができる**（第7章第1節Ⅱ2.（2）①）。

⟹**答14** ×　建設資材、工法等の変遷により、対象不動産の再調達原価を求めることが困難な場合には、対象不動産と同等の有用性を持つものに置き換えて求めた原価、すなわち**置換原価を再調達原価とみなす**ものとされる（第7章第1節Ⅱ2.（1））。したがって、**原価法を適用することはできない**というのは、**誤り**。

⟹**答15** ○　本問は**取引事例比較法の意義**の記述として、**正しい**（第7章第1節Ⅲ1.）。

⟹**答16** ×　**収益還元法**は、対象不動産が将来生み出すであろうと期待される純収益の現在価値の総和を求めるものであり、**純収益を還元利回りで還元して対象不動産の試算価格（収益価格という）を求める手法**である。総費用を控除する前の総収益を還元して求めるとの記述は、**誤り**（第7章第1節Ⅳ1.、2.）。

⟹**答17** ○　自用の住宅地については、賃貸した場合を想定することによって収益還元法の適用が可能である。文化財の指定を受けた建造物等の**一般的に市場性を有しない不動産**に、**収益還元法は適用され**ない（第7章第1節Ⅳ1.）。

4章 地価公示法

1回目

／17問

2回目

／17問

地価公示の手続の内容と、かかわる者、機関について覚える。公示価格と取引価格の違いについて理解する。

次の記述のうち、正しいものには○、誤っているものには×をつけよ。

□□**問1**　地価公示は、一般の土地の取引価格に対して指標を与え、及び公共の利益となる事業の用に供する土地に対する適正な補償金の額の算定等に資することを目的とするものである。

□□**問2**　公示価格は、公共の利益となる事業の用に供する土地に対する適正な補償金の額を確定することを目的とするものである。

□□**問3**　公示価格は、一般の土地の取引価格に対する指標となるものであり、国又は地方公共団体がその所有する土地の取引を行う場合においても、公示価格を指標として取引を行うよう努めなければならない。

□□**問4**　土地の取引を行う者は、取引の対象となる土地が標準地である場合には、当該標準地について公示された価格により取引を行う義務を有する。

□□**問5**　公示価格は、都道府県知事が、各標準地について2人以上の不動産鑑定士の鑑定評価を求め、その平均価格を公示するものである。

①土地について自由な取引が行われるとした場合におけるその取引において、通常成立すると認められる価格を、［ A ］という。

②都市及びその周辺の地域などにおいて土地鑑定委員会が一定数の標準地を選定し、定期的にその［ A ］を公示するものを、［ B ］という。

答：A＝正常な価格、B＝地価公示制度

解答・解説

答1　○　地価公示法は、「**都市及びその周辺の地域**等において、標準地を選定し、その**正常**な価格を公示することにより」、本問記述のような目的を達成し、もって「**適正な地価の形成に寄与することを目的**」として制定された（地価公示法1条）。

答2　×　公示価格は、**一般の土地の取引価格に対して指標を与える**ことと公共の利益となる事業の用に供する土地に対する**適正な補償金の額の算定等**に資することを目的とするものである。

答3　○　公示価格は、土地の取引価格に対する「**指標**」とすべきものであって、それは取引の主体が一般人であると国または地方公共団体であるとで異なるものでない（1条の2）。

答4　×　都市及びその周辺の地域等で土地の取引を行う者は、取引の対象土地に類似する利用価値を有すると認められる標準地について**公示された価格を指標として取引を行うよう努めなければならない**（1条の2）。**公示された価格により取引を行う法的義務はない**。

答5　×　**地価公示**を行うのは、「**土地鑑定委員会**」である（2条1項）。

次の記述のうち、正しいものには○、誤っているものには×をつけよ。

□□**問6**　土地鑑定委員会は、都市計画区域内及び都市計画区域外の標準地について、単位面積当たりの正常な価格を判定し、これを公示する。

□□**問7**　土地鑑定委員会は、公示区域内の標準地について、毎年2回、2人以上の不動産鑑定士の鑑定評価を求め、その結果を審査し、必要な調整を行って、一定の基準日における当該標準地の単位面積当たりの正常な価格を判定し、これを公示するものとされている。

□□**問8**　地価公示は、毎年1月1日時点の標準地の単位面積当たりの正常な価格を公示するものであり、この公示価格は官報で公示されるほか、関係市町村の一定の事務所において閲覧できる。

□□**問9**　公示価格は標準地に借地借家法に基づく借地権が存する場合は、その借地権が存するものとして、当該標準地について自由な取引が行われるとした場合におけるその取引において通常成立すると認められる価格である。

□□**問10**　土地鑑定委員会は、標準地の正常な価格を判定したときは、標準地の単位面積当たりの価格のほか、当該標準地の地積及び形状についても官報で公示しなければならない。

□□**問11**　都道府県知事は、土地鑑定委員会が公示した事項のうち、当該都道府県に存する標準地に係る部分を記載した書面及び当該標準地の所在を表示する図面を、当該都道府県の事務所において一般の閲覧に供しなければならない。

解答・解説

⟹**答6** ○ 地価公示の対象となる標準地は、**都市計画区域内**だけでなく、**土地取引が相当程度見込まれるもの**として**国土交通省令で定める区域**からも選定される（地価公示法2条1項）。

⟹**答7** × 土地鑑定委員会は、公示区域内の標準地について、**毎年1回、2人以上の不動産鑑定士**による鑑定評価を求め、その結果を審査し、**必要な調整**を行って、一定の基準日における当該標準地の単位面積当たりの正常な価格を判定し、これを公示する（2条1項）。

⟹**答8** ○ 地価公示は、標準地の正常な価格を公示することによって、**土地取引の指標を与える**ものであるから、「公示」されなければ意味がない。**公示価格は官報で公示**されるほか、**関係市町村の事務所において閲覧**できる（6条、7条2項）。

⟹**答9** × 公示価格は、その土地の使用・収益を制限する借地権などが存する場合は、「**借地権などが存しない**」ものとして、**自由な取引**が行われるとした場合、**通常成立すると認められる価格**である（2条2項）。

⟹**答10** ○ 土地鑑定委員会は、標準地の正常な価格を判定したときは、すみやかに、**標準地の単位面積当たりの価格**や、**標準地の地積及び形状**、標準地及びその周辺の土地の利用の現況等を官報で公示しなければならない（6条）。

⟹**答11** × 事務所において**一般の閲覧に供しなければならない**のは、**関係市町村の長**である（7条1項、2項）。

次の記述のうち、正しいものには○、誤っているものには×をつけよ。

□□**問12** 標準地は、土地鑑定委員会が、自然的及び社会的条件からみて類似の利用価値を有すると認められる地域において、土地の利用状況、環境等が通常と認められる一団の土地について、選定する。

□□**問13** 公示価格は、一般の土地の取引価格に対する指標となるものであり、標準地の鑑定評価を行うに当たっては、近傍類地の地代等から算定される推定の価格、いわゆる収益価格を勘案する必要はない。

□□**問14** 不動産鑑定士は、地価公示が行われている区域内の土地について鑑定評価を行う場合において、当該土地の正常な価格を求めるときは、公示価格を規準としなければならない。

□□**問15** 国土利用計画法第27条の4に基づき都道府県知事に土地の所有権の移転の届出があった場合において、当該知事が勧告をする判断の基準となる当該土地の所有権の相当な価額は、公示価格を規準として算定した当該土地の価額に、その価額に一定の割合を乗じて得た価額を増額した価額とされている。

□□**問16** 公示価格のほかに、公的土地評価には、相続税評価及び固定資産税評価があり、国は、これらの評価について相互の均衡と適正化が図られるように努めなければならない。

□□**問17** 都市及びその周辺の地域等において、土地の取引を行う者は、取引の対象土地から最も近傍の標準地について公示された価格を指標として取引を行うよう努めなければならない。

解答・解説

答12 ○　標準地は、土地の利用状況、環境等が「通常」と**認められる一団の土地**について選定される（地価公示法3条）。

答13 ×　標準地の鑑定評価を行うにあたっては、①**近傍類地の取引価格**から算定される推定の価格（取引事例比較法による比準価格）、②**近傍類地の地代**等から算定される推定の価格（収益還元法による**収益価格**）、③**同等の効用を有する土地の造成に要する推定の費用の額**を勘案して行う必要がある（4条）。

答14 ○　不動産鑑定士は、鑑定評価を行う場合において、正常な価格を求めるときは、**公示価格を規準**としなければならない（8条）。

答15 ×　国土法27条の４による届出があった場合において、都道府県知事が勧告をする判断基準となる土地所有権の相当な価額は、**公示価格を規準として算定した所有権の価額**である。その価額に一定の割合を乗じて得た価額を増額した価額**でない**（国土法27条の5第1項1号）。

答16 ○　公的土地評価には、①**公示価格**、②**相続税評価（路線価）**、③**固定資産税評価**がある。国がこれらの評価について、**相互の均衡と適正化を図らないと、適正な地価の形成や課税の適正化を妨げる**こととなる。

答17 ×　都市及びその周辺の地域等において、土地の取引を行う者は、「取引の対象土地に**類似する利用価値を有すると認められる標準地**」について公示された価格を指標として取引を行うよう**努めなければならない**（地価公示法1条の2）。本問は、「取引の対象土地から最も近傍の標準地」とする点で誤っている。

4章 景品表示法

(登録講習修了者免除科目)

めざせ7割!

1回目 ／15問

2回目 ／15問

不当表示に当たる行為にはどのようなものがあるのか、具体的に覚える。

次の記述のうち、正しいものには○、誤っているものには×をつけよ。

□□**問1**　宅地建物取引業者が広告等において表示している物件が、その内容について実際のものよりも著しく優良であると消費者に誤認させたとしても、当該物件に瑕疵(かし)がなければ、不当表示となるおそれはない。

□□**問2**　内閣総理大臣は、宅地建物取引業者の行為が景品表示法の規定に違反すると認めるときは、当該業者に対し、その行為の差止め等の必要な事項を命ずることができるが、その命令は、当該違反行為が既になくなっている場合においても、することができる。

□□**問3**　内閣総理大臣は、宅地建物取引業者に対し景品表示法第7条の規定に基づく措置命令をした場合、当該業者に係る宅地建物取引業の免許をした国土交通大臣又は都道府県知事に対し、その免許を取り消すよう通知しなければならない。

□□**問4**　不動産の販売広告において、自己の販売する物件の価格等の取引条件が競争事業者のものより有利である旨表示し、一般消費者を誘引して顧客を獲得しても、その取引条件の有利性についての具体的かつ客観的な根拠を広告に示していれば、不当表示となるおそれはない。

①客を誘うために、事業者が商品やサービスの取引とともに客に提供する品物や金銭、もてなしなどのことを、［ A ］という。

②商品やサービスの内容や取引条件が、実際のものあるいは競争関係にある他の事業者のものよりも著しく優良であるとか有利であるかのように消費者に誤認させるような表示を、［ B ］という。

答：A＝景品類、B＝不当表示

解答・解説

答1　×　広告等における表示物件の内容について、**実際のものよりも著しく優良であると消費者に誤認させた場合、物件の瑕疵の有無に関係なく不当表示となるおそれがある**（景品表示法5条1号）。

答2　○　内閣総理大臣は、景品表示法の**違反行為がすでになくなっている場合でも**、その行為の差止め等の**措置命令**をすることができる。再発防止のためである（7条1項）。

答3　×　内閣総理大臣は、７条に基づく**措置命令をした場合**、その宅建業者の免許権者に対し、**免許を取り消すよう通知しなければならない**という**義務がない**。なお、措置命令を受けるような不当表示については、誇大広告等の禁止等に違反するものとして、情状が特に重いときは、免許が**取り消される**（宅建業法32条、66条1項9号）。

答4　○　事業者は、自己の販売する物件の価格等の取引条件が**競争事業者のものより有利である旨表示**して顧客を誘引獲得することは禁止されているが、**客観的・具体的な事実に基づく場合**で、かつ、その**事実に関するデータを保有**しているときは、この限りではない（景品表示法5条2号、公正規約18条2（4））。

次の記述のうち、正しいものには○、誤っているものには×をつけよ。

□□**問5**　宅地建物取引業者が新聞で建売住宅の広告を行ったが、当該広告に関する一般消費者からの問合わせが1件もなかった場合には、当該広告は、不当景品類及び不当表示防止法の規制対象となる「表示」に該当しない。

□□**問6**　宅地建物取引業者が、不動産の販売広告において販売する物件の最寄駅の表示を行う場合で、新設予定駅の方が現に利用できる最寄駅より近いときは、鉄道会社が駅の新設を公表したものであれば、現に利用できる駅に代えて新設予定駅を表示することができる。

□□**問7**　団地（一団の宅地又は建物をいう。）と駅との間の距離は、取引する区画のうち最も近い区画（マンション及びアパートにあっては、駅から最も近い建物の出入口）を起点として算出した数値とともに、駅から最も遠い区画（マンション及びアパートにあっては、駅から最も遠い建物の出入口）を起点として算出した数値も表示しなければならない。

□□**問8**　宅地建物取引業者が新聞で中古住宅の販売広告を行う場合、当該住宅から半径１km以内に所在する小・中学校及び市役所については、当該住宅からの道路距離の表示を省略して、「小・中学校、市役所近し」と表示することができる。

□□**問9**　取引しようとする賃貸物件から最寄りの甲駅までの徒歩所要時間を表示するため、当該物件から甲駅までの道路距離を80mで除して算出したところ5.25分であったので、1分未満を四捨五入して「甲駅から5分」と表示した。この広告表示が不当表示に問われることはない。

解答・解説

⟹**答5**　×　新聞で建売住宅の販売広告を行うことは、当該広告に関する一般消費者からの**問合わせが１件もなかったとしても、**景品表示法２条４項の「**表示**」**にあたる。**

⟹**答6**　×　新設予定駅や停留所については、**当該路線の運行主体が公表したものに限り、**その新設予定時期を明示して表示することができる。本問のように、**現に利用できる駅に代えて表示**することは**できない**（公正規約施行規則9条（5）、（6））。

⟹**答7**　○　団地（一団の宅地または建物をいう。）と駅との間の距離は、取引する区画のうち**駅から最も近い区画（マンション及びアパートにあっては、駅から最も近い建物の出入口）を起点として算出した数値とともに、駅から最も遠い区画（マンション及びアパートにあっては、駅から最も遠い建物の出入口）を起点として算出した数値も表示**しなければならない（９条（８））。

⟹**答8**　×　各種施設までの距離を表示するときは、**起点及び着点を明示**して表示しなければならない（9条（7））。

⟹**答9**　×　徒歩による所要時間は、**道路距離80mにつき１分間を要する**もの（**1分未満の端数は１分として計算する**）として、算出した数値を表示する（9条（9））。したがって、1分未満の端数を四捨五入して切り捨てた場合、不当表示に問**われる**。

次の記述のうち、正しいものには○、誤っているものには×をつけよ。

□□**問10** 宅地建物取引業者が、建築工事完了後１年経過している建物を販売する際、未使用であれば、新聞折込ビラで「新築」と表示しても、不当表示となるおそれはない。

□□**問11** 宅地建物取引業者が、30区画の一団の分譲宅地を販売する際は、取引する全ての区画の価格を表示しなければならないが、パンフレット等の媒体を除き、最高価格、最低価格、最多価格帯及びそれぞれの区画数を表示すれば、すべての価格を表示しなくても、不当表示となるおそれはない。

□□**問12** 新築の建売住宅について、建築中で外装が完成していなかったため、当該建売住宅と建物の外観の構造・階数・仕様等は同一ではないが同じ施工業者が他の地域で手掛けた建売住宅の外観写真を、施工例である旨を明記して掲載した。この広告表示が不当表示に問われることはない。

□□**問13** 宅地建物取引業者が、不動産の販売広告において、割賦による支払条件についての金利を表示する場合、アドオン方式による利率を記載しても、実質年率を記載しないときは、不当表示となるおそれがある。

□□**問14** 広告においてＬＤＫという文言を用いる場合は、その部屋が居間、食堂兼台所として使用するために必要な広さ、形状及び機能を有しているという意味で用いなければならない。

□□**問15** 宅地建物取引業者が新築分譲マンションの完成予想図を販売広告に掲載するに当たり、実際には工場が所在する箇所に公園を記載するなど、周囲の状況について現況に反する表示を行う場合は、「周囲の状況はイメージであって、実際の状況とは異なる」旨を表示してよい。

解答・解説

⟹**答10** × **「新築」という文言は、建築工事完了後1年未満であり、かつ、未使用である場合のみ用いることができる**。建築工事完了後1年を経過していれば、**たとえ未使用**でも「新築」と表示すれば、**不当表示**となる（公正規約18条1（1））。

⟹**答11** ○ 分譲宅地の価格については、取引するすべての区画の価格を表示しなければならないが、パンフレット等の媒体を除き、**最低価格**、**最高価格**、**最多価格帯**及びそれらの**区画数**のみを表示することができる（公正規約施行規則9条（36））。

⟹**答12** × 未完成の建物は、取引する建物を施工する者が**過去に施工**した建物で、建物の外観が、取引する建物と**構造**、**階数**、**仕様**が同一であって、規模、形状、色等が類似する写真であり、**その写真が他の建物のものである旨を明示し**ている場合には、不当表示となるおそれがない（9条（22））。本問は構造、階数、仕様等が**同一ではない**以上、不当表示となる。

⟹**答13** ○ アドオン方式による利率を記載しても、**実質年率を記載しないとき**は、不当表示となるおそれが**ある**。割賦による支払条件について金利を表示する場合は、必ず**実質年率**を表示しなければならない（9条（45））。

⟹**答14** ○ ＬＤＫという表示は、その部屋が居間、食堂兼台所として使用するために**必要な広さ**、形状及び**機能を有している**という意味で用いなければならない（公正規約18条1（4））。

⟹**答15** × 完成予想図は、その旨を明示して用い、**当該物件の周囲の状況**について表示するときは、**現況に反する表示**をしてはならない（公正規約施行規則9条（23））。したがって、**実際には工場が所在する箇所に公園を記載することは許されない**。

4章 住宅金融支援機構

（登録講習修了者免除科目）

めざせ7割！
1回目
／17問
2回目
／17問

住宅金融支援機構は、原則として、住宅ローンの直接融資を行わない。

次の記述のうち、正しいものには○、誤っているものには×をつけよ。

□□**問1**　住宅金融支援機構法において「マンション」とは、一棟の建物に構造上区分された数個の部分で住居、店舗、事務所、倉庫その他としての用途に供する部分が存するものをいう。

□□**問2**　住宅金融支援機構（以下の問において「機構」という。）は、民間金融機関による長期固定金利型住宅ローンの供給を支援する証券化支援業務を主な業務とする。

□□**問3**　機構は、住宅の建設又は購入に必要な資金の貸付けに係る金融機関の貸付債権の譲受けを業務として行っているが、当該住宅の建設又は購入に付随する土地又は借地権の取得に必要な資金の貸付けに係る金融機関の貸付債権については、譲受けの対象としていない。

□□**問4**　機構は、住宅の建設をしようとする者に対し、必要な資金の調達又は良質な住宅の設計若しくは建設に関する情報の提供、相談その他の援助を行う。

虫食い問題でチェック！

①独立行政法人 [A] は、一般の金融機関による住宅の建設等に必要な資金の融通を支援するための貸付債権の譲受け等の業務を行う。

②人の居住の用に供する建築物または建築物の人の居住の用に供する部分を、[B] という。

答：A＝住宅金融支援機構、B＝住宅

解答・解説

⟹**答1**　×　住宅金融支援機構法でいう「マンション」の定義は、**2以上の区分所有者**が存する建築物で**住宅部分**を有するものとされている（機構法2条8項）。

⟹**答2**　○　機構は、**住宅ローンの直接融資を原則として行わない**。民間金融機関による長期固定金利型住宅ローン（最長35年固定金利の「フラット35」）の供給を支援する**証券化支援業務を主な業務**とする（13条1項1号、2号）。

⟹**答3**　×　機構は、**住宅の建設または購入に必要な資金**（当該住宅の建設または購入に付随する行為で政令で定めるものに必要な資金を含む。）の貸付けに係る金融機関の貸付債権の譲受けを業務としている（13条1項1号）。そして、**当該住宅の建設または購入に付随する土地または借地権の取得に必要な資金の貸付債権**は、**これに含まれている**（同法施行令5条1項）。

⟹**答4**　○　機構は、住宅の建設、購入、改良もしくは移転（以下「建設等」という。）をしようとする者または住宅の建設等に関する事業を行う者に対し、**必要な資金の調達**または**良質な住宅の設計**もしくは**建設等**に**関する情報の提供、相談その他の援助**を行う（機構法13条1項4号）。

次の記述のうち、正しいものには○、誤っているものには×をつけよ。

□□**問5**　機構は、証券化支援事業（買取型）において、賃貸住宅の建設又は購入に必要な資金の貸付けに係る金融機関の貸付債権については譲受けの対象としていない。

□□**問6**　機構は、証券化支援事業（買取型）において、中古住宅を購入するための貸付債権を買取りの対象としていない。

□□**問7**　証券化支援業務（買取型）において、機構による譲受けの対象となる住宅の購入に必要な資金の貸付けに係る金融機関の貸付債権には、当該住宅の購入に付随する改良に必要な資金は含まれない。

□□**問8**　機構は、貸付けを受けた者とあらかじめ契約を締結して、その者が死亡した場合に支払われる生命保険の保険金を当該貸付けに係る債務の弁済に充当する団体信用生命保険を業務として行っている。

□□**問9**　証券化支援事業（買取型）において、機構による譲受けの対象となる貸付債権の償還方法には、元利均等の方法であるものに加え、元金均等の方法であるものもある。

□□**問10**　機構は、災害により住宅が滅失した場合において、それに代わるべき建築物の建設又は購入に必要な資金の貸付けを業務として行っている。

解答・解説

⟹**答5**　○　機構は、証券化支援事業（買取型）において、**住宅の建設または購入**に必要な資金の貸付けに係る金融機関の貸付債権の譲受けを業務として行っているが（機構法13条1項1号）、その対象は、自ら居住する住宅または親族のための住宅の建設または購入であり、「**賃貸住宅**」の建設または購入に必要な資金の貸付金は、**譲受けの対象としていない**。

⟹**答6**　×　機構は、証券化支援事業（買取型）において、新築住宅のほか、**中古住宅を購入するための貸付債権を買取りの対象としている**（13条1項1号、業務方法書3条）。

⟹**答7**　×　証券化支援業務（買取型）において、機構による譲受けの対象となる住宅の購入に必要な資金の貸付けに係る金融機関の貸付債権には、**当該住宅の購入に付随する改良に必要な資金**が含まれる（機構法13条1項1号、同法施行令5条1項2号）。

⟹**答8**　○　機構は、貸付けを受けた者とあらかじめ契約を締結して、その者が**死亡した場合**（重度障害の状態となった場合を含む。）に支払われる生命保険の保険金等を当該貸付けに係る債務の弁済に充当する、団体信用生命保険業務を業務として**行っている**（機構法13条1項11号）。

⟹**答9**　○　**証券化支援事業（買取型）**において、機構による譲受けの対象となる貸付債権は、毎月払い（6箇月払いとの併用払いを含む。）の**元金均等**または**元利均等**の方法により償還されるものであることが要件とされる（業務方法書3条6号）。

⟹**答10**　○　機構は、**災害により住宅が滅失した場合**において、それに代わるべき建築物の建設または購入に必要な資金の貸付けを業務として**行っている**（機構法13条1項5号）。

次の記述のうち、正しいものには○、誤っているものには×をつけよ。

□□**問11** 機構は、マンション管理組合や区分所有者に対するマンション共用部分の改良に必要な資金の貸付けを業務として行っている。

□□**問12** 機構は、高齢者の家庭に適した良好な居住性能及び居住環境を有する住宅とすることを主たる目的とする住宅の改良（高齢者が自ら居住する住宅について行うものに限る。）に必要な資金の貸付けを業務として行っている。

□□**問13** 機構は、高齢者が自ら居住する住宅に対して行うバリアフリー工事に係る貸付けについて、貸付金の償還を高齢者の死亡時に一括して行うという制度を設けている。

□□**問14** 機構は、災害により住宅が滅失した場合におけるその住宅に代わるべき住宅の建設又は購入に係る貸付金については、元金据置期間を設けることができない。

□□**問15** 機構は、証券化支援事業（買取型）において、金融機関から買い取った住宅ローン債権を担保としてＭＢＳ（資産担保証券）を発行している。

□□**問16** 証券化支援事業（買取型）における民間金融機関の住宅ローン金利は、金融機関によって異なる場合がある。

□□**問17** 機構は、証券化支援事業（買取型）において、バリアフリー性、省エネルギー性、耐震性又は耐久性・可変性に優れた住宅を取得する場合に、貸付金の利率を一定期間引き下げる制度を実施している。

解答・解説

答11 ○　機構は、マンション管理組合や区分所有者に対する**マンションの共用部分の改良**に必要な資金の貸付けを業務として**行っている**（機構法13条1項7号）。

答12 ○　機構は、**高齢者の家庭に適した**良好な居住性能及び居住環境を有する住宅とすることを主たる目的とする住宅の改良（高齢者が自ら居住する住宅について行うものに限る。）に必要な資金の貸付けを、業務として**行っている**（13条1項9号）。

答13 ○　機構は、高齢者が自ら居住する住宅に対して行うバリアフリー工事に係る貸付けについて、**貸付金を高齢者の死亡時に一括して償還**するという制度を**設けている**（業務方法書24条4項2号）。

答14 ×　機構は、災害により住宅が滅失した場合、その住宅に代わるべき住宅の建設または購入に係る貸付金について、機構が主務大臣と協議して**一定の元金返済の据置期間を設けることができる**（業務方法書24条2項1号）。

答15 ○　機構は、**証券化支援事業（買取型）**において、金融機関から買い取った住宅ローン債権を担保としてMBS（資産担保証券）を発行して、債券市場（投資家）から資金を調達している（機構法13条1項1号、19条1項）。

答16 ○　証券化支援事業（買取型）における**民間金融機関**の住宅ローン金利は、金融機関によって**異なる場合がある**。

答17 ○　機構は、証券化支援事業（買取型）において、バリアフリー性、省エネルギー性、耐震性または耐久性・可変性に優れた住宅を取得する場合に、**貸付金の利率を一定期間引き下げる制度**（フラット35S）を**実施している**。

4章 所得税

めざせ7割！
1回目 ／16問
2回目 ／16問

所得税の課税対象となるもの、ならないものを区別する。居住用財産を譲渡した場合の所得の3,000万円特別控除と軽減税率の特例、収用交換等の場合の譲渡所得の特別控除について理解する。

次の記述のうち、正しいものには○、誤っているものには×をつけよ。

□□**問1**　譲渡所得とは資産の譲渡による所得をいうので、不動産業者である個人が営利を目的として継続的に行っている土地の譲渡による所得は、譲渡所得として課税される。

□□**問2**　建物の所有を目的とする土地の賃借権の設定の対価として支払を受ける権利金の金額が、その土地の価額の10分の5に相当する金額を超えるときは、不動産所得として課税される。

□□**問3**　譲渡所得の基因となる資産をその譲渡の時における価額の1/2に満たない金額で個人に対して譲渡した場合には、その譲渡の時における価額に相当する金額によりその資産の譲渡があったものとみなされる。

□□**問4**　個人が所有期間5年以内の固定資産を譲渡した場合には、譲渡益から譲渡所得の特別控除額を差し引いた後の譲渡所得の金額の1/2相当額が課税標準とされる。

①1月1日から12月31日までの1年間に得た個人の所得に対して課される国税を、［ A ］という。

②所有者が自己の生活の拠点として利用している家屋とその敷地を、［ B ］という。

答：A＝所得税、B＝居住用財産

解答・解説

答1　×　譲渡所得とは資産の譲渡による所得をいう。棚卸資産の譲渡その他営**利を目的として継続的に行われる資産の譲渡による所得**は、**譲渡所得に含まれない**（所得税法33条1項、2項1号）。本問は、**事業所得**として課税される。

答2　×　建物等の所有を目的とする地上権の設定や**賃借権の設定の対価**として授受される金銭で、**目的土地の価額の5/10相当額を超えるものは、譲渡所得となる**（33条1項、同法施行令79条1項）。本問の権利金も賃借権設定の対価として支払いを受けるものだから、これに該当する。

答3　×　譲渡時における価額の1／2に満たない金額で譲渡した場合に、譲渡時の価額相当の金額で譲渡があったものとみなされるのは、**法人に対する譲渡**の場合である（所得税法59条1項2号、同法施行令169条）。

答4　×　譲渡益から**譲渡所得の特別控除額**を差し引いた後の譲渡所得の金額の1／2相当額が課税標準とされるのは、個人が、**所有期間5年超の固定資産を譲渡**した場合である（所得税法22条2項2号）。

次の記述のうち、正しいものには〇、誤っているものには×をつけよ。

□□**問5**　譲渡した年の1月1日において所有期間が10年を超える居住用財産を譲渡した場合であっても、居住用財産の譲渡所得の3,000万円特別控除の適用を受けるときには、居住用財産を譲渡した場合の軽減税率の特例の適用を受けることはできない。

□□**問6**　譲渡した年の1月1日における居住期間が11年である居住用財産を譲渡した場合には、所有期間に関係なく、その譲渡について、居住用財産を譲渡した場合の軽減税率の特例の適用を受けることができる。

□□**問7**　居住の用に供していた家屋をその者が居住の用に供さなくなった日から2年を経過する日の翌日に譲渡した場合には、その譲渡について、居住用財産の譲渡所得の特別控除の適用を受けることができない。

□□**問8**　譲渡した年の1月1日において所有期間が10年以下の居住用財産を譲渡した場合には、居住用財産の譲渡所得の特別控除を適用できない。

□□**問9**　居住用財産を配偶者に譲渡した場合には、居住用財産の譲渡所得の特別控除を適用することはできない。

□□**問10**　1月1日において所有期間が10年を超える居住用財産について、収用交換等の場合の譲渡所得等の5,000万円特別控除（租税特別措置法第33条の4第1項）の適用を受ける場合であっても、特別控除後の譲渡益について、居住用財産を譲渡した場合の軽減税率の特例（同法第31条の3第1項）を適用することができる。

□□**問11**　特定の居住用財産の買換えの場合及び交換の場合の長期譲渡所得の課税の特例は、譲渡資産とされる家屋については、その譲渡をした日の属する年の1月1日における所有期間が10年を超えるもののうち国内にあるものであることが、適用要件とされている。

解答・解説

⟹**答5**　×　譲渡した年の1月1日において所有期間が10年を超える居住用財産を譲渡した場合は、**居住用財産の譲渡所得の3,000万円特別控除**の適用と、居住用財産を譲渡した場合の**軽減税率の特例**の、**両方の適用**を受けることができる（租特法31条の3第1項）。

⟹**答6**　×　居住期間が11年であっても、**所有期間が10年を超えて**いなければ、居住用財産を譲渡した場合の**軽減税率の特例の適用を受けることができない**（31条の3第2項4号）。

⟹**答7**　×　居住用財産の譲渡所得の特別控除（3,000万円）は、**居住の用に供されなくなった日**から同日以後3年を経過する日の属する年の12月31日までの間に譲渡した場合に適用される。したがって、適用**される**（35条2項）。

⟹**答8**　×　居住用財産の譲渡所得の特別控除の適用要件には、**所有期間がない**（35条）。

⟹**答9**　○　**譲渡人の配偶者に対してする譲渡**には、居住用財産の譲渡所得の**特別控除は適用されない**（35条2項1号）。

⟹**答10**　○　**収用交換等の場合の5,000万円の特別控除**と、**居住用財産を譲渡した場合の軽減税率の特例**は、併用**することができる**（31条の3第1項）。

⟹**答11**　○　譲渡資産とされる家屋については、その譲渡をした日の属する年の1月1日における**所有期間が10年を超えるもののうち国内にあるもの**であることが、適用要件とされている（36条の2第1項1号）。

所得税

次の記述のうち、正しいものには○、誤っているものには×をつけよ。

□□**問12** 個人が、1月1日において所有期間が10年を超える家屋を同年中に譲渡した場合において、居住用財産を譲渡した場合の長期譲渡所得の課税の特例（以下この問において「軽減税率の特例」という。）については、その家屋の譲渡について特定の居住用財産の買換えの特例の適用を受ける場合は、譲渡があったものとされる部分の譲渡益があるときであっても、その譲渡益について軽減税率の特例の適用を受けることができない。

□□**問13** 特定の居住用財産の買換えの場合の長期譲渡所得の課税の特例は、譲渡対価の額が1億円以下の場合に適用がある。

□□**問14** 特定の居住用財産の買換えの場合の長期譲渡所得の課税の特例は、買換資産とされる家屋については、譲渡資産の譲渡をした日からその譲渡をした日の属する年の翌年12月31日までの間に取得することが、適用要件とされている。

□□**問15** 特定の居住用財産の買換えの場合の長期譲渡所得の課税の特例は、買換資産とされる家屋については、その床面積のうち自己が居住の用に供する部分の床面積が50㎡以上500㎡以下のものであることが、適用要件とされている。

□□**問16** 租税特別措置法第41条の5の特定の居住用財産の買換え等の場合の譲渡損失の繰越控除に関しては、買換資産とされる家屋については、租税特別措置法第41条の住宅借入金等を有する場合の所得税額の特別控除の適用を受けないことが適用要件とされている。

解答・解説

⟹**答12** ○　特定の居住用財産の買換えの特例と、居住用財産の3,000万円の特別控除及び所有期間が10年を超える場合の譲渡の軽減税率の特例は、**いずれか一方が選択的に適用**され、併用することができない。

⟹**答13** ○　特定の居住用財産の買換えの場合の長期譲渡所得の課税の特例の適用要件として、譲渡資産の対価の額が**1億**円以下の場合に適用される。

⟹**答14** ×　買換資産とされる家屋については、**譲渡の日の属する年の前年の1月1日**からその譲渡の日の属する年の12月31日までの間に取得し、かつ、その取得の日からその譲渡の日の属する年の翌年の12月31日までに、**その買換資産を居住の用に供し、または供する**見込みであることが、**適用要件**とされている（租特法36条の2第1項）。

⟹**答15** ×　家屋の床面積については上限はなく、**自己が居住の用に供する部分の床面積が50㎡以上**のものであることが、**適用要件**とされている（同法施行令24条の2第3項1号イ）。なお、土地については下限がなく、**500㎡**以下であることが適用要件である。

⟹**答16** ×　特定の居住用財産の買換えの場合の**譲渡損失の繰越控除の特例**と、住宅借入金等を有する場合の所得税額の**特別控除の特例**（住宅ローン控除）は、**併用することができる**。

4章 不動産取得税・固定資産税

めざせ7割!

1回目	2回目
／19問	／19問

不動産取得税、固定資産税の課税対象となるもの、ならないものを区別できるようにする。

次の記述のうち、正しいものには○、誤っているものには×をつけよ。

□□**問1**　不動産取得税は、不動産の取得に対して、取得者の住所地の都道府県が課する税であるが、その徴収は普通徴収の方式がとられている。

□□**問2**　海外の不動産の取得に対しても、不動産取得税が課税される場合がある。

□□**問3**　不動産取得税の課税対象である家屋には、住宅のほか工場も含まれる。

□□**問4**　不動産取得税における「住宅」には、別荘は、含まれない。

□□**問5**　不動産取得税は、不動産を取得すれば、登記をしていなくても、課税される。

□□**問6**　不動産取得税は不動産の取得に対して課される税であるので、家屋を改築したことにより当該家屋の価格が増加したとしても、新たな不動産の取得とはみなされないため不動産取得税は課されない。

①不動産の取得に対して不動産の所在する都道府県が課税する地方税を、［　A　］という。

②不動産の取得とは、有償・無償を問わず売買、交換、贈与、建築（増築、［　B　］を含む）を対象とする。

③固定資産税の納税義務者は、原則として毎年［　C　］現在において固定資産課税台帳に、所有者として登録されている者である。

答：A＝不動産取得税、B＝改築、C=1月1日

解答・解説

答1　×　不動産取得税は**普通徴収**の方式による。また、**課税する者は、不動産の所在する都道府県**である（地方税法1条2項、4条2項4号、73条の2第1項）。

答2　×　不動産取得税は、不動産の取得に対し、その不動産の所在する都道府県において、その不動産の取得者に課せられる。**海外不動産の取得に対して、不動産取得税が課税される規定はない**（1条2項、73条の2）。

答3　○　不動産取得税の課税対象である家屋とは、**住宅**、**店舗**、**工場**、**倉庫**その他の建物をいう（73条3号）。

答4　○　**不動産取得税における住宅とは**、人の居住の用に供する家屋または家屋のうち人の居住の用に供する部分で、**政令で定めるもの**をいう。**政令で定めるもの**とは、**別荘以外のもの**とされている（73条4号、同法施行令36条１項）。

答5　○　不動産取得税は、不動産の取得を対象とするものであり、**登記を介在するものでない**ので、登記を条件とする定めがない。登記は不動産取得税徴収その他の資料等として利用される（地方税法73条の2第1項）。

答6　×　家屋を改築したことにより当該家屋の価格が増加すれば、当該**改築をもって新たな不動産の取得とみなされる**ため、不動産取得税が課される（73条の2第3項）。

次の記述のうち、正しいものには○、誤っているものには×をつけよ。

□□**問7**　現在保有している家屋を解体し、これを材料として他の場所に同一の構造で再建した場合は、常に不動産の取得はなかったものとみなされる。

□□**問8**　不動産取得税は、一定の面積以下の不動産の取得には、課税されない。

□□**問9**　土地に定着した工作物又は立木はそれ自体では不動産取得税の課税対象とはならないが、土地と同時に取引される場合には、不動産取得税の課税対象となる。

□□**問10**　委託者のみが信託財産の元本の受益者である信託において、受託者から委託者に信託財産を移す場合の不動産の取得については、不動産取得税が課税される。

□□**問11**　不動産取得税の免税点は、土地の取得にあっては10万円、家屋の取得のうち建築に係るものにあっては１戸につき23万円、その他の家屋の取得にあっては12万円である。

□□**問12**　不動産取得税の課税標準となるべき額が9万円である土地を取得した者が当該土地を取得した日から6か月後に隣接する土地で、その課税標準となるべき額が5万円であるものを取得した場合においては、それぞれの土地の取得について不動産取得税を課されない。

解答・解説

⟹**答7**　×　不動産取得税の対象となる**不動産の取得**とは、**家屋の新築**、**現在保有している家屋の価値増加による増改築**をも含み、現在保有している家屋を解体し他の場所で再建するというのは、新築に該当**する**。また、これにより**価値が増加したならば**、不動産の取得は**あった**とみなされる。

⟹**答8**　×　不動産取得税は**価値を評価**して課税するものであるから、**一定の面積以下の不動産の取得**には、**課税することができない**という**定めがない**。

⟹**答9**　×　地方税法上、**不動産とは土地及び家屋**をいう（地方税法73条1号）。**立木は**、土地と同時に取引される場合であっても、**不動産取得税の課税対象とならない**。

⟹**答10**　×　受託者から委託者へ信託財産を移すというのは**単なる形式的移転**であって、不動産取得税は課税**されない**。

⟹**答11**　○　都道府県は不動産取得税の課税標準となるべき額が土地の取得にあっては**10**万円、家屋の取得のうち建築に係るものは１戸につき**23**万円、その他の家屋の取得にあっては１戸につき**12**万円に満たない場合は、**不動産取得税を課すことができない**。この額を**免税点**という（1条2項、73条の15の2第1項）。

⟹**答12**　×　土地を取得した者が当該土地を取得した日から**１**年以内に当該土地に隣接した土地を取得した場合、一の土地の取得とみなして、免税点の規定を適用する（73条の15の2第2項）。課税標準となるべき額が９万円である土地を取得した者がその６か月後に課税標準となるべき額が５万円である隣接地を取得した場合、**課税標準となるべき額が14万円の一の土地を取得したとみなされ**、**免税点は10万円**であるから、不動産取得税は**課される**（同条1項）。

不動産取得税・固定資産税

次の記述のうち、正しいものには○、誤っているものには×をつけよ。

□□**問13** 不動産取得税の徴収は申告納付の方法によることとされているので、都道府県の条例の定めるところによって不動産の取得の事実を申告又は報告しなければならない。

□□**問14** 固定資産税の課税客体は、土地、家屋及び償却資産である。

□□**問15** 土地又は家屋に対して課する固定資産税の課税標準は、地目の変換、家屋の改築等特別の事情がない限り、基準年度以後3年間据え置かれる。

□□**問16** 固定資産税の徴収方法は、申告納付によるので、納税義務者は、固定資産を登記した際に、その事実を市町村長に申告又は報告しなければならない。

□□**問17** 固定資産税の標準税率は、0.3/100である。

□□**問18** 固定資産税は、固定資産の所有者に対して課されるが、質権又は100年より永い存続期間の定めのある地上権が設定されている土地については、所有者ではなくその質権者又は地上権者が固定資産税の納税義務者となる。

□□**問19** 家屋に対して課する固定資産税の納税者が、その納付すべき当該年度の固定資産税に係る家屋について家屋課税台帳等に登録された価格と当該家屋が所在する市町村内の他の家屋の価格とを比較することができるよう、当該納税者は、家屋価格等縦覧帳簿をいつでも縦覧することができる。

解答・解説

⟹**答13** ×　不動産取得税の徴収の方法は、**普通徴収**の方法によって納付する（地方税法73条の17第１項）。

⟹**答14** ○　固定資産税は固定資産に対して課される。ここにいう固定資産とは、**土地**、**家屋**、**償却資産**である（341条1号）。

⟹**答15** ○　土地または家屋に対して課する固定資産税の課税標準は、地目の変換、家屋の改築など特別の事情がある場合を除いて、**基準年度以後３年間据え置かれる**。つまり、**課税標準は３年経過するごとに見直される**（349条）。

⟹**答16** ×　固定資産税は、**普通徴収**の方法によって納付する（364条1項）。

⟹**答17** ×　固定資産税の標準税率は**1.4/100（1.4%）**である（350条1項）。

⟹**答18** ○　固定資産税は、**固定資産の所有者に課する**。なお、**質権または100年より永い存続期間の定めのある地上権の目的である土地**については、その**質権者**または**地上権者**に課する（343条1項）。

⟹**答19** ×　固定資産税の納税者が、その納付すべき当該年度の固定資産税に係る家屋について**家屋課税台帳等**に登録された価格と当該家屋が所在する市町村内の他の家屋の価格を比較することができるよう、**毎年4月1日から、4月20日または当該年度の最初の納期限の日のいずれか遅い日以後の日まで**の間、当該納税者は、**家屋価格等縦覧帳簿**を縦覧することができる（416条1項）。

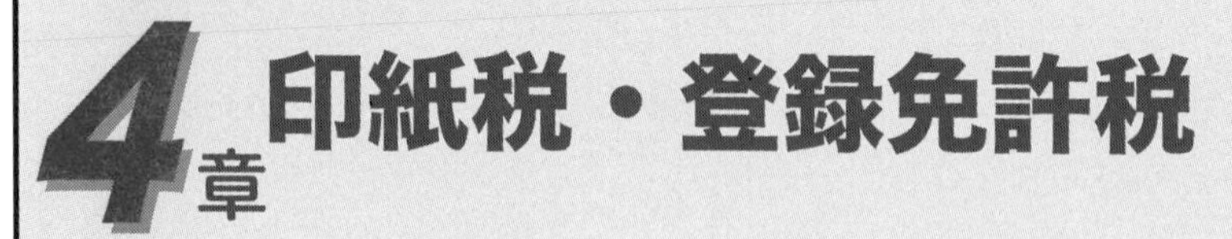

鑑定・需給・取引実務・税等編

4章 印紙税・登録免許税

めざせ7割！
1回目
／24問
2回目
／24問

課税となる場合、ならない場合を区別する。
取引金額と課税金額について整理する。

次の記述のうち、正しいものには○、誤っているものには×をつけよ。

□□**問1**　「月額家賃10万円、契約期間2年間、権利金60万円、敷金30万円とする」旨を記載した建物の賃貸借契約書については、印紙税は課税されない。

□□**問2**　不動産の売買契約書を2通作成し、1通には正本、他の1通には副本と表示した場合、副本には、印紙税は課税されない。

□□**問3**　A社を売主、B社を買主、C社を仲介人とする土地の譲渡契約書（記載金額5,000万円）を3通作成し、それぞれが1通ずつ保存することとした場合、仲介人であるC社が保存する契約書には印紙税は課税されない。

□□**問4**　土地譲渡契約書に課税される印紙税を納付するには、契約書に印紙をはり付け、消印をしなければならないが、契約当事者の代理人又は従業者の印章又は署名で消印しても、消印をしたことにはならない。

①契約の成立を証明するために交付・提出する文書に課税される国税を、　A　という。

②登録免許税を納付するのは　B　であり、個人、法人を問わない。

③登録免許税の課税標準となる不動産の価格は、固定資産課税台帳の　C　を基礎とする。

答：A＝印紙税、B＝登記を受ける者、C＝登録価格

解答・解説

⟹**答1**　○　**建物の賃貸借契約書**について、**印紙税は課税されない**（印紙税法2条）。

⟹**答2**　×　不動産売買契約書の副本（コピー、写し）にも**証明力がある限り**、印紙税が**課税される**（2条）。

⟹**答3**　×　印紙税の納税義務者は**課税文書作成者**である（3条）。C社は不動産売買の仲介人であるから**C社の保存する契約書は課税文書**であり、印紙税は課税される。

⟹**答4**　×　消印については、**契約当事者の代理人**または**従業者の印章**あるいは**署名でもよい**（8条2項、同法施行令5条）。

次の記述のうち、正しいものには○、誤っているものには×をつけよ。

□□**問5**　地方公共団体であるＡ市を売主、株式会社であるＢ社を買主とする土地の譲渡契約書2通に双方が署名押印のうえ、1通ずつ保存することとした場合、Ｂ社が保存する契約書には印紙税が課税されない。

□□**問6**　土地の譲渡金額の変更契約書で、「既作成の譲渡契約書に記載の譲渡金額１億円を１億1,000万円に変更する」旨が記載されている場合、その契約書の記載金額は１億1,000万円である。

□□**問7**　「Aの所有する土地（価額5,000万円）とBの所有する土地（価額4,000万円）とを交換する」旨の土地交換契約書を作成した場合、印紙税の課税標準となる当該契約書の記載金額は4,000万円である。

□□**問8**　「地上権存続期間50年、地上権設定の対価1億円、地代年2,000万円とする」旨の地上権設定契約書は、記載金額１億円の地上権の設定に関する契約書として、印紙税が課税される。

□□**問9**　「令和2年6月1日作成の土地譲渡契約書の契約金額を1億円から9,000万円に変更する」旨を記載した変更契約書は、契約金額を減額するものであるから、印紙税は課されない。

□□**問10**　マンションの賃貸借契約に係る手付金10万円を受領した旨を記載した領収書には、印紙税は課税されない。

解答・解説

⟹**答5**　○　**国・地方公共団体等が作成した文書は非課税**である（印紙税法5条2号）。国や地方公共団体等とそれ以外の者が契約を締結し、互いに契約書を保存する場合には、**国・地方公共団体等が保存する契約書**は、国・地方公共団体等**以外**の者が作成した文書とみなされる。これに対して、**国・地方公共団体等以外の者が保存する契約書**は、国・地方公共団体等が**作成**した文書とみなされる（4条5項）。したがって、本問の場合のＢ社が保存する契約書は、**地方公共団体であるＡ市が作成した文書とみなされ、印紙税は課税されない**。

⟹**答6**　×　本問は課税文書（契約書）の記載金額を変更（増加）させる場合であり、その場合は**増加額1,000万円**が**課税文書（変更契約書）の記載金額**となる（印紙税法基本通達30条）。

⟹**答7**　×　交換契約の場合、交換対象物の双方の価額が記載されているときは、**いずれか高いほうの金額**が記載金額になる。本問の場合の記載金額は**5,000**万円である（23条）。

⟹**答8**　○　地上権設定契約書の記載金額となるのは、契約時に授受されるもので後日返還が予定されていない権利金、礼金などであり、**地代は記載金額に含まれない**。本問の場合、**記載金額１億円の地上権の設定に関する契約書**として、印紙税が課税**される**ことになる。

⟹**答9**　×　契約金額の減額を内容とする変更契約書は、**金額の記載のない文書とみなされる**。したがって、**印紙税は200円**が課税される（印紙税法別表第1、課税物件表の適用に関する通則4ニ、印紙税法基本通達30条2項2号）。

⟹**答10**　×　マンション（建物）の賃貸借契約書には印紙税は課税**されない**が、手付金10万円を受領した**領収書は課税文書**であるから、印紙税が課税**される**。ただし、**５万円未満であれば課税はされない**。

次の記述のうち、正しいものには○、誤っているものには×をつけよ。

□□**問11** 「時価1億円の土地を贈与する」旨を記載した契約書は、記載金額のない不動産の譲渡に関する契約書として、印紙税が課せられる。

□□**問12** 土地の賃貸借契約書で「賃借料は月額10万円、契約期間は10年間とし、権利金の額は100万円とする」旨が記載された契約書は、記載金額1,200万円の土地の賃借権の設定に関する契約書として印紙税が課される。

□□**問13** 給与所得者である個人Aが生活の用に供している土地建物を株式会社であるB社に譲渡し、代金1億円を受け取った際に作成する領収書は、金銭の受取書として印紙税が課される。

□□**問14** 「甲土地を5,000万円、乙土地を4,000万円、丙建物を3,000万円で譲渡する」旨を記載した契約書を作成した場合、印紙税の課税標準となる当該契約書の記載金額は、9,000万円である。

□□**問15** 宅地建物取引業者A社が、「A社は、売主Bの代理人として、土地代金5,000万円を受領した」旨を記載した領収書を作成した場合、当該領収書の納税義務者はA社である。

□□**問16** 後日、本契約書を作成することを文書上で明らかにした、土地を1億円で譲渡することを証した仮契約書には、印紙税は課されない。

□□**問17** 建物の新築をした所有者が行う建物の表示の登記については、登録免許税は課税されない。

解答・解説

⟹**答11** ○　贈与契約は無償契約（タダ）であるから、**譲渡の対価となる金額がなく**、したがって、記載金額のない**課税文書**として印紙税が**課される**。

⟹**答12** ×　土地賃貸借契約書の課税標準となる文書記載金額は、契約に際して交付され**後日返還を予定しない金銭の額**である。したがって、本問のように契約期間内の賃料総額ではなく、**権利金**の額である100万円が課税標準となる。

⟹**答13** ×　領収書の印紙税については、**営業に関するもの以外**は**課税文書とはならない**（印紙税法別表第1）。給与所得者が**生活の用に供している土地建物を譲渡**したのであるから課税対象**とならない**。

⟹**答14** ×　一の文書に、課税物件表の同一の号の課税事項の記載金額が2以上ある場合には、その記載金額の**合計額**が記載金額になる。本問の場合、印紙税の課税標準となる当該契約書の記載金額は、**甲土地、乙土地、丙建物の各金額を合計**した**1億2千万円**である（別表第1、課税物件表の適用に関する通則4イ）。

⟹**答15** ○　代理人名義で作成した課税文書に委任者の名義が表示されている場合、その**作成者は代理人**であり、**納税義務者も代理人**である（印紙税法基本通達43条1項）。

⟹**答16** ×　後日、正式文書を作成することとなる場合において、一時的に作成する仮文書であっても、当該文書が**課税事項を証明する目的**で作成するものであるときは、**課税文書に該当する**（58条）。

⟹**答17** ○　表示の登記については、原則として登録免許税は課税**されない**。したがって、**建物新築に伴う建物の表示の登記**についても、登録免許税は課税**されない**（登録免許税法別表第１）。

次の記述のうち、正しいものには○、誤っているものには×をつけよ。

□□**問18** 登録免許税の納付は、納付すべき税額が3万円以下の場合においても、現金による納付が認められる。

□□**問19** 登録免許税の課税標準の金額を計算する場合において、その全額が1千円に満たないときは、その課税標準は1千円とされる。

□□**問20** 住宅用家屋の所有権の保存登記に係る登録免許税の税率の軽減措置は、鉄筋コンクリート造の住宅用家屋の登記にのみ適用があり、木造の住宅用家屋の登記には適用されない。

□□**問21** 住宅用家屋の所有権の保存登記に係る登録免許税の税率の軽減措置は、その登記を受ける年分の合計所得金額が3,000万円超である個人が受ける登記には適用されない。

□□**問22** 住宅用家屋の取得後6月を経過した後に受ける登記に対しては、住宅用家屋の所有権移転登記に係る登録免許税の税率の軽減措置は適用されない。

□□**問23** 住宅用家屋の所有権の移転の登記に係る登録免許税の税率の軽減措置は、木造の住宅用家屋で昭和50年10月1日に建築されたものを取得した場合において受ける所有権の移転の登記にも適用される。

□□**問24** 住宅用家屋の所有権の移転の登記に係る登録免許税の税率の軽減措置は、以前にこの措置の適用を受けたことのある者が新たに取得した住宅用家屋について受ける所有権の移転の登記にも適用される。

解答・解説

⇒**答18** ○　登録免許税は、納付額に関係なく**現金**納付が原則である。したがって、税額と無関係に**現金**による納付ができるが、**3万円以下**の場合には、**印紙により納付することもできる**（登録免許税法21条、22条）。

⇒**答19** ○　**課税標準が1,000円に満たないとき**は、その課税標準は**1,000**円とされる（15条）。

⇒**答20** ×　この税率の軽減措置は、**木造の住宅用家屋の登記**にも適用**される**（租特法施行令41条）。

⇒**答21** ×　この税率の軽減措置は、個人の所得に**関係なく**、その登記を受ける年分の合計所得金額が**3,000万円超**である場合でも、**適用される**。

⇒**答22** ×　**住宅用家屋取得後1年以内**であれば、所有権移転登記に係る登録免許税の税率の**軽減措置が適用される**（租特法73条）。

⇒**答23** ×　住宅用家屋の所有権移転登記に係る**登録免許税の税率の軽減措置の適用**が受けられるのは、**新耐震基準**に適合している家屋または**昭和57年1月1日以後**に建築された家屋が対象となる（73条、同法施行令42条1項）。

⇒**答24** ○　**要件さえ満たしていれば**、以前にこの軽減措置の適用を受けた者であっても、**再び適用を受けられる**。

4章 建　物
（登録講習修了者免除科目）

めざせ7割！

1回目	2回目
／13問	／13問

木・鉄筋・コンクリートなど、建築物の材料の特性と、どのような部分に利用されるのかについて覚える。
建築物の構造による違いと特徴について覚える。

次の記述のうち、正しいものには○、誤っているものには×をつけよ。

□□**問1**　木材の辺材は、心材より腐朽しやすい。

□□**問2**　木造建築物の継手及び仕口は、外部に露出しているため意匠の面を最も重視しなければならない。

□□**問3**　木材に一定の力をかけたときの圧縮に対する強度は、繊維方向に比べて繊維に直角方向のほうが大きい。

□□**問4**　木造2階建の建築物で、隅柱を通し柱としない場合、柱とけた等との接合部を金物で補強することにより、通し柱と同等以上の耐力を持つようにすることができる。

□□**問5**　平面形状が長方形の木造建築物の壁は、多くの場合張り間方向とけた行方向とで風圧力を受ける面積が異なるので、それぞれ所定の計算方式により算出して耐力壁の長さを決める必要がある。

□□**問6**　木材の強度は、含水率が小さい状態の方が低くなる。

虫食い問題でチェック!

①建物の上部構造は使用される材料により、木造・コンクリートブロック造・鉄骨造・鉄筋コンクリート造・[A]に大別される。

②鉄筋が露出しないコンクリートの厚さを[B]という。

③[C]は、壁で支える構造なので、[D]が不要である。

答：A＝鉄骨鉄筋コンクリート造、B＝かぶり
C＝枠組み壁工法、D＝通し柱

解答・解説

答1 ○　木材は**中心部に近い心材**よりも辺材の方が**腐朽しやすい**。なお、**虫害も起こりやすい**。

答2 ×　継手や仕口は木材の接合部分であり**建物全体の強度に関係する**ことから、意匠よりも**強度を重視**すべきである。

答3 ×　木材に一定の力をかけたときの**圧縮に対する強度**は、**繊維に直角方向よりも繊維方向の方が大きい**。要するに自然の状態で樹木が立っているときに、重力がかかる方向の強度が**大きい**のである。

答4 ○　２階建ての木造建築物の場合、**原則として隅柱は通し柱**にしなければならない。しかし、隅柱を通し柱にしないときは、**柱とけた等の接合部を金物で補強**することで、通し柱と同等以上の耐力を得ることができる。

答5 ○　平面形状が長方形の木造建築物の壁は、**風圧力を受ける面積が張り間方向（短辺方向）と、けた行方向（長辺方向）とでは異なっている**。したがって、耐力壁の長さはそれぞれ**別の計算方式により算出**して決めなければならない。

答6 ×　**木材の強度**は**含水率が大きい**状態の方が**低く**なる。したがって、木造建築物を造る際、木材はできるだけ**乾燥している**ものを用いる方がよい。

次の記述のうち、正しいものには○、誤っているものには×をつけよ。

□□**問7**　常温常圧において、鉄筋と普通コンクリートを比較すると、温度上昇に伴う体積の膨張の程度（熱膨張率）は、ほぼ等しい。

□□**問8**　集成材は、単板等を積層したもので、伸縮・変形・割れなどが生じにくくなるため、大規模な木造建築物の骨組みにも使用される。

□□**問9**　鉄は、炭素含有量が多いほど、引張強さ及び硬さが増大し、伸びが減少するため、鉄構造には、一般に炭素含有量が少ない鋼が用いられる。

□□**問10**　鉄筋コンクリート造の建築物においては、構造耐力上主要な部分に係る型わく及び支柱は、コンクリートが自重及び工事の施工中の荷重によって著しい変形又はひび割れその他の損傷を受けない強度になるまでは、取り外してはならない。

□□**問11**　原則として、鉄筋コンクリート造の柱については、主筋は4本以上とし、主筋と帯筋は緊結しなければならない。

□□**問12**　鉄筋に対するコンクリートのかぶり厚さは、耐力壁にあっては3cm以上としなければならないが、耐久性上必要な措置をした場合には、2cm以上とすることができる。

□□**問13**　鉄骨構造は、不燃構造であり、耐火被覆をしなくても耐火構造にすることができる。

解答・解説

答7 ○ 建築材料には温度上昇に伴う膨張率の異なるものがあるが、**鉄筋と普通コンクリート**を比較した場合、常温常圧において、**温度上昇に伴う体積の膨張の程度はほぼ等しい**。

答8 ○ 集成材は、単板や小角材を繊維方向にそろえて接着したもので、**伸縮・変形・割れなどが生じにくく**大断面や長材を作ることが可能であることから、**大規模な木造建築物の骨組みにも使用される**。

答9 ○ 鉄の性質は炭素含有量によって左右され、**炭素含有量が多いほど、引張強さ、硬さが増大し、伸びが減少**する。そのため、鉄構造には、一般に**炭素含有量が少ない**鋼が用いられる。

答10 ○ コンクリートの強度を得るため、構造耐力上主要な部分に係る型わく及び支柱は、コンクリートが自重及び工事の施工中の荷重によって**著しい変形またはひび割れその他の損傷を受けない強度になるまで、取り外してはならない**（建基法施行令76条1項）。

答11 ○ 鉄筋コンクリート造の構造耐力上主要な部分である柱の構造は、**主筋を4本以上**とし、かつ、**主筋は帯筋と**緊結しなければならない（77条1号、2号）。

答12 × 耐力壁における鉄筋に対するコンクリートのかぶり厚さは、**耐久性上必要な措置をした場合**であっても、**3cm以上**としなければならない（79条1項）。

答13 × **鉄骨構造は不燃構造**ではあるが、**火熱と酸に弱い**。そのため、表面を**耐火被覆材で覆ったり、防錆塗料を塗る**などの処理が必要になる。

土　地

（登録講習修了者免除科目）

めざせ7割！

1回目　／28問

2回目　／28問

宅地として適するのはどのような性質の土地なのかを覚える。

次の記述のうち、正しいものには○、誤っているものには×をつけよ。

□□**問1**　丘陵地や台地内の小さな谷間は、軟弱地盤であることが多く、これを埋土して造成された宅地では、地盤沈下や排水不良を生じることが多い。

□□**問2**　段丘は、水はけがよく、地盤が安定していることが多い。

□□**問3**　台地は、水はけもよく、宅地として積極的に利用されているが、自然災害に対して安全度は低い。

□□**問4**　扇状地は、砂礫（れき）層からなるので、構造物の基礎について十分な支持力を得にくい。

□□**問5**　扇状地については、大縮尺の地形図や空中写真によって、土石流や洪水流の危険度をある程度判別できることが多い。

□□**問6**　自然堤防の背後に広がる低平地は、軟弱な地盤であることが多く、盛土の沈下が問題になりやすい。

虫食い問題でチェック！

①川が山地から平地へ流れ出るところにできた、扇形の堆積地形を［ A ］という。

②［ B ］とは河口付近に土砂が堆積してできた土地のことをいう。

③山の斜面が崩れた場所を［ C ］という。

答：A＝扇状地、B＝デルタ地帯、C＝崩壊跡地

解答・解説

答1　○　丘陵地や台地内の**小さな谷間は軟弱地盤**であることが多い。したがって、これを埋立てた宅地は**地盤沈下**や**排水不良**を生じることが多い。

答2　○　土地の隆起によってできた**段丘は、周囲より高い**ので、**水はけがよく、地盤も安定**していることが多い。

答3　×　台地は、一般に**水はけがよく**、また、洪水や地震等の**自然災害に対して安全度が高く**、**宅地に適する**と**いえる**。

答4　×　扇状地は、砂礫層の微高地となっている所が多く、**構造物の基礎については、十分な支持力を得る**ことができる。

答5　○　大縮尺の地形図や空中写真は、宅地選定の資料として用いられるが、扇状地については、これによって**土石流や洪水流の危険度**もある程度**判別**できる。

答6　○　自然堤防とは低地の川沿いにある微高地をいうが、自然堤防の背後に広がる低平地は、比較的水はけも悪い。よって、**軟弱地盤であることが多く**、また**盛土の沈下が起きやすい**。

次の記述のうち、正しいものには〇、誤っているものには×をつけよ。

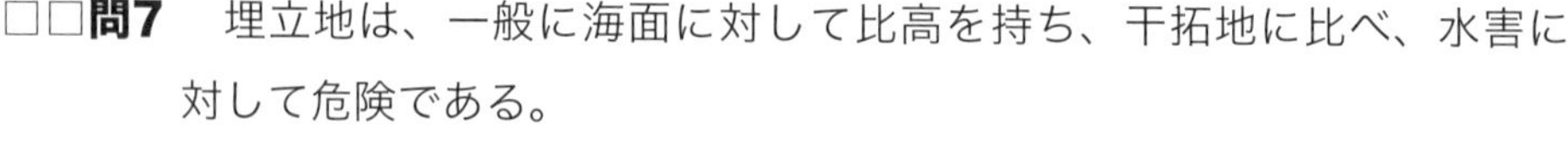

□□**問7**　埋立地は、一般に海面に対して比高を持ち、干拓地に比べ、水害に対して危険である。

□□**問8**　地すべりは、特定の地質や地質構造を有する地域に集中して分布する傾向が強く、地すべり地形と呼ばれる特有の地形を形成することが多い。

□□**問9**　樹木が生育する斜面地では、その根が土層と堅く結合しても、根より深い位置の斜面崩壊に対しては、樹木による安定効果を期待することはできない。

□□**問10**　まさ、しらす、山砂、段丘砂礫などの主として砂質土からなるのり面は、地表水による浸食には比較的強いため、簡易な排水施設の設置により安定を図ることが可能である。

□□**問11**　崖錐(がいすい)堆積物は、一般的に透水性が低く、基盤との境付近が水の通り道となって、そこをすべり面とした地すべりが生じやすい。

□□**問12**　地すべり地の多くは、過去に地すべり活動を起こした経歴があって、地すべり地形と呼ばれる独特の地形を呈し、棚田等の水田として利用されることがある。

□□**問13**　崖錐は、谷の出口付近において傾斜の緩い扁平な円錐形状の地形を形成しており、谷出口を頂点とする同心円状の等高線で表されることが多い。

解答・解説

⟹**答7**　×　干拓地は、海浜・湖沼などを堤防を築いて排水し、陸地にしたものであり、**地盤は軟弱**で、**水害や地震の被害は大きく**、**宅地としては不適切**である。他方、埋立地は、一般に海面に対して数メートルの比高を持ち、**干拓地よりは安全**である。

⟹**答8**　○　地すべりは、**特定の地質や地質構造を有する地域に集中して起こりやすい**。たとえば、**粘土**質の地質に重なった地層は地すべりを起こし**やすい**のである。また、地すべり地は**上部が急斜面**で**中部が緩やかな斜面**、**下部は急斜面**というように、**独特の地形を形成**していることが多い。

⟹**答9**　○　樹木の生育によって地盤が安定するのは、その樹木の根が土層と堅く結合していることによる。したがって、**根より深い地点**での斜面崩壊には効果は期待**できない**。

⟹**答10**　×　砂質土からなるのり面は、砂質が水を吸収し**やすい**ため地表水による浸食に弱く、**水圧による崩落の危険性が高い**。これを防止するために擁壁の水抜き穴など**十分な排水施設の設置が必要**となる。

⟹**答11**　×　崖錐堆積物は、小岩や岩片からなっているため、一般的に透水性は**高**い。しかし、基盤との境付近は**水の通り道となる**ため、**土石流の危険**が**高く**、**地すべりも生じやすい**。

⟹**答12**　○　過去に地すべりを起こした経歴のある土地を**地すべり地**と呼び、**独特の地形**を呈している。

⟹**答13**　×　**崖錐**は、懸崖や急斜面の上から落ちてきた岩屑が、**麓に溜りできた半錐形の地形**である。本問の記述は**扇状地**のものである。

次の記述のうち、正しいものには○、誤っているものには×をつけよ。

□□**問14** 地表がほとんど平坦で、近くの河、湖、海などの水面との高低差がきわめて小さく、古い集落や街道がないような地形は、軟弱地盤であることが多い。

□□**問15** 液状化現象は、比較的粒径のそろった砂地盤で、地下水位の高い、地表から浅い地域で発生しやすい。

□□**問16** 断層は、ある面を境にして地層が上下又は水平方向にくい違っているものであるが、その周辺では地盤の強度が安定しているため、断層に沿った崩壊、地すべりが発生する危険性は低い。

□□**問17** 地山を切土して宅地を造成する場合、風化による強度の低下と流水による浸蝕（しょく）のおそれがあるので、擁壁で覆うか、又は速やかに植生等をして、その崖面を保護しなければならない。

□□**問18** 丘陵地を切土と盛土により造成した地盤の場合は、その境目では地盤の強度が異なるため、不同沈下が起こりやすい。

□□**問19** 谷出口に広がる扇状地は、土砂・礫が堆積してできたものであるため、地盤は堅固でないが、土石流災害に対しては安全であることが多い。

□□**問20** 宅地の安定に排水処理は重要であり、擁壁の水抜き穴、盛土のり面の小段の排水溝等による排水処理の行われていない宅地は、不適当であることが多い。

解答・解説

⟹**答14** ○　地表がほとんど平坦であっても、近くの河、湖、海などの**水面との高低差が極めて小さい地形**は、**軟弱地盤**であることが多い。そのため、古い集落や街道が形成**されなかった**といえる。

⟹**答15** ○　**液状化現象**は比較的粒径のそろった砂地盤であって、**埋立地など地下水位が高く、地表から浅い地域**で発生しやすい。

⟹**答16** ×　断層は、ある面を境にして**地層が上下または水平方向にくい違っている**ものであり、この部分には地殻のずれが生じており、周辺の地盤の強度は**不安定**で、**断層に沿った崩壊**や**地すべり**が発生する**危険性が高い**。

⟹**答17** ○　地山（盛土などと異なる自然の丘陵）を切土して宅地造成する場合、風化による**強度の低下と流水による浸蝕のおそれ**がある。**擁壁で覆うか**、または**速やかに植生等**をして、その**崖面を保護する必要**がある。

⟹**答18** ○　**切土と盛土の境目**の部分では**地盤の強度が異なる**ため、不同沈下が起こりやすくなる。切土がされている土地は、比較的沈下は起こり**にくい**が、盛土の場合には、**土が固まって安定するまでには相当な時間の経過が必要**なため、**沈下が起こる可能性が**高い**からである。

⟹**答19** ×　扇状地は砂礫質の微高地で、一般に水はけもよく**宅地に適している**が、**土石流災害に対しては、安全と**いえない。

⟹**答20** ○　安定した宅地にするためには、**排水処理が重要**である。したがって、擁壁の水抜き穴など適切な**排水処理が行われていない宅地**は、**不適当**であることが多い。

土地（登録講習修了者免除科目）

次の記述のうち、正しいものには○、誤っているものには×をつけよ。

□□**問21** 近年、洪水氾濫危険区域図、土砂災害危険区域図等災害時に危険性があると予想される区域を表示した図書が一般に公表されており、これらは安全な宅地を選定するための資料として有益である。

□□**問22** 自然斜面は、地層分布、土質等が複雑かつ不均一で地盤の強さが場所により異なることが多いので、特にのり高の大きい切土を行う際は、のり面の安定性の検討をする必要がある。

□□**問23** 都市内の中小河川の氾濫被害が多発している原因としては、急速な都市化・宅地化に伴う流出形態の変化によって、降雨時に雨水が時間をかけて河川に流れ込むことがあげられる。

□□**問24** 旧河道は軟弱で水はけの悪い土が堆積していることが多く、宅地として選定する場合は注意を要する。

□□**問25** 建物の基礎の支持力は、粘土地盤よりも砂礫地盤の方が発揮されやすい。

□□**問26** 地形図の上では斜面の等高線の間隔が不ぞろいで大きく乱れているような場所では、過去に崩落が発生した可能性があることから、注意が必要である。

□□**問27** 国土を山地と平地に大別すると、山地の占める比率は、国土面積の約75%である。また、火山地は、国土面積の約7%を占め、山林や原野のままの所も多く、水利に乏しい。

□□**問28** 丘陵地や台地の縁辺部の崖崩れについては、山腹で傾斜角が25度を超えると急激に崩壊地が増加する。

解答・解説

⟹**答21** ○　一般に公表されている洪水氾濫危険区域図や土砂災害危険区域図等は、災害時の危険を避けるためばかりでなく、**安全な宅地の選定資料としても有益なもの**である。

⟹**答22** ○　**自然斜面**は、**地盤の強さが場所により異なる**ことが多いので、のり高の大きい切土を行う際には、**のり面（斜面）の安定性を検討する必要**がある。

⟹**答23** ×　**都市内の中小河川の氾濫被害が多発している原因**としては、急激な都市化に伴って完備された舗装道路が増加したため、従来**雨水が土地に吸収されていたのと異なり、急激に河川に流れ込むこと**などが挙げられる。

⟹**答24** ○　**旧河道（過去の河川流路）**は、**軟弱で水はけの悪い土が堆積している**ことが多いため、**災害の危険度が高い**。したがって、宅地として選定する場合は注意を要する。

⟹**答25** ○　一般に、建物の基礎の支持力は**粘土**地盤よりも**砂礫地盤の方が発揮されやすい**とされている。

⟹**答26** ○　**等高線の間隔が密**な所は**傾斜が急**であり、**まばらな所**は**緩やか**である。これらの間隔が**不ぞろいで大きく乱れている**ような場所では、**過去に崩落が発生した可能性がある**。

⟹**答27** ○　我が国の国土面積の**約75%は山地**で占められている。また、国土面積の**約7%が火山地**であり、山林や原野のままのところも多く、水利に**乏しい**。

⟹**答28** ○　丘陵地や台地の縁辺部で生じる崖崩れについては、**山腹の傾斜角が**25度を超えると急激に崩壊地が**増加**するとされている。

土地

（登録講習修了者免除科目）

本書の正誤情報や、本書編集時点から2024年4月1日（2024年度試験の出題法令基準日〈予定〉）までに施行される法改正情報等は、下記のアドレスでご確認ください。
http://www.s-henshu.info/tkii2312/

上記掲載以外の箇所で正誤についてお気づきの場合は、**書名・発行日・質問事項（該当ページ・行数・問題番号**などと**誤りだと思う理由**）・**氏名・連絡先**を明記のうえ、お問い合わせください。
・webからのお問い合わせ：上記アドレス内【正誤情報】へ
・郵便またはFAXでのお問い合わせ：下記住所またはFAX番号へ
※電話でのお問い合わせはお受けできません。

［宛先］コンデックス情報研究所
『一問一答で必ず合格！ 宅建士問題集 '24年版』係
住　　所：〒359-0042　所沢市並木3-1-9
FAX番号：04-2995-4362（10:00～17:00　土日祝日を除く）

※本書の正誤以外に関するご質問にはお答えいたしかねます。また、受験指導などは行っておりません。
※ご質問の受付期限は、2024年10月の試験日の10日前必着といたします。
※回答日時の指定はできません。また、ご質問の内容によっては回答まで10日前後お時間をいただく場合があります。
あらかじめご了承ください。

監修　串田誠一（弁護士）
元法政大学大学院教授。法政大学法学部卒。司法試験、公認会計士試験、大手ゼネコンでの宅建士試験指導を長年担当。司法試験合格後、宅建士指導のために宅建士試験にも合格。

編著　コンデックス情報研究所
1990年6月設立。法律・福祉・技術・教育分野において、書籍の企画・執筆・編集、大学および通信教育機関との共同教材開発を行っている研究者・実務家・編集者のグループ。

一問一答で必ず合格！ 宅建士問題集 '24年版

2024年２月20日発行

監　修　串田誠一（くしだせいいち）
編　著　コンデックス情報研究所（じょうほうけんきゅうしょ）
発行者　深見公子
発行所　成美堂出版
〒162-8445　東京都新宿区新小川町1-7
電話(03)5206-8151　FAX(03)5206-8159
印　刷　大盛印刷株式会社

ISBN978-4-415-23806-7
落丁・乱丁などの不良本はお取り替えします
定価はカバーに表示してあります